Jürgen Roth
Die Gangster aus dem Osten

EUROPA
VERLAG

JÜRGEN ROTH

DIE GANGSTER AUS DEM OSTEN

Neue Wege der Kriminalität

Europa Verlag
Hamburg · Wien

Dieses Buch ist meiner Tochter Leyla gewidmet. Als junge Rechtsanwältin glaubt sie noch an Recht und Gerechtigkeit. Möge ihr dieser naive Glaube noch sehr lange erhalten bleiben. Und ich danke den vielen Polizeibeamten und Staatsanwälten in Deutschland, ohne deren Hilfe dieses Buch nicht möglich gewesen wäre. Sie alle hoffen immer noch, dass sie die mafiosen Strukturen in unserer Gesellschaft bekämpfen könnten.

Erstausgabe
© Europa Verlag GmbH, August 2003
Lektorat: Werner Heine
Umschlaggestaltung: Frauke Weise, Hamburg
Satz: KompetenzCenter, Mönchengladbach
Druck und Bindung: GGP Media, Pößneck
ISBN 3-203-81526-5

Informationen über unser Programm erhalten Sie beim
Europa Verlag, Neuer Wall 10, 20354 Hamburg,
oder unter www.europaverlag.de.

Inhalt

Vorwort oder auch erste Einblicke

Auf sumpfigem Gelände beginnen im Jahr 1703 Tausende von Leibeigenen mit dem Bau einer neuen Stadt. Zar Peter der Große, ein brutaler Despot und wissensdurstiger Aufklärer, will die restliche Welt beeindrucken und Russland näher an den fortschrittlicheren Westen heranführen. Und tatsächlich entsteht eine der schönsten Städte Europas – St. Petersburg.
Mit großem Pomp und vielen Festen im Beisein gekrönter Häupter wurde 2003 die Gründung des »Venedigs des Nordens« vor 300 Jahren gefeiert. Kaum jemand spürte jedoch, dass die Metropole an der Newa seit geraumer Zeit schon im Sumpf von Korruption und Verbrechen zu versinken droht.

5. Oktober 2002, 11.30 Uhr

Die ersten Vorboten des Winters sind zu fühlen, ein kalter Wind hat das Thermometer auf minus zwei Grad fallen lassen. Schwarz gestylt (lange, schwarze Ledermäntel, schwarze Hosen, schwarze Pullover) sind die drei bulligen Männer, die vor dem Nobelhotel D'Angleterre herumstehen. Kurz zuvor sind sie aus einem schwarzen Jaguar mit Hamburger Kennzeichen gestiegen. Einer spricht in ein Handy. Keinen Blick widmen sie der prachtvollen Isaak-Kathedrale und der riesigen Statue eines sich aufbäumenden Pferdes mit dem Reiter Zar Nikolaus I. direkt hinter ihnen.

Ich sitze, getrennt durch die riesigen Glasfenster des Hotels D'Angleterre, nur zwei Meter entfernt und schaue mir die Typen an, die so vollkommen dem Klischee russischer Mafiosi entsprechen. Unvermittelt steigen sie wieder in ihre Edelkarosse und fahren mit quietschenden Reifen davon.

Ihr Fahrtziel ist eine der vielen Residenzen von Wladimir Sergejewitsch Kumarin alias Wladimir Sergejewitsch Barsukow. Viele nennen ihn den »Boss der Bosse« der Tambovskaja.

Die war bis ins Jahr 1997 hinein das einflussreichste kriminelle Syndikat in St. Petersburg. Empfehlungen kluger Consigliere folgend, ließ Kumarin das Syndikat zu einem respektablen Industriekonzern umbauen, und deshalb ist er der St. Petersburger Stadtverwaltung ebenso wie gewichtigen Politikern im Moskauer Kreml innig verbunden.

Nach dem Besuch beim Konzernchef tuscheln die Männer aus dem Jaguar bewundernd. »Tolles Haus, mehrere Etagen mit je mindestens 400 Quadratmetern, mit eigenem Schwimmbad und eigenem Kino. An der Eingangstür standen sechs Leibwächter, bewaffnet mit Maschinenpistolen.« Die Männer sind langjährige Kumpane von Kumarin und leben als brave Bürger in Hamburg. Von der Tambovskaja aus St. Petersburg abgesehen, hat übrigens auch die Solnzewskaja, die mächtigste kriminelle Bande aus Moskau, in Hamburg, der Partnerstadt von St. Petersburg, einen Hauptstützpunkt. Ihr Statthalter, ein Brennstoffhändler, residiert mit seinen Männern in einem der feinsten Bürogebäude der Hansestadt. Dort belegt er ein ganzes Stockwerk und investiert kräftig in Immobilien.

»Insgesamt hat die Tambovskaja zwanzig bis dreißig Leute in Hamburg stationiert.« Das erzählte mir ein dem Syndikat nahe stehender Geschäftsmann aus Hannover. »Dazu kommen bis zu fünfzig so genannte Torpedos. Das sind Männer, die nur nach Hamburg geholt werden, um Aufträge zu erledigen, insbesondere wenn's um den Drogen- und Mädchenhandel geht.«

Der norddeutsche Resident der Tambovskaja, der im Januar 2003 an den Folgen eines Krebsleidens starb, soll sehr häufig mit Wladimir Kumarin und dem Aufsichtsratsmitglied einer feinen deutschen Aktiengesellschaft telefoniert haben. Auf Grund von abgehörten Telefongesprächen erfuhren die BKA-Beamten, dass er damit prahlte, die Frankfurter AG habe das zu tun, was »Wowo« sagt. Wowo – das ist Wladimir Kumarin, glaubt das BKA. Es könnte aber auch ein Kürzel für den russischen Präsidenten Wladimir Wladimirowitsch Putin sein. Zumindest führt ihn so der ukrainische Nachrichtendienst SBU in seinen Dossiers.[1]

Welche Deutung auch richtig ist – beide Wladimirs werden mit kriminellen internationalen Finanztransfers in Verbindung gebracht, und Deutschland spielt dabei eine zentrale Rolle. Das könnte einmal ein Problem werden.

Wladimir Wladimirowitsch Putin, intern bekannt für seine »pragmatische Brutalität«, der über Jahre hinweg den unaufhaltsamen Aufstieg von Wladimir Kumarin und der Tambovskaja, im Volksmund Tambow-Mafia genannt, mitverfolgte, wird bekanntlich auch Mister Teflon oder Mister Clean genannt. Der Freund von Bundeskanzler Gerhard Schröder möchte als politischer Saubermann auf der weltpolitischen Bühne agieren. Werden deshalb seit 1999 systematisch viele Spuren verwischt, die Hinweise auf einige mysteriöse Vorgänge in St. Petersburg geben könnten, damals, als Wladimir Putin zweiter Bürgermeister und später Chef des FSB, der Nachfolgeorganisation des KGB, war?

Als ich in St. Petersburg versuchte, einige der Vorwürfe zu überprüfen, erfuhr ich bald darauf aus nachrichtendienstlichen Kreisen:»In Bezug auf Ihre Aktivitäten vor Ort ist zu sagen, dass diese von den zuständigen, nicht offiziell in Erscheinung getretenen Spezialbehörden mit äußerster Aufmerksamkeit registriert wurden.« Die Erklärung:»Nach vorliegenden Erkenntnissen werden seit 1999 mehr oder weniger systematisch Unterlagen, Informationen und möglicherweise auch Beweismittel ›eliminiert‹, die den involvierten Politikern auf ›höchster Ebene‹ auf die Füße fallen könnten. Es besteht kein Zweifel, dass diese Aktivitäten von entsprechender Stelle initiiert und unter Kontrolle gehalten werden.«

All das sind Hinweise darauf, dass es Beziehungen krimineller Syndikate zur heutigen politischen Elite im Kreml gibt, Beziehungen, die der Bundesregierung übrigens bekannt sind. Im Sommer 2001 wurden diese Verbindungen bei der so genannten Großen Lage im schmucklosen Lagezentrum des Berliner Bundeskanzleramtes vorgetragen. Und ein Jahr zuvor hatte bereits der BND der politischen Führung in Berlin entsprechend Rapport erstattet. Etwas über einen führenden Politiker zu wissen kann bei Verhandlungen ja durchaus von Vorteil sein.

Zunächst will ich jedoch erst einmal eine Szene beleuchten, die der breiten Öffentlichkeit verschlossen geblieben ist. Es geht um die Macht osteuropäischer Kartelle und den Einfluss von Verbrecherfürsten, die sich im letzten Jahrzehnt in Westeuropa, insbesondere in Deutschland, Österreich und der Schweiz, eingenistet haben.

Mir erzählte einmal ein »Dieb im Gesetz[2]«: »Ich kann Ihnen versichern, dass die meisten der in Deutschland tätigen Firmen, die Russen gehören, ein so genanntes Dach haben. Das ist hundertprozentig sicher.« An seinem Ringfinger sah ich eine kleine Tätowierung, einen graublauen sechseckigen Stern, der Stempel, der bedeutet: Ich bin ein »Dieb im Gesetz«. Wer das Tattoo unberechtigt trägt, muss mit harten Strafen rechnen, in welchem Land auch immer er sich aufhält. Was aber ist ein Dach? In Russland wird es Kryscha genannt. Darunter wird privater Schutz für Firmen durch Banditen oder die Miliz verstanden – eine besonders perfide Form der Schutzgelderpressung.

In Moskau selbst gehen die außerordentlich gut informierten Mitarbeiter des FSB im Innenministerium davon aus, dass seit dem Zusammenbruch der Sowjetunion allein in Deutschland »über 600 Firmen gegründet« wurden und Deutschland eines der »wichtigsten Zentren für russische kriminelle Gruppen« geworden sei. Diese Aussage beruht auf Informationen, die der FSB von deutschen Polizeidienststellen erhalten und mit eigenen Agenten in Deutschland gesammelt hat. Danach soll es in Deutschland zahlreiche Firmen geben, die direkt von »kriminellen Gruppen aus Russland, der Ukraine, Georgien und anderen GUS-Staaten gegründet wurden«. Ein Schwerpunkt soll Nordrhein-Westfalen sein. Dort alleine sollen mehr als 50 Handelsfirmen im Besitz »russischer Kartelle« sein. Monatlich zirkuliere illegales russisches Kapital in Höhe von 50 Millionen Euro. »Einige dieser Firmen werden von deutschen Bürgern geleitet, die nicht wissen, was die eigentliche Funktion dieser Firmen ist.«[3]

Unterschiedliche Wahrnehmungen einer Bedrohung

Aber diese Bedrohung wird nicht überall so gesehen. Da ist zum Beispiel Ulrich Kersten, der Präsident des Bundeskriminalamtes. Eine Presseagentur berief sich auf ihn mit der Meldung: »Das Bundeskriminalamt sieht keine organisierte Russen-Mafia in Deutschland. Seine Behörde habe keinerlei Erkenntnisse, dass sich eine hierarchisch gegliederte und straff organisierte Organisation etabliert habe, sagte BKA-Präsident Ulrich Kersten dem Berliner ›Tagesspiegel‹. Es gebe auch keine ›gerichtsfesten‹ Nachweise, dass Regierungsstellen in Russland mit einzelnen Verbrecherorganisationen zusammenarbeiteten.«[4]

Ein Vertreter von Europol in Den Haag kommentierte diese Erkenntnis, die im Widerspruch zu internen Informationen im BKA selbst steht, süffisant mit den Sätzen: »Von dieser Aussage halte ich gerade so viel wie von dem BKA-Lagebericht zur Organisierten Kriminalität, in dem akribisch Zahlen so aufgelistet werden, als ob man einen Fisch oder gar einen riesigen Rochenflügel filetieren würde, um dann ganz erstaunt festzustellen, dass da gar kein Rochen oder sonst ein Fisch existiert, sondern nur ein Haufen kleiner Gräten.«

Wie beim BKA-Chef in Wiesbaden heißt es auch im Kreml offiziell, dass es in Russland keine Organisierte Kriminalität gibt, sondern allenfalls kriminelle Banden. So ist es nicht weiter verwunderlich, dass Wladimir Gordijenko, Chef der Abteilung für Kriminalitätsbekämpfung in Moskau, ernsthaft verkündet: »Ich erkläre in voller Verantwortung, dass es keine ›russische Mafia‹ im Ausland gibt. Es ist ein Mythos.«[5]

Das FBI andererseits sieht es so: »In den GUS-Staaten operieren 8000 bis 10 000 Gruppen der Organisierten Kriminalität. Sie zeichnen sich durch hervorragende Bewaffnung, technische Ausstattung und Kenntnisse aus. Sie verfügen über diverse Möglichkeiten der Geldwäsche und des illegalen Geldtransfers. Es gibt ein erfolgreiches Eindringen in lokale, regionale und nationale Verwaltungen und Regierungen.« Und dann liegt noch der interne Bericht des FBI vor, der im Dezember 2000 dem damals regierenden US-Präsidenten Bill Clinton übergeben wurde.

Demnach fanden in den USA in der Vergangenheit »dreihundertsiebzehn Treffen zwischen Repräsentanten der russischen Mafia und Top-Offiziellen des inneren Kreises von Präsident Boris Jelzin statt«. Und seit Wladimir Putin zum russischen Präsidenten gewählt wurde, registrierte das FBI immerhin »siebenundsechzig Treffen höchster Beamter der Putin-Administration mit Mitgliedern eurasischer krimineller Organisationen«.[6] Warum wohl? Bereits 1995 erklärte Aleksander Gurow, der damalige Leiter der Abteilung Verbrechens- und Kriminalitätsbekämpfung im russischen Innenministerium, dass etwa 80 Prozent der Wirtschaft des Landes von kriminellen Syndikaten kontrolliert werden.[7] Daran hat sich bis heute sicher nichts verändert.

Europol beurteilte die Lage in Russland im Jahr 2001 folgendermaßen: »5000 OK-Gruppen operieren in Russland. Es gibt etwa 1100 ›Diebe im Gesetz‹. 250 Gruppen agieren inzwischen mit 300 bis 5000 Mitgliedern in 44 Ländern. Elf große kriminelle Organisationen bilden hierfür das Dach.«

Und weiter: »Russland ist fest im Griff der osteuropäischen Organisierten Kriminalität: 20 Prozent der Duma-Abgeordneten, 40 Prozent der Privatwirtschaft, 50 Prozent der russischen Banken (bis zu 85 Prozent) und 60 Prozent der staatlichen Firmen (bis zu 75 Prozent)«.[8]

Dazu passt die Aussage eines bekannten russischen Gangsterbosses, der gegenüber einer Moskauer Wochenzeitung prahlte: »In den letzten beiden Jahren waren die kriminellen Gruppen die größten Investoren in der russischen Wirtschaft. Man kann sich die Wirtschaft des Landes ohne unsere Investitionen überhaupt nicht vorstellen.«[9] Laut einer Untersuchung des Washingtoner »Zentrums für strategische und internationale Studien« sind »zwei Drittel der russischen Wirtschaft unter Kontrolle krimineller Syndikate«.[10]

Alle genannten Zahlen sind natürlich Schätzungen, niemand kann überschauen, auf was sie sich stützen, und wahrscheinlich sind sie auch noch politisch gefärbt. Sie könnten niedriger, aber ebenso gut höher sein. Aber sie sind Anhaltspunkte für das Ausmaß der mafiosen Durchdringung des russischen Staats- und Wirtschaftsapparates (das gilt für alle GUS-Staaten) mit fatalen Folgen für die Verbindungen nach Westeuropa.

Noch ein kurzer Rückblick. Bernd Knabe beschreibt in einer 1998 veröffentlichten Studie (»Die System-Mafia als Faktor der sowjetischrussischen Transformation«) die Kooperation von KGB und »Dieben im Gesetz«. Demnach begann bereits 1987 die KGB-Führung, ausgewählten »Autoritäten« die Möglichkeit zur Kontrolle über die verschiedenen kriminellen Gruppen in den wichtigsten Gebieten der Sowjetunion zu verschaffen. »Für Zentralrussland war danach Wjatscheslaw Iwankow (Japontschik), für die Ural-Region Alexander Usojan (Chasan), für den Fernen Osten Jefimow Wasin (Shem) und für den Nordkaukasus Jurij Bagdarsjan (Swo) zuständig. In den folgenden Jahren wurden weitere führende Kriminelle in diesen Kreis aufgenommen, so dass sich zu Beginn der neunziger Jahre ein Syndikat ›Familie der Elf‹ ergab. Diese Personen teilten die wichtigsten Operationsgebiete unter sich auf und einigten sich auf Konferenzen über strategische und taktische Aufgaben.«[11]

Im Dezember 1991 trafen sich 30 »Diebe im Gesetz« in Vedentsewo, nahe Moskau, um die Aufteilung der Einflussbereiche in der postsowjetischen Ära zu besprechen.[12] Auf einer weiteren Versammlung, der Skhody, einen Monat später, wurde darüber diskutiert, was zu tun sei, wenn die russische Regierung großnotige Rubelscheine aus dem Verkehr ziehen sollte. Die Versammelten entwickelten ein Programm, um ihre riesigen Vorräte an diesen Geldnoten durch tauschbare Währungseinheiten zu ersetzen, und legten ein Drittel des Geldes zur Seite, um damit bis zum Abschluss der Umtauschaktion Beamte bestechen zu können. Auf einer Skhody im Winter 1991 diskutierten die Top-Mafiosi die Auswirkungen von Gorbatschows 500-Tage-Plan zur ökonomischen Reform des Staates. Und im April 1994 wurden die regionalen wirtschaftlichen Interessengebiete zwischen Moskauer Bossen, georgischen und tschetschenischen »Dieben im Gesetz« aufgeteilt. Mindestens eine Skhody fand im Juni 1994 in einem Wiener Luxushotel statt. Eingeladen hatte Wjatscheslaw Iwankow. Die 30 Paten diskutierten, auf welche Weise die kaukasischen Banden aus den russischen Städten vertrieben werden könnten, und über grundsätzliche Fragen, die das Glücksspiel und Auftragsmorde betrafen. Der aus Moskau eingeflogene Sergeij Timofejew erhielt zum Beispiel den Auftrag, die Kontrolle über Spielkasinos zu übernehmen. Laut russischer Tageszeitung »Iswestija« fällte die illustre Runde in Wien den Beschluss: »Besonders hartnäckige Gegner werden mit Hilfe bestellter Killer liquidiert.« Und was unternahmen derweil die Ehefrauen und Geliebten der Paten? »Während die Männer neue Geschäftsfelder abstecken, plündern die angereisten Gangsterbräute die teuersten Geschäfte der City.«[13] Von diesem Zeitpunkt an hatte die »osteuropäische Organisierte Kriminalität« den Osten wie den Westen endgültig untereinander aufgeteilt.

Aber wer oder was ist heute eigentlich Mafia und was ist Organisierte Kriminalität? Kriminalität ist ein integrierender Bestandteil der Gesellschaft, stellte schon im 19. Jahrhundert der französische Soziologe Emile Durkheim fest. Das bedeutet: Kriminalität, heute, im 21. Jahrhundert, auch Organisierte Kriminalität, ist nicht zu verhindern und ein integrierender Bestandteil der inzwischen globalisierten Markt-wirtschaft. Ähnlich wie Durkheim argumentierte im Jahr 2002 Wolf-gang Hetzer vom Bundeskanzleramt. »Es stellt sich doch heute die Frage, ob es eine Teilidentität zwischen Politik, Wirtschaft und Krimi-nalität gibt, insbesondere angesichts der ungeheuren Menge Geld, um die es geht.«[14] Und er fragt auch schon mal hintersinnig, ob die neue Cupola[15] nicht sogar westliche beziehungsweise östliche Regierungs-zentralen sind. Er dürfte es eigentlich wissen. Bis Anfang 2002 war Hetzer im Berliner Bundeskanzleramt Leiter des Referats 604 (Nach-richtendienstliche Informationsverwertung: Organisierte Kriminalität und Proliferation von Rüstungsgütern). Dann wurde der intellektuelle Querkopf gefeuert, weil er seinen Innenminister Otto Schily in einem Artikel der Zeitschrift »Der Kriminalist« zu kritisieren gewagt hatte. Inzwischen ist Hetzer bei der europäischen Antibetrugseinheit OLAF Chef einer Analyseabteilung.[16]

Die These Hetzers und Durkheims belegte das Bayerische Landesamt für Verfassungsschutz, als es im August 2002 meldete, dass russische Geheimdienste sehr viel stärker an der Steuerung krimineller Opera-tionen der Russen-Mafia in Deutschland beteiligt seien als bislang an-genommen. Kontakte unterhalte der russische Geheimdienst FSB nicht nur zu hochrangigen Vertretern aus Politik und Wirtschaft in Russland, sondern auch zu Persönlichkeiten der deutschen Wirtschaft. »Oftmals wurden äußerst flexible, überwiegend der Geldwäsche dien-ende Firmengeflechte im Auftrag von russischen Nachrichtendiensten und kriminellen Organisationen gegründet. Die erwirtschafteten Gel-der flossen bevorzugt in Immobilien, Restaurants und Hotels.«[17] Da-durch bestehe »die Gefahr der Korruption und Schattenwirtschaft«, warnten die bayrischen Verfassungsschützer.

Nicht nur der russische FSB setzt in Deutschland Agenten ein, ukrai-nische Dienste machen das Gleiche. Agentin Olga beispielsweise, eine junge, bildhübsche, schwarzhaarige Frau arbeitete für die ukrainische Steuermiliz. In ihrem Beurteilungsbogen heißt es: »Sie ist zielstrebig, ehrgeizig und kann sich perfekt beherrschen.« Ihre Verpflichtungs-erklärung lautet: »Ich verpflichte mich, mit bestem Wissen und Ge-wissen die Geheimaufträge der Steueradministration auszuführen, Konspirationsregeln zu wahren, Formen und Methoden der operativen Arbeit sowie die Gesetze der Ukraine streng und strikt einzuhalten.«

Im Juni 1999 schrieb der Führungsagent über Agentin Olga, die in Deutschland lebte: »Quelle informiert hiermit, dass im Zuge der Erfüllung ihres Auftrags, betreff Beobachtung des Herrn Ilja G., Informationen vorhanden sind über seine Kontakte zu Unternehmern Israels und Deutschlands über Schmuggel von Nahrungsmitteln und Spirituosen.« Auf den gleichen Unternehmer war auch die Agentin Eva des ukrainischen Nachrichtendienstes (Sluzhba Bespeky Ukrayinya-SBU) angesetzt. Sie schloss ihren Agentenvertrag mit dem SBU am 21. Januar 1998 ab. In ihrem Personalbogen steht unter der Rubrik Personalqualität: »Barmherzig, zielorientiert, hat sehr breites Ausbildungsniveau«. Auch Eva lieferte ständig Informationen über den Unternehmer Ilja G. nach Kiew. Unter anderem: »Er benutzt die Firma A. für Geldwäsche. Das Geld stammt vom illegalen Alkoholhandel.« Ilja G., ein ehemaliger Wirtschaftsberater des ukrainischen Präsidenten Leonid Kutschma, wurde vom Landgericht Köln am 13. April 2000 wegen Vergewaltigung zu einer sechsjährigen Freiheitsstrafe verurteilt. Sein Anwalt Rainer Lippoldt bezeichnete später die Verurteilung »ein Komplott des ukrainischen Geheimdienstes, bei dem die Kölner Richter sich objektiv haben einbinden lassen, in völliger Verkennung der als korrupt und oftmals rechtlosen Wirtschafts- und Staatsstrukturen der Ukraine.« Besonders professionell arbeitet der russische Nachrichtendienst FSB.

Mir liegt die Aussage eines Mitarbeiters des FSB vor, der am 14. Juli 1999 BKA-Beamten gegenüber zu Protokoll gab, was er in Deutschland über eine Mafiagruppe herausgefunden haben will. »Mit ›P-Gruppe‹ meine ich eine kriminelle Gruppierung aus Magdeburg und Umgebung. Der Boss ist meiner Meinung nach Sascha Hohol-Samarskij. Es handelt sich hierbei um einen Decknamen. Er ist ein Mafiaführer der mittleren Stufe. Vor 1997 war die Gruppe einem ›Dieb im Gesetz‹ mit dem Decknamen ›Swer‹ (das Tier) aus Berlin untergeordnet. Swer wurde später von der Polizei verfolgt und ist im Ausland untergetaucht. Die Gruppe hat Kontakt zu einem anderen ›Dieb im Gesetz‹ mit dem Decknamen ›Grom‹ (Donner).«

In der Tat ist Swer in Deutschland einschlägig bekannt. Obwohl er inzwischen ein alter Mann ist, gilt er immer noch als eine hohe »Autorität«, die häufig aufgesucht wird, um zu schlichten. Sein Aufenthaltsort? Berlin und Wien.

So weit die Aussage des Zeugen Dr. J., der sich dem BKA erst anvertraute, nachdem ein Killerkommando auf ihn angesetzt worden war. Auftraggeber war ein in Deutschland lebender »Dieb im Gesetz«. Stimmt es, was dieser Zeuge sagt? Der von mir befragte Boris P. aus Magdeburg erklärte, dass die Vorwürfe »alle Quatsch« seien.

Ein anderer Insider aus dem kriminellen Milieu der Russen in Deutschland berichtet, es gebe hier mindestens drei »Diebe im Gesetz«, die wichtige Entscheidungen der Verbrecherwelt koordinieren. Außerdem agierten nochmals zwanzig kriminelle »Autoritäten« (Avtoritet).[18] Hinzu kommen selbstständige Unternehmer, die den Autoritäten dienen. Dann folgen aktive Mitglieder, die kriminelle Handlungen ausführen. In der nächsten Stufe sind aktive Mitglieder, die auf Anordnung der kriminellen Autoritäten die Arbeit der »selbstständigen Geschäftsleute« kontrollieren. Am unteren Ende findet sich »allgemeiner Abschaum, der für die Informationssammlung und die Verbreitung von Gerüchten benutzt wird«.

Übertreibt der Insider? Ich habe seine Aussage dem führenden Analytiker für osteuropäische Organisierte Kriminalität bei Europol in Den Haag geschickt. Deckt sich diese Aussage mit den Erkenntnissen von Europol?

Seine Antwort: »Das trifft so ziemlich den Nagel auf den Kopf und stimmt mit unseren Analyseergebnissen überein.« Und er bekräftigte, was viele sagen: »Mich wundert nur, dass die Lage immer noch schöngeredet wird. Hinzu kommen die Trägheit und das Desinteresse an der wirklichen Bekämpfung der Organisierten Kriminalität.«

Dazu passt, was ein Unternehmer aus Russland zu Protokoll gab, der 1995 nach Deutschland kam und bereits zuvor beste Beziehungen zu St. Petersburger Gangstern pflegte. Momentan sitzt er in einem deutschen Gefängnis. »Ich kann auf Grund meines Wissens sagen, dass es hier in Deutschland kriminelle Strukturen gibt, die der Russen-Mafia zuzuordnen sind. Außerdem gibt es kriminelle Organisationen in Russland, die für ihre kriminellen Tätigkeiten spezialisierte Gruppen nach Deutschland schicken.« Darüber hinaus gebe es kriminelle Führer, die sich nur zeitweise in Deutschland aufhielten. »Das sind krimi-

       Jürgen Roth

nelle ›Autoritäten‹, die nur deshalb nach Deutschland reisen, um neue Leute zu rekrutieren. Sie kontrollieren und organisieren die bestehenden Verbindungen zwischen feststehenden kriminellen Strukturen in Deutschland und koordinieren die Zusammenarbeit zwischen kleineren Gruppen.«

Ebenso sei es in der Schweiz und in Österreich:»Die Schweiz ist der Platz, um große Geldbeträge zu deponieren. Und in Österreich leben die großen kriminellen Autoritäten. Österreich ist eine Rettungsinsel bei Problemen zu Hause.« So habe die Solnzewskaja (eine der größten internationalen kriminellen Organisationen in Russland) ihre Filiale seit mindestens zehn Jahren in Österreich. Aber im Verhältnis zur Schweiz und zu Österreich sei in Deutschland die »Anzahl verschiedener Gruppierungen und deren Tätigkeitsfelder weitaus größer«. Und er sieht ein großes Problem bei den aus der Ex-UdSSR nach Deutschland eingereisten Russlanddeutschen, »weil die Emigranten aus der Ex-UdSSR mit ihrem kriminellen Potenzial enorm sind«.

Zum Beispiel ein kleines Weinstädtchen in Süddeutschland mit seinen alten Fachwerkhäusern und verwinkelten Gassen. Es gibt einen Polizeiposten (der nur zeitweise besetzt ist) und viele wohlhabende Bürger. Hier lebt, in einer prächtigen schneeweißen Villa, ein russischer Unternehmer – nennen wir ihn Stepan. Als junger Mann diente er bei den sowjetischen Truppen in Gera. Nun ist er Geschäftsführer unter anderem von vier Moskauer Restaurants. Der Familienvater genießt in Moskau den zweifelhaften Ruf, »Europarepräsentant« und »rechte Hand« des russischen Multimillionärs Sergeij Michailow zu sein. Dem werfen europäische und amerikanische Polizeibehörden vor, Capo di Capi der Solnzewskaja zu sein. Wenn Stepan in Moskau sei, und das wäre häufig der Fall, soll er mit Sergeij Michailow auf dessen Anwesen Tennis spielen. Danach würden sie ein beliebtes Moskauer Restaurant aufsuchen, berühmt für hervorragende usbekisch-koreanische Küche, erzählt einer, der das beobachtet haben will. Bei seinen häufigen Reisen zückt Stepan einen Pass für Staatenlose. Der wurde am 28. Juni 1999 in Heidelberg ausgestellt. Nach Angaben eines Zeugen eröffnete Stepan für Sergeij Michailow auch schon mal vier Konten bei der »Liechtensteinischen Landesbank AG« in Vaduz. Bei den deutschen Polizeibehörden liegen über ihn übrigens keinerlei Erkenntnisse vor. Das könnte damit zusammenhängen, dass die Polizei gar nicht weiß, dass er in Deutschland lebt. Denn er wird hier wohl auch keinerlei Straftaten verüben.

Chronologie eines kafkaesken Polit-Krimis

»Wie soll man einen Feind besiegen, der sich perfekt getarnt in der Mitte der Gesellschaft befindet?«[19]

6. November 1999
Ein Skandal um kriminelle Netzwerke mit Verbindungen zur Politik, auch in Deutschland, zeichnet sich ab. In einer Vorausmeldung kündigen internationale Presseagenturen eine Titelgeschichte des Nachrichtenmagazins »Der Spiegel« an. Im Fürstentum Liechtenstein sollen einflussreiche Politiker, Richter, Treuhänder und Polizeibeamte mit kolumbianischen Drogenkartellen und der Russen-Mafia kooperieren.

»Der Spiegel« bezog sich bei seiner Geschichte auf ein geheimes Dossier, das der Präsident des BND, August Hanning, im Frühjahr 1999 dem Kanzleramt übergeben hatte. Es datierte vom 8. April und trug die Überschrift »Die Geldwäsche-Community«. Eingestuft war es als VS-NfD – Verschlusssache – Nur für den Dienstgebrauch.

An diesem Samstag liest in Liechtenstein auch Regierungschef Mario Frick die Vorausmeldung. Dem BND-Bericht zufolge, aus dem »Der Spiegel« Auszüge abdruckt, ist Liechtenstein nicht nur ein ideales Geldwäscheparadies – was wirklich keine Sensation wäre. Der Kern der Vorwürfe lautet: »Anonyme Stiftungen und Firmengründungen, dazu die strenge Einhaltung des Bankgeheimnisses und die Mischung von illegalen mit legalen Geschäften sowie enge Kontakte zu Banken, Politikern und der Polizei garantieren den Liechtensteiner Treuhändern, Anwälten und Beratern, dass sie Gruppen der Organisierten Kriminalität nahezu ungehindert maßgeschneiderte Finanzdienstleistungen anbieten können. Ihre Klientel setzt sich unter anderem zusammen aus lateinamerikanischen Drogenclans, italienischen Mafiagruppierungen und russischen OK-Gruppen.«

18   *Jürgen Roth*

Mario Frick steigt die Zornesröte ins Gesicht. Sofort greift er zum Telefon und ruft seinen Justizminister an:»Heinz, du musst sofort zu mir kommen.« Heinz Frommelt ahnt noch nichts von dem, was er und viele andere in den nächsten Wochen und Monaten erleben werden. Nachdem er die Agenturmeldung gelesen hat – auch Außenministerin Andrea Willi ist inzwischen hinzugekommen –, schaut ihn sein Regierungschef, dem die Vorwürfe absurd erscheinen, fragend an.»Glaubst du das? Du kennst doch das Geschäft.« Heinz Frommelt antwortet: »Genau deshalb kann ich mir das vorstellen.« Aber was der BND so pauschal behauptet, erscheint selbst ihm ungeheuerlich.

Als die ganze Geschichte am Montag im »Spiegel« nachzulesen war und der Bericht international Schlagzeilen machte, bezeichnete Regierungschef Mario Frick die Vorwürfe des BND als »ausgemachten Blödsinn«. Die Frage, die sich viele Liechtensteiner trotzdem stellten, war, ob nicht doch etwas Wahres an dem sein könnte, was der BND behauptete, auch wenn die genannten Personen angesehene Mitbürger waren. Zum Beispiel Rudolf Ritter, ein vom BND angeschwärzter Treuhänder. Sein Bruder war immerhin stellvertretender Regierungschef und Innenminister Liechtensteins. Rudolf Ritter hatte dem »lieben Mario«, als der 1993 zum Regierungschef des Fürstentums ernannt worden war, noch sehr persönlich gratuliert:»Dir und Deiner Frau viel Kraft und Durchhaltevermögen in allen Belangen und bei dieser Gelegenheit auch ›en guete Rutsch‹ ins Neue Jahr.«[20]

In dem überschaubaren Fürstentum (33 000 Einwohner, 17 Banken, rund 80 000 Briefkastenfirmen) kennt jeder jeden, und die politische Kaste hat in der Regel auch immer mit Vermögensverwaltung zu tun. Die Familie von Regierungschef Mario Frick ist mit einer eigenen Bank ins Geldgeschäft eingestiegen, und Seine Durchlaucht Fürst Hans-Adam II. von und zu Liechtenstein, ebenfalls nicht unvermögend, ist mit der Verwaltung eines Milliardenvermögens beschäftigt. Sein Clan besitzt die Bank Liechtenstein Global Trust (LGT). Das Vermögen der Fürstenfamilie wird auf 5,05 Milliarden Euro geschätzt.[21]

Während die Liechtensteiner noch eine Abwehrfront aufbauen, gelingt es in Deutschland einigen Journalisten, in den Besitz des gesamten BND-Dossiers zu gelangen. Sie finden Hinweise, die nach

Deutschland führen. Und zwar über zwei im BND-Dossier an prominenter Stelle erwähnte Liechtensteiner Treuhänder – der bereits erwähnte Rudolf Ritter und der mit ihm einst kooperierende Treuhänder Eugen Heeb alias Eugen von Hoffen.

Der Hinweis war eine kleine Fußnote auf Seite 15 des BND-Dossiers: »1997 sollen Heeb und Ritter von der IBR (Banca Internationala a Religiilor in Bukarest, d. Autor) beauftragt worden sein, über die IBR vorgewaschene und kriminell erzielte Gelder in Deutschland an der Börse zu investieren und Aktien einer Aktiengesellschaft aus Frankfurt zu erwerben. Bei der Frankfurter Aktiengesellschaft handelt es sich um die SPAG, ein 1992 gegründetes deutsch-russisches Joint Venture mit Sitz in Frankfurt/M.«, steht im BND-Bericht.

Und an anderer Stelle war zu lesen: »Zwischenzeitlich wurde bekannt, dass diese Bank (gemeint war die IBR, d. Autor) vom organisierten Verbrechen auch zur Anlage bereits gewaschenen Geldes genutzt wird. Einem nachrichtendienstlichen Hinweis zufolge transferierten russische Kriminelle über dieses Finanzinstitut die Mittel zum Erwerb von Immobilien in Russland.« Auch an diesem Transfer verdiente Ritter mit. Er war Mehrheitsaktionär der »deutsch-russischen St. Petersburger Immobilien und Beteiligungs AG, über die die Immobilienkäufe abgewickelt werden sollen«. So weit die Ergebnisse der BND-Rechercheure.

Sechs Wochen nach den Enthüllungen im »Spiegel« war Justizminister Heinz Frommelt davon überzeugt, dass es nur noch einen Weg gab, die schweren Vorwürfe zu untersuchen und den beschädigten Ruf des Fürstentums wiederherzustellen – durch einen externen Sonderstaatsanwalt.

22. Dezember 1999

Nicht weit vom Goldenen Dach'l in Innsbruck entfernt, gleich neben dem altehrwürdigen Gerichtsgebäude, steht ein eher schmuckloses Verwaltungsgebäude. Im zweiten Stock sitzt Hofrat Oberstaatsanwalt Dr. Kurt Spitzer an seinem Schreibtisch, vor sich einen riesigen Aktenberg. Bei den Wirtschaftskriminellen in Österreich steht er im Ruf eines »scharfen Hundes«.

Um 11 Uhr ruft ihn sein Leitender Oberstaatsanwalt zu sich. »Du, wir haben hier eine heikle Geschichte. Wir brauchen einen unabhängigen Staatsanwalt. Mach du das.« Die heikle Geschichte, erklärt ihm der Leitende Oberstaatsanwalt, könne schnell aufgeklärt werden. »Das dauert vielleicht drei bis vier Wochen, und dann kannst du dich wieder deiner normalen Arbeit widmen.« Kurt Spitzer überlegt kurz und nimmt den Auftrag an.

Am nächsten Tag bereits fährt er nach Vaduz und trifft Regierungschef Mario Frick und Justizminister Heinz Frommelt. Mario Frick sagt zu ihm: »Alles steht Ihnen zur Verfügung, alle Akten, überall können Sie Einblick nehmen.« Spitzer ist zu diesem Zeitpunkt noch fest davon überzeugt, dass die Vorwürfe in weniger als vierzehn Tagen aufgeklärt werden können. Ein Problem muss er als Erstes lösen. Er kennt zwar alle Presseveröffentlichungen über den BND-Bericht, aber in Liechtenstein hat bisher niemand den Bericht selbst in Händen. Nun hofft die Regierung, mit dem unabhängigen Sonderstaatsanwalt Spitzer das Dossier zu erhalten. Schließlich, so dürfte auch Spitzer damals vermutet haben, muss doch auch die deutsche Bundesregierung ein Interesse daran haben, dass gegen mutmaßliche Kriminelle in Liechtenstein und deren Netzwerke im In- und Ausland strafrechtlich etwas unternommen wird.

»Es kann wohl nicht angehen, dass dieser das Fürstentum belastende Bericht zwar einem Nachrichtenmagazin zugänglich gemacht wird, den ermittelnden Behörden jedoch nicht«, schimpft Kurt Spitzer, jetzt Sonderstaatsanwalt der Regierung Liechtensteins. Ähnlich argumentiert auch der Fürst: »Man kann nicht einfach ein Land verleumden, uns als Verbrecher hinstellen und sagen, dass man die Beweise dafür nicht vorlegt.«

Dem Sonderstaatsanwalt stehen einige Unterlagen zur Verfügung: zwei Berichte eines Unbekannten aus den Jahren 1997 und 1998, in denen hohe Persönlichkeiten aus Politik und Gesellschaft Liechtensteins als Mitglieder krimineller Organisationen beschrieben werden, der »Spiegel«-Artikel vom 8. November 1999 und ein Beitrag des ZDF.

27. Dezember 1999
Kurt Spitzer führt die ersten Gespräche mit Richtern und Staatsanwälten und lässt sich sämtliche Strafakten über Personen aushändigen, die im Zusammenhang mit der Berichterstattung auftauchen.

Als Erstes stellt er fest, dass es eine gravierende personelle Unterbesetzung der Staatsanwaltschaft und des richterlichen Personals gibt und somit ein Vorwurf des BND sicherlich zutrifft – die unglaublichen Verfahrensverzögerungen gerade bei internationaler Rechtshilfe. In einigen Richterzimmern stapeln sich verstaubte Unterlagen meterhoch. Strafakten liegen teilweise seit zehn Jahren unbearbeitet in den Büros der Richter.

In den Gesprächen mit den wenigen Polizeibeamten in Vaduz merkt er zudem, dass es überhaupt keine Kriminalpolizei gibt, die das Wort Wirtschaftskriminalität buchstabieren könnte. Also holt er sich zur Unterstützung Spezialisten der Wiener Wirtschaftspolizei nach Vaduz. Gleichzeitig versucht er, den geheimnisvollen BND-Bericht zu bekommen. Den kennen bereits etliche deutsche Journalisten, während er immer noch auf Vermutungen angewiesen ist.

»Auf den eingeschlagenen offiziellen Wegen kam ich in Deutschland nicht weiter. Jene kompetenten Herren im Kanzleramt, die mir einen Zugang zu den Unterlagen hätten verschaffen können, ließen sich entweder verleugnen oder lehnten kategorisch jede Hilfestellung ab«, klagte er später.

Immerhin werden Kurt Spitzer und Justizminister Heinz Frommelt Anfang Januar 2000 ins Berliner Bundeskanzleramt gerufen, für die Liechtensteiner der erste Hoffnungsschimmer. Doch was müssen sie dort hören? »Das ist alles geheim. Wir können Ihnen leider nichts geben.«

Der erste Berlin-Besuch war also »für die Katz«, wie es einer der Beteiligten ausdrückte.

23. Januar 2000

Wieder sind der Sonderstaatsanwalt und der Justizminister aus Liechtenstein auf dem Weg nach Berlin. Im Luxushotel Adlon am Brandenburger Tor warten sie gespannt auf den morgigen Tag. Dann sollen sie Justizministerin Herta Däubler-Gmelin treffen. Zum vereinbarten Termin sind sie pünktlich im Besprechungszimmer der Ministerin. Da dürfen sie erst einmal zwanzig Minuten lang warten. »Dann ist sie mit ihrem Tross ins Zimmer gerauscht. Noch im Stehen, ohne uns zu begrüßen, fuhr sie uns an: ›Was ich Ihnen ganz klar sagen will – ohne meine Zustimmung gibt es keine Pressekonferenz oder Presseerklärung.‹« Denn damit haben die Abgesandten aus dem winzigen Liechtenstein gedroht, sollten sie weiter hingehalten werden. Als sie die Ministerin fragen, was sie machen müssten, um an den BND-Bericht zu gelangen, kommt die Antwort: »Das ist nicht unsere Aufgabe.« Kurt Spitzer sagt daraufhin etwas fassungslos: »Wir waren doch schon überall.«

Ganze zehn Minuten dauert das Gespräch. »Das Wichtigste war ihr anscheinend, dass wir uns auf eine gemeinsame Presseerklärung einigen, in der stand, wie gut die Zusammenarbeit mit Liechtenstein funktioniert und dass uns jede Unterstützung geboten werde, um gemeinsam die Organisierte Kriminalität zu bekämpfen.«

Spitzer weiter: »Wie Schulbuben hat sie Frommelt und mich behandelt. Mich erschütterte, wie wenig ernst es ihr mit der Verbrechensbekämpfung war.« Ein Eindruck, den Justizminister Heinz Frommelt teilte: »Sie sollte uns abschrecken, wollte uns davon abhalten, das BND-Papier zu bekommen – das war ihr Auftrag. Der Auftrag kam von ganz oben.«

Ganz oben, also noch über der Justizministerin, dürfte es, abgesehen von der abstrakten Staatsräson, nur noch eine Person mit Richtlinienkompetenz geben. Aber warum dieser Widerstand? Vielleicht weil die Bundesregierung wusste, wie dünn der BND-Bericht war? »Eine Blöße wollte sich in Berlin niemand geben«, glaubte damals Heinz Frommelt. Gab es vielleicht noch ein anderes Motiv? Wollte man die junge Freundschaft zwischen Moskau und Berlin nicht aufs Spiel setzen – also das hohe Gut der Realpolitik?

Sonderstaatsanwalt Kurt Spitzer und Justizminister Heinz Frommelt fahren nach der kurzen und frustrierenden Stippvisite bei der Ministerin wieder zurück in ihr Hotel. Mitten in der Nacht erreicht sie die Nachricht, dass die Justizministerin bereits eine »gemeinsame« Presseerklärung verfasst und an die Agenturen gegeben hat. »Es war ein Diktat von ihr«, reagiert Spitzer verbittert. Tatsache ist, dass er und sein Justizminister keine Gelegenheit bekamen, an diesem Text etwas zu ändern.

Unterdessen habe, das meldete die Zeitschrift »Focus«, BND-Abteilungsleiter Helmut Frick auf einer Sitzung des geheim tagenden Parlamentarischen Kontrollgremiums (PKG) des Deutschen Bundestags neue Erkenntnisse über illegale Geschäfte in Liechtenstein vorgelegt, insbesondere über Beziehungen zwischen einem Ex-Regierungschef Liechtensteins mit kolumbianischen Drogenkartellen.

Trotz der brüsken Behandlung in Berlin versuchten Spitzer und Frommelt weiter das BND-Dossier zu bekommen. Immerhin etwas kam jetzt zustande: Der Geheimdienstkoordinator Ernst Uhrlau versprach ihnen, ein Gespräch mit dem BND-Chef August Hanning zu vermitteln.

10. Februar 2000

Kurt Spitzer und Justizminister Heinz Frommelt werden erneut nach Berlin gebeten, diesmal, um den BND-Präsidenten August Hanning zu treffen. Morgens um 9 Uhr steht, wie verabredet, ein blauer Mercedes vor der Hoteltür. Gegenüber dem Hotel parkt ein weißes Observationsfahrzeug des BND. »Das war so auffällig, weil es schon am Abend vorher dastand«, erinnert sich Spitzer. Er und Frommelt steigen in den gepanzerten Wagen. Ihr Leibwächter wird unsanft weggedrängt. Merkwürdig finden Spitzer und Frommelt, dass sie eine halbe Stunde immer nur im Kreis herumfahren.

»Was soll das?«, will Spitzer vom Fahrer wissen. »Wir haben den Termin um genau 10 Uhr«, antwortet der lapidar. »Deshalb dürfen wir nicht vorher da sein.«

Eigentlich stehen in Berlin für offizielle Gespräche viele Regierungsgebäude zur Verfügung. Keines davon ist aber das Ziel der langen Fahrt. Die Reise führt in die Außenbezirke, wo der Fahrer vor einer Villa mit verwildertem Garten parkt. Überall laufen Männer mit Maschinenpistolen herum. »Mein Gott«, denkt Spitzer, »wo sind wir hier gelandet?« Das Haus ist eine Bruchbude.

»Als wir die Treppe in den ersten Stock emporgingen, dachte ich, die bricht unter uns auseinander, so heruntergekommen war alles.« Dann öffnet sich im ersten Stock eine Tür. Spitzer und Frommelt blicken in einen etwa 100 Quadratmeter großen Raum mit Kristalllüstern an der Decke, glänzendem Parkettboden und kostbaren Gemälden an den Wänden. An einem Mahagonitisch sitzt August Hanning, der Präsident des Bundesnachrichtendienstes, mit Mitarbeitern seiner Abteilung 5 (Operative Aufklärung).

»Das war wie eine Filmszene aus James Bond«, erinnert sich Spitzer. Und Frommelt sagt: »Die Jungs spielten Räuber und Gendarm. Sie wollten den kleinen Liechtensteinern den Eindruck vermitteln, wie wichtig sie sind.«

Geheiminformationen mit politischem Sprengstoff

Dabei sind im Gespräch mit dem BND-Präsidenten durchaus explosive und streng geheime Informationen weitergegeben worden. So stellte sich für die Liechtensteiner bereits damals, also im Februar 2000, heraus, dass die Einschätzung im BND-Dossier über die Rolle der SPAG nicht aus fremden Quellen stammte, sondern vom BND selbst. »Das kam im Gespräch mit Hanning heraus. Auch die Einschätzung über Putin kam dabei zur Sprache«, so Justizminister Heinz Frommelt. Er wunderte sich zudem, dass die »Rolle von Putin im Zusammenhang mit der SPAG erst größer, später dann immer kleiner gehängt« wurde.

Das hatte wahrscheinlich politische Gründe. Die Bundesregierung hatte wegen der guten politischen Beziehungen zu Moskau kein Interesse, besonders viel zur Aufklärung beizutragen. Frommelt: »Ich glaube, sie hatten Informationen über die Beziehungen Putin und Tambovskaja – Einschätzungen, aber keine harten Beweise.«

Zudem wäre es sicher nicht von Nachteil, bestimmte Informationen über Putin in der Hinterhand zu behalten. Schließlich ist die von Hanning im Gespräch erwähnte Tambovskaja, von der im Zusammenhang mit Putin ja die Rede war, keine karitative Einrichtung, sondern eine finstere Mafiabande.

Fazit für den Liechtensteiner Justizminister damals, im Februar 2000: »Ich persönlich hatte nicht den Eindruck, dass die Angelegenheit verfolgt werden soll. Die waren nicht begeistert davon, dass sie das Licht der Öffentlichkeit erblickt.«

Das hing vielleicht mit Informationen zusammen, die der BND-Chef den Liechtensteinern in Berlin gab. Sie hatten mit dem Treuhänder Eugen Heeb aus Liechtenstein zu tun, der im BND-Bericht bereits genannt wurde. Demnach gab es in den neunziger Jahren Flüge von St. Petersburg und Moskau nach Wien, die von Putin organisiert worden sein sollen. Es soll sich um große Goldtransporte gehandelt haben. Das Gold wurde bei Heeb zwischengelagert und danach in Lugano eingeschmolzen, damit es nicht als russisches Gold auf den Markt kam. »Das waren die Erkenntnisse unserer hiesigen Polizei«, so einer aus der Liechtensteiner Delegation. »Als ich das dem BND-Chef sagte, wurde er sehr hellhörig. Sie wussten zumindest von den Transporten nach Wien.«

Diese Spur sollte niemals weiterverfolgt werden. Obwohl im Tessin bis zum heutigen Tag ein Mann sitzt, der darüber genau Bescheid wissen will: Felipe Turover, einst Banker bei der Banca del Gottardo. Er bestätigt die Goldtransporte, die ab 1991 nach Lugano geflogen wurden. Andererseits stand Wladimir Putin Anfang der neunziger Jahre in St. Petersburg gerade am Anfang seiner Karriere, und deshalb ist es eher unwahrscheinlich, dass er damit etwas zu tun hatte.

Von Seiten der deutschen Bundesregierung wurde weiter gemauert, aber Kurt Spitzer hatte unterdessen den BND-Bericht auf inoffiziellem Weg erhalten. Und Ende Februar konnte er sogar erstmals die Gemächer des BND in Pullach aufsuchen, um mit den zuständigen Sachbearbeitern zu sprechen, die ihre Behauptungen belegen wollten. Vorgelegt wurden ihm verschiedene Dokumente, unter anderem der Geschäftsbericht einer Vaduzer Bank. Spitzer wollte den Bericht einsehen, erhielt jedoch eine Absage: »Nein, das geht leider nicht. Das ist streng geheim.« Den Geschäftsbericht bekam Spitzer in Vaduz bei der Bank selbst. Dort war der vom BND als »geheim« eingestufte Bericht öffentlich ausgehängt.

Immerhin hatte er nun zusätzliche konkrete Informationen des BND über Anlagenbetrug und Geldwäsche, die er wiederum sofort überprüfen ließ. Weil er von deren Seriosität überzeugt war, ordnete er Telefonüberwachungen bei den Verdächtigen an. Erstmals in der Geschichte des Fürstentums kam es sogar zu Hausdurchsuchungen und Festnahmen höchst ehrenwerter Mitglieder der Liechtensteiner Gesellschaft. Hatte der BND etwa Recht gehabt mit seinen Behauptungen?

11. Mai 2000
Seit Tagen haben sich Staatsanwaltschaft und Polizei auf diesen Moment vorbereitet. Zeitgleich um 22 Uhr stürmen Polizeibeamte die Wohnung des prominenten Anwalts und Politikers Gabriel Marxer in Nendeln und das prächtige Bürogebäude des Treuhänders Rudolf Ritter in Mauren, einer kleinen Liechtensteiner Gemeinde. Noch hängt an der Außenwand ein großes rundes Schild: Consulado General de la Republica de Costa Rica. Generalkonsul ist Ritter zwar bereits seit Jahren nicht mehr, aber ein solcher Titel schmückt. Bereits seit Tagen haben Beamte das an allen vier Ecken von Videokameras überwachte

Bürohaus observiert und dabei seelenruhig zugeschaut, wie kistenweise Dokumente weggeschafft wurden. Der eigentliche Bürotrakt im Innern des Gebäudes ist mit einem Zugangssystem abgeschottet. Da der Treuhänder nicht freiwillig öffnet, brechen die Beamten mit Gewalt in das Gebäude ein. Zum ersten Mal in der Geschichte Liechtensteins gibt es eine derart brachiale Aktion gegen einen Treuhänder. Üblicherweise werden Verdächtige aus dem Finanzmilieu zuvor informiert, oder man klopft vornehm an die Tür und wartet, bis der Beschuldigte öffnet. Im Haus hängen kostbare Gemälde. »Da ist ein Vermögen«, erinnert sich einer der Beamten, der bei der Durchsuchung mit dabei war. Der Vorwurf der Staatsanwaltschaft gegen den Treuhänder ist ein anderer: »Verdacht des Verbrechens der Untreue, der Bildung einer kriminellen Organisation, der Geldwäsche und der Amtsanmaßung.«

Neben Rudolf Ritter wird auch Gabriel Marxer verhaftet, Mitglied des Landtags und ehemaliger Fraktionschef der »Fortschrittlichen Bürgerpartei«. Sein Bruder war der Landgerichtspräsident, dem nachgesagt wurde, manche Verfahren wegen Geldwäsche nicht bearbeitet zu haben.

In Vaduz schlägt die Nachricht von der Verhaftung der Prominenten wie eine Bombe ein. Teilweise wird heftige Kritik daran geübt, dass die Polizei derart auffällig gegen die ehrenwerten Mitbürger vorgegangen ist. Marxers Ehefrau zeigt sich über die Hausdurchsuchung empört: »Die Polizei fuhr rein wie die Gestapo. Ich bin überzeugt, dass man meinen Mann zum Sündenbock macht. Die brauchen einfach einen prominenten Angeklagten.«

»Der Flächenbrand weitet sich aus«, titelte die »Aargauer Zeitung« am 15. Mai. Spitzer hatte ein Tabu gebrochen. Bisher war es üblich gewesen, dass bei Verdachtsmomenten alle Informationen sofort an die Verdächtigten weitergeleitet, eine Ermittlung entsprechend erschwert wurde, selbst wenn der Wille dazu vorhanden gewesen wäre. In dieser Phase meldete sich auch Marie-Gabrielle Koller zu Wort, die von 1992 bis 1996 als Juristin in einem großen Liechtensteiner Treuhandbüro gearbeitet hatte.

»Wir haben für kriminelle russische Organisationen, die mit menschlichen Organen einen Handel planten und mit Blut dubiose

Geschäfte machten, Verwaltungsaufgaben übernommen. Die Verträge zwischen Nutznießern in Russland und der Tarnorganisation in Genf wurden in unserem Büro abgelegt ... Der Regierungschef hat mich an die Strafvollzugsbehörden weiterverwiesen und mir geraten, mit diesen zusammenzuarbeiten. Die ließen das Dossier aber 13 Monate liegen. Mein Ex-Chef wurde zudem gewarnt, dass bei ihm eine Hausdurchsuchung stattfinden würde.«

Ein Sommer in Liechtenstein oder Putin kommt ins Spiel

In der Zwischenzeit hatte sich im entfernten Moskau einiges getan. Am 8. Mai 2000 war Wladimir Putin feierlich als neuer russischer Präsident in sein neues Amt im Kreml eingeführt worden. Wenige Wochen zuvor, einen Tag vor den Präsidentschaftswahlen am 26. März, hatten russische Zeitungen bereits über Korruptionsvorwürfe gegen Putin berichtet, und zwar im Zusammenhang mit seiner beruflichen Tätigkeit als Zweiter Bürgermeister in St. Petersburg. Dabei ging es unter anderem um einen städtischen Fond, über den im spanischen Torrevieja Appartements finanziert worden sein sollten. Wladimir Putin sollte sich massiv für diesen Fond eingesetzt haben. Ein Bewohner von Torrevieja, so zitierten es Nachrichtenagenturen, habe zudem berichtet, dass sich Putin noch kurz vor seiner Wahl zum Regierungschef in einem Restaurant von Torrevieja mit einem ehemaligen KGB-Offizier getroffen habe.[22]

Gesichert ist, dass der genannte Fond in den Jahren 1993 bis 1995 insgesamt drei Millionen Dollar auf spanische Konten transferieren ließ. Genaueres lässt sich nicht mehr sagen, da mittlerweile alle Akten über die Transaktionen verschwunden sind. Putin selbst nannte die Vorwürfe »billige Lügen«.

Kaum ist Wladimir Putin in Amt und Würden, beginnt das Karussell sich immer schneller zu drehen – neue Namen tauchen auf. Am 31. Mai 2000 meldet die Nachrichtenagentur UPI: »Eine russische Zeitung und eine Webseite veröffentlichten eine Geschichte, die Wladimir Putin mit einer deutschen Immobilienfirma in Verbindung bringt, dessen Mitbegründer vor kurzem wegen des Verdachtes der Geldwäsche und der Verbindungen zur Organisierten Kriminalität verhaftet wurde. Die Geschichte basiert auf einem Artikel in der französischen Tageszeitung ›Le Monde‹.«[23]

Noch bevor der Artikel in »Le Monde« erschien, schrieb mir Wladimir Ivandize, einer der beiden Journalisten, die den Artikel verfassten, eine E-Mail mit folgendem Inhalt:»Ich recherchiere in der Angelegenheit in St. Petersburg seit zwei Monaten. Aber die Zeitung ›Vedomosti‹ weigerte sich, die Geschichte zu publizieren. Daher verließ ich die Zeitung, nachdem man mich als Spion diffamiert hatte. Sich damit zu beschäftigen ist außerordentlich gefährlich. Du hast es mit ehemaligen und noch aktiven KGB-Leuten zu tun und dazu die Tambovskaja.«

Am 5. Juni 2000 wird in der österreichischen Zeitschrift »Profil« über delikate Beziehungen Rudolf Ritters nach St. Petersburg spekuliert, wobei sich die Informationen überwiegend auf den »Le Monde«-Artikel beziehen.

Unter der Überschrift »Herrn Putins Geschäfte« fragen die Journalisten, ob Wladimir Putin eine deutsch-russische Immobilienfirma mit Sitz in Frankfurt beraten habe. Denn Putin saß im Beirat der SPAG, während der in Vaduz verhaftete Rudolf Ritter im Aufsichtsrat saß. Gab es da Zusammenhänge mit Ritters Verhaftung in Liechtenstein? Neue Firmen und Namen werden erwähnt:»Die beiden Petersburger Tochtergesellschaften der SPAG, die Snamenskaja und die Inform Future, standen laut dem Vorstandsvorsitzenden der SPAG, Markus Rese, unter Leitung von Wladimir Alexander Smirnow.« Smirnow kenne Putin bereits seit Beginn der neunziger Jahre. Die Putins und die Smirnows verbrachten demnach sogar gemeinsame Ferien am Ladogasee, der mit 18 000 Quadratkilometer größte See Europas in der Nähe von St. Petersburg. »Smirnow ist Chef der Petersburger Ölgesellschaft PTK, die in dieser Stadt ein Quasimonopol auf Benzin hat.«[24]

Der Bericht kratzte zwar nur an der Oberfläche – doch er zeigte bereits einige wichtige Spuren auf, die zu verfolgen sich lohnen sollte.

2. Juni 2000

Unterdessen führen in der fernen Ukraine, in Kiew, die Vorgänge in Liechtenstein zu ungewöhnlichen Aktivitäten auf höchster politischer Ebene. Am späten Abend unterhält sich der ukrainische Präsident Leonid Kutschma mit dem Chef seines Nachrichtendienstes SBU, mit Leonid Derkatsch. Beide ahnen nicht, dass unter der Couch, auf der sie sitzen, ein digitales Aufnahmegerät versteckt ist und dass seit Wochen alle Gespräche aufgezeichnet werden.

Major Nikolaj Melnitschenko, der drei Jahre lang zur Leibgarde von Staatspräsident Kutschma gehörte, hatte es installiert und über einen längeren Zeitraum alle Gespräch mitgeschnitten. Sein Motiv war, wie er später sagte, das kriminelle Handeln des Regimes zu stoppen, um das ukrainische Volk vor Schmutz und Lügen zu schützen.

Der Auslöser dafür, dass er die mitgeschnittenen Gespräche öffentlich machte und damit Staatsgeheimnisse preisgab, war die Ermordung des Journalisten Grigorij Gongadze, der im September 2001 spurlos verschwunden und zwei Monate später tot aufgefunden worden war. Verantwortlich dafür soll Leonid Kutschma gewesen sein, der damals heftig dementierte. Doch auf den mitgeschnittenen Gesprächen, die Melnitschenko einigen ukrainischen Parlamentariern übergab, war genau das Gegenteil zu hören.

Auf einem der Mitschnitte aus dem Amtszimmer des ukrainischen Präsidenten ist die Stimme von Leonid Derkatsch zu hören, der seinen Chef Kutschma über Material informiert, das Wladimir Putin betreffe. Leonid Kutschma denkt daraufhin laut darüber nach, was man mit den Materialien anfangen könne und um was er den gerade neu gewählten russischen Präsidenten Putin im Austausch für das exklusive Material bitten könnte. Anscheinend hatte der ukrainische Nachrichtendienst SBU bereits seit einiger Zeit kompromittierende Informationen über Putin gesammelt. Diesmal ist dem Dienst ein Treffer gelungen. Und wieder gibt es seltsame Verbindungen zu Rudolf Ritter in Liechtenstein und nach Deutschland. Das Gespräch in Auszügen:

Derkatsch: »Leonid Danilowitsch. Wir haben hier von den Deutschen interessantes Material gekriegt. Also, da ist einer festgenommen worden.«

Kutschma liest laut: »Ritter, Rudolf Ritter.«

Derkatsch: »Ja, und wegen dieser Angelegenheit, wegen Drogenschmuggels. Hier sind sie, die Dokumente. Die haben die Dokumente rausgegeben. Hier ist auch Wowa Putin.«

Jürgen Roth

Kutschma: »Da steht was über Putin?«

Derkatsch: »Jedenfalls haben die Russen das alles schon aufgekauft. Hier sind alle Dokumente. Die haben jetzt nur noch wir. Ich glaube, dass Nikolai Patruschew (der Direktor des Föderalen Sicherheitsdienstes Russlands, FSB, d. Autor) am 15. bis 17. kommt. Da hat er was zu arbeiten. Na, das werden wir dann bei uns aufbewahren. Die wollen die Geschichte unter den Teppich kehren. Das geben wir dann so rüber, ja?«

Zwei Tage später wurde beschlossen, das kompromittierende Material über Wladimir Putin in den Beziehungen zum Kreml als Trumpf auszuspielen. Am 4. Juni 2000 ist der SBU-Chef Leonid Derkatsch erneut bei seinem Präsidenten Leonid Kutschma.

Kutschma: »Die Übergabe darf nur mit Gegenzeichnung von Patruschew geschehen! Das ist doch wirklich wertvolles Material, oder nicht?«

Derkatsch: »Über den Putin.«

Kutschma: »Über Putin?«

Derkatsch: »Ja. Da gibt es viel Wertvolles. Das ist wirklich eine Firma, die …«

Kutschma: »Nein, sag mir, soll man das Putin geben oder soll man ihm nur sagen, dass wir dieses Material haben?«

Derkatsch: »Ja, könnte man. Aber er wird sowieso kapieren, woher wir das Material haben.«

Kutschma: »Ich werd' sagen: ›Der Geheimdienst‹ und plus … Ich werde sagen, dass unser Geheimdienst interessantes Material hat.«

Derkatsch: »Und sagen sollte man, dass wir das aus Deutschland geholt haben und sich nun alles bei uns befindet und die es uns übergeben haben. Sonst hat das niemand. Ja? Also, ich habe alle Dokumente über Putin vorbereitet und habe sie Ihnen übergeben.«

Kutschma: »Wahrscheinlich, wenn es notwendig wird. Ich sage nicht, dass ich sie persönlich übergeben werde. Vielleicht übergibst du sie Patruschew?«

Derkatsch: »Nein, ich werde einfach … sobald wir eine Entscheidung treffen, muss man sie sowieso übergeben. Weil sie alle diese Dokumente in ganz Europa aufgekauft haben und nur noch ein einziges bei uns übrig geblieben ist.«

Kutschma: »Aber vielleicht werde ich sagen, dass wir Dokumente haben, authentische Tatsachen aus Deutschland. Weiter auslassen werde ich mich nicht.«

Derkatsch: »Aha.«

Kutschma: »Ich werde sagen: ›Geben Sie Ihren Leuten den Auftrag, damit die sich mit unseren Diensten in Verbindung setzen.‹ Und wenn die sich mit dir in Verbindung setzen, sagst du: ›Verdammt, ich habe bereits alles dem Präsidenten übergeben, und von ihm krieg ich's auf keinen Fall wieder raus.‹«

Derkatsch: »Gut.«

Kutschma: »Ein bisschen Spielerei gehört dazu.«[25]

Die Authentizität dieser heimlich gemachten Aufzeichnung – wie die aller anderen auch – ist gesichert, obwohl die ukrainische Regierung erklärte, die Mitschnitte seien gefälscht. Sowohl das niederländische Innenministerium wie FBI und CIA haben bestätigt, dass weder geschnitten noch manipuliert worden sei.

Nikolaj Melnitschenko ist im November 2000 aus der Ukraine geflüchtet. Zuerst nach Deutschland, wo er sich von Killerkommandos aus der Ukraine bedroht fühlte, dann über England in die USA. Dort erhielt er politisches Asyl. Inzwischen hat die Staatsanwaltschaft in Kiew ein Auslieferungsersuchen an das US-Außenministerium gerichtet, weil »Melnitschenko illegal Gespräche der Führer des Landes aufgenommen« habe, die Staatsgeheimnisse beinhalteten.

Was die oben zitierten Gespräche betrifft, fällt zweierlei auf. Zum einen, dass die Ermittlungen in Sachen Ritter und Liechtenstein etwas mit Wladimir Putin zu tun haben und dass die ukrainische Staatsführung entsprechendes belastendes Material als politische Waffe einzusetzen gedachte. Und zum anderen, dass der ukrainische Nachrichtendienst SBU von einem deutschen Sicherheitsdienst, und das kann nur der BND gewesen sein, eine Kopie belastender Unterlagen im Zusammenhang mit Wladimir Putin erhalten haben muss – Unterlagen die von russischer Seite in ganz Europa gezielt aufgekauft worden sind. Das muss einen Grund haben. Und der weist wiederum in Richtung Deutschland.

27. Juni 2000

Heute wird Rudolf Ritter ausführlich vernommen. Nach seinen Wor-

Jürgen Roth

ten gibt es keinen Zusammenhang zwischen Aktien der SPAG und irgendwelchen Geldwäscheaktivitäten. Ein kolumbianischer Ochoa-Clan, wie der BND behauptet hatte, ist ihm vollkommen unbekannt.

Die Aktienkäufe wurden über Darlehensgeschäfte finanziert, da bei dieser Finanzierung der Kunde das Risiko des Investments nicht tragen müsse. Von Kursmanipulationen bei der SPAG-Aktie, wie die Ermittler damals mutmaßten, hat er nichts gewusst und nie hat er einen diesbezüglichen Auftrag erteilt.

In einem weiteren Dokument der Ermittler tauchen Firmen auf, die noch eine entscheidende Rolle spielen werden. Es handelt sich unter anderem um die ICI International Consulting, die E. C. Experts Limited und die VS Real Estate Investments Ltd.« auf der Isle of Man, Firmen, die allesamt Aktien im Wert von mehreren hunderttausend Mark gezeichnet hatten.

Seltsames geschah unterdessen in Liechtenstein im Zusammenhang mit der Verhaftung von Rudolf Ritter. Mit Haftprüfungsbeschluss vom 4. Juli 2000 entschied der Zweite Senat des Fürstlichen Obergerichts (Az. 8 Vr 17/91), dass die Untersuchungshaft gegen Ritter aufzuheben sei. Der Tatverdacht wegen Mitgliedschaft in einer kriminellen Organisation wurde schlichtweg verneint, da »dies lediglich eine Vermutung darstellt, die durch irgendwelche Erhebungsergebnisse nicht untermauert werden kann«. Und das, obwohl die Ermittlungen gerade erst begonnen hatten. Da der Zweite Senat des Fürstlichen Obergerichts von der Ehrenhaftigkeit des Beschuldigten mehr oder weniger überzeugt war, schrieben die Richter in ihren Beschluss, dass die Untersuchungshaft unter folgenden Bedingungen aufzuheben sei: »1. Dem Gelöbnis, keinen Versuch zu unternehmen, die Untersuchung zu vereiteln, insbesondere jeden Kontakt mit den Mitbeschuldigten zu vermeiden. 2. Dem Gelöbnis, bis auf weiteres keine neue Treuhandtätigkeit auszuüben und 3. die vorübergehende Abnahme der Reisepapiere.«

Viel Geduld und noch mehr Verständnis Liechtensteiner Richter gegenüber einem Treuhänder, der eben noch vor der Hausdurchsuchung Buchhaltungsunterlagen, wie Zahlungsbelege, Überweisungsaufträge zahlreicher Stiftungen, offensichtlich beiseite geschafft haben soll, was sein Anwalt dementiert. Rudolf Ritter durfte nach siebenwöchiger Untersuchungshaft seine triste Zelle im Landesgefängnis Vaduz wieder verlassen.

In Liechtenstein wurde gemunkelt, da gäbe es einen Zusammenhang mit der Familie Rudolf Ritters. Richtig ist, dass es nach seiner Verhaftung innerhalb der Regierung zu heftigen Auseinandersetzungen gekommen sein dürfte. Michael Ritter, stellvertretender Regierungschef, wollte partout nicht glauben, dass sein Bruder ein Krimineller sei. Auf Anweisung von Ritters Familie habe der Vize-Regierungschef dann »massiv Druck auf den Regierungschef ausgeübt, um das Verfahren einzustellen«, erinnert sich ein Kabinettsmitglied. Doch Mario Frick blieb am Ende standhaft. »Bei einem Gespräch mit Ritter habe ich das mitbekommen. Da sagte Frick: ›Ich lasse mich nicht mehr unter Druck setzen.‹« Damit hatte er die richtige Entscheidung getroffen. Denn die Staatsanwaltschaft in Liechtenstein stieß bei den weiteren Ermittlungen auf neues belastendes Material über Rudolf Ritter und seinen Ex-Partner Eugen von Hoffen.

6. Juli 2000
Bei der Landespolizei Liechtenstein geht ein Fax des BKA-Verbindungsbeamten in Bern ein. Darin steht: »Am 4. 7. 2000 fand mit der Staatsanwaltschaft Chemnitz, dem LKA Sachsen, Außenstelle Chemnitz, und dem BKA ein Informationsaustausch in Sachen SPAG und deren Verantwortliche Rese, Markus und Sauer, Klaus Peter statt. Im Einzelnen wurden nachstehende Sachverhalte erläutert: Inhalt eines Artikels der schweizerischen Zeitschrift ›Facts‹ mit Äußerungen des Oberstaatsanwalts Spitzer zur Verwicklung der SPAG in Frankfurt/ Main in Aktivitäten des in Liechtenstein wegen Betruges und Geldwäsche inhaftierten Treuhänders Rudolf Ritter.«

In dem von dem BKA-Mann in Bern erwähnten »Facts«-Artikel schrieben die Journalisten Daniel Ammann und Benedict Rüttimann über etwas, was mittlerweile mehr als nur Geraune war: Die Verbindung zwischen Liechtenstein und Wladimir Putin über die in Frankfurt ansässige SPAG.

Die Journalisten hatten übrigens Markus Rese befragt, den Vorstandsvorsitzenden der SPAG. Der hatte geantwortet, dass die SPAG sich einfach mit einem schönen Namen geschmückt habe, aber Putin nicht aktiv gewesen sei und sich nie in die Geschäfte der Firma eingeschaltet habe. Der Vorwurf, die SPAG habe Geld gewaschen, sei, so Rese, »absoluter Unsinn«. Markus Rese zu den Journalisten: »Wir sind ein

Jürgen Roth

top-seriöses Unternehmen, zu klein, um für Geldwäscher interessant zu sein. Wenn überhaupt«, so Rese, »wurden wir missbraucht und unserem Ruf wurde geschadet.«

Und so heißt es weiter im BKA-Fax: »Das Bundeskriminalamt wird versuchen, bei der Staatsanwaltschaft Darmstadt (wg. Mörfelden-Walldorf) parallel ein Finanzermittlungsverfahren ohne Grunddelikte gegen Rese und Sauer als Verantwortliche der SPAG anhängig zu machen.«
Der Verbindungsbeamte des BKA in Bern bezog sich bei dem Schriftwechsel auf ein Schreiben der Landespolizei Liechtenstein. Das datierte vom 29. Juni 2000, Aktenzeichen GZ K 00-01-161. In diesem Schreiben ist die Rede von einem »Grundtatverdacht« im Zusammenhang mit Ritter und der SPAG: »Auf Grund der Angaben des Ritter in der Niederschrift vom 7. Juni 2000 existierten einige Russenmandate, welche von F. betreut wurden. Eine Verbindung dieser Mandate zum SPAG-Komplex konnte festgestellt werden. Die Aktienkäufe von SPAG-Aktien stehen auch im Zusammenhang mit dem Sexton-Komplex. Auf Grund der Erhebungen ist indiziert, dass mit zeitlich fingierten Verkaufsaufträgen ein Schaden für die Anleger in der Höhe von mindestens 150 000 Euro verursacht wurde.«

Aufschlussreicher ist, was von der Landespolizei Liechtenstein über die Verbindungen von Ritter zur russischen Organisierten Kriminalität behauptet wurde. Demnach habe Ritter in seiner Vernehmung selbst angegeben, dass er unter anderem diverse Stiftungen wie die Earl-Holding, Berger International Holding, Repas Trading SA und Fox-Consulting gehalten habe. Wirtschaftlich Berechtiger der Earl-Holding mit Sitz in Panama sei ein Alexander Afanassiev. »In der Niederschrift erklärte Ritter auch einen Bezug zum SPAG-Komplex. Die Fox-Consulting (Auftraggeber Alexander Bushaew) habe bei der LGT einen Lombardkredit über DM 1 Million aufgenommen und in der Folge 70 000 Stück SPAG Aktien zum Kurs von 170 DM gekauft.«

Geldwäsche oder aus dem Innenleben eines Treuhandbüros

Wer ist eigentlich dieser Rudolf Ritter aus Liechtenstein? Bis zu seiner Verhaftung galt er als vollkommen unbescholten. Er erzählte den ihn vernehmenden Beamten, dass er zehn Jahre bei der Präsidialanstalt, einer Treuhandgesellschaft, als Buchhalter gearbeitet habe, später als Sachbearbeiter und Kundenbetreuer. Im Jahr 1989 gründete er mit einem Partner eine Treuhandgesellschaft, aus der er 1997 ausschied, um die Firma Euro-Finanz Trust beziehungsweise Euro-Finanz Treuunternehmen zu übernehmen. Schnell machte er sich einen Namen als Treuhänder, der Risiken nicht scheute. »Der Name Ritter ist in Moskauer Mafiakreisen ein Begriff«, behauptete später die Züricher »Sonntagszeitung«. »Eine Mafiagruppe ist im Schmuggelgeschäft, die andere handelt mit Drogen und wäscht Gelder.« Und all das sei, behaupteten die Journalisten, in eingeweihten Kreisen Liechtensteins bekannt gewesen.

Ritters Euro-Finanz in Mauren gehörte zur so genannten IC-Gruppe, die wiederum viele andere Gesellschaften unter ihrem Dach vereinte. Gemeinsam war ihnen, dass sie sich alle mit Firmengründungen, Vermögensverwaltung und -anlage beschäftigten.

Oberster Chef der IC-Gruppe war Eugen von Hoffen. Ihm musste Ritter sämtliche Post vorlegen. Er traf auch die Entscheidungen, welche finanziellen Transaktionen durchzuführen waren. Nach Angaben einer langjährigen engen Mitarbeiterin war Eugen von Hoffen der »Medizinmann« und Rudolf Ritter war der »Häuptling«, wobei Ritter als Geschäftsleiter fungierte. Von Hoffen sei »die letzte Instanz« innerhalb der IC-Gruppe gewesen. Zwischen Rudolf Ritter und Eugen von Hoffen bestand offenbar eine Partnerschaft, wobei die Gewinne der IC-Gruppe zwischen den beiden nach einem bestimmten Schlüssel aufgeteilt wurden.

Nun kommt eine weitere Person ins Spiel: Egon Fink. Er war zehn Jahre lang Angestellter bei diversen Firmen unter der Leitung Eugen von Hoffens, zuständig für Kundenberatung und die Verwaltung der Gesellschaftsmandate.

Rudolf Ritter erklärte in seiner Vernehmung am 6. Juni 2000 vor dem Fürstlichen Landgericht, dass Fink ohne Eugen von Hoffen über-

Jürgen Roth

haupt »nichts gemacht« habe. Fink habe sich immer mit Eugen von Hoffen besprochen, der habe die Kontrolle über sämtliche Transaktionen gehabt. Zweimal im Monat habe es gemeinsame Sitzungen in der Gruppe gegeben, an denen Egon Fink, Renate K., ein weiterer Mitarbeiter sowie Ritter und von Hoffen teilgenommen hätten. Demnach, so Ritter, sei es auch Eugen von Hoffen gewesen, der die Drogengeldwäsche zu verantworten habe.

Nach Ritters Aussage hatte Eugen von Hoffen bereits Anfang der 90er Jahre den Kolumbianer Juan Carlos Saavedra Molina kennen gelernt und seitdem mit ihm zusammengearbeitet. Rudolf Ritter flog mit seinem Partner eines Tages nach Madrid, wo ihm Saavedra vorgestellt wurde. Danach habe er Saavedra mehrmals getroffen. 1997 kam es dann auf Bitten von Saavedra dazu, dass die IC-Gruppe insgesamt 24 Stiftungen beziehungsweise Gesellschaften gründete. Als die eingerichtet waren, erteilte Saavedra, meistens per Telefax, seine Aufträge – Überweisungen und Barabhebungen beziehungsweise Einzahlungen.

Die Bareinzahlungen erfolgten, nachdem die Gelder von Konten anderer Firmen unter demselben Dach der Treuhänder abgehoben worden waren. Beispiele: Da wurden vom Konto der Calcul Business AG Beträge auf Konten der Agnat Stiftung sowie der Neo Trade AG und der Euro Russo Corporation einbezahlt. Vom Konto der Nomentana Anstalt wurden mehr als eine Million Schweizer Franken bar abgehoben und am selben Tag ein Betrag in derselben Höhe auf das Konto der Calcul Business AG bei der LGT Bank einbezahlt.

Dieses Finanzgebaren führte im Frühjahr 2000 dazu, dass die LGT Bank ihrem Kunden Rudolf Ritter drohte, die Geschäftsbeziehung zu kündigen, und zwar deshalb, weil die Konten der »Saavedra-Gesellschaften« eine sehr hohe Durchlaufquote aufwiesen, »indem Gelder bar einbezahlt und danach sofort wieder bar abgehoben worden sind«. Offenkundig hatten Verantwortliche der LGT Bank den Verdacht, dass die Häufigkeit der Bareinzahlungen und -auszahlungen lediglich der Verschleierung von Geldflüssen diente. Oft wurde Bargeld in Höhe von mehr als einer Million Schweizer Franken aus Madrid und Mailand von Juan Carlos Saavedra abgeholt, in einer Reisetasche verstaut und nach Liechtenstein gebracht. Dort wurde das Geld wieder auf verschiedene Konten der »Saavedra-Gesellschaften« einbezahlt.

Nach Erkenntnissen der Landespolizei Vaduz handelte es sich dabei um Drogengeld. Ein weiteres Indiz für Drogengeldwäsche war für die Staatsanwaltschaft, dass Überweisungen von Firmen aus Kolumbien und Mexiko kamen. Auf Anweisung von Rudolf Ritter verdeckte Egon Fink, nach seinen eigenen Angaben, beim Kopieren einer Gutschriftsanzeige vom 23. Dezember 1999 (159 995 US-Dollar) die Herkunftsangabe »Medellin/Columbia«, damit nicht mehr erkennbar war, woher die Überweisung stammte. In den Ermittlungsakten ist darüber zu lesen: »Ebenso wurde bei einer Gutschriftsanzeige zugunsten eines Kontos der Langdon Shipping Ltd. über 200 000 US-Dollar verfahren, bei welcher als Auftraggeber eine Firma namens Consultoria Internacional CC aus Mexiko erscheint, indem ebenfalls die Adresse und das Herkunftsland wegkopiert wurden.«

Wer war nun dieser Juan Carlos Saavedra? Er hatte bereits seit Beginn der 90er Jahre für das kolumbianische Cali-Kartell Drogengelder gewaschen und war, nach Zerschlagung des Kartells im Jahr 1995, in den Nachfolgeorganisationen weiter für Geldwäsche zuständig.

In den beschlagnahmten Unterlagen stießen die Ermittler auf ein aufschlussreiches Fax. Es datierte vom 4. Juni 1998, Absender war Saavedra. Dabei ging es um einen Wechsel in Höhe von 50 000 US-Dollar. Der Bankgarantie war ein Schreiben aus Bogotá beigefügt. Darin fragte Saavedra seine Freunde in Liechtenstein, wie andere Wechsel (500 000 US-Dollar) am besten eingelöst werden können.

Mit ihm Spiel war auch ein Todd S. Faught, der 1999 in den USA rechtskräftig wegen Geldwäscherei zu einer mehrjährigen Haftstrafe verurteilt wurde. Er wurde beschuldigt, eine Schlüsselfigur des Drogenkartells aus Cali gewesen zu sein. Und noch weitere Personen, die aus dem Liechtensteiner Firmenkomplex Gelder erhielten beziehungsweise einzahlten, standen in Verbindung mit Drogengeschäften. Da wurde vom Konto der Calcul Business AG an einen Denton Hall Geld überwiesen. Denton Hall war in den Handel mit Marihuana, Heroin und Kokain verwickelt. Er wurde 1990 verhaftet und zu einer Freiheitsstrafe von 78 Monaten verurteilt. Von Konten der Euro Russo sowie der Neo Trade, alles Saavedra-Firmen, erfolgten auch Überweisungen an einen François Serres. Serres vertrat den prominenten kolumbianischen Drogenbaron José Santacruz-Londono[26] bei Verhandlungen über eingefrorene Beträge, die aus dem Drogenhandel stammten. Außerdem taucht in den Statuten der Agnat Stiftung (Saavedra-Stiftung) als Erstbegünstigte eine Maria Sanclemente auf. Dabei handelte es sich um die Schwiegertochter des kolumbianischen Drogenbarons Gilberto Rodriguez-Orejuela.[27]

In dem Gestrüpp von Verbindungen stieß die Liechtensteiner Staatsanwaltschaft auf eine wichtige Spur nach Wien, und zwar zu einem Rechtsanwalt, der eigentlich im Bereich Ehe- und Familienrecht tätig war. Von ihm sollen knapp 2,8 Millionen Schweizer Franken auf ein Konto der Saavedra-Firmen in Liechtenstein einbezahlt worden sein. Bei dem Anwalt fanden die Ermittler Unterlagen, die etwas über die Herkunft dieser 2,8 Millionen aussagten. Es handelte sich um Gelder von Esperanca Rodriguez de Castro, der Schwiegermutter des Drogenbosses Jose Santacruz-Londono.

Die Familie Santacruz, mit Jose Santacruz-Londono an der Spitze, sowie die Familie Rodriguez-Orejuela, mit Gilberto Rodriguez-Orejuela, waren die wichtigsten Clans des Cali-Kartells, das bis Mitte der neunziger Jahre Politik und Wirtschaft in Kolumbien dominierte.

Zu dem Wiener Vorgang hielt die Liechtensteiner Staatsanwaltschaft fest: »Diese von dem Wiener Anwalt nach Liechtenstein transferierten Gelder wurden im Jahr 1991 auf Grund eines Rechtshilfeersuchens eines US-Bezirksgerichtes sowie eines gleich lautenden Rechtshilfeersuchens der Justizbehörden von Luxemburg gesperrt. Es wurden dann gegen zahlreiche Personen Voruntersuchungen wegen des Verdachts der Geldwäsche eingeleitet. Rechtsanwalt X. wurde von einem kolumbianischen Anwalt beauftragt, die eingefrorenen Gelder freizubekommen. Die Gelder wurden vom Landesgericht für Strafsachen in Wien freigegeben, da laut Erklärung des US-Justizministeriums an der Einfrierung der Gelder kein Interesse mehr bestand, weil die Verdächtigen in den Vereinigten Staaten wegen Geldwäscherei verurteilt worden waren und sich damit einverstanden erklärt hatten, dass das betroffene Geld an eine US-Bank zwecks Konfiszierung überwiesen werde.«

Dieser Entscheidung widersprach die Schwiegermutter des Drogenbarons. Sie erteilte dem Wiener Anwalt den Auftrag, die Gelder nach Liechtenstein zu überweisen. Und so soll es geschehen sein.

Den Anwalt in Wien habe ich natürlich um eine Stellungnahme zu den Vorwürfen der Liechtensteiner Staatsanwaltschaft gebeten. Er antwortete auch, und zwar so: »In Beantwortung Ihrer E-Mails darf ich Sie daran erinnern, dass ich als Anwalt eine standesrechtliche Schweigepflicht habe und selbstverständlich keinem Journalisten oder sonst jemanden Auskünfte über Klienten oder Causen geben kann. Ich würde es mir daher sehr überlegen, ob Sie mein Schweigen dahingehend auslegen, dass die von Ihnen behaupteten Umstände der Wahrheit entsprechen. Sollte in einem von Ihnen verfassten Artikel in irgendeiner Weise etwas aufscheinen, was nicht den Tatsachen entspricht, oder mir zum beruflichen Nachteil gereichen sollte, werde ich nicht anstehen, die notwendigen rechtlichen Schritte zu ergreifen.«

Doch die Liste der Transfers von Drogengeldern nach Liechtenstein ist noch länger. So führte zum Beispiel im Dezember 1999 ein verdeckter Ermittler der US-amerikanischen DEA (Drug Enforcement Administration) für einen Drogenhändler eine kontrollierte Geldüberweisung mittels der Firma Giraldos Transportation Service durch. Die Gelder sollten auf ein Konto der Standex Shipping (Saavedra-Gesellschaft) überwiesen werden.

All das zusammengenommen führte zu dem schweren Verdacht, dass Drogengelder in den Firmenkomplex Saavedra in Liechtenstein eingeschleust wurden. Gegenüber einem verdeckten Ermittler hatte Juan Carlos Saavedra ja sogar selbst zugegeben, Drogengelder zu waschen. Rudolf Ritter bestätigte außerdem, dass er sich einige Male mit Juan Carlos Saavedra getroffen und dass Eugen von Hoffen an mehreren Besprechungen mit Saavedra teilgenommen hatte. Daher, so die Liechtensteiner Staatsanwaltschaft, sei nur ein Schluss zu ziehen: »Es gibt keinen Zweifel, dass Ritter und Heeb sogar gewusst haben, dass es sich bei diesen Geldern, die auf die Konten der ›Saavedra-Gesellschaften‹ einbezahlt werden und dann von ihnen verschoben werden, um Gelder aus Drogengeschäften handelt.«

Das war der eine Komplex. Aber es gibt da ja noch einen anderen. Und der hat direkt mit der SPAG zu tun.

Ende 1998, Anfang 1999 hatte der Amerikaner James Sexton sen. von verschiedenen US-Anlegern Geldbeträge in Höhe von mehreren Millionen US-Dollar auf einem Konto der P. B. Global Investments

Ltd. bei der Liechtensteinischen Landesbank eingezahlt. Der einzige Zeichnungsberechtigte für dieses Konto war James Sexton selbst. Gegenüber der Liechtensteinischen Landesbank gab er sich als wirtschaftlich Berechtigter aus.

Anfang Februar 1999 drohte die Liechtensteinische Landesbank James Sexton mit der Auflösung der Kontoverbindung. Und zwar offenkundig deshalb, weil man bei der Bank zu der Ansicht gekommen war, dass einerseits die Gelder »gepoolt« seien und dass andererseits Sexton die Bank über die tatsächlichen wirtschaftlich Berechtigten für diese Gelder getäuscht hatte. Sexton wollte nun verhindern, dass die Gelder gesperrt und möglicherweise an die Berechtigten zurücküberwiesen würden. Deshalb wandte er sich an seine Bekannten Egon Fink und Rudolf Ritter. Zu den Beratungen wurde der Liechtensteiner Rechtsanwalt Gabriel Marxer hinzugezogen, der dann wiederum Gespräche mit den Verantwortlichen der Landesbank führte. Das Ergebnis war, dass die Gelder von den Konten der Landesbank auf ein Konto von Marxer bei der LGT Bank in Liechtenstein überwiesen wurden.

Daraufhin wurden von Ritter und Fink für jene Anleger, die Beträge von mehr als 100 000 Dollar eingezahlt hatten, insgesamt zwölf Stiftungen gegründet. Für die Beträge, die laut Angaben von James Sexton sein Privatvermögen darstellten, wurde eine Stiftung und eine Firma namens Bella Finance gegründet. Das Kapital jener Anleger mit weniger als 100 000 Dollar Einzahlung blieb auf dem Konto von Marxer. Die übrig gebliebenen Gelder wurden, nach Abzug von Provisionen und diverser anderer Gebühren und Kosten, anteilig auf die zwölf Stiftungen überwiesen. Die hatten klangvolle Namen wie Adamit Stiftung, Adder Foundation, Bonbon Stiftung, Compur Foundation oder Envelop Foundation.

Laut Angaben von Fink sollten die Gelder der einzelnen Stiftungen, entsprechend den Vorgaben von Sexton, in Projekte in Liechtenstein sowie in zukunftsorientierte europäische Aktien angelegt werden. Aus diesem Grund wurden insgesamt 30 000 Stück Aktien der SPAG außerbörslich gekauft, und zwar von der Firma IC Deposit and Holding Company Inc., die in ihrem Depot, nach Erkenntnissen der Liechtensteiner Ermittler, bereits mehr als 100 000 Stück dieser Aktien hatte.

Zu dieser Zeit war Rudolf Ritter Mitglied des Aufsichtsrats der SPAG und verfügte über große Aktienanteile. Die weiteren Erkenntnisse:»Im Frühjahr 1999 ist der Aktienkurs gesunken. Der Kurswert der Aktien betrug am 24. 3. 1999 (Gründungsdatum der Stiftungen) 14,3 Euro pro Stück. Einen Monat später, am 23. 4. 1999, lag der Kurswert der Aktien nur noch bei 9,95 Euro pro Stück.«

Zu allen Vorwürfen, ob Drogengeldwäsche oder Aktienmanipulationen, sagte Rudolf Ritter:»Ich habe davon nichts gewusst.« Dass er »blauäugig« sei, wird ihm in der Tat von den Ermittlern und der Staatsanwaltschaft attestiert. Aber kann ein Finanzprofi wirklich so blauäugig sein? Sein Anwalt Hermann Böckle bestritt damals vehement den Vorwurf der Staatsanwaltschaft. Für ihn war bereits Ritters Verhaftung ein riesiger Skandal.

20. Juli 2000
Die Staatsanwaltschaft und die Ermittler sind empört. Heute hat ein Untersuchungsrichter weiterführende Ermittlungen gegen ein Treuhandbüro blockiert. Der BND hat mittlerweile detaillierte Informationen geliefert, dass über dieses Treuhandbüro schmutzige Gelder aus Russland gewaschen werden. Der Sonderstaatsanwalt argumentiert gegenüber dem Untersuchungsrichter mit der Seriosität des BND: »Beim deutschen Bundesnachrichtendienst handelt es sich immerhin um einen amtlichen Informationsdienst, der 3500 Personen beschäftigt. Wenn dieser Informationsdienst Ergebnisse Ihrer Recherchen bekannt gibt und diese Ergebnisse auch durch Unterlagen untermauert, so kann doch nicht ernsthaft ein Tatverdacht bezweifelt werden.«

Aufschlussreich ist, wie »gut« der BND über osteuropäische Organisierte Kriminalität Bescheid zu wissen glaubte. Ermittler Kurt Spitzer durfte ja während seines Besuchs beim BND in Pullach Einblick in dessen interne Unterlagen nehmen, zum Beispiel in das, was über die Chernoy-Brüder[28] bekannt war. Die beiden Unternehmer gelten bei internationalen Polizeibehörden, insbesondere beim amerikanischen FBI und bei Europol, als bedeutende Köpfe im Milieu der internationalen Finanzkriminalität.

Der BND legte dem Ermittler aus Vaduz sensationelle Beweise vor. Demnach wurden über eine Treuhandanstalt in Vaduz russischen Verbindungsleuten der Chernoy-Brüder voll funktionsfähige Aktiengesellschaften zum Kauf angeboten. Der BND kannte die Namen der

Tarnfirmen, konnte konkrete Geldbeträge nennen und wusste die genauen Kontonummern. Über die bei der Treuhandanstalt geführten Firmen sei »nachweislich ein Teil der für den wirtschaftlichen Aufbau Russlands vom Westen bereitgestellten Kredite nach Liechtenstein transferiert worden«, so der BND. Und zwar auf Konten prominenter russischer Staatsbürger. Anhand dieser detaillierten Daten des BND lässt Kurt Spitzer, trotz heftigen Widerstands des Untersuchungsrichters, die Räume der vom BND genannten Treuhandfirma durchsuchen. Das Ergebnis: »Ich habe mich dort blamiert. Die angeführten Kontonummern gab es nicht, die genannten Beträge sind nie einbezahlt worden.«

Wenig später müssen die Ermittler und der Sonderstaatsanwalt erkennen, dass praktisch alle Informationen des BND höchst fragwürdig sind. »Das Dossier und die zusätzlichen Informationen waren – bis auf einen einzigen Fall – alle falsch«, schimpft Kurt Spitzer. Er übertreibt nicht. In einem internen Bericht, der in Liechtensteiner Regierungskreisen kursiert, ist aufgelistet, wie fahrlässig der BND gearbeitet haben muss.

Ein Vorwurf des BND lautete, dass eine deutsche Ermittlungsbehörde im Wege der Rechtshilfe bei einer Treuhandgesellschaft eine Hausdurchsuchung beantragt habe, die aber von höchster Stelle gestoppt worden sei. Deshalb hätten die deutschen Ermittler unverrichteter Dinge wieder zurückfahren müssen. Der Vorgang wurde von Spitzer anhand der vorliegenden Strafakten penibel nachvollzogen. Das Ergebnis: Die Hausdurchsuchung bei dem Treuhandbüro war durchgeführt und Unterlagen waren beschlagnahmt worden. Der Verteidiger – mit dem gleichem Familiennamen wie ein Regierungsrat – war eingeschritten und hatte zu verhindern versucht, dass die deutschen Ermittler ihre liechtensteinischen Kollegen bei der Hausdurchsuchung unterstützten. Das Landgericht entschied aber wenig später, dass die Anwesenheit der deutschen Kripobeamten bei der Durchsuchung rechtmäßig sei. Die deutschen Beamten waren jedoch bereits abgereist.

In einem anderen Fall behauptete der BND, dass der philippinische Diktator Marcos einen Teil seines Vermögens von der Schweiz über Luxemburg nach Liechtenstein transferiert habe. Spitzer erhielt genaue Informationen wie die Kontonummern der Anstalten und Stiftungen, Daten der Überweisungen, die genauen Beträge und die Namen der beteiligten Banken. Nach einer von Spitzer angeordneten Kontoeröffnung stellte sich heraus: Der wirtschaftlich Berechtigte der Stiftung war nicht die Tochter des Ex-Diktators, wie vom BND behauptet, sondern ein italienischer Metzger. Und die Überweisungen gab es überhaupt nicht. Von Schweizer Ermittlungsbehörden erfährt Spitzer, dass alles, was der BND da als streng geheime Information verkaufte, schon einmal behauptet worden war – von einer Zeitung in Manila, die gefälschte Dokumente zitiert hatte. Vermutlich hatte der BND diese Zeitungsente übersetzt und sie dann – wie üblich – als geheim eingestuft.

Nicht geheim, sondern schlichtweg falsch war die Behauptung über die Mafiakontakte des früheren Polizeichefs von Liechtenstein. Der wurde einfach mit einem – beinahe namensgleichen – Polizisten aus Venezuela verwechselt. Und die im BND-Bericht erwähnte Recona AG, die aus Vermögenswerten der italienischen Mafia ein norditalienisches Kraftwerk finanziert haben sollte, hat ihren Sitz nicht in Liechtenstein, sondern in der Schweiz. »Der Informant wusste dies offenbar nicht und suchte im Vaduzer Öffentlichkeitsregister, wo er eine Firma Recoma AG fand und diesem Unternehmen und deren Verwaltungsräten die behaupteten kriminellen Verbindungen unterstellte«, so Kurt Spitzer.

Quellen des BND – Desinformation pur

Im Hinblick auf die Qualität der Arbeit des BND schrieb Wolfgang Hetzer, Ex-Mitarbeiter des Bundeskanzleramtes: »Die Geringschätzung geheimdienstlicher Expertisen kann die Dienste als Institution nicht diskreditieren. Sie muss aber als Symptom ernst genommen werden. Die in diesem Bereich immer wieder anzutreffende Mischung aus Vermutungen, Andeutungen, Verdächtigungen, Indiskretionen, politischer Instrumentalisierung und Wichtigtuerei begründet einen erheblichen Nachholbedarf im Sinne einer sorgfältig durchdachten neuen Struktur und Arbeitsweise.«[29]

Unter Umständen dachte er an den BND-Bericht über Liechtenstein, den er teilweise mit zu verantworten hatte. Abgesehen von den

Informationen über Putin und die SPAG, basierte das BND-Dossier, das zu massiven Verstimmungen zwischen dem Zwergstaat Liechtenstein und Deutschland führte, auf gerade mal zwei Quellen. Eine davon war ein Bericht, dessen Verfasser aus Rache Persönlichkeiten des öffentlichen Lebens in Liechtenstein diffamierte, indem er sie als Mitglieder krimineller Organisationen anprangerte. Und es gab einen weiteren anonymen Bericht, der im Februar 1998 per Post auch die Liechtensteiner Staatsanwaltschaft erreichte.

Bei mir lag damals dieser Bericht ebenfalls im Briefkasten. Absender war ein Anonymus aus Panama. »Meine nachstehenden Ausführungen über Geldwäscheaktivitäten in Liechtenstein ansässiger Treuhänder, Korruption, persönliche Verbindungen hoher Polizei- und Interpolbeamter zum organisierten Verbrechen in Italien sowie zu südamerikanischen Drogenkartellen möchte ich grundsätzlich als Anregung verstanden wissen, journalistisch ermittelnd tätig zu werden und zu recherchieren. Einen Großteil der Ihnen überlassenen Informationen habe ich (Rechtsanwalt in einem südamerikanischen Staat) Ermittlungsakten aus Panama, Kolumbien, Brasilien, Belgien und Liechtenstein entnommen, die mir in meiner Eigenschaft als Strafverteidiger in einem Geldwäscheprozess zugänglich waren. Sie werden Verständnis dafür haben, dass es mir nicht möglich war, beweiskräftige Unterlagen diesen Akten zu entnehmen. Diese Dokumentation liegt auch der Pressestelle des Fürsten vor.«

Als ich das las, glaubte ich, dass der Informant ungewöhnlich gute Quellen haben müsse. Und die Vorwürfe waren ungeheuerlich. Trotzdem legte ich den Bericht erst einmal ab.

Inzwischen ist geklärt, wer ihn geschrieben hat. Kein Rechtsanwalt aus einem südamerikanischen Staat, sondern ein Mann, der dem BND zumindest nahe gestanden hat, so Sonderstaatsanwalt Spitzer.

Der Name des Verfassers ist Wolfgang Zimmermann, von Beruf angeblich Kaufmann. Zimmermann firmierte auf Briefköpfen als »Military & Security Consultant« mit einem Büro in der Londoner Finchley Road.

In einem Brief vom 12. Februar 1998 an einen Anwalt in Lugano (Persönlich/Streng Vertraulich), schrieb er, dass er von »verschiedenen europäischen, süd- und mittelamerikanischen Behörden« Informationen über zwei der später an prominenter Stelle im BND-Bericht genannten Personen erhalten habe. Und weiter:»Ich möchte Sie an dieser Stelle ausdrücklich darauf hinweisen, dass es sich bei den nachstehenden Informationen um interne, streng geheime Informationen verschiedener europäischer, süd- und mittelamerikanischer sowie US-amerikanischer Geheimdienste handelt, die nicht für die Öffentlichkeit bestimmt sind.« Und dann wird fast wortgleich das wiedergegeben, was sowohl in dem von Spitzer erwähnten anonymen Bericht aus dem Jahr 1998 stand wie später im BND-Dossier.

Als bei Zimmermann, der mittlerweile wegen versuchter Erpressung und Anlagebetrugs in Düsseldorf rechtskräftig zu fünf Jahren Gefängnis verurteilt worden war[30], eine von den Justizbehörden in Vaduz beantragte Hausdurchsuchung stattfand, fielen den Beamten nicht nur 30 Exemplare jener »Spiegel«-Ausgabe auf, in der er einmal zitiert wurde, sondern auch viele interessante Bücher. Unter anderem das Buch »Die Verbrecherholding«, das ich zusammen mit Mark Frey 1996 geschrieben hatte. Markiert waren darin Abschnitte über den Cuntrera/ Caruana-Clan aus Venezuela, die sich später überarbeitet im BND-Bericht wiederfanden. Wie der BND Zimmermanns Brief kopierte, zeigt folgender Vergleich:

Im Schreiben von Zimmermann heißt es:»Peter Frommelt, ein Bruder des Staatsanwalts Gert Frommelt, ist ein alter Duzfreund von Engelbert Schreiber und seit Jahren eng privat und geschäftlich mit diesem verbunden. Peter Frommelt ist weiter ein Schützling des ehemaligen Regierungschefs Hans Brunhart.«

Im BND-Bericht steht auf Seite 10:»Ein enger Geschäftsfreund von Frommelt ist Engelbert Schreiber. Frommelt soll zudem ein Schützling des ehemaligen Liechtensteiner Staatspräsidenten Hans Brunhart sein.«

Oder, so Zimmermann 1998:»Hans Brunhart hat sich in seinen langen Jahren als Regierungschef (über 10 Jahre) ein Netzwerk über das ganze Land geschaffen, das hohe Funktionäre mit einbezieht … er hat sich einen unangreifbaren Kreis von Beteiligten geschaffen, die sich gegenseitig schützen.«

Im BND-Bericht auf Seite 12 ist zu lesen:»Eine zentrale Rolle spielt in der Community der ehemalige Regierungschef des Fürstentums, Hans Brunhart. Während seiner Amtszeit erreichte er ein Geflecht aus

Jürgen Roth

Beziehungen von hohen Beamten, Richtern, Politikern, Bankdirektoren und Anlageberatern, die sich bei der Abwicklung illegaler Geldgeschäfte im Auftrag internationaler Krimineller gegenseitig unterstützen.«

An anderer Stelle schreibt Zimmermann: »Der frühere Polizeichef von Liechtenstein, Herr Marxer, ist vor einigen Monaten mit 55 Jahren in den vorzeitigen Ruhestand gegangen. Wie offiziell mitgeteilt wurde, erfolgte dies aus gesundheitlichen Gründen. Richtig ist jedoch, dass der Polizeichef zwischen 1985 und 1991 enge Kontakte zum damaligen Medellin-Kartell – Pablo Escobar hatte. Die Kontakte zu Escobar kamen durch Engelbert Schreiber, über Caracas/Venezuela sowie die Mafiafamilien Cuntrera, Caruana und Calderella zustande ... Des Weiteren verfügt der Polizeichef a. D. über Immobilienbesitz auf Aruba sowie in Italien, den er ebenfalls als Geschenk von den Familien (Cuntrera-Caruana-Clan, d. Autor) erhalten hat. Im Gegenzug informierte er die Familien ständig über aktuelle Ermittlungen in Liechtenstein und der Schweiz sowie über Ermittlungsersuchen aus Italien oder anderen Staaten, die die Familie betrafen. Dies bezog sich insbesondere auf Ermittlungen im Bankenbereich (z. B. Geldwäsche oder Beschlagnahmung von Konten).«

Der BND fasste dieses Lügengespinst folgendermaßen zusammen: »Werner Marxer war bis 1997 Polizeipräsident in Liechtenstein. Im Juli 1997 ging er – 55-jährig – vorzeitig in Ruhestand. Über Engelbert Schreiber soll Marxer zwischen 1985 und 1991 enge Kontakte zum Drogenkartell von Medellin um Pablo Escobar gepflegt haben. Es soll diese und andere Mafia-Gruppen (z. B. Clan der Cuntrera-Caruana-Calderella) über Ermittlungen in Liechtenstein und der Schweiz sowie über Ermittlungsersuchen aus Italien und anderen Staaten, vor allem im Bereich der Geldwäsche und Beschlagnahme von Konten, unterrichtet haben. Als Gegenleistung für seine Dienste wurden ihm eine Villa in Caracas sowie Immobilienbesitz auf Aruba und in Italien vermacht.«

Gegen Zimmermann hat die Staatsanwaltschaft in Liechtenstein inzwischen Anklage erhoben wegen Verleumdung. Gegenüber einer Schweizer Zeitung (SonntagsBlick v. 10 September 2000) erklärte Zimmermann, nachdem er damit geprahlt hatte, dass in seinem Auftrag südamerikanische Diplomaten 195 Millionen Dollar in bar nach Zürich und Frankfurt gebracht hätten, die er dann auf Bankkonten von Treuhändern eingezahlt haben will: »Will mich Spitzer bei meinen Treuhänder als Verräter denunzieren?« Und: »Ich habe Spitzer angeboten, mich zu vernehmen. Er lehnte das ab, ohne Begründung.« Und er fügt in dem Interview mit den Journalisten hinzu, dass er weder Verfasser der anonymen Schreiben sei noch ein Informant des BND. Wieder eine schöne Geschichte.

In dem phantasievoll aufgemotzten Bericht von Zimmermann fehlten zwei Treuhänder, die wiederum im BND-Bericht genannt wurden: Rudolf Ritter und Dr. Eugen Heeb. Es sind jene Finanzjongleure, die vom BND in Verbindung mit der SPAG und St. Petersburg zitiert wurden.

Aber wer ist die zweite Quelle des BND? Hier führt die Spur über Wolfgang Zimmermann (der Eugen Heeb persönlich kannte und mit ihm teilweise zusammengearbeitet hatte) zu dem seit Jahren per Haftbefehl gesuchten Eugen Heeb, der inzwischen einen neuen Namen angenommen hatte: Eugen von Hoffen. Und der war nach Überzeugung der Staatsanwaltschaft in Liechtenstein die zweite Quelle für das BND-Dossier. Er hatte einst mit Zimmermann zusammengearbeitet.

Eugen Heeb alias Eugen von Hoffen lebte seit Jahren friedlich in Liechtenstein. Beim zuständigen Gericht türmten sich drei Aktenberge über Heeb – aber es passierte nichts, weil Heeb ja offiziell nicht im Land war. Selbst die Liechtensteiner Polizei will angeblich nichts von seiner Existenz gewusst haben. Wenn er auch durch eine Gesichtsoperation sein Aussehen verändert hatte, bleibt es dennoch unverständlich, dass er seinen kriminellen Geschäften in Liechtenstein weiter ungehindert nachgehen konnte. Warum Heeb nicht angetastet wurde, fragte ich in Liechtenstein einen hohen Regierungsvertreter: »Das hängt mit dem Fürsten zusammen. Es wurde von ganz oben Einfluss genommen, nichts in der Sache Heeb zu tun. Betrüger sind häufig auch im Erpressergeschäft.«

Aber zurück zum BND-Bericht: »Heeb«, das sagt Kurt Spitzer, »hatte eine Liste mit Namen geschrieben, mit denen er eine persönliche Fehde hatte. Er wollte die Leute, die ihm im Wege standen, ausschalten.«

Und so geschah es auch – mit tatkräftiger Unterstützung des BND, der dem Bundeskanzleramt beide Quellen als Beweise für Geldwäsche in Liechtenstein verkaufte. Die Informanten des BND waren nur

Bauern auf dem Schachbrett der politischen Strategen in Pullach und Berlin. Denn wie sagte der Geheimdienstkoordinator Ernst Uhrlau auf einer Veranstaltung der Friedrich-Ebert-Stiftung im Jahr 2001 in Berlin? »Das Wichtigste ist doch, dass wir unser Ziel erreicht haben.« Und ein anderer hoher Beamter aus dem Bundeskanzleramt fügte hinzu: »Lügen gehören zum Geschäft der Nachrichtendienste.«

Unter Polizisten und Staatsanwälten wird übrigens gerne Folgendes über die Aussagekraft von BND-Erkenntnissen erzählt: »Wir liefern Zahlen«, sagt der BND, »die etwas Bedrohliches aussagen.« Fragen wir nach, ob es um Zentimeter, Meter, Quadratkilometer, um Kilo oder Milligramm geht, antwortet uns der BND: »Nein, Zahlen, die sind doch bedrohlich genug.«

30. August 2000
Sonderstaatsanwalt Spitzer übergibt Regierungschef Frick seinen Abschlussbericht. Mario Frick wird morgen, mit ihm zusammen, auf einer Pressekonferenz im Gemeindesaal eine ziemlich abgespeckte Version seines Berichts der gespannt wartenden Öffentlichkeit vorlegen. Ganz zufrieden ist Spitzer nicht. Aber seit er in den letzten Wochen spürt, dass viele Liechtensteiner seine Schnüffelei zunehmend als Belastung empfinden und er und der Justizminister ziemlich alleine dastehen, will er einen Schlussstrich ziehen. Selbst der Fürst ist von den Aktionen des Sonderstaatsanwalts aus Innsbruck nicht mehr so begeistert wie noch am Anfang. Insbesondere weil Spitzer es gewagt hat, seine Bank durchsuchen zu lassen. Ein ehemaliges Regierungsmitglied beschreibt die Reaktion Seiner Durchlaucht so: »Der Fürst war außerordentlich erbost, als seine Bank durchsucht wurde. Das hatte das Verhältnis zum Regierungschef zusätzlich belastet. In dem Moment, wo er persönlich betroffen war, war es nicht mehr so lustig.« Dabei hält sich hartnäckig das Gerücht, dass Unterlagen der Polizei über zweifelhafte Russenmandate auf Wunsch Seiner Durchlaucht geschreddert worden sein sollen. Eine offizielle Bestätigung dazu ist nicht zu bekommen. Und dass der prominenteste Treuhänder Liechtensteins, der fürstliche Kommerzienrat Professor Dr. Dr. Herbert Batliner, Träger der Goldenen Pfadfinderlilie und des Großen Tiroler Adler-Ordens, ins Visier von Kurt Spitzer kam, trug auch nicht zu Spitzers Beliebtheit bei, trotz allen Lobes von Regierungschef Frick.

Auf der Pressekonferenz am 31. August sagt Mario Frick zu den zahlreichen Journalisten:»Meinen Ausführungen zum Abschlussbericht von Sonderstaatsanwalt Kurt Spitzer möchte ich eine zentrale Aussage voranstellen: Liechtenstein war kein und ist kein krimineller Staat. Vorwürfe, die das ganze Land an den Pranger stellten, sind unberechtigt ... Der Abschlussbericht von Sonderstaatsanwalt Kurt Spitzer erteilt uns jedoch keine bedingungslose Absolution. Es sind Fehler gemacht worden, und es gab auch teilweise Fehlleistungen, die jetzt durch die intensiven Untersuchungen des Sonderstaatsanwalts sichtbar wurden. Hier sind der extreme Formalismus in der Rechtshilfe, die Verzögerungen im Strafrechtsbereich und die personelle Unterbesetzung der Strafjustiz und der Landespolizei zu nennen.«

Die Journalisten hätten schon gerne einige Details erfahren. Zum Beispiel, warum drei Rechtshilfeersuchen der Staatsanwaltschaft Mailand aus den Jahren 1996, 1997 und 1998 nicht bearbeitet wurden. Es ging um Ermittlungen gegen den Richter Renato Squillante, die Rechtsanwälte Attilo Pacifico und Giovanni Acampora sowie das Senatsmitglied Cesare Previti von der »Forza Italia« wegen Amtsmissbrauch und Bestechung. Von insgesamt 90 Millionen US-Dollar Schmiergeld an den Richter und den Senator sind immerhin 20 Millionen über Liechtenstein geschleust worden.

In Liechtenstein ist seitdem nichts mehr, wie es einmal war. Die bisher herrschende Harmonie unter den Regierungsmitgliedern ist zerbrochen. Die Betroffenen führen das auch auf den massiven Druck von mächtigen Bankern und Treuhändern zurück.

Der 52-jährige Tiroler Oberstaatsanwalt jedenfalls hatte Beachtliches geleistet. Telefonüberwachungen hatte es vor seinem Amtsantritt ebenso wenig gegeben wie Hausdurchsuchungen bei einflussreichen Treuhändern und Banken. Auf besonders wenig Gegenliebe stieß Spitzer bei der Justiz, die teilweise dubiose Beziehungen zu Treuhändern unterhielt und wenig Anstrengungen unternommen hatte, internationalen Rechtshilfeersuchen nachzukommen. Und die Polizei war vollkommen überfordert gewesen, Ermittlungen gegen kriminelle Syndikate zu führen, die über Liechtensteiner Treuhänder ihr Geld waschen ließen.

Das vorläufige Ergebnis der Arbeit des Sonderstaatsanwalts Spitzer:

Mehrere Treuhänder sowie ein Abgeordneter wurden verhaftet, Strafverfahren gegen Richter eingeleitet.

Am Ende seiner Tätigkeit in Vaduz habe ich Spitzer gefragt, ob er damit gerechnet habe, was er in Liechtenstein erlebte. Seine Antwort: »Nein, das habe ich nicht. Ich bin auf eine neue Dimension des Verbrechens gestoßen, auf höchst komplizierte Strukturen, die mir in diesem Ausmaß nicht bekannt waren. Ich fand in Liechtenstein Hinweise auf eine weltweit organisierte Wirtschaftskriminalität, die von Anlagebetrug bis hin zu Drogengeldwäsche reicht.«

So gesehen hatte der BND-Bericht tatsächlich etwas erreicht – dass diese katastrophalen Zustände aufgedeckt wurden. Und dass die Regierung in Liechtenstein seither erhebliche Anstrengungen unternommen hat, Spitzers Forderungen nach neuen Gesetzen gegen die Geldwäsche und nach einer besseren personellen Ausstattung der Polizei und Staatsanwaltschaft zu entsprechen. Bei der Landespolizei wurde bereits eine Spezialeinheit für die Bekämpfung der Wirtschaftskriminalität eingerichtet, und schließlich schuf die Regierung eine besondere Stabsstelle Financial Intelligence Unit (FIU) mit sechs Mitarbeitern, die von dem international renommierten Schweizer Michael Lauber geleitet wird.

Frühjahr 2001
Unterdessen dringen weitere Einzelheiten aus Liechtenstein an die Öffentlichkeit. Und es verdichtet sich der Verdacht, dass sich hinter der SPAG in Mörfelden-Walldorf eventuell mehr verbirgt als die bisher bekannten Verbindungen zu Rudolf Ritter. Darüber berichtet die deutsche Zeitschrift »Die Telebörse«.

In einem Artikel mit der Überschrift »Heißes Geld an der Börse«[31] schrieb die Journalistin Tanja Treser, dass das BKA mittlerweile »Vorermittlungen gegen die SPAG eingeleitet hat und die Dresdner Bank Anfang des Jahres eine Verdachtsanzeige wegen Geldwäsche gegen das Unternehmen erstattete. Über Rudolf Ritter heißt es in dem Artikel: »US-Anleger hatten den Amerikaner James Sexton angezeigt. Auf Inserate hin hatten sie sich an Sextons Offshore-Unternehmen beteiligt.« Später soll Rudolf Ritter die Verwaltung übernommen und einen Teil der Gelder außerbörslich in SPAG-Aktien gesteckt haben. Vorwurf der Ermittler:

Der gezahlte Preis lag über Tageskurs. Erstmals wird der Name Wladimir Alexander Smirnow erwähnt.»Smirnow, einstmals Verwalter der St. Petersburger Friedhöfe, sitzt heute in Putins Berater-Team im Kreml.«

Der Artikel verursachte helle Aufregung, und nicht nur bei den Verantwortlichen der SPAG. Im Bundeskanzleramt in Berlin kam es bei der ND-Lage (an jedem Dienstag werden Regierungsmitglieder von den Spitzen der Sicherheitsdienste informiert) zu einem heftigen Streit zwischen dem Chef des BKA, Ulrich Kersten, und dem BND-Präsidenten August Hanning. Das BKA vermutete, dass die Information für den Satz, das BKA habe»Vorermittlungen gegen die SPAG eingeleitet«, der Journalistin Tanja Treser von einem Mitarbeiter des Bundeskanzleramtes zugesteckt worden sei. Eine Konsequenz dieser Diskussion könnte gewesen sein, dass keine Informationen mehr an den BND gegeben wurden. Und in der Tat erhielt der zuständige Staatsanwalt in Darmstadt, David Kirkpatrick, keinerlei Unterstützung, obwohl die ihm zugesagt worden war. Dafür tummelte sich ein BND-Agent mit dem kuriosen Tarnnamen Mielke bei verschiedenen Polizeibehörden, um an Informationen über das Verfahren gegen die SPAG zu gelangen. Merkwürdig auch: Der Vorgang SPAG wurde bei der Kanzlerlage besprochen, und danach kümmerte sich niemand mehr darum. Politische Rücksichtnahme?

Übrigens lässt sich der Streit im Bundeskanzleramt zwischen BKA und BND recht einfach lösen. Tatsächlich stammte die Information über die Vorermittlungen des BKA von mir. Denn die Journalistin Tanja Treser hatte mich, bevor sie den Artikel schrieb, besucht. Ich hatte ihr das entsprechende Dokument des BKA über die Vorermittlungen, das mir wiederum aus der Schweiz zugespielt wurde, gezeigt, und sie hatte daraus zitiert, ohne jemals selbst im Besitz des Dokuments gewesen zu sein.

Mir gegenüber behauptete übrigens der Vorstandsvorsitzende der SPAG, Markus Rese, damals in einem Gespräch, ihm habe der BND versichert, dass nichts gegen die SPAG vorläge.»Das haben sie mir schriftlich mitgeteilt.« Das Schreiben habe ich leider nie zu sehen bekommen.

Die Verantwortlichen der SPAG in Mörfelden-Walldorf reagierten auf den Artikel mit einer gerichtlichen Verfügung gegen die»Telebörse«.

Mit Beschluss vom 12. Juni 2001 untersagte das Landgericht Berlin, weiterhin zu behaupten, dass nach einem Bericht des BND Geld der Organisierten Kriminalität in Russland über eine rumänische Bank, einen Liechtensteiner Treuhänder in die SPAG und zurück nach Russland geflossen sei und/oder dass Ermittler versuchten zu klären, ob und wie illegale Gelder über Stiftungen von Ritter in die SPAG und von dort in russische Immobilien geflossen seien. Außerdem wurde die Wiederholung der Behauptungen untersagt, dass das BKA Vorermittlungen gegen die Antragstellerin eingeleitet und die Dresdner Bank Anfang 2000 eine Anzeige wegen Geldwäsche erstattet habe, sowie dass Wladimir Putin Mitglied des Aufsichtsrats der SPAG sei.

Letzteres traf in der Tat so nicht zu. Aber alle anderen gerichtlich untersagten Behauptungen wären zu belegen gewesen. Natürlich gab es Vorermittlungen des BKA, und zudem lief seit geraumer Zeit gegen die SPAG ein Ermittlungsverfahren wegen des Verdachts der Geldwäsche. Um die Ermittlungen nicht zu sabotieren, legten die Verantwortlichen der »Telebörse« keinen Widerspruch gegen das Urteil ein, obwohl die Behauptungen der Journalistin mit Dokumenten zu stützen gewesen wären. So konnten die SPAG-Verantwortlichen triumphieren.

Bereits kurz vor der Aktionärshauptversammlung am 30. August 2000 in Frankfurt hatte ich einen Brief an den Vorstandschef Markus Rese geschrieben. Er hatte mir angeboten, ein Gespräch mit dem ehemaligen Aufsichtsratsmitglied der SPAG, Wladimir Alexander Smirnow, zu vermitteln, der sein Erscheinen angekündigt hatte. Ich wollte ganz offiziell wissen, wie Smirnows Verhältnis zu Wladimir Putin sei, in dessen Präsidialverwaltung er ja inzwischen eingetreten war, und wie es zur Zusammenarbeit mit der SPAG gekommen sei. Doch Smirnow hatte keine Zeit, mit mir zu reden. Auf die schriftlich eingereichten Fragen bekam ich nie eine Antwort.

3. September 2001

Das US-Nachrichtenmagazin »Newsweek« berichtet, dass Wladimir Putin sich insgesamt sechsmal mit Klaus-Peter Sauer getroffen habe, sowohl in Russland wie in Frankfurt. Das Blatt zitiert Sauer zudem mit der Aussage, dass »der SPAG-Gründer Rudolf Ritter nach St. Petersburg gereist sei und dort Putin getroffen habe«. Sauer habe außerdem erzählt, dass Wladimir Alexander Smirnow sich regelmäßig mit Putin getroffen habe. »Russische Quellen berichteten ›Newsweek‹, dass Smirnow und Putin so eng vertraut seien, dass sie sogar gemeinsam Datschas außerhalb von St. Petersburg besäßen.«

So eindeutig hat bisher noch niemand die Beziehungen zwischen Wladimir Putin und Rudolf Ritter beziehungsweise zu Klaus-Peter Sauer und der SPAG beschrieben.[32]

Der SPAG-Vorstand reagierte mit einer Mitteilung an die Aktionäre vom 10. September 2001, deren Überschrift lautete: »Falsche Berichterstattung in der Presse«. Dann hieß es: »Wir möchten Sie darüber unterrichten, dass das US-amerikanische Nachrichtenmagazin ›Newsweek‹ eine Reihe von Behauptungen über die SPAG aufstellt, die jeder Grundlage entbehren. Ihre Verbreitung ist daher rechtswidrig ... Wir haben ›Newsweek‹ selbstverständlich unmittelbar nach Bekanntwerden des Artikels darauf hingewiesen, dass die über uns verbreiteten Behauptungen jeder Grundlage entbehren, rechtswidrig sind und wir alle gebotenen rechtlichen Maßnahmen zur Sicherung unserer Rechte, insbesondere Schadenersatz, ergreifen werden ... Dass die Berichterstattung übrigens haltlos ist, ergibt sich auch aus einem von uns erstrittenen Urteil des Landgerichts Berlin.«

Unterdessen glaubte Rudolf Ritter, das Schlimmste überstanden zu haben, nachdem die erste Anklageschrift gegen ihn vom Fürstlichen Gericht in Liechtenstein nicht zugelassen worden war. Auch Vorstandschef Markus Rese war fest davon überzeugt, dass die Beschuldigungen gegen Ritter haltlos waren.

Deshalb steht in dem Brief an die SPAG-Aktionäre: »Im Übrigen können wir mitteilen, dass das zuständige Gericht in Liechtenstein es abgelehnt hat, eine Hauptverhandlung gegen den ehemaligen Aufsichtsrat Rudolf Ritter durchzuführen. Das Gericht hat seine Entscheidung damit begründet, dass die von der Staatsanwaltschaft erhobenen Vorwürfe keinen hinreichenden Tatverdacht begründen ... Die gegen Herrn Ritter erhobenen Vorwürfe standen in keinem Zusammenhang mit seiner Tätigkeit für die SPAG oder deren Geschäften.«[33]

Da wurde für die Aktionäre der SPAG die Wahrheit etwas zurechtgebogen. Nach Auskunft des zuständigen Liechtensteiner

Staatsanwalts Gottfried Klotz hatte das Vaduzer Obergericht das so überhaupt nicht gesagt, sondern lediglich im Hinblick auf die SPAG eine »bessere Aufklärung durch ein Gutachten« gefordert, und »hinsichtlich der Drogengeschäfte« sei es »um eine reine juristische Verfahrensangelegenheit, nicht um die zentralen Vorwürfe« gegangen.

Was zur Folge hatte, dass die Liechtensteiner Staatsanwaltschaft natürlich weiter gegen Rudolf Ritter ermittelte. Um der Forderung des Vaduzer Obergerichts nachzukommen, berief sie als Gutachter den Sachverständigen Dietmar Vogelsang aus Bad Homburg. Auf meine Anfrage hin erklärte Vogelsang zwar, dass er als Gutachter gesetzlich zum Stillschweigen verpflichtet sei. Aber Tatsache ist, dass in seinem Auftrag ein Untersuchungsrichter des Fürstlichen Landgerichts in Vaduz am 20. Juni 2002 ein Rechtshilfeersuchen an das Hessische Ministerium für Wirtschaft (Aktenzeichen 12 UR 2001.163) geschickt hatte, um alle Börsenaktivitäten der SPAG im Zusammenhang mit Ritter untersuchen zu können. Am 18. Juli 2002 schrieb der Gutachter dann ans Hessische Ministerium für Wirtschaft: »Herr Ritter steht im Verdacht, als Stiftungsrat von sechs Stiftungen für diese außerbörslich 30 000 Stück Aktien der SPAG angekauft zu haben. Es besteht der Verdacht, dass Kaufaufträge zurückdatiert wurden.« Beim Wirtschaftsministerium in Wiesbaden wurde der Vorgang unter dem Aktenzeichen III 9-1/37d08B21/02 abgelegt.

Wenige Wochen später, am 21. August, wurde Ritters einstiger Kompagnon Eugen von Hoffen vom Liechtensteiner Kriminalgericht wegen gewerbsmäßigen Anlagebetrugs zu einer fünfjährigen Gefängnisstrafe verurteilt. Das Gericht sah es als erwiesen an, dass von Hoffen unter anderem zwischen Sommer 1989 und Herbst 1990 zusammen mit einem Partner der Allgemeinen Vermögensverwaltung Frankfurt AG durch falsche Versprechen, Gelder Gewinn bringend anzulegen, einen Schaden von mindestens 6,1 Millionen Mark verursacht habe. Nach dem Urteil sagte Staatsanwalt Gottfried Klotz, dass viele Anleger, die in Hoffnung auf hohe Gewinne ihr Vermögen eingesetzt hätten, verarmt seien.[34]

Mich interessierte unterdessen etwas ganz anderes. Ob die SPAG beziehungsweise die im »Newsweek«-Artikel mehrmals erwähnte Klaus-

Peter Sauer die angekündigten rechtlichen Schritte gegen »Newsweek« unternommen hatten und mit welchem Erfolg.

Auf meine Nachfrage Anfang 2003, ob die Berichterstattung von »Newsweek« im Hinblick auf die Treffen zwischen Ritter und Putin beziehungsweise Putin und Sauer zutreffend sei oder ob er rechtliche Schritte gegen »Newsweek« eingeleitet habe, schrieb mir Klaus-Peter Sauer: »Bezüglich der unrichtigen Darstellung der von mir angeblich getätigten Aussagen in der Zeitschrift ›Newsweek‹ habe ich eine eidesstattliche Versicherung mit den tatsächlich gemachten Aussagen gefertigt und diese der Gesellschaft zur Verfügung gestellt, um die notwendigen juristischen Schritte durchzuführen. Bezüglich dieser Dinge bitte ich Sie, sich mit der Gesellschaft in Verbindung zu setzen, da ich nicht befugt bin, für die SPAG zu sprechen beziehungsweise ggf. in ein laufendes gerichtliches Verfahren einzugreifen.«[35]

Eine wunderliche Antwort auf meine Fragen an Klaus-Peter Sauer, der im selben Brief zurückfragt: »Besteht in Ihrem Falle eine Berufshaftpflichtversicherung, die gegebenenfalls eintritt, wenn berechtigte Ansprüche auf Grund falscher Darstellung gegen Sie durchgesetzt werden?« Die SPAG hatte auf meine Nachfragen nicht geantwortet. So kann die von Sauer erwähnte eidesstattliche Versicherung hier nicht präsentiert werden. Meine Recherchen bei »Newsweek«, sowohl in Berlin wie beim Moskau-Chef Christian Caryl, dem Mitverfasser des beanstandeten Artikels, ergaben, dass es bis Ende Februar 2003 keinerlei gerichtliche Schritte gegen »Newsweek« beziehungsweise die Journalisten gab, die sie gezwungen hätten, irgendetwas von ihren Behauptungen zurückzunehmen. Von gerichtlichen Schritten oder gar Schadenersatzforderungen, wie in der Presseerklärung der SPAG vom 10. September 2001 behauptet, wusste niemand etwas.

Bislang war das, was in »Newsweek« über die Beziehungen zwischen Wladimir Putin und Wladimir Alexander Smirnow auf der einen und der SPAG und Rudolf Ritter auf der anderen Seite nachzulesen war, die einzige konkrete Information. Mal davon abgesehen, dass Putin im Beirat der SPAG saß – war das Verhältnis vielleicht noch weitaus enger?

Tatsache ist, das bestätigte mir ein Wirtschaftsprüfer aus dem Taunus, dass der damalige Oberbürgermeister von St. Petersburg, Anatolij Sobtschak, sein Stellvertreter Wladimir Putin und – welch Überraschung – Wladimir Smirnow sich im Jahr 1992 in Frankfurt aufgehalten hatten. Dieser Wirtschaftsprüfer muss es wissen, weil er alle drei getroffen hat und mit Wladimir Alexander Smirnow im August 1992 sogar eine Firma gründete, die 1995 wieder liquidiert wurde. Er selbst war mit 51 Prozent an dem Unternehmen beteiligt, Wladimir Alexander Smirnow mit 19 Prozent.

Was hatte die hochrangige Delegation aus St. Petersburg noch in Frankfurt unternommen?»Sie haben verschiedene Leute und Firmen besucht, unter anderem die Dresdner Bank und die KPMG.« Also jene internationale Wirtschaftsprüfungsgesellschaft, in der Sauer zur damaligen Zeit zuständig für Corporate Finance war. Und alles fällt zusammen mit der Gründung der SPAG. Da stehen im ersten Prospekt der SPAG vom Dezember 1992 als Mitglied des Aufsichtsrats nicht nur Wladimir A. Smirnow und Rudolf Ritter, sondern auch Wladimir Putin in seiner Funktion als Stellvertreter des Oberbürgermeisters der Stadt St. Petersburg und Leiter des Außenwirtschaftsmagistrats. Seine Funktion im Aufsichtsrat, ausweislich des Gründungsprospekts: Stellvertretender Vorsitzender.

Der Wirtschaftsprüfer aus dem Taunus kann sich darüber hinaus daran erinnern, dass bei dem Besuch der St. Petersburger Delegation in der Dresdner Bank Frankfurt auch Wladimir A. Smirnow und Klaus-Peter Sauer dabei waren. Welche Bedeutung hatte Smirnow damals, wollte ich von dem Wirtschaftsprüfer wissen.»Er war ein sehr geschäftstüchtiger Mann und hatte eine Firma namens Inform-Future. Nach seiner Erinnerung habe bei den Verhandlungen in Frankfurt Wladimir Putin immer »ruhig« dagesessen und »inhaltlich nie etwas gesagt«.

Immerhin wurde die Frankfurter Wirtschaftsprüfungsgesellschaft KPMG von der Industrie- und Handelskammer Frankfurt zum »Gründungsprüfer der SPAG« benannt. Geprüft hatte Klaus-Peter Sauer.

Dabei war das nicht der erste Besuch von Sobtschak und Putin in Deutschland. Ende Mai 1991 reisten sie, auf Einladung des Ostausschusses der deutschen Wirtschaft, nach Deutschland ein. Als Anatolij Sobtschak vier Monate später das nächste Mal nach Deutschland kam, organisierte der Ostausschuss der deutschen Wirtschaft ein Spitzentreffen mit Bundeskanzler Helmut Kohl, bei dem Putin als »Dolmetscher« fungierte. Ende 1992 weilte Putin, der bei deutschen

Unternehmern immer beliebter wurde, auf Einladung des Ost-ausschusses erneut in Deutschland. Diesmal war er in Berlin Gast auf dem Privatisierungskongress der Treuhand.

Diese Besuche geben bis heute Rätsel auf. Hatten sie, unter anderem bei der Treuhand, etwas mit der Elf-Aquitaine-Affäre zu tun? Das fragten im Jahr 2001 Schweizer Ermittlungsbehörden, ohne jemals eine Antwort zu bekommen. Zur Erinnerung: Bis Ende Juli 1991 waren bereits 2986 ehemalige DDR-Firmen für etwa zwölf Milliarden Mark verkauft. Viele andere standen noch zur Disposition. Im Zusammenhang mit der Privatisierung von Leuna lag ein Protokoll vor, wonach das Moskauer Unternehmen Gazprom und die deutsche Thyssen Handelsunion AG sich an Leuna beteiligten wollten.

Geplant war darüber hinaus, dass die russischen Ölmultis Rosneft, Surgutneftgaz und Megionneftgaz sich mit 24 Prozent an dem Projekt beteiligen und dafür in Ölprodukten bezahlt werden sollten.

Für Loik Le Floch-Prigant, den ehemaligen Chef des halbstaatlichen französischen Ölkonzerns Elf Aquitaine stand fest:»Um rentabel zu sein, muss diese Raffinerie so arbeiten, als wäre sie an der Küste gelegen, und dies mit russischem Erdöl, was wiederum einerseits ein vorheriges Abkommen mit den Russen erfordert und andererseits ein Abkommen bezüglich der existierenden, von Russland ausgehenden Pipeline, die durch Deutschland führt und die die Leuna-Raffinerie versorgt.«[36]

Tatsächlich wurden im Oktober 1992 die Leuna-Werke im Paket mit dem DDR-Tankstellennetz Minol an Elf Aquitaine verkauft. Die geplante Beteiligung russischer Gesellschaften – zur Sicherung der Rohölversorgung – wurde anscheinend nicht realisiert. Im Dezember 1992 flossen dann von Elf Aquitaine rund 80 Millionen Mark an zwei ausländische Briefkastenfirmen. Französische und Schweizer Staatsanwälte hatten den Verdacht, dass es sich dabei um Bestechungsgelder handeln könnte. Vieles spricht dafür. Denn, so Le Floch-Prigant in einem Interview mit der»Zeit«:»Bis 1997 war es in Frankreich wie in allen europäischen Ländern möglich, Bakschisch und Schmiergelder an der Steuer vorbeizuschleusen … Wenn Lobbying-Maßnahmen notwendig sind, werden diese von den Agenten der DGSE (Direction Générale de la Sécurite Extérieure, d. Autor) durchgeführt. Etwas an-

Jürgen Roth

deres kann man sich gar nicht vorstellen. Dank der Lobbying-Maßnahmen ist die Transaktion realisiert worden.«[37]

Spielte sich im Hintergrund noch etwas anderes ab, das mit dem Besuch von Sobtschak und Putin in Deutschland zu tun hatte sowie mit Erdgas- und Erdölgeschäften russischer Konzerne?

Zwar beschäftigte sich ein Untersuchungsausschuss des Deutschen Bundestags mit den vielen Rätseln um die Leuna-/Minol-Privatisierung, insbesondere mit der Frage, welche deutschen Politiker von den Lobbying-Maßnahmen profitiert haben könnten, aber nicht einmal ansatzweise wurde die russische Seite des bis heute im Dunkeln liegenden Skandals ausgeleuchtet.

Auf meine Frage an Hans-Christian Ströbele, Mitglied des Untersuchungsausschusses, nach diesen Verbindungen, insbesondere nach dem genauen Inhalt des Leuna-Vertrags, erhielt ich zur Antwort:»Der Leuna-Vertrag ist nach der Geheimschutzordnung des Bundestages mit Vs-Vertraulich eingestuft und auch für die Mitglieder des ersten Untersuchungsausschusses nur in der Geheimschutzstelle des Bundestages einsehbar. Mit den Verbindungen nach Russland hat sich der Untersuchungsausschuss nicht beschäftigt. Der Fokus lag vielmehr auf der Verbindung nach Frankreich.«[38]

Dabei scheint die russische Spur bis zum heutigen Tag nicht uninteressant zu sein – schon deshalb, weil eine zentrale Figur bei dem Deal mit Leuna, André Guelfi, einst beste Beziehungen nicht nur zum russischen Präsidenten Boris Jelzin, sondern auch zum St. Petersburger Oberbürgermeister Anatolij Sobtschak pflegte. Und immerhin wurde bei Leuna fast ausschließlich Erdöl aus der damaligen UdSSR verarbeitet. Das ist auch heute noch der Fall. Ebenso aufschlussreich ist das unglaubliche Desinteresse deutscher Behörden im Zusammenhang mit Elf Aquitaine und den Bestechungsvorwürfen. Niemand dachte daran, einmal bei den Liechtensteiner Behörden nachzufragen.»Es hat seltsamerweise keinen einzigen deutschen Staatsanwalt gegeben, der von sich aus mit mir Kontakt aufgenommen hat«, beschwerte sich Sonderstaatsanwalt Kurt Spitzer.»Entsprechende Kontakte gab es hingegen mit Italien, der Schweiz, Frankreich und Österreich. Von Deutschland kam nichts. Die deutsche Polizei zeigte ebenfalls kein Interesse.«

Das Unternehmen mit vielen Fragezeichen

Spätestens hier stellt sich nun die Frage, wer eigentlich die an der Frankfurter Wertpapierbörse notierte SPAG ist, die im Zusammenhang mit Liechtenstein wie mit Wladimir Putin auftauchte. In einer Selbstdarstellung schreibt die SPAG, dass sie die derzeit einzige genehmigte Beteiligung des Magistrats der Stadt St. Petersburg sei und außerdem die einzige Möglichkeit für westliche Privatinvestoren, sich an der Entwicklung in besten Lagen der Stadt zu beteiligen. Das lässt auf starke Kräfte im Hintergrund schließen.

Am 4. August 1992 wurde die SPAG in Frankfurt am Main gegründet und mit der Nummer 417/1992 in die Urkundenrolle eingetragen. Vertreten wurde die SPAG unter anderem durch Rudolf Ritter; das Komitee für Stadtvermögensverwaltung des Magistrats der Stadt St. Petersburg (durch Klaus-Peter Sauer); die Bank St. Petersburg AG (durch Alexander Smirnow) und die Inform-Future GmbH St. Petersburg.

Am Grundkapital von 200 000 Mark beteiligt waren Rudolf Ritter zu 80 Prozent und zu je zehn Prozent das Komitee für Stadtvermögensverwaltung, die Bank St. Petersburg AG, die Inform-Future GmbH St. Petersburg und ein Hans Georg O.

Am 14. April 1993 erfolgte der Eintrag ins Handelsregister beim Amtsgericht Frankfurt, unter der HRB-Nummer 36660.

Von besonderem Reiz ist die Vollmacht, die Wladimir Putin als »Stellvertreter des Oberbürgermeisters der Stadt St. Petersburg« und als »Vorsitzender des Komitees für Außenkontakte« am 17. Dezember 1994 ausstellte, die jedoch von einer anderen Person unterschrieben wurde. Demnach »beauftragen wir Herrn Dr. Wladimir A. Smirnow, c/o Inform-Future, in unserer Abwesenheit die Stimmrechte an unseren 200 Aktien der SPAG auszuüben«. Am 8. März 1995 unterzeichnet Smirnow einem Zeichnungsschein der Firma »VS Real Estate Investments Ltd.« auf Jersey. Da steht:»In der ordentlichen Hauptversammlung der SPAG wurde am 29. September 1993 beschlossen, das Grundkapital der Gesellschaft gegen Bareinlage um bis zu 9 800 000 Mark durch Ausgabe auf den Inhaber lautenden Aktien im Nennwert von je DM 50 zu erhöhen.«

Nun gibt es einige Unklarheiten. Die Staatsanwaltschaft in Darmstadt glaubte, dass im Fall Sexton über Rudolf Ritter Aktien der SPAG erworben wurden, ohne dass hierfür ein Auftrag der Anleger vorlag. In Liechtenstein vermutete man hingegen, dass auf diese Weise Provisionszahlungen kassiert und gleichzeitig der SPAG Kapital zugeführt werden sollte. Außerdem informierte Interpol Vaduz das BKA, wonach Klaus-Peter Sauer »nach dortigen Erkenntnissen Beziehungen zu einer Firma ›International Consulting Investment‹ (ICI), zu einer ›Catona Stiftung‹ und der ›Northgate Properties AG‹ und ›Indigo Securities AG‹«, beide mit Sitz in Panama, unterhalte. »Deshalb«, so die Staatsanwaltschaft Darmstadt in einem Rechtshilfeersuchen an Liechtenstein, »erscheint für den Fortgang der Ermittlungen die Auswertung der bei den zuständigen Polizei- und Justizbehörden des Fürstentums Liechtenstein vorliegenden Unterlagen erforderlich. Dadurch soll der Verdacht belegt werden, dass seit Gründung der SPAG inkriminierte Gelder maßgeblich unter Mithilfe des einschlägig polizeibekannten liechtensteinischen Staatsangehörigen Rudolf Ritter in diese mit dem Ziel investiert wurden, die tatsächliche Herkunft der Gelder zu verschleiern.«

Das BKA wiederum hegte den Verdacht, dass sich aus den zeitlichen Abläufen ergebe, dass »die Firma ICI International Consulting Investment eine zentrale Rolle bei der Gründung der SPAG und der sie umgebenden Unternehmen gespielt hat und dass die in dieser Firma verantwortlichen Personen auch über das Lenken von Geldströmen auf die Firma SPAG Einfluss genommen haben. Eine ähnliche Rolle scheint der Firma Euro-Finanz Treuunternehmen zuzukommen.«

Nicht weniger dubios sind weitere Firmen. Am 23. Dezember 1994 erhöhte eine E. C. Experts Limited in London das Grundkapital der SPAG um 500 000 Mark. Unterschrieben hatte ein Boris Grinschtein, mit Wohnsitz in Hamburg.

Das ist der erste konkrete Hinweis darauf, dass auch eine kriminelle Organisation, die Tambovskaja, involviert sein könnte.

Denn Boris Grinschtein, davon sind zumindest das BKA und die Staatsanwaltschaft überzeugt, ist so etwas wie ein Repräsentant der Tambow-Mafia in Deutschland.

Am 5. Juli 1995 zeichnet Boris Grinschtein als Direktor der E. C. Experts Limited, diesmal wird als Firmensitz Douglas auf der Isle of

Man angegeben, nochmals 13000 Aktien zum Ausgabebetrag von 110 Mark. Und am 19. Oktober 1994 werden von der ICI, mit Firmensitz in Schaan, 10000 Aktien zum Ausgabebetrag von 140 Mark gezeichnet. Unterschrift: Rudolf Ritter.

Dabei ist auffällig, dass ungewöhnlich viele Konten beziehungsweise Unterkonten bei Frankfurter Großbanken geführt wurden. Auffällig sind auch die vielen Auslandstransaktionen – auf die Isle of Man, die Bahamas, in die Schweiz, nach Frankreich, Ungarn, Finnland, Liechtenstein, Jersey, London, Tortola, Irland, in die Niederlande, nach Riga, Tallinn, in die USA, nach Russland und Israel. Alles nur Aktivitäten einer kleinen Aktiengesellschaft, deren Kurs mehr oder weniger dahindümpelte? Und warum wurden Briefkastenfirmen von merkwürdigen Leuten auf den britischen Offshore-Inseln gegründet? Dieses nicht für jedermann nachvollziehbare Geschäftsgebaren einer Immobilienfirma aus St. Petersburg führte dazu, dass die Staatsanwaltschaft Darmstadt glaubte, hier wird Geld gewaschen. Und zwar in großem Umfang.

Boris Grinschtein taucht noch in weiteren deutschen Firmen auf, manchmal in Verbindung mit einem Peter Haberlach. Auch Haberlach, das glaubt zumindest die Darmstädter Staatsanwaltschaft inzwischen, soll zur Tambovskaja gehören. Sicher ist, dass er zeitweise Besitzer eines Nobelpuffs am Hamburger Elbufer war.

Von besonderem Interesse für die deutschen Strafverfolger war die CM 1998 Vermögensverwaltungs Aktiengesellschaft in Hamburg. Ihr Sitz war bis ins Jahr 2000 identisch mit dem der SPAG in Mörfelden-Walldorf. Vorstandsmitglieder waren Peter Haberlach und Markus Rese von der SPAG. Markus Rese, das ist dem Handelsregister zu entnehmen, legte diesen Posten im Jahr 2000 nieder.

Das Landeskriminalamt (LKA) Hamburg hatte bereits 1995 gegen Peter Haberlach als Geschäftsführer diverser Firmen wie der WWZ Trading, Ermittlungen wegen Verdachts der Geldwäsche geführt. Die Firmen hatten subventionierte Waren wie Butter und Fleisch an russische Handelspartner in St. Petersburg geliefert. Die Produkte wurden jedoch nie ausgeführt und die russischen Handelspartner waren entweder gar nicht eingetragen oder übten keine Handelstätigkeit aus. Das LKA dazu: »Die in dem Ermittlungsverfahren bekannt gewordenen Zahlungsabwicklungen begründeten den Verdacht des Betruges/Subventionsbetruges im Zusammenhang mit möglichen Verstößen gegen verschiedene Marktordnungen der EU.«

Umfangreiche Kontenauswertungen durch das LKA erhärteten den Verdacht, »dass Kontoverbindungen des Beschuldigten Peter Haberlach, insbesondere durch die Einschaltung diverser Scheinfirmen weltweit, zur Verschleierung inkriminierter Gelder und damit zur Durchführung international organisierter Geldwäsche genutzt werden.«

Bei den Ermittlungen stoßen die Fahnder auf verschiedene Firmen, bei denen immer wieder Boris Grinschtein, Klaus-Peter Sauer und/oder Peter Haberlach zu finden sind. Haberlach sei auch Kontobevollmächtigter bei den Firmen E. C. Expert Ltd. und Delta Power Limited, glaubt die Darmstädter Staatsanwaltschaft herausgefunden zu haben. Gegen Peter Haberlach ist beim Landgericht Hamburg zudem ein Strafverfahren wegen des Verdachts der illegalen Einschleusung von Ausländern beziehungsweise des Menschenhandels und der Förderung der Prostitution anhängig. Vielleicht stellt sich ja einmal heraus, dass die aus Deutschland nach St. Petersburg gelieferten Lebensmittel dort zu exorbitanten Preisen an den Handel geliefert und die Abnehmer gezwungen wurden, diese Lebensmittel nur bei den geschäftstüchtigen Komplizen der Tambovskaja zu kaufen.

Was aber sagt Peter Haberlach zu den Beschuldigungen? Ich habe ihn mit den Vorwürfen konfrontiert. Hier seine zusammengefassten Argumente mir gegenüber: Wladimir Kumarin kenne er überhaupt nicht und den Namen SPAG und den von Markus Rese habe er nie gehört. Er bestreitet auch, jemals Besitzer eines Nachtklubs gewesen zu sein. Boris Grinschtein wiederum kannte er. Aber nicht die Tambovskaja.

Auf meine Frage, ob gegen ihn ein Verfahren wegen Menschenhandel laufen würde, antwortete er: »Gegen mich? Wegen Menschenhandel? Das höre ich zum ersten Mal. Ich habe mit dem Menschenhandel nichts zu tun, ich bin doch kein Sklavenhändler.«

Entweder ist Haberlach ein begnadeter Lügner oder die Hamburger Polizei und die Darmstädter Staatsanwaltschaft liegen mit ihren Beschuldigungen vollkommen falsch. Immerhin soll Haberlach nach meinem Gespräch sofort Markus Rese angerufen haben, hörte ich später aus dem BKA. Und der hatte nichts Besseres zu tun, als sich bei der Staatsanwaltschaft zu informieren, ob gegen die SPAG ermittelt werde. Insofern scheinen mir die Ermittlungsergebnisse der Staatsanwaltschaft Darmstadt nicht aus der Luft gegriffen zu sein.

Unabhängig davon glaubten die Staatsanwaltschaft Darmstadt und das Bundeskriminalamt inzwischen belegen zu können, dass zwischen der SPAG und Wladimir Kumarin als Führer der Tambovskaja eine Verbindung besteht. Kumarin sei nämlich Anteilseigner der Firma Snamenskaya AG, die wiederum zu 100 Prozent eine Tochterfirma der SPAG sei.

Unterdessen kursierten verschiedene Theorien, warum die SPAG eigentlich gegründet wurde und welchem Zweck sie dient. Felipe Turover, einst Banker in Moskau und dort für die Banca del Gottardo verantwortlich, also ein Insider, meinte, dass es im Hintergrund um den Tausch von Rohmaterialien (Metall) gegen Schulden gegangen sei. Das Metall musste über den Hafen von St. Petersburg transportiert und »geschützt« werden. Ohne die Protektion der Mafia ging das jedoch nicht. Um etwas aus St. Petersburg exportieren zu können, musste die Mafia bezahlt werden. Ansonsten wäre nichts gelaufen, selbst mit einer Lizenz der Stadtverwaltung nicht. Den Schutz habe die Tambovskaja angeboten, und dafür habe sie eine angemessene Beteiligung erhalten. »Diese Leute waren nicht allein daran interessiert, Geld zu kassieren. Sie waren an Unternehmen interessiert, die Geld nach St. Petersburg zurücktransferieren, um dort das Geld zu reinvestieren, auch die Bestechungsgelder. Das ist die Geschichte der SPAG.« Die These ist waghalsig, sie könnte jedoch einen Kern von Wahrheit enthalten.

Journalisten der italienischen Tageszeitung »La Repubblica« wiederum glaubten, dass über die SPAG »viele Schmiergeldzahlungen an russische Entscheidungsträger geflossen sind, eventuell auch an Putin«, und die SPAG sei »der Transmissionsriemen für Korruption« gewesen. Sie begründeten ihre Theorie damit, dass eine schwedische Immobilienfirma, die in St. Petersburg in Schwierigkeiten geraten war, weil sie zu viel »Provision« an Sobtschak, den damaligen Bürgermeister, zahlen musste, deshalb kompromittierendes Material über die SPAG und Putin nach Moskau lieferte. Danach habe sie keine Provisionen mehr zahlen müssen. Auch eine gewagte These.

Die Darmstädter Staatsanwaltschaft jedenfalls geht von der These aus, dass die SPAG nur deshalb gegründet wurde und heute noch agiert, um von der Tambovskaja durch kriminelle Taten erwirtschaftete Gewinne wieder in St. Petersburg zu reinvestieren. Das ist ein schwerer Vorwurf. Wird ihn die Staatsanwaltschaft jemals belegen können, um Hausdurchsuchungen durchführen zu können, gerade im Hinblick auf die ehemaligen Beiratsmitglieder?

30. August 2002

Die SPAG hat zu ihrer Hauptversammlung ins Steigenberger Esprix-Hotel am Frankfurter Flughafen eingeladen. Die Aktionäre bekommen ein weißes Plastikköfferchen überreicht. Ein Schreibblock, zwei Kugelschreiber und das Buch »Reich werden mit Immobilien« sind darin enthalten. Außerdem der Geschäftsbericht 2001 sowie ein Hochglanzprospekt für den Bau des Nevski International Center in St. Petersburg. Ein Einkaufsparadies soll das einmal werden. Bislang ist die Immobilie am Nevski-Prospekt ein halb verfallenes, heruntergewirtschaftetes Gebäude, in dem noch Mieter wohnen und das von einer riesigen Plakatwand bedeckt ist. Rechtzeitig zum Tagungsbeginn trifft ein wichtiger Gast aus Liechtenstein ein. Rudolf Ritter fährt mit einem Audi A8 vor. Von Vorstandsmitgliedern der SPAG wird er geherzt und gebusselt, wie es einer der Aktionäre gesehen haben will. »Ritter duzt sich mit Vorstand und Aufsichtsrat«, notiert er. Dass Rudolf Ritter bei der vorhergehenden Hauptversammlung fehlte, wird den neugierigen Aktionären mit langer »Krankheit« beziehungsweise »Quarantäne« erklärt.

Ende Februar 2003, knapp zweieinhalb Jahre nach Beginn der Ermittlungen gegen Ritter, wurde die Anklage gegen ihn und Eugen von Hoffen vom Gericht zugelassen, bestätigte mir der leitende Staatsanwalt Robert Wallner in Vaduz. Der Vorwurf laut Anklageschrift vom 5. Dezember 2002 (Aktenzeichen 12 UR.2001.00163): »Verbrechen der Geldwäscherei und Verbrechen der Untreue«. Ritters rühriger Anwalt Hermann Böckle hingegen ist weiterhin fest davon überzeugt, dass sein Mandant unschuldig sei. »Er wusste nichts von Drogengeldern und auch nicht, dass er mit Drogenhändlern in Kontakt war.« Außerdem sei ja bereits Egon Fink, der ehemalige Mitarbeiter Ritters, im Dezember 2001 wegen des Vorwurfs der Drogengeldwäsche, vom

Landgericht Feldkirch freigesprochen worden. Das ist jedoch nur die halbe Wahrheit. Zum einen wurde er wegen des Verbrechens der Untreue zu einer Freiheitsstrafe von 15 Monaten verurteilt. Der Vorwurf der Drogengeldwäsche wurde er nur deshalb fallengelassen, weil Egon Fink auf »Anweisung von Rudolf Ritter und Eugen von Hoffen« gehandelt habe. Das Urteil (Aktenzeichen: 16Hv1009/Ols) ist übrigens noch nicht rechtskräftig.

Robert Wallner, dem ich die Aussage von Anwalt Böckle vorhalte, winkte ab: »Das ist erstens die Standardantwort bei Geldwäsche, und zweitens haben wir in unserer schriftlichen Anklage minutiös dargelegt, warum wir das nicht glauben. Es liegen in diesem Fall gewichtige Gründe vor anzunehmen, dass beide Angeklagten davon ausgegangen sind, dass es Drogengeld des Cali-Kartells war.«

Aber noch ist nebulös, ob und welche Rolle in diesem Kontext Wladimir Putin, der jetzige russische Präsident spielt, sowie der mehrfach erwähnte Wladimir Alexander Smirnow. Und was hat das alles mit der Tambow-Mafia zu tun? Um das zu verstehen, geht es nicht ohne einen Rückblick in die neunziger Jahre.

Über das symbiotische Verhältnis von Politik und Mafia

Viel ist über den russischen Präsidenten Wladimir Putin geschrieben worden. Aber kaum etwas ist über seine glorreiche Zeit in St. Petersburg bekannt. Sieht man einmal davon ab, dass der Putin-Biograf Alexander Rahr ihn folgendermaßen würdigte: »Sobtschak bestellte Putin, der sich bei den Reisen nach Deutschland und in andere westliche Länder so hervorragend bewährt hatte, zum Vorsitzenden des ›Komitees für Außenbeziehungen‹ der Regierung von St. Petersburg, zu einer Art Außenminister seiner demokratischen Administration … Putins rasanter Aufstieg symbolisierte eine Symbiose zwischen Finanzclans und Sicherheitsdiensten, eine Verschmelzung von Geld und Macht, die es in dieser Form in Russland noch nicht gegeben hat.«[39] Wusste der Putin-Biograf nichts von der Verfilzung von ökonomischen mit kriminellen Strukturen in St. Petersburg zur damaligen Zeit?

Ein kurzer Exkurs. Im November 1989 ist die Mauer gefallen. Der KGB-Agent Wladimir Putin, damals in Dresden im Einsatz, kehrt nach Leningrad zurück. Ein Beobachter schreibt später:»Für den Reservisten Putin findet sich ein Plätzchen an der Universität. Er soll ausländische Studenten überwachen. Wladimir Putin, der treue Diener, der aufrechte Patriot, ein Spion aus Überzeugung, ist tief gekränkt. ›Ich werde es allen noch zeigen‹ sind die Worte, die ihm in diesem elenden Moment über die Lippen kommen.«[40]

Er bleibt nicht lange an der Uni, tritt in die Dienste des Reformers Anatolij Sobtschak, der 1990 zum Vorsitzenden der Leningrader Stadtverwaltung gewählt worden ist. Im Schatten seines Mentors macht er schnell Karriere. 1991 übernimmt er als Sobtschaks Stellvertreter das Komitee für außenwirtschaftliche Beziehungen. Er gilt als Graue Eminenz, ohne die nichts Wichtiges beschlossen wird. Natürlich ist er immer noch dem KGB verbunden. Einmal KGB – immer im Dienst, lautet die Lebenserfahrung in Russland. In diesem Zusammenhang soll nicht unerwähnt bleiben, dass bereits im Dezember 1990 der damalige KGB-Chef Wladimir Kurschkow anordnete, kommerzielle Strukturen aufzubauen, um sie, sollte es in der UdSSR die Situation wie in der Ex-DDR geben, als Dach für hochrangige Parteimitglieder und Mitarbeiter der Geheimdienste nutzen zu können. Und es gab ein Dokument des ZK der KPdSU »über unaufschiebbare Maßnahmen zur Organisierung der kommerziellen und außenwirtschaftlichen Tätigkeit der Partei«. In ihm war zu lesen: »Auszuarbeiten sind Vorschläge für die Schaffung neuer ›vermittelnder‹ Wirtschaftsstrukturen (Fonds, Assoziationen …), die bei minimal ›sichtbaren‹ Verbindungen zum ZK der KPdSU zu Zentren der Herausbildung einer ›unsichtbaren‹ Parteiwirtschaft werden können.«[41] Hinzu kam, was Anatolij Tschubais, erster Vizepremier Russlands und gerne auch »Vater der russischen Privatisierung« genannt, 1998 gegenüber einem Journalisten sagte: »Wir hatten ja nicht die Wahl zwischen einem idealen und einem kriminellen Übergang zur Marktwirtschaft. Wir standen vor der Alternative: krimineller Übergang oder Bürgerkrieg.«

St. Petersburg war die erste russische Stadt, in der Staatseigentum privatisiert wurde. Auch Anatolij Tschubais war zuerst in St. Petersburg tätig. Der Kampf um die Umverteilung von staatlichem Vermögen, mit kriminellen Strukturen, hat in St. Petersburg daher früher begonnen und ungleich größere Ausmaße angenommen als in allen anderen russischen Städten.

St. Petersburg war außerdem noch zu Sowjetzeiten eine Art Versuchslabor. Hier arbeiteten und probierten Kriminelle sehr früh Methoden ihrer Form von Privatisierung aus, die später auf ganz Russland übertragen wurden. Putin verfügte in diesem St. Petersburg über viele Möglichkeiten. Zum Beispiel durfte er Lizenzen erteilen und die Quotierung von Exportgütern festlegen. Das führte bald zu einem ersten großen Skandal. Die Abgeordnete Marina Salie, damals Vorsitzende der »Kommission Lebensmittel« im St. Petersburger Stadtparlament, hatte im Januar 1992 eine Arbeitsgruppe von Abgeordneten eingesetzt, die untersuchen sollte, ob es beim Einkauf von Lebensmitteln und beim Verkauf von Ölprodukten, Holz, wertvollen Metallen sowie Baumwolle zu Unregelmäßigkeiten gekommen war. An vier dubiosen Verträgen soll Wladimir Putin direkt mitgewirkt haben.

Als ich versuchte, den Bericht zu bekommen, der diesen Skandal dokumentiert, erhielt ich aus St. Petersburger Kreisen folgende Nachricht: »Die Person Marina Salie steht unter Kontrolle, und die damals erfolgten offiziellen Untersuchungen und offiziellen Unterlagen sind ›offiziell‹ nicht mehr zugänglich.« Die Beschuldigungen von Marina Salie waren lange Zeit im Internet auf der Webseite der Moskauer Glasnost-Foundation nachzulesen. Mittlerweile ist diese Seite vom Netz genommen worden.

Hier ein Auszug aus dem Untersuchungsbericht:

»Neben der Prüfung der Rechtmäßigkeit der unterzeichneten Verträge sollte außerdem untersucht werden, ob der Vorwurf von Machenschaften und Amtsmissbrauch bei der Realisierung dieser Verträge durch verantwortliche Leiter und Mitarbeiter des Komitees für Außenwirtschaftsbeziehungen beim Bürgermeisteramt von St. Petersburg zutraf.« Immerhin ging es um einen Schaden von über 22 Millionen US-Dollar.

Wladimir Putin, so der Vorwurf, soll dabei gegen Bestimmungen der russischen Regierung (Verordnung Nr. 90 vom 31. Dezember 1991) verstoßen haben, indem er keine öffentlichen Ausschreibungen vornehmen ließ.

Der Untersuchungskommission war aufgefallen, dass bei allen abgeschlossenen Verträgen Unterschriften und Stempel, bei einigen Zusätze wie Ort und Datum der Vertragsunterzeichnung fehlten. Unter vier der Verträge steht die Formulierung:»Im Auftrage von Wladimir Putin«, unterzeichnet vom Stellvertreter des Komitees für Außenwirtschaftsbeziehungen. Was war daran faul? Das Komitee für Außenwirtschaftsbeziehungen hatte kein Recht zur Vergabe der erforderlichen Lizenzen. Wladimir Putin unterzeichnete selber zwei Lizenzen. Diese betrafen die Ausfuhr von 150000 Tonnen Ölprodukte durch die Firma Newski Dom (Wert 32 Millionen US-Dollar) sowie die Ausfuhr von 50000 Kubikmeter Holz durch die Firma Fiwekor. Beide Lizenzen wurden ausgestellt, bevor die russische Regierung die Ausfuhrquoten für diese Produkte festgelegt hatte. Die Firma Newski Dom ist offiziell unter der Adresse St. Petersburg, Prospekt Juri Gagarin registriert. Die Unterzeichnung der Lizenz mit Newski Dom erfolgte jedoch unter Eintragung der Adresse St. Petersburg, Nabereshnije Fontanika 113. Es wurde eindeutig festgestellt, dass die Ausstellung der Lizenzen durch Wladimir Putin ungesetzlich war. Das Gemeinschaftsunternehmen Dshikop erhielt eine Ausfuhrlizenz für 13997 Kilo seltener Metalle. Der Wert dieser Metalle wurde um das Zwanzigfache niedriger angegeben, als er tatsächlich war. Die Dshikop war am 17. September 1991 in St. Petersburg gegründet worden. Hauptaktionär war der Deutsche Peter B. mit 33 Prozent des Kapitals. Direktor eines anderen Unternehmens war G. Miroschnik (Ölexporte im Wert von 32 Millionen US-Dollar), ein stadtbekannter Krimineller. Er war 1991 in betrügerische Machenschaften mit der Westtruppe verwickelt und wurde später in den USA festgenommen. Bis zum heutigen Tag ungeklärt ist der Verbleib von Warenbeständen, die (ohne Belege) aus dem Staatshaushalt veräußert wurden: 997 Tonnen reines Aluminium (Wert etwa 700 Millionen US-Dollar) 20000 Tonnen Zement; 100000 Tonnen Baumwolle (Wert 120 Millionen US-Dollar) – um nur einiges zu nennen.

Ob sich Wladimir Putin in den wilden Jahren des russischen Raubtierkapitalismus und während einer akuten Hungersnot in St. Petersburg jemals selbst bereichert hat – das ist die Frage. Bislang gibt es dafür keinen einzigen stichhaltigen Beweis.»Ich habe keine Zeit gehabt, alles nachzuprüfen«, wehrte sich Putin damals gegen die Vorwürfe. Die dramatische Lage habe»rasches, unbürokratisches Handeln verlangt«.

Im April 1992 wurde die Untersuchungskommission auf Druck von Moskau aufgelöst. Als Marina Salie ankündigte, es nicht dabei bewenden zu lassen, soll Putin ihr geantwortet haben: »Das dürfte Ihnen nicht gut bekommen.« Ob er das wirklich gesagt hat? Marina Salie jedenfalls kritisierte Wladimir Putin massiv: »Förderung von Korruption und Organisierter Kriminalität und nicht der Kampf dagegen ist Putins Stempel. Seine Verbindungen zu Kriminellen sind durch verschiedene Tatsachen belegt. Zwischen 25 und 50 Prozent betrugen die Einnahmen aus gefälschten Vereinbarungen.« Sicher ist jedoch nur eines: »Das war der Beginn des korrupten Systems in St. Petersburg«, sagt der ehemalige Vorsitzende des St. Petersburger Stadtrates, Alexei Belyaev.

Es darf angenommen werden, dass Wladimir Putin schon wegen seiner Position im staatlich-kriminellen Machtgefüge von St. Petersburg von Anfang an keine unbedeutende Rolle gespielt haben dürfte. Und dass während seiner Zeit in St. Petersburg insbesondere eine kriminelle Organisation, die Tambovskaja, einen rasanten Aufstieg nehmen konnte, dürfte ihm ebenfalls nicht verborgen geblieben sein.

Die Petersburger Gerüchteküche brodelte weiter. Behauptet und geschrieben wurde, dass Wladimir Putin verantwortlich für die Lizenzvergabe für Kasinos gewesen sei und dass für jede Lizenz zwischen 100 000 und 300 000 Dollar bezahlt werden musste. Einer, der es wissen muss, erzählte mir: »Die Stadt suchte damals Einkünfte. Das hatte nichts mit Putin zu tun. Für die Lizenzvergabe war das Komitee für Wirtschaft und Finanzen zuständig.«

Im Zusammenhang mit dem Vorwurf, Bestechungsgelder kassiert zu haben, geriet der georgische Unternehmer Michail Mirilashvili ins Visier. Er soll Putin monatlich 20 000 Dollar gezahlt haben. Das Dossier, aus dem die Vorwürfe zitiert wurden, stammte aus dem inneren Zirkel des FSB. Demnach soll der Sicherheitsdirektor eines Unternehmens in St. Petersburg persönlich das Geld für die Lizenzen der Kasinos eingetrieben haben. Laut diesem Dossier habe er 1995 Putins Ehefrau einen Diamanten geschenkt. Der Mann habe seine Dienste Putin als Ausgleich dafür angeboten, dass Putin seine Aktivitäten »deckt«.

Die Versorgung von Günstlingen mit Tipps oder die Verunsicherung von potenziellen und tatsächlichen Gegnern und Konkurrenten durch Gerüchte – das hatte in St. Petersburg Hochkonjunktur.»Willkür der Beamten, zahllose Verletzungen von Gesetz und Menschenrechten im Bereich der Rechtsschutzorgane, die Verwandlung der Generalstaatsanwaltschaft in eine Brutstätte bestellter politischer Straftaten, Informationskriege zwischen verschiedenen politischen Gruppierungen und Clans, Auftragsmorde an Politikern und Geschäftsleuten – so sieht heute das reale politische Leben in Russland aus.«[42]

Das führt zu dem Vorwurf zurück, Putin habe Bestechungsgelder erhalten als Gegenleistung dafür, dass er an bestimmte Personen Lizenzen für Kasinos erteilt habe. Seit Herbst 2000 sitzt der in diesem Zusammenhang erwähnte Multimillionär Michail Mirilashvili im Gefängnis. Nicht wegen Bestechung, sondern weil er zwei Morde in Auftrag gegeben haben soll. Michail Mirilashvili wurde deshalb im Januar 2001 in St. Petersburg verhaftet. Der Vorwurf gegen ihn: Die Organisation der Entführung und Ermordung der beiden georgischen Geschäftsleute Rostom Dwali und Koba Kakuschadse am 8. September 2000 – aus Rache dafür, dass sie am 7. August 2000 seinen Vater entführt hätten. Damals schrieben russische Zeitungen:»Ein ganz großer Fisch war den Ordnungshütern da ins Netz gegangen, als sie im Januar dieses Jahres eine anerkannte Autorität der Grauzone zwischen Ober- und Unterwelt in Gewahrsam nahmen: den Petersburger Kasino-König Michail Mirilashvili.«

Die Verhaftung wirft viele Fragen auf. So gab es bis Oktober 2002 keinen ordentlichen gerichtlichen Beschluss gegen Mirilashvili, was als ein klassisches Beispiel dafür gewertet werden könne, wie die»Rechte missachtet werden« – so St. Petersburger Juristen, die als entschiedene Gegner der kriminellen Strukturen in St. Petersburg bekannt sind. Tatsache ist, dass die Justiz in St. Petersburg bis zum heutigen Tag nicht mit westeuropäischen Maßstäben von Rechtsstaatlichkeit gemessen werden kann. Rechtsbeugung und Willkür sind immer noch an der Tagesordnung. Oder, wie es Professor Yakov Gilinsky sagt:»Es gibt einen großen Unterschied zwischen Realität und Theorie. Praxis ist das eine, das Gesetz das andere. Jeden Tag wird über gebrochene Gesetze geschrieben, nichts geschieht. Unser Justizsystem ist abhängig von den politischen und lokalen Machtsystemen. Die Ausbildung ist schlecht, und bei vielen herrscht noch die überkommene kommunistische Mentalität.« Ähnliches sagt der ehemalige Oberbürgermeister Anatolij Sobtschak, und dabei bezieht er sich auf seinen Erzfeind, den derzeitigen Gouverneur von St. Petersburg, Wladimir Jakowlew: »Vor unseren Augen versuchen Menschen mit krimineller Vergangenheit oder Gegenwart durch die Wahlen an die Macht zu kommen. Ebenso offensichtlich benutzt man die Staatsanwaltschaft und andere Machtorgane, um die Wahlen zu beeinflussen. Wird dieser Prozess nicht sofort gestoppt, so haben wir in naher Zukunft einen kriminellen Staat und dann als unvermeidliche Konsequenz einen Polizeistaat.«[43]

Anfang November 2002 wurde das Verfahren gegen Michail Mirilashvili vom St. Petersburger Distriktgericht offiziell zur Anklage beim Militärgericht zugelassen. Vor dem Militärgericht deshalb, weil einer der Mitangeklagten Offizier der russischen Armee war. Seither findet die Beweisaufnahme statt. Vieles spricht dafür, dass es um die politische und wirtschaftliche Ausschaltung des in St. Petersburg populären und entsprechend umstrittenen Unternehmers ging, der als Präsident der jüdischen Gemeinde von St. Petersburg einst eng mit Wladimir Gussinskij zusammengearbeitet hatte.

Das glauben auch St. Petersburger Zeitungen: »Beobachter vermuten einen politischen Hintergrund, besonders weil nach der Festnahme des Ex-Kreml-Vertrauten Pavel Borodin in New York einige russische Politiker wie Wladimir Schirinowskis oder auch der Sänger Jossif Kobson (der als »russischer Frank Sinatra« gilt) empfohlen haben, einige ›Ausländer‹ zu verhaften und gegen Borodin auszutauschen. Die Staatsanwaltschaft dementierte jegliche politische Motivation für die Festnahme. Sie habe auch nichts mit dem Verfahren gegen Gussinskij zu tun, dem im Zusammenhang mit der Privatisierung von ›Russkoje Video‹ Veruntreuung von Staatseigentum zu seinen Gunsten vorgeworfen wurde.«[44]

Die These scheint daher nicht aus der Luft gegriffen zu sein, dass die »Sache bestellt wurde«, wie es sein Petersburger Anwalt Novolodsky behauptet. »Es mischt sich jemand ein, der dem Präsidenten nahe steht. Sehr nahe beim Präsidenten.« Konkreter wollte er jedoch nicht werden. Seltsam, dass sich hier alle Beteiligten in Schweigen hüllen, als gäbe es Bereiche, die nicht angetastet werden dürfen.

Jürgen Roth

Als Grenzgänger zwischen Politik und Mafia wird auch der Banker Wladimir Kogan angesehen, über den russische Zeitungen schrieben, er sei »Putins Banker«.[45] Er ist Präsident von Bankers Haus St. Petersburg, einer Holdinggesellschaft. Ihr Eigentümer ist die Promostroibank St. Petersburg, eine der großen Banken Russlands.

In den frühen neunziger Jahren traf Wladimir Kogan nicht nur den künftigen stellvertretenden russischen Premierminister Ilya Klebanow, der damals noch für das Unternehmen Siemens arbeitete, sondern auch Wladimir Putin. Damals soll Kogan seine »Quellen« in der Petersburger Stadtverwaltung benutzt haben, um den Einfluss seiner Bank auszuweiten, zum Beispiel durch die Verwaltung der städtischen Konten. Den Aufstieg zum führenden Banker in St. Petersburg soll ihm Putin ermöglicht haben. Aber es kam anscheinend noch eine weitere Verbindung hinzu: »Über Kogan wurde gesagt, dass er Beziehungen zur Tambow-Gruppe unterhalten hat. Später habe er sich mit einer rivalisierenden Gruppe eingelassen, die von Konstantin Yakowlew (Kostya Mogila) geführt wurde. »Kogans Verbindung zu Kostya Mogila war in St. Petersburg so bekannt, dass Gerüchte laut wurden, wonach der Mafiaboss Mitglied des Aufsichtsrats der Bank geworden sein soll.«[46]

Es darf auch nicht vergessen werden, dass Wladimir Putin später im Kreml für Pavel Borodin arbeitete, den Vermögensverwalter des Staates, der riesige Bestechungsgelder einkassierte und dafür in der Schweiz auch verurteilt wurde. Daher stellt sich zwangsläufig die Frage, wie jemand direkt oder indirekt mit so vielen Menschen zusammenarbeiten kann, die in kriminelle Machenschaften verwickelt sind, ohne dabei selbst involviert zu werden.

Irgendwann einmal wurde Wladimir Putin deshalb gefragt, ob er nicht irgendwo eine kleine Fabrik besäße. Seine Antwort: »Sie wissen, ich habe nichts.« Der Journalist Sergej Roldugin fragte nach: »Bürokraten sind da, um Bestechungsgeld in Empfang zu nehmen, und es kann nicht sein, dass Sie nichts genommen haben.«

»Du weißt, Sergej«, antwortete Putin, »dass ich ohne das überleben kann. Wenn ich Bestechungsgelder genommen hätte, wäre ich heute unendlich reich. Ich konnte nichts als Informationen sammeln, und die Leute hätten mir dafür viel Geld anbieten können. Aber ich habe es nicht genommen, und deshalb bin ich heute wertvoller als je zuvor.«[47]

Diese Aussage trifft den Kern. Wladimir Putin saugte alle Informationen auf und benutzte sie, um seine Machtposition in St. Petersburg wie später in Moskau gegenüber den Oligarchen und dem Kreml abzusichern. Er wollte der »Familie« dienen – der KGB lässt grüßen. Die Interpretation ist wahrscheinlich nicht falsch, dass für Putin Informationen wichtiger waren als Geld, denn gerade mit Informationen lässt sich in Russland Macht kaufen.

Insofern macht eine Aussage Sinn, die in Russland und auch in Westeuropa immer wieder im Zusammenhang mit den kriminellen Syndikaten gemacht wird: dass der Nachrichtendienst KGB, der heute FSB heißt, das »Dach« für die mächtigen kriminellen Syndikate geworden ist. Putin und diejenigen Oligarchen, die ihn führen, partizipieren davon und gewinnen zugleich absolute Macht. Dafür lassen sie die Syndikate des Verbrechens gewähren, solange die herrschenden Machtstrukturen nicht gefährdet sind.

Und das führt zu einer anderen Person, die immer wieder im Zusammenhang mit der SPAG, mit Liechtenstein und auch mit kriminellen Organisationen auftaucht – zu Wladimir A. Smirnow.

Der Wirtschaftsexperte im Hintergrund

Das wichtigste Verbindungsglied in dem Beziehungsgeflecht zwischen der Tambovskaja auf der einen und Wladimir Putin auf der anderen Seite könnte ein Mann sein, der sowohl bei der SPAG und ihren diversen Tochterfirmen auftaucht wie in Firmen, die direkt oder indirekt der Tambovskaja zugerechnet werden – Wladimir Alexeevich Smirnow, geboren am 29. Januar 1957. Dieser Mann scheint ein großes unternehmerisches Talent zu haben. Dabei ist bei den Sicherheitsdiensten, vom FSB einmal abgesehen, nichts über Smirnow bekannt. Auch über seine vielen Firmen liegen keine strafrechtlich relevanten Erkenntnisse vor. Bekannt ist jedoch, dass er sowohl Geschäftsbeziehungen wie persönliche Kontakte zu Putin unterhielt, und das bereits seit dem Herbst 1991. Beziehungen, die sich kontinuierlich weiterentwickelten.

Smirnow war bereits Anfang der neunziger Jahre ein erfolgreicher Geschäftsmann, der allein in der Zeit von 1990 bis 1992 viele Firmen aufgebaut oder sich an ihnen beteiligt hatte. Das erklärt vielleicht auch einige Reisen in die Schweiz. Eine im Dezember 1996 diente wahrscheinlich der Erholung – da war er zusammen mit seinem Sohn im Hotel Sonne in Silvaplana im Kanton Graubünden. Knapp ein Jahr später, im November 1997, so das Bundesamt für Polizeiwesen, habe er Geschäftsbeziehungen zur SBS AG am Züricher Paradeplatz aufgenommen. Im Dezember 1997 wird ein weiterer Besuch von Smirnow registriert. Der weitaus interessanteste Besuch datiert jedoch vom Februar 1998. Damals hielt er sich im Hotel Ambassador in Zürich auf – begleitet von Wladimir Kumarin, dem Chef der Tambow-Mafia in St. Petersburg.

Die Beziehungen zwischen Kumarin und Smirnow müssen jedoch bereits früher entstanden sein. Mir erzählte ein Petersburger Unternehmer, der dort eng mit den Syndikaten kooperieren musste, folgende Geschichte: 1993 sei in St. Petersburg in der Nähe des Nevski-Prospektes ein deutsches Restaurant eröffnet worden, das deutsches Bier ausschenkte. An dem Restaurant sei die Tambovskaja beteiligt gewesen. Das wisse er deshalb so genau, weil diese »Kooperation« mit seiner Hilfe zustande gekommen sei. Am Tag der Eröffnungsfeierlichkeit habe ihn Kumarin angerufen:»Komm, schau dir doch einmal an, wie es hier jetzt aussieht. Ich bin gerade bei der Einweihung.« Er sei daraufhin hingefahren, und wenig später sei Smirnow hinzugekommen. »Damals hatte Kumarin Probleme mit der Staatsanwaltschaft und gegenseitige Hilfe war selbstverständlich. Wladimir A. Smirnow hatte einen guten Draht. Sagen wir mal, er war bei der Tambow und beim Bürgermeister zu Hause. Smirnow habe ich noch dreimal gesehen, und zwar im Lokal ›Vesna‹ (Frühling), das Efimov[48] gehörte, den er gut zu kennen schien. Wenn ich mich nicht täusche, kommt Smirnow aus der Komsomol-Kaderschmiede. Bei den Kommunisten hatten solche Leute viele Privilegien, und bei den Demokraten hat sich nichts geändert, außer den Anzügen und den Autos.«

Ein anderer Kenner der Petersburger Szene wendet ein:»Es ist richtig, dass die Tambow ohne Unterstützung von oben nicht wachsen und zu dem werden konnte, was sie heute ist. Aber Putin und Sobtschak haben direkt keine Hilfe geleistet. Leute wie Smirnow haben hingegen eine große Rolle in der Entwicklung der Tambow gespielt. Praktisch jede große Gruppe hatte solche Smirnows. Für Persönlichkeiten wie

Putin und Sobtschak, die durch ihre Ämter so viele Probleme haben, ist eine kriminelle Gruppe dann kein Problem, wenn sie die Politik nicht stört. Und wenn es dazu Smirnows gibt, die was Gutes für die Machthaber tun, mit Geldern, die von der Gruppe erwirtschaftet werden, dann wird die Gruppe als ›kontrolliert‹ eingestuft. Die Wirklichkeit ist also ziemlich kompliziert. Und logischerweise vom FSB kontrolliert und geduldet. Ja, das ist gegen die demokratischen Prinzipien. Aber es ist die russische Demokratie.« Was ist nun Fakt?

Wladimir A. Smirnow ist »Direktor und/oder Gründungsgesellschafter einer Reihe von Firmen, auch mit Beteiligung von ausländischem Kapital, die wiederum über Kapitalverflechtungen mit dem Firmenverbund der ›Tambower‹ verbunden sind«, wird in einem Bericht des Petersburger FSB behauptet. In diesem Dossier wird er als »ein außerordentlich agiler, geschäftlich und politisch erfahrener Geschäftsmann« beschrieben, »der im Rahmen seiner persönlichen Beziehungen zu den politisch-geschäftlichen Hierarchien in St. Petersburg engste Kontakte zu entscheidenden Trägern von Politik und Wirtschaft der Stadt und auf föderaler Ebene entwickelte«.

Weil Kumarin, der Boss der Tambovskaja, Anfang der neunziger Jahre bei den Petersburger Eliten offiziell nicht besonders gut gelitten war, wurde, so die These der Nachrichtendienstler, Wladimir A. Smirnow »vorgeschickt, der alle erforderlichen Kontakte sowie die notwendigen Verbindungen zum Ausbau der wirtschaftlichen und gesellschaftlichen Positionen hatte. Eindeutig erkennbar ist auch nach vorliegenden Hinweisen, dass diese ›Interessengemeinschaft‹ sowohl für Kumarin als auch für Smirnow direkt von Vorteil ist und sich beide in ihrer Rolle ergänzen.«
Die These scheint richtig zu ein, zumal sie von anderen Quellen bestätigt wurde. Wegen seiner engen Beziehungen zu Wladimir Putin und seiner »unumstrittenen Bedeutung für die Lösung komplizierter Geschäfte« war Wladimir A. Smirnow wohl unersetzlich geworden. Eine andere These geht davon aus, dass Putin-Freund Smirnow von Kumarin mit folgenden Worten erpresst wurde: »Entweder wir beteiligen uns an deinen Geschäften oder du bist ein toter Mann«. Wenn diese Behauptung zutreffen sollte – und einiges spricht dafür – wäre das ein klarer Beweis für den Kotau höchster staatlicher Autoritäten vor der Tambow-Mafia.

Jürgen Roth

Bereits im Zusammenhang mit dem Skandal, den die Abgeordnete Marina Salie aufzudecken versuchte, sollen auch die Namen von Smirnow und Kumarin samt ihren Firmen gefallen sein. »Es liegen Hinweise vor, dass einzelne Firmen von Smirnow und Kumarin sowohl export- als auch importseitig aktiv mitwirkten. Es ging um die Beschaffung von Lebensmitteln für die Stadt St. Petersburg.« Das behauptet zumindest der FSB in St. Petersburg. Ob es stimmt, ist schwer nachprüfbar.

Als gesichert kann dagegen gelten, dass Wladimir A. Smirnow in St. Petersburg an einer Vielzahl von Firmen direkt oder indirekt, als Geschäftsführer oder Mitgesellschafter, beteiligt war und ist. Das Firmennetz deckte alle Wirtschaftsbereiche ab. Ob Chemieunternehmen, Rüstungsfirmen, Hafenbetreiber (wie die Baltische Seefahrtsgesellschaft, die den gesamten Hafen kontrolliert und deren Direktor erschossen wurde, als die Tambow das Unternehmen übernahm), Computerfirmen, Dienstleistungsbetriebe oder Immobiliengesellschaften – überall war Wladimir A. Smirnow irgendwie mit dabei. Gezählt wurden 49 Firmen mit inländischer Beteiligung. An Firmen mit ausländischer Beteiligung, in denen Smirnow über Führungspositionen verfügte beziehungsweise Gesellschafter ist oder war, wurden elf gezählt, einige davon in Deutschland.

Die Frage ist, wie diese geschäftlichen Aktivitäten zu sehen sind. Der Eindruck drängt sich auf, dass ein kleiner Personenkreis im Laufe der Privatisierung staatlicher Unternehmen diese wie einen großen Kuchen unter sich aufgeteilt hat. Und immer spielen kriminelle Gruppen eine Schlüsselrolle.

Aber zurück zur Gründungszeit der SPAG: Hauptanliegen war es, aus Sicht von Petersburger Sicherheitsdiensten, »über eine solide westliche Firma geeignete Investoren für die Stadt im Bereich der Stadtentwicklung (Immobilien) zu gewinnen«. Und weiter: »Die Kontakte zu ausländischen Partnern, darunter zu einem Herrn Ritter, wurden über die bestehenden Verbindungen von Putin aufgebaut. Smirnow war für den weiteren Aufbau der Gesellschaft sowie die Sicherung der Interessen der russischen Partner verantwortlich.« Die Stadtregierung von St. Petersburg – das heißt in diesem Fall Wladimir Putin – habe dann die entsprechenden Grundstücke für die Investitionstätigkeit der SPAG bereitgestellt. Anschließend wurden weitere Firmen gegründet, die später von der SPAG übernommen wurden.

Zum Beispiel die RIF, inzwischen eine hundertprozentige Tochter der SPAG. Bei der RIF handele es sich um ein Sicherheitsunternehmen, wird in St. Petersburg behauptet, »hinter dem Kumarin von der Tambovskaja stehen soll«. Sie ist auf jeden Fall für die Sicherheit der SPAG-Firmen und ihrer Partner in St. Petersburg tätig.

Bemerkenswert ist, dass die Firma RIF auch die von Smirnow mitgegründete Kooperative Osero sichert. Dabei handelt es sich um Datschas am Ufer des Komsomolsk-Sees an der karelischen Landenge. Hier haben nachweislich Treffen hochrangiger Politiker und Persönlichkeiten aus Moskau und St. Petersburg stattgefunden.

Nach Auskünften in St. Petersburg gelang es jedenfalls der SPAG, wahrscheinlich über die Verbindungen zu Smirnow und unter Einschaltung von Putin (er saß immerhin im Beirat), potente Geschäftspartner zu finden. Das alles ist mehr oder weniger legal.

Seit dem 10. Mai 2000 ist Wladimir A. Smirnow als Berater in der Administration des Kreml tätig. Eine Entscheidung, die von Putin persönlich getroffen worden sein soll. Zum Verantwortungsbereich des Putin-Beraters Smirnow gehören neben den Fragen des Staatseigentums an Immobilien auch die Behandlung von Problemen des russischen Vermögens (Immobilien) im Ausland.

Wie zu hören ist, soll Smirnow unmittelbar dem Büroleiter des Präsidenten zuarbeiten. Leiter dieses Verwaltungsbüros, das zuvor von dem umstrittenen Pavel Borodin geleitet wurde, ist Wladimir Koshin, der ebenfalls aus St. Petersburg kommt.

Die Funktion eines Beraters wird offiziell nicht vergütet. Das bedeutet aber nicht, dass er weniger Einfluss hätte. In der Praxis ist seine Rolle oftmals gewichtiger als die der Mitarbeiter im Verwaltungsapparat. Denn ein Berater ist nicht gesetzlich verpflichtet, seine Geschäftsaktivitäten einzustellen. Er kann sich neben seinen staatlichen Aufgaben und Funktionen in der Administration des Präsidenten auch weiterhin voll und ganz der Entwicklung seiner Geschäfte widmen.

Zur Vorbereitung der 300-Jahr-Feier der Stadt St. Petersburg wurden von Moskau aus große Bau- und Rekonstruktionsmaßnahmen geplant, darunter Sanierungen und die Erschließung von Grundstücken für lukrative Neubauten. Entsprechende Haushaltsmittel wurden bereitgestellt. »Nach zuverlässigen Angaben ist Wladimir A. Smirnow im Büro des Präsidenten für diesen Aufgabenkomplex mitverantwortlich«, heißt es in einem FSB-Bericht. Das war im Jahr 2001. Und heute? Um für die vielen Gäste der Gründungsfeier das »Venedig des Nordens« in altem Glanz erstrahlen zu lassen, wurden über 300 Millionen US-Dollar aus dem Staatshaushalt ausgegeben. Doch bis Mitte des Jahres 2003 war erst die Hälfte der insgesamt 59 Restaurierungsprojekte beendet, und zudem ist ein Teil des Geldes spurlos verschwunden. 30 Millionen Dollar für den Bau neuer Straßen zum Beispiel »sind einfach irgendwo verschwunden«, klagte der Vorsitzende des russischen Rechnungsprüfungsamts, Sergej Stepashin.[49]

Der Einarmige oder die Geschichte eines Geschäftsmanns

Das führt nun zu den Verbindungen zwischen Putins Berater Smirnow und der kriminellen Gang Tambovskaja, insbesondere zu Wladimir Kumarin, der nicht nur in den Unterlagen der Darmstädter Staatsanwaltschaft und des BKA auftaucht.

Wladimir Sergejewitsch Kumarin (Spitzname: Kum = Gevatter) – inzwischen heißt er Wladimir Barsukow – wurde am 15. Februar 1956 als Sohn einer Bauernfamilie in einem kleinen Dorf in der Region Tambow geboren. Bis zum 31. Dezember 1996 lebte Kumarin mit seiner Ehefrau Marina Gennadjewa in der Wohnung 21 in der Tawritscheskaja 35. In dieser Straße residiert auch eine große Anzahl von Firmen, die direkt zur Struktur der Tambovskaja gehören beziehungsweise unmittelbar unter dem Einfluss von Kumarin stehen. Seit dem 1. Januar 1997 ist Kumarin als Wladimir Barsukow unter einer anderen Petersburger Adresse gemeldet und er erhielt einen neuen Pass (U-RB 63700740OM St. Petersburg).

In einer Biografie über ihn heißt es, er sei in den späten siebziger Jahren nach Leningrad gekommen, um eine höhere Ausbildung zu erlangen. Doch er verließ das Leningrader Institut für Mechanik und Optik bald wieder und arbeitete Mitte der achtziger Jahre in den neu eröffneten Bars der Stadt. »Wir gewährten Sicherheit und lösten

Konflikte. Viele interessante Leute verkehrten hier, und wir trafen dort zum Beispiel zum ersten Mal auch Nowoselow, den heutigen Sprecher des St. Petersburger Parlaments«[50], berichtete Kumarin später. Zu jener Zeit waren die wenigen Bars der Stadt Treffpunkte für Leute mit Einkommen aus zweifelhaften Quellen. »Fast alle meine Bekanntschaften gingen durch die Schule der Bars: Malyschev, Arthur, Krupa, Pasha Kurdriashev, Cheliuskin. Wir kochten alle im gleichen Topf«, erzählte Kumarin dem Journalisten Konstantinow und zählte mit diesen Namen die späteren Führer der kriminellen Organisationen in St. Petersburg auf. In einem Dossier der Petersburger Miliz steht, dass Kumarin »einen besonnenen Lebenswandel führt, weder trinkt noch raucht. Er ist physisch gut entwickelt, treibt Sport. Trotz seiner kleinen Körpergröße kann er im Liegen ein Gewicht von 110 Kilo hochstemmen.« Über seine Charaktereigenschaften schrieb die Miliz: »Er ist ein brutaler, kluger und kontaktfreudiger Mensch. In seiner Gruppierung setzte er eine solch strenge Disziplin durch, wie sie keine andere Bande in der Stadt hat. Besucher des Restaurants ›Koelga‹ standen bei seinem Erscheinen auf.«

»Kumarin ist meiner Meinung nach ein sehr talentierter Mensch«, sagte mir ein Unternehmer, der bis 1996 eng mit ihm zusammengearbeitet hatte. »Er ist diszipliniert, beherrscht seine Launen. Er kann aber auch sehr böse werden. Aber um das zu erkennen, muss man ihn sehr gut kennen. Er macht nie, was ihm ›verboten‹ ist, und wenn jemand aus seinem Imperium etwas Verbotenes macht, kennt er keine Gnade. Er lächelt immer. Ich kann nicht sagen, ob er strategisch denken kann. Aber er kann auf jeden Fall strategische Pläne ausführen und kontrollieren. Seine Autorität in der Tambow stellt niemand in Frage. Ich denke, man kann ihn eine Persönlichkeit nennen.«

Nachdem er wegen Rowdytums zwei Jahre in einem Erziehungslager verbracht hatte, kehrte Kumarin gestärkt nach Leningrad zurück. Seine Gruppe wuchs nun stetig an. Anfang 1990 gehörten zur Führung der Tambovskaja ein Mikhail Gluschenko (Khokhol), ehemaliger Boxtrainer und später Abgeordneter der Duma, die Gawrilenko-Brüder, Anführer einer kriminellen Brigade, Alexander Efimow, später Direktor zahlreicher großer Sicherheitsfirmen, sowie weitere »Autoritäten«. Jeder hatte mehrere Brigaden unter seiner Kontrolle.

»Verschiedene Experten schätzen, dass im Jahr 1990 die Tambovskaja bereits zwischen drei- und fünfhundert Mitglieder zählte.«[51]

Erstmals machte die Tambovskaja im Jahre 1989 auf sich aufmerksam, als sie den Markt an der Petersburger Metrostation Udelnaya unter ihre Kontrolle brachte und begann, von lokalen Spekulanten Tribut einzutreiben. Das missfiel den Brigaden der Malyshevskaya und der Kazanskaya, die zu dieser Zeit beträchtlichen Einfluss hatten. Es kam zu einer offenen Auseinandersetzung dieser Gruppen mit der Tambovskaja, ausgetragen auf einem einsamen Gelände unweit des Marktes. Damals kämpfte man noch altmodisch mit Fäusten, Messern und Schlagringen. Sieger blieben die Männer der Tambovskaja. Ihr Einfluss stieg von Monat zu Monat. Banken, Autohäuser und städtische Märkte mussten Schutzgelder zahlen. Und das Geld wurde in andere Wirtschaftsbereiche investiert.»Am Anfang seiner Karriere standen Autodiebstahl, Betrug und Schutzgelderpressung. Am Ende gab es das Tambow-Imperium«, erzählte mir ein Geschäftsmann.»Nicht jedem Kriminellen wird es erlaubt, so groß zu werden. Er hat seine Talente, durch die er eine Autorität wurde.«

Als der Tambovskaja große Summen zur Verfügung standen, begannen ihre Mitarbeiter, Buntmetalle zu kaufen und in die baltischen Staaten zu schmuggeln. 1992 wurden im Ausland Waffen gekauft und an kriminelle Gruppen weiterverkauft.

Dann wurden an Privatpersonen, die eine Wohnung als Sicherheit bieten konnten, Kredite vergeben. Einer, der dafür zuständig war, erzählte, was danach geschah:»Logischerweise konnte nur einer von zehn Krediten zurückgezahlt werden. So haben wir viele Wohnungen erworben, die später benutzt wurden, um wichtige Leute zu korrumpieren.«

Zu jener Zeit wurden die Kontakte in Richtung Westen ausgebaut. Ein Mann, der die Tambovskaja als Kryscha – als Dach – nehmen musste, sagte mir:»Ich habe von 1992 bis 1994 mit einigen Herren der Tambovskaja sehr eng zu tun gehabt. Die Tambovskaja war damals unsere Kryscha. Natürlich haben sich die Interessen dieser Gruppe in den Jahren 1992 und 1993 ausgeweitet – durch Schutzgeld, Schmuggel von Buntmetallen nach Estland, Autoschiebereien aus Baltikumstaaten nach Russland, Warenschmuggel im Hafen von St. Petersburg, Gründung von Joint Ventures mit ausländischen Partnern, Finanzierung von heißen Geschäften, Immobilien, Gründung erster ›privater Gewerkschaften‹ in St. Petersburg. 1993 hat die Gruppe sich zum internationalen westlichen Markt hin bewegt, insbesondere in Richtung Hamburg.«

Warum Hamburg, will ich von ihm wissen.

»Dafür gab es viele Gründe. Zuerst war es die Verbindung zwischen zwei Hafenstädten. Sehr schnell haben die Interessen sich auf das Rotlichtmilieu, das Glücksspiel und den Drogenmarkt ausgeweitet. Der Drogenmarkt war für beide Seiten interessant, weil es in der Tambovskaja Personen mit hohen Positionen in den zentralasiatischen Republiken der Ex-UdSSR gab. Dort wird Heroin von einer Qualität produziert, die der westliche Markt gar nicht kennt. Man muss über die Tambovskaja wissen, dass diese Gruppe nicht aus einfachen Kriminellen besteht, sondern dass sie auch hervorragende Wirtschaftsspezialisten zur Verfügung hat. Sie hat gute Juristen und sie hatte auch zwei ›Diebe im Gesetz‹.«

Im Sommer 1993 hatte die kalabrische Mafia-Fraktion Ndrangheta (der Clan Licciardi) zwei Milliarden Mark in St. Petersburg investiert. Das schmutzige Geld aus Italien floss in die Gründung einer Bank, in ein Stahlwerk und eine Ölraffinerie. »Der Ndrangheta-Clan Licciardi hat Kontakte zu den Repräsentanten der politischen Welt in Russland und in anderen osteuropäischen Ländern etabliert«[52], hieß es später in einem Bericht der Europäischen Kommission. Luciano Violante, einst Vizepräsident des italienischen Parlaments, warnte damals bereits vor einer »neuen kriminellen Internationalen«.

Wenn das so war, warum wurde dann nichts oder kaum etwas gegen die kriminellen Syndikate in St. Petersburg, insbesondere gegen die Tambovskaja, unternommen, als Wladimir Putin dort noch entscheidenden Einfluss hatte? Im Zusammenhang mit der Tambovskaja und ihren Hintermännern sind lediglich zwei Verfahrenskomplexe in St. Petersburg bekannt. Der eine betraf Wladimir Kumarin persönlich. Er wurde 1991 verhaftet und wegen Erpressung verurteilt. Anfang 1993 kam er nach St. Petersburg zurück.

Der andere Komplex betraf die Tambovskaja als kriminelle Vereinigung. Im Juli 1993 überprüften Petersburger Polizisten ein Motel. In einem der Zimmer entdeckten sie einen mit Handschellen an die Heizung gefesselten Mann. Neben ihm saß ein junger Mann, der erklärte, er sei für fünfzig Dollar pro Tag angeheuert worden, um den Gefesselten zu bewachen. Bei dem Gefangenen handelte es sich um den Unternehmer Kirill Schreiber.

Nach seiner Befreiung gab Schreiber folgende Erklärungen ab: 1991 hatte er mit seinem Geschäftspartner Kuzmin Lieferungen von Nahrungsmitteln aus dem nördlichen Russland ins Ausland organisiert. Etwa ein Jahr später, als der schwedische Abnehmer einer Fracht von Rebhühnern nicht bezahlt hatte, kamen Banditen zu Schreiber, um das Geld einzutreiben. Sie akzeptierten die Erklärung vom Betrug des schwedischen Abnehmers nicht. Kuzmin wollte den Konflikt regeln, indem er sich an seinen Bekannten, Alexander Klemenko, wandte, der Kontakte zur Tambovskaja unterhielt. Die Tambovskaja half tatsächlich, verlangte dafür aber 50 000 US-Dollar. Die konnte Schreiber jedoch nicht bezahlen. Daraufhin wurde er von drei Männern der Tambovskaja an den erwähnten Ort entführt und gefesselt. Insbesondere ein Valerij Ledowskij habe auf der Herausgabe des Geldes bestanden. Nachdem in dieser Sache Anklage in St. Petersburg erhoben wurde, änderte Kirill Schreiber seine Aussage. Angeblich sei es nicht Ledowskij gewesen, der auf der Herausgabe des Geldes bestand, sondern jemand, der diesem nur ähnlich sah. Und so musste die Anklage fallen gelassen werden. Der Grund für den Rückzieher Schreibers waren Drohungen gegen ihn und seine Familie. Ledowskij, auch der Knochenbrecher genannt, kam wieder auf freien Fuß. Er bestritt seine Zugehörigkeit zur Tambovskaja.

Eine weitere Affäre gab es um den Mord an dem Unternehmer Viktor Belneschew im Oktober 1993. Er war einer der größten Brennstoffhändler der Stadt. Nach Angaben des Untersuchungsrichters weigerte sich Belneschew, seinen Gewinn zu teilen. Als er am 20. Oktober 1993 das Restaurant »Okean« besuchte, führten ihn acht bewaffnete Männer ab und erschossen ihn anschließend. Vier von ihnen wurden wegen ihrer Beteiligung an dem Mord festgenommen, unter anderem Igor Toherkassov, bei dem man die Waffe fand, mit der der Unternehmer niedergestreckt wurde, sowie der Chef eines Sicherheitsdienstes. Doch die Zeugen, die bestätigten, die Verdächtigen in dem Restaurant gesehen zu haben, zogen später ihre Aussagen wieder zurück. Nach Angaben der Miliz waren die Killer Mitglieder der Tambovskaja. Sie mussten wieder freigelassen werden.

Über Valerij Ledowskij erzählt ein Insider: »Er ist ein ehemaliger Boxer. Ich glaube, er war sogar Meister in der UdSSR. Danach gab es den ersten Knastaufenthalt für Körperverletzung. Nach dem Knast kam Erpressung mit einer kleinen Gang und danach die Mitgliedschaft in der Tambow. Er ist ein sehr aggressiver Typ mit Kampfhunden, dicken Autos und ständiger Bestätigung seiner Kraft. Er liebt es, seinen Reichtum zu zeigen, spielt gerne um Geld. Er besitzt Immobilien in Helsinki und ist mit einigen tschetschenischen Autoritäten befreundet. Unter seiner Kontrolle waren viele ›Zuhälter-Kooperativen‹, aber auch Handelsfirmen, die es meistens mit Polen zu tun hatten. Er hatte sehr gute Verbindungen nach Stettin.« Und nach Hamburg. Hier soll der »Knochenbrecher« seit 1993 im Auftrag von Wladimir Kumarin, den Statthalter der Tambovskaja Boris Grinschtein kontrolliert haben. »Er musste die Kassenführung der Hamburger kontrollieren«, wissen BKA-Beamte zu berichten. Der am 30. Mai 1965 geborene Valerji Ledowskij persönlich prahlte außerdem damit, »hervorragende Kontakte nach Berlin und Spanien« zu haben.

Warum Anfang der neunziger Jahre auch in St. Petersburg gerade Boxer, Ringer und andere Kraftsportler die Creme der Unterwelt bildeten, lasse ich mir von einem führenden jungen Unternehmer aus St. Petersburg erklären. Boris Spektor hat – und da ist er die Ausnahme – nichts mit den kriminellen Strukturen seiner Stadt zu tun.

»Ich war niemals von einer Krischa bedroht wie so viele andere Geschäftsleute durch Gangs, die dich beschützen. All diese Kriminellen waren ehemalige Sportsleute. Sie waren zu Zeiten der sowjetischen Gesellschaft respektierte Personen. Sie repräsentierten unser Land, konnten ausreisen, waren clever und hatten viele Möglichkeiten. Sie führten ein gutes Leben. Ihr Gehalt war vergleichsweise hoch. Davon konnten sie sich vieles leisten. Es war ein Traum. Aber als sie ihre sportlichen Aktivitäten beendeten, kümmerte sich niemand mehr um sie. In der UdSSR erhielten sie noch staatliche Unterstützung. Als die Wirtschaft privatisiert wurde, fiel das alles weg. Sie hatten keinerlei Berufsausbildung und keine Möglichkeit mehr, Geld zu verdienen. Das ist einer der Gründe, warum sie kriminell wurden.

Ich kannte viele von ihnen. Damals gab es keine scharfen Grenzen zur Organisierten Kriminalität, wie man sich das im Westen vielleicht vorstellt. Wenn mich einer fragt, ob ich Kontakte zu Kriminellen hatte, dann muss ich sagen, ja, viele kenne ich. Aber ich hatte nichts mit ihnen zu tun. Wir waren einfach zusammen, wir spielten zusammen, gingen zur selben Schule. Unsere Gesellschaft war nicht in Klassen aufgeteilt, die Kinder wuchsen gemeinsam auf. Einige gingen ins Gefängnis, andere wurden Akademiker. Aber wir hatten den gleichen Hintergrund. Wenn ich diese Leute treffe, können wir miteinander reden, ja, aber wir haben unser eigenes Leben. In unserer Gesellschaft war die Hälfte der Bevölkerung im Gefängnis. Deshalb hatte man ein ganz normales Verhältnis zu Gefangenen. Das ist im Westen vielleicht nicht zu verstehen. Wenn einer in Russland sagt, er war im Gefängnis, dann sympathisiert man eher mit ihm. Wenn ich jemanden treffe, den ich seit 30 Jahre kenne, und er fragt mich, ob ich ihm helfen kann, dann helfe ich ihm natürlich. Aber ich habe in meinem ganzen Leben niemals kriminelle Aktivitäten unterstützt. Wenn ich jemanden privat helfen kann, dann tue ich das. Niemand hat mich jemals benutzt.«

Am 1. Juni 1994 wurde der schöne Mercedes von Wladimir Kumarin von den Kugeln einer Kalaschnikow buchstäblich durchsiebt. Im Auto saßen er, Viktor Golman (sein Leibwächter aus dem Wachunternehmen Kobra) und der Fahrer. Sowohl der Fahrer wie sein Leibwächter wurden erschossen, Kumarin selbst kam mit schweren Verletzungen an Bauch, Kopf und Brust ins Krankenhaus Kostuchko. Das Krankenhaus wurde sofort von hundert Kämpfern der Tambovskaja umstellt, da man ein weiteres Attentat auf den Führer Kumarin befürchtete. Als die RUBOP (Regionale Verwaltung zur Bekämpfung der Organisierten Kriminalität) die Blockade auflöste, konnten 60 Männer der Tambovskaja festgenommen werden. Kumarin lag einen Monat lang im Koma, ihm musste ein Arm amputiert werden. Nach dem Verlassen des Krankenhauses fuhr er zur ärztlichen Behandlung nach Hamburg und danach weiter in die Schweiz. Von dort aus dirigierte er sein kriminelles Netzwerk in St. Petersburg weiter, das Ende 1995 zur wichtigsten und einflussreichsten kriminellen Organisation geworden war.

Nachdem Kumarin den Bandenkrieg überlebt hatte, konnte er seine führende Position in der Tambovskaja festigen und mit dem Aufbau einer neuen Struktur beginnen, die es ihm erlaubte, die Tambovskaja in eine legale Finanz- und Industriegruppe zu transformieren. Und das hatte mit einem Energieunternehmen zu tun, der PTK.

Das Unternehmen PTK

Im Jahr 1994 wurde von der Petersburger Stadtregierung die PTK (Peterburgskaja Tobliwnaja Kampagnija) gegründet, die das Exklusivrecht zum Handel mit Brennstoffen in der Stadt erhielt. An der Gründung mitbeteiligt war Wladimir A. Smirnow, den entsprechenden Vertrag hatte Wladimir Putin unterschrieben. Smirnow gehörten auch Gesellschafteranteile an der PTK. In der Folge war er in leitenden Positionen in der PTK tätig, die wenig später unter den Einfluss der Tambow-Gruppe geriet, und zwar durch Wladimir Kumarin, den Chef der Tambovskaja. Der saß im Verwaltungsrat der PTK, wurde sogar Vizepräsident der PTK. 1999 verkaufte Smirnow seine Anteile an der PTK und zog sich aus dem lukrativen Unternehmen zurück.

Die Geschichte der PTK in St. Petersburg war in der Anfangsphase mit rein kriminellen Machenschaften verbunden. Ihren heutigen wirtschaftlichen Status (und ihren beträchtlichen Einfluss in Politik und Wirtschaft) konnte die Firma nur dank ihrer sehr engen Beziehungen zum Regierungsapparat erreichen. Die Geschäftsführung der PTK nutzte dabei gezielt die weit verbreitete Korruption innerhalb des Beamten- und Verwaltungsapparates der Stadt. In einem internen Dokument des FSB ist darüber Folgendes zu lesen:»Die ›gegenseitige‹ Interessenlage der PTK-Führung und der führenden Mitarbeiter der Petersburger Regierung mit kommunalen und staatlichen Firmen zeigt sich darin, dass entscheidende Kreise der Petersburger Regierung (darunter die Vermögensverwaltung Kug), Gründungsgesellschafter der PTK sind, beziehungsweise im Firmenverbund der ›Tambower Gruppierung‹ als Mitgesellschafter oder persönlich in Führungspositionen vertreten sind.«

Die finanzielle Basis der PTK waren vertraglich abgesicherte Staatsaufträge. Die dadurch langfristig garantierte Auftragslage sowie die zur Verfügung stehenden Finanzmittel stellten stets berechenbare Faktoren dar, so dass die PTK entsprechend profitabel agieren konnte.

Die Staatsaufträge der Petersburger Administration wurden jährlich vom»Komitee für Transportfragen« an die PTK vergeben. Dabei ging es um die Versorgung des öffentlichen Fahrzeugparks der Stadt mit Diesel, Benzin und anderen Treibstoffen durch das firmeneigene Tankstellennetz. Praktisch bedeutete das, dass alle 174 Buslinien (auf jeder Strecke verkehren mindestens fünf Busse), der Autopark der Verwaltung für Inneres, der Krankentransport, die Spezialtransportfahrzeuge (Müllentsorgung) und der Pkw-Park der Stadtregierung exklusiv von der PTK versorgt wurden.

Der Umfang dieser Geschäfte lässt sich erahnen, wenn man weiß, dass die öffentlichen Transportmittel der Stadt St. Petersburg für 5,5 Millionen Menschen ausgelegt sind. Die für die Bezahlung der Treibstoffe erforderlichen Gelder wurden aus dem Budget der Stadt direkt (und ausschließlich) auf Konten von PTK-Firmen bei der Petersburger Stadtbank überwiesen.

Man kann davon ausgehen, dass eine Tankstelle des PTK-Netzes im Zeitraum von 24 Stunden im Schnitt etwa 2000 US-Dollar Reingewinn erwirtschaftete, pro Monat also etwa 60000 US-Dollar. Jeden Monat wurden somit Reingewinne in Millionenhöhe erzielt. Die täglichen Einnahmen wurden dann auf die Konten der PTK bei der Petersburger Stadtbank eingezahlt.

Eine Konkurrenz für die PTK war das finnische Unternehmen Neste. Als es der Firmenleitung endlich gelang, sich vom »Dach« der Tambovskaja zu befreien, ließ die Antwort nicht lange auf sich warten: Im September 1997 wurde Valerij Mandrykine, der Vizepräsident von Neste, in St. Petersburg erschossen. Wie ging es dann weiter?

In der Zeit von 1995 bis 2002 wurden einzelne Führungskräfte der Tambovskaja eliminiert, andere bauten sich systematisch eine legale Geschäftsbasis auf, und wiederum andere zogen sich ganz aus der Gruppe zurück. Mit ein Grund dafür war eine lang anhaltende Mordserie, die in den Jahren 1997 und 1998 St. Petersburg den Ruf verschaffte, die »Hauptstadt der Kriminalität« zu sein.

Denn in diesen Jahren wurden die letzten internen Auseinandersetzungen zwischen den verschiedenenen Machtblöcken ausgetragen, »Säuberungen« fanden statt. Der Kreml und Wladimir Putin hatten ein großes Interesse daran, dass in St. Petersburg endlich Ruhe herrschte. Der Weg dorthin war blutig.

Es begann mit der Ermordung des Petersburger Vizegouverneurs Michail Manewitsch. Er wurde im August 1997 in der Nähe des Newski Prospekts in seinem Auto erschossen. Manewitsch war für die Privatisierung des Staatseigentums im St. Petersburger Gebiet zuständig. Einer seiner Mörder saß mit einem Gewehr auf dem Dachboden eines Hauses (das Szenario erinnert an die Ermordung Kennedys), an dem Manewitschs Wagen vorbeifuhr. Sechs Schüsse durch das Dach des Autos ließen dem Politiker keine Chance.

Im September 1998 wurde Jewgeni Agarjow, ein hoher städtischer Beamter, der für Friedhöfe, Badeanstalten und Friseursalons zuständig war, mit seinem Haus in die Luft gesprengt. Und einen Monat später wurde, ebenfalls in seinem Haus, der im Erdölgeschäft tätige stadtbekannte Unternehmer und Freund des Duma-Vorsitzenden Selesnjow, Dimitri Filimonow, durch eine Bombe getötet. Im Oktober wurde auch auf Michail Oscherow, den Assistenten Selesnjows, ein Mordanschlag verübt. Ihm wurde in den Kopf geschossen, er überlebte aber. Am 20. November 1998 wurde Galina Starowoitowa erschossen, als sie in ihre Wohnung gehen wollte. Die Ermordung der Duma-Abgeordneten und Führerin der Partei Demokratisches Russland erschütterte das Land.

Gleichzeitig etablierten sich die Mitglieder der Tambovskaja in Industrie und Wirtschaft der Stadt St. Petersburg und im gesamten Umland. Dabei wurde strikt auf die Einhaltung der Gesetze geachtet, strafrechtlich belastete Personen wurden nicht mehr eingesetzt.

Neu war, dass nun die erwirtschafteten Gelder über die Firmen und Organisationen der Tambovskaja wieder in den heimischen Wirtschaftskreislauf zurückgeführt wurden, anders als Anfang und Mitte der neunziger Jahre, als noch große Summen ins Ausland transferiert wurden. Viele führende Mitglieder der Tambovskaja rückten durch ihre Aktivitäten und persönlichen Beziehungen zu Mitarbeitern staatlicher Behörden in einflussreiche Positionen auf. Danach war alles geklärt. Einer der es wagte, die engen Verbindungen zwischen Tambovskaja und der politischen Klasse in St. Petersburg zu erwähnen, war Generalleutnant Anatolij Ponidelko, der 1996 zum Polizeichef von St. Petersburg ernannt wurde. Mit seiner offenen Kritik an korrupten Polizeibeamten und der Tambovskaja machte er sich keine Freunde, insbesondere weil er es wagte, Wladimir Kumarin als Kopf der Mafiaorganisation anzuprangern. Zwei Jahre nach seiner Ernennung zum Polizeichef wurde er dehalb gefeuert. Kumarin klagte gegen ihn wegen Verleumdung, und vor Ponidelkos Datscha explodierte eine Bombe. Als ich ihn Anfang Juni 2003 in seiner Suite am Nevski-Prospekt, zusammen mit dem russischen Ex-Innenminister Anatolij Kulikow treffe, erzählt er mir, dass er von seinen Behauptungen nichts zurücknimmt. »Alles andere wäre ja Unsinn«, bestärkt ihn Anatolij Kulikow. Außerdem hätten sich jetzt seine Wege mit denen von Kumarin erneut gekreuzt. »Ich bin ja inzwischen Geschäftsführer eines Fleischkombinats und damit direkter Konkurrent von Kumarin. Dem gehört Parnas, ebenfalls ein Fleisch-und Lebensmittelkonzern. Jetzt werden wir halt sehen, wer die besten Würste produziert.« Soweit die Geschichte von Ponidelko.

Engste Vertraute von Kumarin waren über lange Zeit Mischa der Ukrainer (»Chochol«, Mikhail Gluschenko) und »Babuin« (Valerij Ledowskij). Beide waren bis zum Jahr 1999 für Sicherungs- und Strafmaßnahmen verantwortlich. Kumarin selbst distanzierte sich 1999 im Zuge seiner umfangreichen legalen Geschäfte von nahezu allen »offen und direkt belasteten« kriminellen Personen in der Führungshierarchie der Tambow. Gluschenko ist heute (für die Liberal-Demokratische Partei von Schirinowski) Abgeordneter der Duma der Russischen Föderation.

Wer ist dieser Abgeordnete? Das erklärte mir einer aus seiner eigenen Truppe: »Mikhail Gluschenko ist ein wichtiger Mann der Tambow. Er ist jemand, der den Leuten Angst einjagt. Bis 1992 war er sehr aggressiv. Er hatte immer zwei Leute aus Zentralasien um sich, die auf sein Wort hin ein Schaf oder auch einen Menschen schlachten konnten. Er war immer bewaffnet. Er war neugierig und interessierte sich für alles Neue und Unbekannte, wenn es Macht oder Profit bringen konnte. Seine Idee war: ›Wir müssen international sein und uns Richtung Westen bewegen.‹ Geld war ihm gleichgültig, was nicht heißt, dass er das Geld nicht haben wollte. Sein Ziel war vielmehr die Erniedrigung anderer. 1992 wurde auf ihn geschossen. Danach verlor er ein paar seiner ihm nahe stehenden Leute und wurde ruhiger, war nicht mehr so wild. Auf Außenstehende kann er sehr sympathisch wirken. Aber er spricht er nur mit Leuten, die ihm gleichgestellt sind. In der kriminellen Welt hatten viele vor ihm Angst und Respekt. Er wiederum hat großen Respekt vor über ihm stehenden Autoritäten. Er erzählte zu bestimmten Gelegenheiten gern aus seiner Vergangenheit und von grausamen Erlebnissen und genoss fast fanatisch seinen Platz in der Tambow.«

Zwei weitere Tambower, Michael Monastyrski und Wjatscheslaw Schewtschenko, wurden ebenfalls Abgeordnete der Schirinowski-Fraktion in der Duma im Kreml. Eine andere bekannte Größe in der Führung der Tambower war »Jefim« (Alexander Efimow), Direktor des Wach- und Sicherheitsunternehmens Skorpion. Der Sohn eines Arbeiters, einst Angestellter in Restaurants und Saunas, eröffnete 1988 sein erstes Unternehmen in St. Petersburg. Bereits damals verfügte er über beste Beziehungen zur Unterwelt. 1994 gründete er ein Sicherheitsunternehmen. Das war sinnvoll, denn jetzt durften seine Angestellten ganz offiziell Waffen tragen. Er war stolz auf seine sehr engen Beziehungen zu Führern der Petersburger Miliz, die ihrerseits die Skandale um seine Person und seine Firma bereinigten.

Wegen interner Konflikte in der Tambovskaja verlor er seinen Einfluss, er hatte jedoch in der Zwischenzeit in Prag ein weiteres Sicherheitsunternehmen aufgebaut. 1999 wurde er in der Ukraine verhaftet. Grund dafür waren gezielte Indiskretionen anderer Tambower.

Zur Führungsspitze der Tambovskaja gehörten außerdem die Brüder Wjatcheslaw und Sergej S., die heute angesehene Petersburger Geschäftsleute sind. Beide hatten sich formal nie an kriminellen Aktivitäten beteiligt. Anfang der neunziger Jahre wurde ihnen vorgeworfen, Haushaltsmittel der Stadt unterschlagen zu haben. Beide wurden 1995 rehabilitiert. Im Jahre 2000 wurde gegen sie erneut ermittelt, diesmal wegen Erpressung von Journalisten. Der ältere Bruder Sergej setzte seine Tätigkeit als Abgeordneter des Stadtparlaments von St. Petersburg fort. Wjatcheslaw S., Duma-Abgeordneter, wurde zur Fahndung ausgeschrieben. Mitglied der Tambovskaja war auch Viktor Nowoselow, Stellvertretender Vorsitzender des Stadtparlaments von St. Petersburg, der im Herbst 1999 in seinem Dienst-Pkw bei einem Bombenanschlag ums Leben kam.

Im August 1999 gewährte Wladimir Kumarin einem Journalisten der Moskauer Zeitung »Kommersant« eines seiner wenigen Interviews. Nach seinen Worten existierte die Tambow-Gruppe gar nicht mehr: »Wir halten keine Treffen ab und erheben keinerlei Mitgliedsbeiträge.«[53]
Aber die Anschläge auf Mitglieder der Tambovskaja wurden fortgesetzt. Anschlagsopfer wurden der Leibwächter von Kumarin sowie Jan

Gurewskij, seine rechte Hand. Letzterer war für die »Regulierung strittiger Fragen« mit anderen Gruppierungen verantwortlich. Der endgültige Absprung aus der kriminellen Welt in die normale Geschäftswelt war vollzogen.

Man muss davon ausgehen, dass heute die Wirtschaft von St. Petersburg und die anderer russischer Regionen unter diversen kriminellen Organisationen aufgeteilt worden ist. Ein hervorragend organisiertes Informationssystem ermöglicht es ihnen, alle Wirtschaftssektoren zu überwachen. »Von dem Moment an, wo neue Handelsstrukturen Profite erzielen, wird das Interesse krimineller Organisationen geweckt. Geschäftsleute versichern, dass 100 Prozent des Handels von Schutzgeldzahlungen betroffen sind – sie betreffen alle Unternehmen mit Ausnahme der Militärindustrie und einiger ausländischer Firmen.«[54] Professor Yakov Gilinsky aus St. Petersburg, der mir dieses sagte, fügte düster hinzu: »Ich glaube, Russland ist im Augenblick eine kriminelle Gesellschaft und ein krimineller Staat.«

Er kennt sich aus. Er ist einer der wenigen, der die dort herrschenden kriminellen Strukturen wissenschaftlich untersucht. Gilinsky führte ab 1993 eine kriminologische Studie über die Schwarzmarktwirtschaft und die Organisierte Kriminalität in St. Petersburg durch.[55]

Der Professor lebt in einem Hochhauskomplex am Rande von St. Petersburg in einer kleinen Dreizimmerwohnung. Die kärglich ausgestatteten Zimmer sind mit Büchern und Manuskripten voll gestopft. Viel Platz bleibt ihm nicht. Auf dem winzigen Balkon hat er Eingemachtes gelagert. Sein Verdienst (300,– US-Dollar im Monat) reicht gerade aus, um das Nötigste zu kaufen. Auslandsaufenthalte kann er sich nur dann leisten, wenn er eine Einladung bekommt. Als seine Frau uns einen Wodka bringt, denke ich: Welches Elend bei hoch qualifizierten Wissenschaftlern einerseits und welcher Reichtum bei der kriminellen Kaste andererseits, das lässt sich nur verdrängen, wenn viele Wodkaflaschen geleert sind.

Gilinskys Interviewpartner, die er für seine Forschungsarbeit aufsuchte, beschrieben ihm ihre Situation so: »Man kommt ohne illegale Geschäfte nicht aus, legale und illegale Methoden sind ineinander verzahnt.« Das bestätigten ihm auch leitende Polizeioffiziere: »Die mittleren Geschäftsleute sind äußerst kriminalisiert ... man muss für alles Bestechungsgelder zahlen ... die Schulden müssen mit Gewalt eingetrieben werden ... keine Steuerprüfung ohne Bestechungsgelder ... Mafiosi unter den Vorstandsmitgliedern von Banken ...« Gilinsky listet auf, welche Verbrechen die Mafiosi in den Banken verüben: »Fiktive Transaktionen bei Immobilien, Autodiebstähle und Hehlerei, illegale Exporte von NE-Metallen, Schwarzmarktgeschäfte mit Lebensmitteln aus humanitärer Hilfe, Produktion und Schmuggel von illegalem Alkohol, Waffenhandel, Geldfälschungen, Zuhälterei, Drogengeschäfte.«[56] Fazit des Wissenschaftlers: »In Russland gibt es keine legale Wirtschaft mehr.« Und dann sagte er noch: »Wenn wir alle Verbrecher einsperren, bricht die Wirtschaft zusammen.«

Denn seit Anfang der neunziger Jahre haben kriminelle Organisationen erfolgreich die »legale Wirtschaft unterwandert«, so Yakov Kostjukowski, Mitarbeiter von Professor Gilinsky und auch ein Kenner der Organisierten Kriminalität in St. Petersburg. »Das Lösen von Problemen mit Gewalt ist auch in den legalen Betrieben zur Regel geworden.«

Das Ergebnis ist beachtlich. Die Tambovskaja kontrolliert inzwischen fast vollständig den Morskoi Torgowy Port (Handelshafen von St. Petersburg) sowie die Sewerno-sapadnoje Parochodstwo (Nordwestliche Schifffahrtsgesellschaft), bedeutende Teile des Energieunternehmens Lenenergo sowie etwa 70 Prozent des gesamten Brennstoffmarktes von St. Petersburg. In der Leicht- und in der Fleischindustrie hat sie quasi eine Monopolstellung erreicht. Sie verfügt zudem über ein umfangreiches Handelsnetz und private Klubs. Verankert ist sie außerdem im Bauwesen und im Immobiliengeschäft. Ein Beamter der RUBOP, der Einheit zur Bekämpfung Organisierter Kriminalität, berichtet: »Die Analyse der Tätigkeit der Tambower Gruppierung, ihrer Methoden, insbesondere ihrer ausgeprägten personellen Verflechtungen und Positionen in Wirtschaft und Behörden lässt den Schluss zu, dass sich die kriminelle Struktur zu einer Art Schattenregierung entwickelte. Das bedeutet, dass sie der dominierende Faktor der Stadt geworden ist.« So gesehen ist es durchaus zutreffend, wenn der russische Innenminister Boris Gryslow im August 2001 beklagt, dass »über einhundert Firmen in St. Petersburg von der Tambow-Mafia kontrolliert werden und achtzig Prozent des gesamten Handels gegenwärtig unter Mafiakontrolle«

Jürgen Roth

stehen. Außerdem kontrollieren kriminelle Gruppen »den Export von Rohstoffen sowie den Import von Alkohol und Tabak«.[57]

Seine Empörung rührte vielleicht auch daher, dass mitten in St. Petersburg ein funkelnagelneuer BMW der 7er-Serie gestohlen worden war. Das Luxusgefährt war auf ein Familienunternehmen der Gryslows zugelassen. Seine Frau ist Mitbegründerin und Chefbuchhalterin des feinen Petersburger »Instituts für die beschleunigte Ausbildung von Führungskräften«. Gegründet wurde es 1997 von ihrem Mann, »zwei Jahre, bevor dieser aus dem politischen Nichts beschleunigt zur Führungskraft erst der Putin-Leibpartei ›Jedinstwo‹ und dann zum Innenminister aufstieg«.[58]

Wladimir Barsukow (Kumarin will er ja nicht mehr genannt werden) betreibt heute offiziell keine kriminellen Geschäfte mehr. Er ist in keinem Unternehmen seines Firmenverbundes als Gesellschafter oder in einer anderen Position aktiv tätig. Offiziell arbeitet er nur für die Wohltätigkeitsorganisation »XXI. Jahrhundert«. Andererseits erzählten mir in St. Petersburg Kasinobesitzer, dass er über das gesamte kriminelle Geschehen in der Stadt genau informiert sei und entsprechende Kontakte nie aufgelöst habe. Es gibt zudem noch eine andere Schaltstelle zwischen der Tambovskaja und dem Kreml: »Der in St. Petersburg bekannte Anwalt Alexander S. stellt heute das Verbindungsglied zwischen der Tambovskaja und den Vertretern der Staatsgewalt dar. Alexander S. unterhält sehr enge persönliche Beziehungen zu Putin und genießt einen Sonderstatus«, heißt es in einem Bericht des FSB. Vielleicht ist auch nur das inzwischen eingetreten, was der amerikanische Russlandberater Professor Jeffrey Sachs bereits Anfang der 90er Jahre in Moskau einforderte: »Gebt einigen Einflussreichen einen legalen Anschein und ermutigt sie, andere auszuschalten, damit sich die Gesamtzahl derer, deren Einflusssphären sich überschneiden, reduziert.«[59]

Ende einer Untersuchung?

Anfang des Jahres 2003 glaubten die Ermittler des Bundeskriminalamts und die Darmstädter Staatsanwaltschaft genügend Beweise zu haben, um diese Feststellung zu treffen:»Die SPAG ist Kumarin. Alle Befehle kommen von Kumarin«, so damals die Darmstädter Staatsanwaltschaft. Ermittler des BKA behaupteten außerdem:»An der Verbindung Kumarin, Grinschtein, Sauer gibt es für uns keine Zweifel. Das steht hundertprozentig fest.« Doch wie lassen sich diese Glaubenssätze gerichtsfest beweisen? Das hoffen die Ermittler im BKA in den nächsten Monaten herauszufinden.

Bei Peter Haberlach, dem zeitweiligen Bordellbesitzer aus Hamburg, wurden seither, bei einer Hausdurchsuchung, zahlreiche Dokumente und die Festplatte seines Computers sichergestellt. Aufschlussreich waren die festgestellten Geldtransaktionen. So wurden bei der Deutschen Bank in Hamburg innerhalb von sechs Wochen, bis zu zehnmal täglich, hohe Geldbeträge von 19 000 beziehungsweise 29 000 Mark eingezahlt. Die Ermittler glauben zudem herausgefunden zu haben, dass Peter Haberlach, als eine Art Hamburger Repräsentant der Tambovskaja, für diese bei der Vereins- und Westbank ein Konto unterhält. Von diesem Konto aus seien Millionenbeträge an eine Wirtschaftsprüfungsgesellschaft in Frankfurt überwiesen worden. Hinzu komme, dass bei der Vereins- und Westbank in Hamburg auch Konten von E. C. Experts Limited und Delta Power Limited gehalten wurden, also Firmen, die in direkter Beziehung zur Tambovskaja stehen sollen. Die Höhe der vermuteten Geldwäsche soll mindestens 28 Millionen Euro betragen haben, eigentlich ein eher mickriger Betrag.

Stimmt das, was die Ermittler bis Ende 2002 glaubten, herausgefunden zu haben? Meine Fragen an Klaus-Peter Sauer, ob er zusammen mit Boris Grinschtein an Firmen in Deutschland oder Russland beteiligt sei, wie seine Zusammenarbeit mit Grinschtein aussehe, welche Kontakte er zu Peter Haberlach in Hamburg habe, ob er Wladimir Barsukow, vormals Kumarin, kenne beziehungsweise wann er das letzte Mal Kontakt zu ihm gehabt habe und ob ihm bekannt sei, dass Kumarin von internationalen Polizeibehörden als Kopf der so genannten Tambovskaja bezeichnet werde, beantwortete er am 8. Januar 2003 wie folgt:

»Ich darf Ihnen zur Kenntnis bringen, dass auch ich als Journalist und Buchautor agiere. Im Moment befasse ich mich mit einem authentischen Bericht über die Möglichkeiten einer Diffamierung von

Personen unter dem Deckmantel ›journalistischer Tätigkeit‹. Ich darf darauf verweisen, dass Sie hierin vorkommen könnten ... Fragen privater Natur beantworte ich nicht, da sie von Ihnen entstellt verwendet oder aus dem Zusammenhang gerissen werden könnten.« Mit Schreiben vom 11. Januar 2003 bat ich ihn erneut um die Beantwortung meiner Fragen. Antwort: keine. Am 12. Februar schickte ich ihm nochmals eine E-Mail. Wiederum keine Antwort. Stumm blieb auch ein anderes Aufsichtsratsmitglied, das in Moskau sitzt. Einer regte sich: Markus Rese. Im Sommer 2001 hatte ich in einem Interview gesagt, dass es bei Frankfurt ein Unternehmen gebe, in dem Wladimir Putin im Beirat sitze, und dieses Unternehmen habe mit Geldwäsche und Anlagebetrug zu tun. Er wollte von mir die schriftliche Bestätigung, dass ich damit nicht die SPAG gemeint habe. Meine Antwort: Wenn es um Anlagebetrug geht, kann natürlich überhaupt nicht Ihr Unternehmen gemeint sein. Nachdem ich ihm meine ladungsfähige Anschrift mitgeteilt und ihn nochmals aufgefordert hatte, meine Fragen, auch die an Klaus-Peter Sauer, zu beantworten, hörte ich nichts mehr von ihm. Bis zum 13. Mai 2003.

13. Mai 2003
Am frühen Morgen regnet es. Vor der Firmenzentrale der SPAG in Mörfelden-Walldorf fahren um neun Uhr zivile Polizeifahrzeuge vor. Vierzig BKA-Beamte beginnen, die Räume der SPAG und der benachbarten Firma GBAG im 2. Stock des Bürogebäudes, zu durchsuchen. Zeitgleich werden unter anderem die Baader Wertpapierhandelsbank AG in München (bislang gerühmt für das phantastische Essen nach den Hauptversammlungen) sowie die Privatwohnungen von Markus Rese, Klaus-Peter Sauer und Peter Haberlach in Hamburg vom BKA unter die Lupe genommen. Insgesamt sind an der bundesweiten Razzia 200 Beamte beteiligt.

Ich schaue mir die Aktion in Mörfelden-Walldorf von außen an, sehe aufgeregte junge Mitarbeiterinnen vor der Tür stehen, die nicht wissen, was die Polizei hier treibt. Plötzlich kommt eine Frau mit einem Handy in der Hand auf mich zu. Am Apparat ist Klaus-Peter Sauer. Als Erstes fragt er mich tatsächlich, ob ich für die Durchsuchung verantwortlich sei. »Ich bin gerade in Düsseldorf«, sagt er dann. »Können Sie mir etwas zu den Vorwürfen sagen?«, frage ich ihn. »Natürlich.« Und er ist ganz offensichtlich empört. »Das ist ein Skandal – wir haben doch nichts mit Geldwäsche zu tun, welch ein Unsinn. Ich werde Ihnen, wenn ich zurückkomme, ein Interview geben.« Ich bin überrascht, dass er auf einmal dazu bereit ist. Tatsächlich kommt er, wie von seiner Mitarbeiterin angekündigt, zwei Stunden später in einem silbergrauen BMW an, würdigt mich jedoch keines Blickes. Auch sein Anwalt aus Frankfurt, der mit rotem Kopf in das Bürogebäude stürzt, will keinen Kommentar abgeben. Als ich gegen Mittag im Büro der SPAG anrufe und mit Klaus-Peter Sauer sprechen will, sagt die Telefonistin:»Nein, Herr Sauer ist heute nicht hier. Er ist kurzfristig zu einer Betriebsfeier weg.« Auf meine Frage, ob denn bei der SPAG gerade eine Hausdurchsuchung stattfinde, antwortet sie, während am Fenster des Büros uniformierte Polizisten herumstehen: »Nein, nicht das ich wüsste.« Zur gleichen Zeit, um 13 Uhr, wird Bundeskanzler Gerhard Schröder von der Polizeiaktion gegen die SPAG persönlich informiert. Wenig später klingelt auch beim russischen Innenminister das Telefon. Er wusste seit Anfang 2003, dass gegen die SPAG ermittelt wird und unterstützte seitdem – was viele Ermittler erstaunte – nachhaltig die staatsanwaltlichen Untersuchungen. Am Nachmittag, inzwischen sind die düsteren Regenwolken vertrieben und die Sonne scheint, schleppen die Beamten Umzugskartons, voll gestopft mit Unterlagen, aus dem Bürogebäude.

Hintergrund der Durchsuchung ist das Ermittlungsverfahren gegen die SPAG, wegen des Verdachts der international organisierten, banden- und gewerbsmäßigen Geldwäsche für eine kriminelle Vereinigung. In einer Presseerklärung des BKA, die Stunden nach Beginn der Hausdurchsuchung veröffentlicht wurde, ist zu lesen:»Die Ermittlungen richten sich gegen die Verantwortlichen einer in Hessen ansässigen Aktiengesellschaft. Sie stehen im Verdacht, mehrere Millionen Euro von Angehörigen einer russischen OK-Gruppierung angenommen und – als Investitionen in Immobiliengeschäfte getarnt – nach Russland transferiert zu haben. Größere Geldsummen, die für Kapitalerhöhungen der Firma eingesetzt wurden, sind offenbar über eine Vielzahl von Konten in mehrere Staaten geschleust worden – vermutlich mit dem Ziel, die Herkunft der Gelder zu verschleiern, bevor diese in die Aktiengesellschaft und damit in den legalen Wirtschaftskreislauf einfließen.« Außerdem heißt es dort:»Bei der im Raum St. Petersburg operierenden kriminellen Vereinigung soll es sich um eine der größten und einflussreichsten Organisationen Russlands handeln, deren Aktivitäten sich auf zahlreiche Deliktsfelder wie Kfz-Verschiebung, Menschenhandel, Alkoholschmuggel, Schutzgelderpressung und Betrugsdelikte erstrecken. Um die kriminellen Aktivitäten über einen längeren Zeitraum fortsetzen zu können, wurden nach den bisherigen Ermittlungen Aktienkurse manipuliert, Bilanzen ›frisiert‹ und durch wahrheitswidrige Publikationen auf den Kursverlauf eingewirkt.« Das BKA kann wahrscheinlich zu Recht stolz auf die geleistete Arbeit sein. Nach knapp dreijährigen extrem schwierigen Ermittlungen und obwohl die Frankfurter Generalstaatsanwaltschaft das Verfahren bereits im Herbst 2002 einstellen wollte, scheint es, nach Überzeugung des BKA und des Darmstädter Staatsanwalts David Kirkpatrick, erstmals gelungen, den Verdacht der Geldwäsche bei einer deutschen börsennotierten Aktiengesellschaft zu erhärten.

Ob nun der schwere Vorwurf auch gerichtsverwertbar bewiesen werden kann, ist eine ganz andere Frage. Gegenüber dem »Manager-Magazin« bestritt Markus Rese die Vorwürfe des BKA mit den Worten: »Dies ist der Versuch, mit einer Schrotflinte in eine dunkle Scheune zu schießen, um irgendjemanden zu treffen.« Die Vorwürfe – man höre – seien ihm seit langem bekannt, gegen sein Unternehmen werde bereits seit dem Jahr 2000 ermittelt. Doch bisher hätten die Untersuchungen nichts erbracht, zitierte ihn weiter das »Manager-Magazin«.[60] Einer Meldung der »Frankfurter Neuen Presse« zufolge soll Markus Rese gesagt haben, dass ein Verbrecher Aktien jeder Firma erwerben könne, ohne dass diese eine Chance habe, sich zu wehren. »Wenn es russischen Schutzgelderpressern gelungen sei, Geld nach Deutschland zu schaffen, wäre es nach Reses Worten doch nicht sehr klug, ausgerechnet Aktien einer kleinen Firma zu kaufen, die wiederum in St. Petersburg investiert.«[61] Die Zeitschrift »Focus« meldete, dass Markus Rese prüfen werde, »welche Schäden uns entstehen, und werden sie beim Land Hessen liquidieren«.[62] Dem »Spiegel« gegenüber erklärte Klaus-Peter Sauer, zur Person Wladimir Barsukow befragt: »Ich habe ihn lediglich zusammen mit Herrn Smirnow ein paar Mal in St. Petersburg getroffen. Dabei ging es nicht um Geschäfte.«[63]

Einige Tage nach der Hausdurchsuchung und nachdem die Medien darüber berichtet hatten, gelang es mir, mit Markus Rese am Telefon zu sprechen. Eigentlich wollte ich von ihm die Zusage für ein Fernsehinterview. Aber das lehnte er ab, weil er – wie Klaus-Peter Sauer –

mich für die Durchsuchung mitverantwortlich machte und glaubte, dass ich nicht objektiv sei.»Ich gehe davon aus, dass Sie maßgebliche Zuarbeit geleistet haben. Die Pressemitteilung des BKA, die ist so was von falsch, dagegen werden wir vorgehen.« Auf meine Frage zur Tambow-Mafia meinte er:»Ich habe mal in Russland gefragt. Da kursiert die auch in der Presse. Aber ich habe keine offizielle Stellungnahme bekommen, dass es eine Tambow-Mafia gibt.« Als ich ihn fragte, ob er sich wegen der Vorwürfe nicht rechtfertigen müsse, antwortete er ziemlich erregt:»Ich werde den Teufel tun, mich zu rechtfertigen. Ich weiß genau, dass wir eine der bestüberwachten und am meisten untersuchten Gesellschaften sind. Rechtfertigen muss sich eine Staatsanwaltschaft, rechtfertigen muss sich ein BKA wegen solcher Pressemitteilungen. Und rechtfertigen muss sich derjenige, der der Presse solche detaillierten Informationen gibt, die dazu geeignet sind, Leute vorzuverurteilen.« Denn es sind die uralten Vorwürfe, die sich durch nichts erhärten lassen.« Anscheinend ahnt er noch immer nicht, was BKA und Darmstädter Staatsanwaltschaft inzwischen alles herausgefunden haben. Schließlich, so Markus Rese, habe er ja, als zum ersten Mal die Vorwürfe gegen die SPAG in Liechtenstein publik wurden, Sonderstaatsanwalt Spitzer seine Mitarbeit bei der Aufklärung der Vorwürfe angeboten.»Das ist richtig«, bestätigt mir Kurt Spitzer.»Mich hatte ein Herr Rese von der SPAG angerufen. Aber als ich gefragt habe, ob er Rudolf Ritter kennen würde, hat mir er geantwortet – ›nein‹. Da habe ich keinen Sinn mehr gesehen, weiter mit ihm zu sprechen.«

Und die kriminelle Vereinigung»Tambovskaja« in St. Petersburg, die es nach Überzeugung der SPAG-Oberen offiziell nicht gibt? Sie mutierte zu einem weitgehend legal operierendem Finanz- und Industriekonglomerat. Gleichzeitig werden immer noch jährlich 20 000 Luxusautos aus Deutschland von der Tambovskaja gestohlen und nach St. Petersburg gebracht. Gemordet wird ebenfalls weiterhin. Am 25. Mai 2003 wurde in Moskau die berühmte St. Petersburger Autorität Konstantin Yakowlew (Spitzname Grab) in seinem schwarzen Nissan Maxima erschossen. In St. Petersburg hatte er, neben verschiedenen Firmen, die auf Öl, Kupfer, Medien und Banken spezialisiert waren, sinnigerweise auch eine Theologische Akademie gegründet. Sein größter Gegner in St. Petersburg war die Tambovskaja, die bereits zweimal (2000 und 2001) versuchte, ihn zu liquidieren. Der Mörder von Galina Starowoitowa ist immer noch nicht gefasst. Für die St. Petersburger Miliz verdichten sich zwar die Hinweise, dass der Mittelsmann, der den Mordauftrag vergeben hatte, der Ex-Duma-Abgeordnete Mikhail Gluschenko sei. Doch er, nach Ansicht der Miliz, ja einer der führenden Männer der Tambovskaja, hat sich ins sonnige Marbella verzogen. In St. Petersburg wird von durchaus glaubwürdigen Zeugen kolportiert, dass er damit drohte auszupacken, sollte ein Haftbefehl gegen ihn erlassen werden.

Wladimir Barsukow alias Kumarin der Einarmige, versucht unterdessen ein Dauervisum für Deutschland zu bekommen und hält manchmal Hof im noblen St. Petersburger Hotel Europa. Da lässt er sich vom Duma-Abgeordneten Alexander Newsorow als »Freund« und »parlamentarischen Assistenten« titulieren, beobachtete Walter Mayr vom »Spiegel« in einem Artikel anlässlich der 300-Jahrfeiern in St. Petersburg. Auf meine mehrmalige Aufforderung zu den Vorwürfen gegen ihn Stellung zu nehmen, reagierte Kumarin mit strikter Ablehnung.

Wladimir A. Smirnow, der wahrscheinlich von der Tambovskaja erpresst wurde, ist inzwischen in Moskau Direktor von Tekhsnabexport geworden und beschäftigt sich dort mit dem Verkauf von angereichertem Uran – ein Milliardengeschäft. Wladimir Putin will sich im Frühjahr 2004 erneut zur Wahl als russischer Staatspräsident stellen. Wladimir Jakowlew, Gouverneur von St. Petersburg (bekannt für beste Verbindungen zur Tambow-Mafia), wurde Mitte Juni 2003 zum russischen Vizepremier befördert.

Reger Grenzverkehr der ehrenwerten Gesellschaft

Ein Segen sei sie, freuen sich viele deutsche Polizeibeamte und Staatsanwälte. Sie meinen die Grenze zwischen der Schweiz und Deutschland, an der noch kontrolliert werden kann. »Wir haben hier alle Möglichkeiten«, bestätigt ein hochrangiger deutscher Grenzbeamter am Grenzübergang Schaffhausen. Doch es gibt ein Aber. »Es ist schade, dass von oben nichts an Unterstützung kommt. Wir haben Vorschläge gemacht, aber es traut sich niemand ran. Dabei kann man etwas machen. Aber das kostet Zeit, Geld und Leute. Und die werden nicht bereitgestellt. Es ist nicht gewollt.« Er meint intensive Kontrollen an der Grenze, die sich auf illegalen Kapitaltransfer konzentrieren. Es ist politisch nicht gewollt, hätte er auch sagen können. Am Grenzübergang Bietingen wurden allein im Jahr 2002 illegale Kapitaltransfers in Höhe von 1,2 Milliarden Euro festgestellt, und das dürfte nur die Spitze des Eisbergs sein.

Die Grenzbeamten leben gefährlich. Im Frühjahr 2002 wurde an der Grenze von Italien zur Schweiz der in Frankfurt/Main lebende Klaus Ingo Opris kontrolliert. Dabei geriet er mit den Zollbeamten in Streit und stieß Morddrohungen gegen den Zollgefreiten Andrea Bertozzi aus. Danach fuhr Opris, Vater zweier Kinder, weiter nach Frankfurt zu seiner Familie im Stadtteil Bonames. In Frankfurt und Offenbach ist er als Chef eines illegalen Inkassobüros bekannt. Stolz präsentierte er sich einem TV-Team des Südwestrundfunks und erzählte, dass er nicht zimperlich sei. »Wenn jemand nicht zahlen will«, so Opris, »dann machen wir ihn platt.« In 40 Prozent aller Fälle wenden seine Leute, unter anderem Deutschrussen, Gewalt an, gibt er zu. Auch die Familien von Schuldnern werden nicht verschont.

All das hätte ich bis Anfang Dezember 2002 nicht schreiben können. Denn Zeugen für seine kriminellen Machenschaften gab es nicht, oder sie hatten Angst, offen zu reden. Und die Polizei wusste zu wenig. Am 4. Dezember 2002 erhielt ich ein Fax aus der Schweiz: »Das Zentrale Kommando GWK hat die schmerzliche Pflicht, die Mitarbeitenden über folgendes tragisches Ereignis zu informieren. Gestern Abend wurde in Ponte Capriasca Flavia Bertozzi, Ehegattin des Grenzwachtgefreiten Andrea Bertozzi, tot aufgefunden.« Der jungen, hochschwangeren Frau wurde, nachdem sie und ihre Freundin gefesselt worden waren, die Kehle durchgeschnitten. Der Killer wollte sich eigentlich an ihrem Ehemann rächen. Der hatte nach der Auseinandersetzung an der Grenze ein Strafverfahren gegen den Deutschen eingeleitet, während umgekehrt Opris Anzeige gegen den Grenzer erstattet hatte. Beide Verfahren wurden eingestellt. Aber weil Name und Adresse des Zöllners in den Anwaltsakten standen, erfuhr Opris dessen Privatadresse. Bertozzi war jedoch nicht zu Hause. Dafür seine Frau. Im Laufe der Ermittlungen wurde der Mörder gefasst. Es war Klaus Ingo Opris aus Frankfurt. In seiner Tasche hatte er eine Namensliste, auf der weitere Grenzbeamte standen. Inzwischen sitzt er in einem rumä-

Jürgen Roth

nischen Gefängnis. Solche Vorfälle sind die Ausnahme. Regel hingegen ist, dass Mafiosi aller Nationalitäten die offenen Grenzen feiern. Manchmal stoßen sie jedoch auf besonders aufmerksame Zöllner. Und die schreiben dann Geldwäscheverdachtsanzeigen, die an Landeskriminalämter und das BKA weitergeleitet werden.

Weil engagierte Beamte eines Landeskriminalamtes nicht verstehen, dass sie diese Verdachtsmeldungen nicht mehr sorgfältig bearbeiten dürfen (es fehlt das Personal und der politische Wille illegalen Kapitaltransfer zu unterbinden), haben sie mir brisante Unterlagen zukommen lassen. Bei Durchsicht der »Geldwäscheverdachtsanzeigen« stößt man auf so manches, was wohl immer rätselhaft bleiben wird, weil nicht ermittelt wurde.

Aus Zürich kommend, reisten zum Beispiel zwei Geschäftsleute aus Venezuela in Deutschland ein. Bei ihnen fanden sich Belege über Geldtransfers von Monaco nach Zürich, die dann auf verschiedene Privatkonten von Personen in der Schweiz und in Luxemburg weitertransferiert wurden. Und zwar in Höhe von 240 Millionen US-Dollar. Erstaunt entnahmen die Zöllner anderen Dokumenten, dass der Immobilienbesitz eines der beiden Venezolaner, Arturo Celestino Malave Alvarez, den Wert von 2 Milliarden US-Dollar hatte. Er erklärte den Zöllnern, dass er zur Zeit 100 Millionen US-Dollar bei seiner Bank in Monaco deponiert habe und meinte nur: »It's my money, it's legal and not criminal.«

Der Polizeibeamte aus Litauen hingegen, der Anfang Mai 2003 aus der Schweiz nach Deutschland einreisen wollte, beschwerte sich über die intensive Kontrolle mit den Worten »Wir sind doch Kollegen« und zückte einen Ausweis von Interpol. Als Polizeibeamter verfügte er über Konten in der Schweiz, auf denen knapp 10 Millionen Franken deponiert waren. Zu seinen lukrativen Nebenverdiensten als Polizist (Monatseinkommen 500 Euro) wollte er natürlich keine näheren Angaben machen.

Aufschlussreich war auch, was Zollbeamte am 11. Juli 2002 registrierten. Zwei führende Mitglieder der Hell's Angels aus Hessen waren in einem silbernen Mercedes mit Frankfurter Kennzeichen auf dem Weg nach Zürich an der Grenze vorgefahren. Der eine, Matthias S., arbeitete in einem Frankfurter Bordell als Zimmerverwalter und hatte in seiner Hosentasche 10 000 Euro und im Kofferraum Dokumente gestapelt. Da ging es um den Verkauf eines Kölner Bordells im Wert von etwa 30 Millionen Mark und um eine Jahresumsatzberechnung für dieses Bordell in Höhe von etwa acht Millionen Euro. Die Zöllner fanden einen Hefter mit russischen Papieren, die darauf schließen ließen, dass die Hell's Angels ihr kriminell erwirtschaftetes Geld in Russland und der Ukraine anlegen. Aber typischer ist das, was die Zöllner bei vielen Bürgern aus der Ex-UdSSR finden, die von Deutschland aus den Weg in die Schweiz nehmen und umgekehrt.

Da ist die Geschichte von Tamara Rudich, einer Molekularbiologin aus Moskau mit Anschriften in Köln und Wegendorf. Sie hatte viel Geld für die Taxifahrt von Göppingen bis an die deutsch-schweizerische Grenze ausgegeben. Ziel ihrer Reise war der Paradeplatz in Zürich. Womit sie nicht gerechnet hatte, war ein intensiver Blick der Zollbeamten in ihr Gepäck. Viel gab es da nicht, nur ein Zip-Laufwerk und ein paar Dokumente. Die Zöllner konnten es kaum glauben, als sie lasen, dass Tamara Rudich gerade dabei war, Geldgeschäfte in einem Umfang von fünf Milliarden US-Dollar zu tätigen. Da wird in einem Vertrag mit der Nr. RL-U-500-MM die Spainair S. A. in Madrid erwähnt und eine Litolmore Trading Ltd. in Limassol oder eine Avalon World Trade Ltd. Beteiligt an den Geldtransaktionen waren Firmen in Zypern, Madrid, Moskau und Nürnberg. Konten unterhielten sie bei der Credit Suisse, der Berliner Bank, der Deutschen Bank und der BBVA Spanien. Und dann lag da noch ein Blankovertrag. In dem war als Zeichnungsberechtigter Wladimir Putin eingetragen. War es Betrug, ging es um reale Geschäfte? Im BKA hatte niemand Interesse daran, die Hintergründe aufzuklären.

Als am Grenzübergang Lottstetten spät abends der Petersburger Nikolay Pleshkov samt Begleitung nach Deutschland einreiste, fragten die Beamten, ob er Geldbeträge dabei habe. »Ja«, gab Pleshkov an, »37 000 US-Dollar, 2000 Schweizer Franken, 2000 Euro.« Die Zöllner baten daraufhin, Aktentasche und Reisekoffer zu öffnen. Was sie fanden, verschlug ihnen die Sprache: Kopien von Wertpapieren mit einem Nominalwert von 800 Millionen US-Dollar. Und dann noch den Kreditplan einer Firma in Bielefeld (Ex- und Import von Rohstoffen und Metallen) in Höhe von 4,9 Milliarden US-Dollar.

Jürgen Roth

Wenig später fuhr Wladimir Evdokichkine aus Zürich vor. Als Beruf gab er Taxifahrer in Moskau an. In der Schweiz habe er einen Pkw im Wert von etwa 10 000 Franken gekauft und nun wolle er zu seinen Freunden nach Berlin. Als die Zöllner seinen Audi kontrollierten, fanden sie die Kopie eines Zeitungsartikels: »Russe mit vier Kugeln niedergestreckt – Abrechnung in Mafiakreisen«. Außerdem lag im Wagen noch ein Schreiben der Bezirksstaatsanwaltschaft Zürich, aus dem hervorging, dass er eines Verbrechens verdächtigt wurde. Die Zöllner fragten ihn also aus. »Ich war zwei Jahre bei der Armee in Halle«, erzählte er. Was wohl erklären sollte, dass er noch diverse Visitenkarten deutscher Firmen bei sich trug und weshalb er häufiger in Deutschland war. Die Zöllner bestanden auf einer Leibesvisitation. Da fielen ihnen als Erstes Tätowierungen auf dem rechten Oberarm und dem rechten Handgelenk auf. Demnach war der kleine Taxifahrer aus Moskau in Wirklichkeit eine kriminelle Autorität. Er hatte zudem am Bauch und am rechten Oberschenkel mehrere Einschusswunden, die ihm, so erklärte er, in der Nacht zum 3. Mai im Züricher Hotel Letzi beigebracht worden seien.

Tatsächlich hatte am 4. Mai 2000 der Züricher »Tagesanzeiger« gemeldet: »In der Nacht auf den Mittwoch ist ein Russe, der Gast im Hotel Letzi war, bei einer Schießerei schwer verletzt worden. Als die Beamten am Ort des Geschehens eintrafen, fanden sie einen angeschossenen 42-jährigen Mann und dessen Begleiter. Die beiden Russen sind offenbar im Autohandel tätig. Der Polizei erzählten sie, dass es zu einem Streit unter den Männern gekommen sei, in dessen Verlauf die Schüsse abgefeuert wurden. Daraufhin ergriffen die beiden Unbekannten die Flucht.« Wer Angaben zum Vorfall oder zu den beiden gesuchten Männern machen könne, wurde gebeten, sich bei der Züricher Stadtpolizei zu melden.

Auch in Heilbronn lebt unbehelligt ein »Dieb im Gesetz«, der erst bei einer Grenzkontrolle auffiel. Nach seinen Angaben betreibt der in Kasachstan geborene, inzwischen deutsche Staatsbürger, eine Firma in Heilbronn, eine Art Handelshaus, das überwiegend hochwertige Autos von Deutschland nach Moskau und St. Petersburg liefert. Bei der Polizei in Heilbronn wurde er schon mal wegen Verstoßes gegen das Betäubungsmittelgesetz erkennungsdienstlich behandelt, als Beruf hatte er damals Kfz-Mechaniker angegeben.

Eine seiner Hauptkunden sei die Lesprom-Bank in Moskau, erklärte er den Zollbeamten, denen er bei einer Grenzkontrolle aufgefallen war. Das fanden die noch nicht ungewöhnlich, auch nicht die vielen italienischen Telefonnummern im Speicher seines Handys. Das Besondere an ihm waren seine Tätowierungen. Zum Beispiel am linken Oberarm zwei in Handschellen gefesselte, geballte Fäuste und auf der linken Brustseite ein Tigerkopf. Beide Tattoos sind in der russischen Unterwelt wohl bekannt. Das Handschellen-Tattoo bedeutet »Freiheitsstrafe wegen eines Gewaltdelikts«, der Tigerkopf »Hass auf die Herrschenden« und »Dieb im Gesetz«. Was aber geschah mit diesen Erkenntnissen? Nichts.

Igor B. aus Kasachstan, der als Arbeiter in Tuttlingen lebt, erregte ebenfalls die Aufmerksamkeit der Zöllner, als er in die Schweiz fahren wollte. Nicht nur weil er von einem polizeibekannten Italiener begleitet wurde, sondern weil er Kreditkarten von fünf verschiedenen Konten der Kreissparkasse Tuttlingen mit sich führte. Das war für einen Arbeiter so ungewöhnlich wie seine Tätowierungen. Unter anderem trug er einen Stern auf jeder Kniescheibe und auf jedem kleinen Finger, dazu einen Ring mit einem geteilten Rechteck auf dem linken Mittelfinger. Der Stern auf den Kniescheiben wie auf den kleinen Fingern bedeutet: Ich bin ein »Dieb im Gesetz«. Und der Ring am Mittelfinger sagt aus: Ich war im Gefängnis, habe meine Strafe abgesessen.

Begleitet wurde er von Friedrich B. aus Bad Säckingen, der dort angeblich einen Sicherheitsdienst unterhält, der sich hauptsächlich mit Personenschutz befasst. »Zur Zeit«, sagte er, »sind bei mir etwa zehn Personen angestellt, die überwiegend aus Kasachstan kommen«, also eingebürgerte Russlanddeutsche. Vor den verdutzten Beamten prahlte er damit, dass er eine Pistole samt Waffenschein bei sich habe. Eine P 226 mit 15-Schuss-Magazin, eine Kugel immer im Lauf.

Der in Königsberg geborene Arthur Dudareef erklärte bei der Grenzkontrolle den Zollbeamten stolz, er sei Inhaber einer internationalen Sicherheitsfirma und Leiter der Leibgarde des Königs von Jordanien. Er war mit einem Maserati am deutschen Grenzübergang vorgefahren und gab als Ziel Genf an. Der Hauptsitz seiner Firma »Defence Projekt Ferder« befände sich in Prag, er habe auch eine Filiale in Pforzheim, erzählte er auf Nachfrage. Unter der angegebenen Adresse in Pforzheim habe ich zwar sein Namensschild gefunden, aber nichts, was darauf hinweist, dass hier der Sitz irgendeiner Sicherheitsfirma ist. Auf Klingeln meldet sich niemand. Die Nachbarn des grauen Mehrfamilienhauses hüllen sich in Schweigen. Nur einer sagt: »Da geb' ich keine Auskunft.«

Die russische Hausfrau Tatjana L. aus Leonberg ließ bei ihrer Einreise in die Schweiz die Zöllner staunen. An den Händen trug sie Schmuck für mindestens 25 000 Euro, und Schmuck in diesem Wert lag noch im Kosmetikkoffer. Sie war mit einem Porsche (Wert über 50 000 Euro) an der Grenze vorgefahren. Als Beruf gab sie Hausfrau an. Im Polizeicomputer stand, dass sie 1990 wegen Ladendiebstahls erkennungsdienstlich behandelt worden war.

Manchmal will man nur den Freunden zeigen, was die Schweiz so alles bietet. Das gab jedenfalls Leonid Bryl aus Weißrussland an, der enge Verbindungen zu einer Berliner Import-Exportfirma pflegte und – es ist der 21. Dezember 2000 – von einem Kurzbesuch jenseits der Grenze zurückkam. Begleitet wurde er von zwei weißrussischen Zolloffizieren, die er als Gäste mitgenommen habe, um »ihnen die Schweiz zu zeigen«. Jeder der beiden hatte 10 000 US-Dollar unter der Kleidung versteckt und für Zollbeamte aus dem armen Weißrussland trugen sie auffallend teure Designerkleidung und viel Goldschmuck an den Händen.

Im gepanzerten Mercedes kam am 20. Mai 2002 Wladislav L., Inhaber einer Handelsagentur in Schweinfurt, von einem Trip aus Zürich nach Deutschland zurück. Mit im Auto saß Arsen Arslan Abakarov, kein Unbekannter. Wladislav L. gab an, dass er »hauptsächlich die Angestellten von Gazprom in Russland mit hochwertigen Autos« beliefere, wofür er wohl auch die sechs Geschäftskonten in Riga benötigt. Dann fiel den Kontrolleuren auf, dass er zwei Polaroidfotos dabeihatte, auf denen er mit starken Gesichtsverletzungen und ausgeschlagenen Zähnen zu erkennen war. »Das geht Sie nichts an«, erklärte er den Zöllnern. Sein Begleiter Abakarov erzählte – zumindest übersetzte es Wladislav L. so –, dass er der »zweite Mann von Gazprom in Moskau« sei und Inhaber eines Unternehmens in Wien, der A&M Trading Handels GmbH. Neugierig geworden, suchten die Zöllner im Auto nach Dokumenten und stießen auf einen in Tapeten eingewickelten

Briefumschlag, der zusätzlich noch in einer Plastikhülle steckte. Darauf stand: »Trident Corporate Services, Zürich«. Der Brief enthielt ein Schreiben der Firma Trident Trust und mehrere Dokumente, darunter eine Aktie im Wert von 50 000 US-Dollar.

Der Mann von Gazprom hatte zudem zahllose Bankverbindungen. Von der Frankfurter Volksbank über die Erste Bank Wien, die UBS Zürich, die Taunus-Sparkasse Bad Homburg, die Banca Andalusia, ein Bankkonto in Moskau, eines in Belize und ein weiteres in Riga. Außerdem, das stellten die Zöllner zumindest fest, ging aus dem Schriftverkehr hervor, dass Arsen Abakarov und ein Alexander Sch. bei allen Geschäften, die über Gazprom liefen, 20 Prozent Provisionen erhielten. Das erklärte vielleicht die zahlreichen Bankverbindungen, aber nicht, warum der Fahrer und Dolmetscher aus Schweinfurt ganz offenbar zusammengeschlagen worden war.

Als ich in Wien bei der angegebenen Firmennummer anrief, teilte man mir mit, dass Abakarov tatsächlich Repräsentant von Gazprom in Dagestan sei. Aber unter der angegebenen Firmenadresse stößt man auf einen russischen Journalisten, der nichts davon weiß, dass Abakarov diese Anschrift benutzt.

Gazprom-Mitarbeiter in Europa scheinen überhaupt ungewöhnlich hohe Geldsummen anzulegen. Auf den Kapverdischen und den Kanarischen Inseln waren im Sommer 2002 zwei Männer von Gazprom unterwegs. Jouri M. und Leonid Ch. investierten Hunderte von Millionen Euro in Immobilien, das jedenfalls erzählten sie anderen Immobilienhändlern. »Woher kommt das Geld?«, fragten die. Die Antwort: »Machen Sie sich keine Gedanken. Wir machen das für Gazprom, und über uns ist die schützende Hand von Wladimir Putin.«

Ob der arbeitslose Arbeiter Paul B., ein Russlanddeutscher mit Wohnung in Radolfzell, bis 1991 als Abteilungsleiter bei Gazprom gearbeitet und dabei 38 000 Leute unter sich hatte, wie er bei einer Grenzkontrolle in Basel erzählte, kann man glauben oder auch nicht. Anhand von Unterlagen konnten die Schweizer Zöllner jedenfalls feststellen, dass seine Ehefrau Geschäftsführerin eines Züricher Hotels war. Die gab an, dass sie und ihr Mann seit etwa zwei Jahren arbeitslos gemeldet seien und von der Arbeitslosenhilfe beziehungsweise vom Bafög ihrer Kinder lebten. Dafür hatten die Arbeitslosen ungewöhnlich viele Kontakte nach Estland, Russland, USA, Kasachstan, Irland,

Jürgen Roth

in die Schweiz und nach Israel. Über das Hotel in Zürich, als dessen Geschäftsführerin sie fungierte, notierten die Schweizer Ermittler:»Es konnte in Erfahrung gebracht werden, dass es sich um ein ›Milieuhotel‹ handeln dürfte. Weiter ist das Haus auch für den Verkauf/Handel mit Betäubungsmitteln bekannt. Es sollen auch immer wieder Personen aufgegriffen werden, die zur Fahndung ausgeschrieben sind.«

Auch Peter Kuchta aus Prag reist gern in der Welt herum. Wenn man ihn fragt, was er so macht, gibt er an, er sei Manager von Gazprom sowie Eigentümer einer Firma, der Laversdale Holdings Ltd. mit Sitz auf den Bahamas und in Genf. Aber warum führt er immer so viele Unterlagen von Gazprom mit sich?»Gazprom ist mein Leben. Deshalb habe ich sozusagen die gesamte Buchhaltung bei mir.« Und dann prahlt er mit seinen guten Beziehungen bis in die höchsten Regierungskreise von Ländern wie Russland, USA, Tschechien, Österreich, Belgien und Deutschland und erwähnt auch Carla Del Ponte, die Chefanklägerin beim UN-Tribunal in Den Haag. Und als Beweis für seine Potenz zeigt er schon mal eine»Promissory Note«, einen Kreditbrief über einhundert Millionen US-Dollar. Die Geschäfte laufen also.

Dann wurde er an der Grenze zur Schweiz erwischt, und wieder hatte er viele Unterlagen dabei. Die Zollbeamten schrieben daraufhin eine Verdachtsanzeige wegen Geldwäsche und legten für das Zollfahndungsamt 2,3 Kilo Kopien der Buchhaltung von Gazprom bei. Das Fazit nach erster Durchsicht der Unterlagen in Stuttgart:»Aus der Gesamtheit der mitgeführten Papiere ist nachzuvollziehen, wie und wo die Geldtransfers von Angehörigen der Gazprom beziehungsweise deren Anwälten durchgeführt werden. Bei den aufgeführten Summen geht es meist um zweistellige Milliarden-US-Dollar-Beträge. Die kleinsten Summen sind zweistellige US-Dollar-Millionenbeträge.« Ist das etwa Geldwäsche im Auftrag von Gazprom, dem wichtigsten russischen Energiekonzern?

Da gibt es noch Dr. Sergej A., den Geschäftsführer einer Firma in Berlin, der bei der UPB (Union Bancaire Privée) ein Konto mit einem Guthaben von 246 394 US-Dollar führt und bei der Crédit Lyonnaise in Zürich ein Konto mit einem Guthaben von 399 863,66 US-Dollar. Das bedeutet vielleicht nur, dass das Business in Berlin boomt und das

Finanzamt davon nicht unbedingt partizipieren soll. Seltsam ist allenfalls, dass die Firma in Berlin nicht den Eindruck macht, als könnte man so viel mit ihr verdienen.

Die Schweiz fanden auch zwei Unternehmer aus Köln besonders attraktiv. Anfang Februar 2000 fuhren sie ins Bankenparadies, um in Ruhe drei Tage lang Ski zu fahren – wäre da nicht die Zollkontrolle gewesen. Bei den beiden gebürtigen Ukrainern Valerij R. und seinem Bruder Grigori wurden nicht nur 22 000 Mark Bargeld festgestellt. In der Aktentasche von Grigori stießen die Zöllner auf mehrere Schnellhefter mit Kontounterlagen, Belege aus den Jahren 1999 und 2000. Die beiden schienen in dieser Zeit blendende Geschäfte gemacht zu haben. Zusammen konnten sie knapp 1,7 Millionen US-Dollar anlegen und waren dabei, auf den British Virgin Islands eine neue Firma zu eröffnen. Wahrscheinlich weiß das Finanzamt Köln nichts von ihren Konten in Zürich. Der Kosovo-Albaner Gjoke P., Finanzberater und Treuhänder aus dem schweizerischen Ort Hombrechtikon nahe Zürich, wollte nur seinen Schwager in Stuttgart besuchen. Der habe, so erzählte er im März 2003 einem Beamten der Baseler Polizei, seinen Aufenthalt in Stuttgart dem deutschen Nachrichtendienst zu verdanken, als »Dankbarkeit für geleistete Dienste im Kosovo«. Gjoke P. verdient als »Finanzberater« nicht schlecht. Am Handgelenk trägt er eine Uhr im Wert von ca. 29 000 Franken und fährt wahlweise einen Jaguar und einen Ford Mercury. Beamte, die ihn per Zufall kontrollierten, wunderten sich eher über zwei Scheckkopien, diverse Kontoauszüge und eine Aufstellung über 21 Millionen US-Dollar, die an russische Firmen überwiesen wurden. Aussteller der beiden Schecks (eine Million US-Dollar und vier Millionen US-Dollar) war eine WFG GmbH in Obertshausen bei Offenbach. Als Empfänger stand auf den Schecks das Prager Unternehmen PPF investicni spolechost. Die Prager Firma ist jedoch seit Jahren überhaupt nicht mehr existent. 1989 wurde sie in Prag gegründet und diente damals zur Geldwäsche. Auch die WFG-GmbH in Obertshausen ist unter der auf den Schecks angegebenen Adresse nicht zu finden. Im gesamten Bürokomplex weiß niemand etwas über das Unternehmen.

Der Kosovo-Albaner Gjoke P. aus Hombrechtikon, der sagt, er habe »gute Kontakte nach Deutschland« und sei für eine »Christliche Partei« Kosovo politisch aktiv, ist – wie sein Bruder – in der Schweiz,

Deutschland und Italien wegen Drogenhandel, Diebstahl, Geldwäsche und illegalem Sprengstoffbesitz aufgefallen. Anscheinend konnte ihnen bislang nichts nachgewiesen werden. Die Vermutung der Schweizer Polizei? Beide Kosovo-Albaner seien im Drogengeschäft aktiv und würden nachrichtendienstlichen Schutz genießen.

Aber gemach. Die hochkarätigen Mafiosi müssen in Zukunft keine Angst mehr haben, von neugierigen Zöllnern an der Grenze ins Geld- und Steuerparadies Schweiz oder Liechtenstein kontrolliert zu werden. Die strengen Kontrollen wurden inzwischen eingestellt, weil die oberen Behörden der kleinen Zöllner, ob Bundesministerium der Finanzen, Zollkriminalamt (ZKA) oder Bundeskriminalamt kein Interesse mehr haben, dubiose Geldtransfers zu verfolgen. Im Gegenteil. Die Zöllner wurden aufgefordert, die Finger von zu intensiven Kontrollen zu lassen. Jene Beamten, die bislang ihren gesetzlichen Aufgaben nachgingen, werden es nun so machen wie viele andere ihrer Kollegen – sie werden die Hände in den Schoß legen.

Der Mann aus dem Dorf oder Operation Spinnennetz

Ganz selten finden sich plausible Erklärungen für etwas, das undurchsichtig, anrüchig oder gefährlich erscheint.

Am 11. Mai 1998 kam aus Zürich an der deutsch-schweizerischen Grenze der Angestellte einer Speditionsfirma an. Der Mann aus Kasachstan, Nikolaj A., erklärte den Beamten, er werde in wenigen Wochen die deutsche Staatsbürgerschaft erhalten. Aufgefallen war er wegen seines Autos. Es war auf eine Firma Temirtrans in Paris zugelassen. Aus Bern erfuhren die Ermittler, dass die Temirtrans in Paris in den illegalen Waffenhandel verstrickt sein soll. Schlecht schien es dem Angestellten nicht zu gehen. Er trug teure Designerkleidung, eine Uhr von Cartier und besaß eine goldene Amex-Kreditkarte.

Knapp drei Jahre später, am 3. Juni 2002, fuhr Nikolaj A. erneut an der Grenze vor und wurde wieder angehalten. Diesmal gab er an, Besitzer einer Speditionsfirma in Gärtringen zu sein. Erst Angestellter, dann, nach drei Jahren, Chef einer Speditionsfirma – das klang verdächtig. Und dann fand man bei ihm auch noch ein Vermögensverzeichnis, aus dem hervorging, dass er bei einer Bank in Zürich ein Konto mit einem Guthaben von 132 989 US-Dollar besaß. Und den Kontoauszug einer Parimet AG mit einem Guthaben von 482 481,56 US-Dollar. In der daraufhin erstellten Geldwäscheverdachtsanzeige heißt es: »Herr Nikolaj A. gab an, dass er in Deutschland eine Spedition besitzt. Seine Spedition habe momentan jedoch kaum Aufträge. Auf Grund der schlechten Auftragslage arbeite er deshalb mit der Schweizer Firma Parimet zusammen. Diese Firma handelt mit Eisen in Russland.«

Einige Wochen später meldeten die Nachrichtenagenturen, dass bei einer internationalen Aktion in Italien 50 Russen-Mafiosi verhaftet worden waren. Die Operation trug den Namen »Spinnennetz«. Die 50 Festgenommenen sollten für die russische Mafia Millionen Dollar gewaschen haben, wobei das Geld aus Straftaten wie Betrug, Drogen- und Waffenhandel, Erpressung, Beamtenbestechung, Autoschieberei und Prostitution stammte.

Die Operation Spinnennetz hatte auch mit Deutschland zu tun. Auf Grund eines internationalen Rechtshilfeersuchens des Staatsanwalts Paolo Giovagnoli aus Bologna wurde eben jener Nikolaj A. verhaftet, der zweimal an der deutsch-schweizerischen Grenze aufgefallen war. Die Begründung für die Ausstellung eines Haftbefehls in holprigem Deutsch liest sich so: »Man hat schwere Beweise gesammelt, woraus es sich ergibt, dass es einigen Gruppen der russischen Organisierten Kriminalität gelungen ist, durch verschiedene internationale Kreise, riesige Geldsummen aus der ehemaligen UdSSR nach westlichen Staaten zu transferieren und zu waschen. Gegen Nikolaj A. hat man schwere Schuldindizien gesammelt, was die o. g. Straftaten betrifft.«

Zweifellos ein böser Vorwurf. Immerhin wurde Nikolaj A. im selben Zusammenhang genannt wie die kriminellen Großorganisationen Solnzewskaja und Ismailovskaja – Teile des Spinnennetzes. Erwähnt wurde auch ein Grigorij Loutchansky, gegen den Haftbefehl erlassen wurde. Loutchansky geisterte seit Anfang der neunziger Jahre durch die Dossiers der Sicherheitsbehörden, ohne dass ihm jemals etwas nachgewiesen werden konnte. Schon beim Lesen des Rechtshilfeersuchens fällt auf, dass der Untersuchungsrichter in Bologna anscheinend alles, was über die kriminellen Syndikate in Russ-

Jürgen Roth

land bekannt war, zusammengefasst und daraus eine Anklage formuliert hatte.

Wenige Tage nach der Razzia im Zuge der Operation Spinnennetz musste der Haftbefehl gegen einen der Beschuldigten, Grigorij Loutchansky, wieder aufgehoben werden.

Und was ist mit Nikolaj A. aus Gärtringen, der viereinhalb Monate in Untersuchungshaft in Stuttgart-Stammheim saß und während seiner gesamten Isolationshaft, schließlich galt er als hochkarätiger Mafioso, kein einziges Mal von der Polizei vernommen wurde?

Er lebt wie seine Nachbarn in einem bescheidenen Einfamilienhaus. Hier wohnen keine Millionäre, sondern kleine Angestellte und Arbeiter, die über Jahre ihr Geld gespart haben, um endlich das eigene Heim bauen zu können. Auf mein Klingeln öffnet ein alter Mann, der nur gebrochen deutsch spricht. »Warten Sie, ich hole meine Tochter.« Er bittet mich ins Wohnzimmer, wo es ziemlich kleinbürgerlich aussieht und nicht nach viel Geld, abgesehen von einem großen Fernsehapparat. Das soll die Wohnung eines russischen Top-Mafioso sein? Dann kommt seine Frau die Stiege herunter. Sie ist zierlich, vielleicht 35 Jahre alt. Wir setzen uns an den Tisch, auf dem zwei Häkeldeckchen liegen. Als ich ihr sage, dass ihr Mann mit der russischen Mafia in Verbindung gebracht wurde, schüttelt sie den Kopf, so als würde sie die Welt nicht verstehen. Dann ruft sie ihren Mann an, der gerade bei Verwandten ist. Sie spricht mit ihm, gibt mir dann den Hörer. Nikolaj A.: »Nein, ich will dazu nichts sagen, sondern erst mit meinem Anwalt sprechen.«

Dafür redet seine Frau, als ob sie von einer großen Last befreit werden möchte. »Dass er mit der Mafia etwas zu tun haben soll, das ist doch absurd«, sagt sie. Inzwischen hat sie eine Tasse Kaffee gebracht und Gebäck dazugestellt. Ihr Vater sitzt ein paar Meter entfernt im Sessel und schüttelt nur ständig den Kopf. Sie berichtet, dass sie drei Kinder hat und dass eine ihrer Töchter die Realschule besucht. Alles sieht so ganz anders aus als das, was ich bei Mafiosi in Russland und hier bisher gesehen und gehört habe. Das hier klingt nur nach viel enttäuschter Hoffnung.

Zwanzig Minuten später kommt ihr Mann. Auffallend ist sein faltenreiches Gesicht mit den tief liegenden Augen. Ein wenig wundert er sich, dass seine Frau mit mir redet, aber nach ein paar Minuten setzt er sich zu uns an den Tisch. Inzwischen ist auch die 15-jährige Tochter hinzugekommen, die zur Realschule geht. Ihr Deutsch ist perfekt. Sie schaut mich kritisch an, als ob ich nur im Sinn hätte, ihre Familie zu belästigen.

Schließlich beginnt Nikolaj A. zu erzählen: »Ich wusste bereits zwei Jahre vorher, dass da etwas im Gange war«, sagt er und er meint damit die Grenzkontrollen. »Und zwei Wochen vor meiner Verhaftung habe ich gehört, dass andere bereits verhaftet worden waren. Wenn ich so ein wichtiger Mafioso wäre, warum bin ich dann nicht mit meinem vielen Geld geflüchtet?«, fragt er.

Als er in Untersuchungshaft in Stammheim saß und wissen wollte, warum er eigentlich verhaftet wurde, wo denn die Beweise seien, erhielt er lediglich zur Antwort: »Die Unterlagen aus Italien kommen noch.«

Doch sie kamen nicht. Dann sagte ihm der zuständige Staatsanwalt: »Sie sind ein hochrangiger Mafioso.« Aber von Beweisen keine Spur. »Sie sagten mir, ich wäre mehrmals in Italien gewesen, und das sei ein Beweis, dass ich auch mit der italienischen Mafia zusammenarbeiten würde.«

Seine Frau unterbricht ihn: »Ja, einmal waren wir mit unseren Kindern in Italien, eine Woche lang am Mittelmeer.«

Wie es denn zu dem Verdacht, zur Mafia zu gehören, gekommen sei, will ich von ihm wissen. Seine Geschichte klingt plausibel, eine Geschichte, von der bei den Behörden in Deutschland niemand etwas wissen wollte: »Ich war in einem Hüttenkombinat in Taschkent 15 Jahre für die Transporte von Metallen zuständig, bis Anfang 1996.«

Auf Bitten seiner Frau verließ er dann Usbekistan, obwohl er dort nicht schlecht verdiente, und reiste nach Deutschland aus, um sich und seiner Familie eine neue Existenz aufzubauen, eine Existenz ohne Angst. Seine Perspektiven waren nicht schlecht, vor allem wegen seiner alten Beziehungen. »Damals war es ein gutes Geschäft, Metalle in den Westen zu transportieren, und ich habe damit viel Geld verdient. Pro Jahr waren das 18 Millionen Mark Verdienst, denn mit dem Transport von Zink, Blei und Kupfer war viel Geld zu machen.«

Mit dem angesparten Kapital wollte er sich als Spediteur selbstständig machen. Aber weil sein Diplom nicht anerkannt wurde, musste er erst einige Zeit als Angestellter bei einer Spedition arbeiten. Er bestreitet vehement, dass Temirtrans, das Unternehmen in Paris, irgendwas mit Waffenhandel zu tun habe, zumindest habe er, als dessen Deutschlandvertreter, nie etwas davon mitbekommen. Was er erzählt, klingt plausibel. Natürlich waren riesige Profite mit dem Export und dem Transport von Edelmetallen aus Usbekistan zu verdienen. Und das war nach den Gesetzen der UdSSR vollkommen legal. Dass geschmiert wurde, geschmiert werden musste – wer will hier daraus einen Vorwurf machen?

Heute ist der von der italienischen Staatsanwaltschaft verdächtigte »große Mafioso« genauso arbeitslos wie seine Frau.

»Niemand will etwas mit uns zu tun haben. Mein Ruf ist kaputt, ich habe keine Chancen mehr.« Die Einzigen, die ihm über die Runden helfen, sind seine Verwandten. Die Behörden, die er um Hilfe bat, haben abgewinkt: »Das interessiert uns alles nicht.«

Nikolaj A. bittet mich zum Schluss, seinen Namen nicht zu nennen, denn dann wäre seine Familie noch mehr gebrandmarkt. Ihr Mann, erzählt mir seine Frau, als ich mich verabschiede, sei dünner geworden. In Stuttgart-Stammheim hat er nicht nur fünfzehn Kilo abgenommen, sondern auch den Glauben an den Rechtsstaat Deutschland verloren.

Die junge Mafia – die Russlanddeutschen

In einer umfassenden Studie hatte das Bundeskriminalamt für das »Lagebild OK 1999« dargestellt, wie sich die russische Organisierte Kriminalität zukünftig in Deutschland entwickeln werde. Die Studie wird bis heute unter Verschluss gehalten. Ausgearbeitet wurden vier Szenarien: Russlands Fall ins Bodenlose, Russlands Aufstieg zur Wirtschaftsnation, Leviathan Russland und das demokratische Russland. Da von einem demokratischen Russland wie von Russlands Aufstieg zur Wirtschaftsnation nun wahrlich keine Rede sein kann, zitiere ich einen Abschnitt, der sich mit dem »Leviathan Russland« beschäftigt – was heißen soll, dass das Land unter den Einfluss des Militärs und der Nachrichtendienste gerät. Das dürfte heute, im Jahr 2003, weitgehend der Fall sein.

Eine der Kernaussagen lautet: »Russische kriminelle Gruppierungen werden die in Deutschland befindlichen Migranten und Netzwerke für ihre kriminellen Tätigkeiten ausnutzen. Über die Verbindungen zu Banden in Russland sind vor allem die Kriminalitätsbereiche Waffenhandel, Menschenhandel, Schleuserkriminalität, illegaler Export von Rohstoffen und Kriminalität im Zusammenhang mit dem Wirtschaftsleben betroffen. Zu beachten ist hierbei auch die Rolle von deutschen Staatsangehörigen russischer Herkunft. Das russische Strafvollzugssystem wird unverändert beibehalten. Russische Staatsangehörige, die in Deutschland aktiv sind, übertragen gewaltorientierte Verhaltensmuster auch weiterhin.«

Was 1999 vom BKA noch als Theorie dargestellt wurde, ist inzwischen Realität geworden.

Ob in Bremen, Hameln oder Heilbronn – Gefängnisdirektoren beklagen, dass die bei ihnen einsitzenden Gangster aus dem Osten nicht nur in kurzer Zeit die Herrschaft im Gefängnis, sondern auch die traditionellen Verhaltensregeln der »Diebe im Gesetz« aus den GUS-Staaten übernommen haben. Da ist zum Beispiel Theodoros T., ein Kasache, der die griechische Staatsbürgerschaft angenommen hat und in Deutschland im Jahr 2002 wegen Zigarettenschmuggels vom Osnabrücker Landgericht zu fünf Jahren Gefängnis verurteilt wurde. Ein gutes Urteil für ihn, denn der Schaden für den Fiskus betrug knapp 13,7 Millionen Euro. Üblicherweise drohen in solchen Fällen bis zu zehn Jahre Gefängnis. Den Grund für das milde Urteil beschreibt der »Spiegel«: »Schon in der ersten Pause ging, ganz diskret, das Geschacher um die Haftzeit los. Und bevor die Anwälte das Gericht zur Schnecke machen konnten mit lähmenden Befangenheits- und Beweisanträgen, erledigte es das Verfahren nach nur fünf Prozesstagen lieber auf die Schnelle … Denn hier ging es nicht mehr um Schuld oder Unschuld, schon gar nicht um die Wahrheit, die ganze Wahrheit und nichts als die Wahrheit. Es ging nur noch um einen jener kühlen Deals, die in deutschen Gerichtssälen heute an der Tagesordnung sind.«[64]

In Griechenland war die Macht des Theodoros T. so groß, dass der griechische Ermittler, der für seine Festnahme mitverantwortlich war, auf Druck eines Ministers auf einen unbedeutenden Posten abgeschoben wurde und alle Zöllner, die gegen ihn ermittelt hatten, von ihren Posten entfernt wurden. In der Justizvollzugsanstalt Meppen, in der er einsitzt, verhält er sich immer noch »wie der liebe Gott«, berichten Beamte der JVA. »Er hat uneingeschränkte Rechte, kann sich ungehindert bewegen.«

Ähnliches gilt – zunehmend – für jene jungen Russlanddeutschen, die bereits seit längerer Zeit in Deutschland leben: Aus kleinen Straftätern werden im Lauf der Jahre Hochkriminelle, die enge Verbindungen zur Organisierten Kriminalität aufbauen oder die bereits von deren Strukturen benutzt werden.

Meistens beginnt die Karriere im Jugendknast. Da herrschen eiserne Gesetze, die niemand antastet. Aus der Jugendstrafanstalt Heilbronn stammt folgender Bericht: »Die Aussiedler haben im Gefängnis in kurzer Zeit die Herrschaft übernommen, obwohl die Türken in der Überzahl sind. Die ›Russen‹, wie sie sich stolz nennen, halten fester zusammen als jede andere Gruppe. In einer den Wärtern unzugänglichen Schattenwelt diktieren sie die Regeln … Und ›die Russen‹ sind nicht nur bei den anderen Häftlingen gefürchtet. Auch in den eigenen Reihen schwelt die Angst vor Repressalien. Keine Gruppe bestraft ihre Abweichler so drakonisch wie die Aussiedler.«[65]

In der Jugendstrafanstalt Hameln fanden die Bediensteten heraus, dass es nur für Deutschrussen geltende »Regeln« für das Zusammenleben untereinander und das Verhalten zu Außenstehenden gibt. Die Verantwortlichen sprachen von einer russischen Subkultur. Auf Grund dieser Erkenntnisse wurden 1999 Ermittlungen von der Staatsanwaltschaft Hannover (AZ. 132 Js 73365/99) durchgeführt. Es stellte sich heraus, dass die von den Beamten der Jugendstrafanstalt Hameln festgestellten Regeln an traditionelle Strukturen der Ex-UdSSR angelehnt waren. Dieser Kodex wurde durch Mundpropaganda weitergegeben und allen deutschrussischen Neuzugängen umgehend eingebläut.

»Das Gesamtsystem«, so die Hannoveraner Staatsanwaltschaft, »hat offensichtlich unter den Deutschrussen eine hohe Akzeptanz, die sich allerdings weniger auf Freiwilligkeit und Überzeugung, sondern mehr aus der Gruppendynamik, dem Sanktionsdruck und der Angst vor Repressalien und Demütigungen begründet. Ein Verweigerer – falls es ihn gibt – muss Repressalien befürchten, ist vom Versorgungssystem abgekoppelt.«

Die Kernpunkte der Regeln sind einfach, aber wirkungsvoll. Dazu gehören: keine Zusammenarbeit mit Polizei und Beamten des Jugendknastes, keine Aussagen bei der Polizei, absolute Verschwiegenheit, was auch für Opfer und Zeugen gilt. Verboten ist das Begrüßen von JVA-Bediensteten und Polizei. Außerdem werden Auftragsstraftaten von der Führungsebene veranlasst, ebenso Sanktionen bei Verstößen. Es herrscht bedingungslose Unterordnung und Unterstützung innerhalb der Gruppe. Verurteilte Drogendealer werden automatisch als rangniedrig eingestuft, ebenso verurteilte Kinderschänder und Vergewaltiger. Aussagewillige bei der Polizei sind Verräter und müssen mit Repressalien (Schläge, Erniedrigung) und Sanktionen (Schulden, Schutzgeld) rechnen. Bei der Nichteinhaltung dieser Regeln werden, je nach Verstoß, Geldstrafen erhoben, die innerhalb einer Frist gezahlt werden müssen. Bei Regelverstößen, die innerhalb des Gefängnisses nicht geklärt werden können, wird zur Entscheidung eine höhere Ebene in anderen deutschen Strafanstalten eingeschaltet, wobei Strafen auch auf Familienangehörige übertragen werden.

Die deutschrussischen Neuzugänge werden innerhalb kürzester Zeit mit diesen Regeln vertraut gemacht und unterliegen einem Kontrollsystem, mit dem Fragen zu ihrer Person und den Straftaten überprüft werden.

Innerhalb dieses Systems im Gefängnis gibt es neben der Führungsebene eine Art Mittelschicht, die sich bei normgerechtem Verhalten gefahrlos bewegen kann. Dieser Personenkreis hat die Sanktionen, die von der Führungsebene ausgesprochen werden, zu vollstrecken. Schlusslicht sind die so genannten Hunde. Sie sind Freiwild und müssen innerhalb des Gefängnisses permanent mit Erniedrigungen leben. Doch es gibt Aufstiegsmöglichkeiten für die Hunde, wenn sie Auftragsstraftaten erledigen oder Drogen beschaffen.

Das Wichtigste, der Kern dieses Systems, ist die gemeinsame und von der Führungsebene verwaltete Kasse, die Obtschak.[66] »Jeder Deutschrusse«, so die Staatsanwaltschaft, »dürfte diese Kasse kennen.«

Ermittlungen der Staatsanwaltschaft Hannover ergaben, dass alle Deutschrussen in diese Kasse einzahlten. Bei nicht normgerechtem Verhalten mussten Beträge zwischen 50 und 300 Mark gezahlt werden. Wer Schulden an die Diebeskasse zahlen muss, bekommt, wenn er kein Geld hat, Kontaktadressen von Deutschrussen außerhalb der Anstalt, an die seine Familienangehörigen das Geld überweisen müssen.

Diese Kasse dient nach Erkenntnissen der Ermittler fast ausschließ-

Jürgen Roth

lich der Finanzierung von Drogen. Das Ergebnis? Gernot Kirchner von der Justizvollzugsanstalt in Wiesbaden sagt, »dass unter den Russlanddeutschen, die in den letzten Jahren eingewiesen wurden, praktisch keiner war, bei dem wir eine positive Prognose gestellt haben oder den wir zur vorzeitigen Entlassung vorschlagen konnten. Wir konnten es guten Gewissens nicht tun. Das ist die Realität.«[67]

Die traditionellen Regeln gelten zunehmend auch außerhalb der Gefängnismauern. Ob in Fulda, Paderborn oder im niedersächsischen Osnabrück – überall haben junge Russen mit deutschem Pass den Drogenmarkt längst unter Kontrolle. Von »äußerst brutalen Machtkämpfen« berichteten die Kripobeamten Karl-Heinz Heuer und Günter Ortland schon Ende 1995 in der Zeitschrift »Der Kriminalist«. Die Täter seien auffallend jung, träten immer in Gruppen auf und seien mit Klapp- oder Springmessern bewaffnet, von denen sie im Konfliktfall rücksichtslos Gebrauch machten. Die Zirkel seien geradezu hermetisch abgeriegelt. Kommuniziert werde nur auf Russisch oder »in der Körpersprache«.

An der Grenze zur Schweiz, in Grenzach, ist es Igor, ein Russe, der alle anderen Russen in dieser Gegend beherrscht. Niemand redet darüber. Keiner der Betroffenen vertraut sich der Polizei an. Opfer wie Täter sind hier Russlanddeutsche. Also Menschen aus Kasachstan, Sibirien und Weißrussland, die deutscher Abstammung sind oder sein wollen und in den letzten zwölf Jahren nach Deutschland gekommen sind. Lange galten sie als fleißig, friedlich und brav, als richtige Deutsche eben. Aber ab Mitte der neunziger Jahre kamen Spätaussiedler, die kein Deutsch mehr sprachen und sich nicht integrieren wollten oder konnten. Heute wird die Zahl der jugendlichen Aussiedler »auf mehr als 350 000 geschätzt«.[68]

In ihren Ghettos herrschen hochkarätige Banditen, die ihre Order manchmal direkt aus Moskau oder St. Petersburg erhalten. Das Kriminologische Forschungsinstitut Niedersachsen erklärte, die Gewalt- und Diebstahlkriminalität wachse vor allem in den Landkreisen, in denen die stärkste Zuwanderung durch Aussiedler stattfinde. In Niedersachsen vermerkte die Kriminalstatistik bei den russlanddeutschen Männern zwischen 14 und 30 Jahren einen Anstieg im Jahr 2002 um bis zu 150 Prozent im Vergleich zum Vorjahr.[69] Bundesweit klagen die Ermittlungsbehörden über eine »Parallelgesellschaft«, die sie nicht mehr bekämpfen können.

Ein typisches Beispiel für die Entwicklung ist im Bundeskriminalblatt vom 5. Dezember 2001 nachzulesen. Berichtet wird über insgesamt 21 Banküberfälle, die meisten davon in Niedersachsen. Beteiligt waren 28 Personen, die zum Teil aus Gomel in Weißrussland kamen. Die Helfershelfer waren allesamt Russlanddeutsche. Die gesamte Planung der Banküberfälle wurde in Weißrussland durchgeführt, und zwar von der kriminellen Führungsebene. Die Logistikebene beschaffte die Pässe und Visa und brachte diejenigen, die für die Banküberfälle ausgewählt wurden, mit Bus, Bahn oder Pkw nach Deutschland. Die Täter reisten wenige Tage vor der Tat an und verließen Deutschland unmittelbar nach den Banküberfällen. Sie hatten alle entweder überhaupt keine oder nur geringe deutsche Sprachkenntnisse. Kopf der Bande war die lokale Mafiagröße von Svetlogorsk, Siarhai Belakurski, Spitzname »Wildsau«. In Weißrussland betreibt er – neben der Organisation von Banküberfällen – Immobiliengeschäfte und ist im Geldverleih aktiv.

Am 14. Januar 2003 ging bei mehreren deutschen Landeskriminalämtern ein Telex des LKA Nordrhein-Westfalen ein. Darin wurde berichtet, dass seit November 2002 mehrere Russlanddeutsche unabhängig voneinander bei Geldinstituten im Ruhrgebiet, einen Dispokredit oder ein Darlehen in Höhe von 2500 Euro beantragt hatten. Es waren ausschließlich Arbeiter mit so geringen Einkünften, dass sie kaum Chancen hatten, einen Kredit gewährt zu bekommen. Aufgefallen war, so das LKA, »dass bei allen Kreditverhandlungen eine unbekannte Person, ein so genannter Dolmetscher anwesend war, obwohl alle die deutsche Sprache beherrschten. In einem Fall äußerte eine Bankkundin gegenüber der Bank, sie dürfe nicht sagen, wofür das Geld benötigt wird, da sonst sofort 5000 Euro fällig werden. Sie habe einen Vertrag mit Schweigepflicht.« Die LKA-Beamten äußerten den Verdacht, »dass hier von finanzschwachen Personen russischer Herkunft Schutzgeld kassiert wird«.[70]

Die von der Polizei Befragten haben geschwiegen – aus Angst. Dass Menschen mit keinem oder nur geringem Einkommen zu Schutzgeldzahlungen gepresst werden, das ist eine neue Entwicklung.

Einer, der die Verbindungen von Russlanddeutschen zur Organisierten Kriminalität genau kennt, erzählte mir, wie diese Strukturen in Deutschland heute aussehen: »Russlanddeutsche und Kriminalität – das

Jürgen Roth

ist eine große und komplizierte Angelegenheit. Ich sehe, wie die Polizei in Deutschland alle Aussiedler über einen Kamm schert, und halte das für einen großen Fehler. Normalerweise teilen sich die so genannten Russlanddeutschen in viele Gruppen oder Schichten auf. Ich will nur drei davon kurz beschreiben, die mit der Organisierten Kriminalität in Verbindung stehen. Das sind meistens Leute, die in der Ex-UdSSR schon eine Karriere gemacht haben (Ingenieure, Direktoren von Einkaufszentren, kleine Partei- oder Komsomolfunktionäre). Das sind prozentual gesehen nicht sehr viele. Aber genau die finden hier in Deutschland keine Arbeit. Deswegen haben sie sich selbstständig gemacht. Und acht von zehn gründen Firmen mit Geldern irgendwelcher obskurer Gruppen, die meistens im Import-Export oder in der Dienstleistungsbranche tätig sind. Über sie investierten die kriminellen Gruppen ihre Gelder auf dem westlichen Markt.

Dann gibt es die jungen Emigranten, die mehr in illegale Geschäfte verwickelt sind, zum Beispiel in Prostitution, Drogenhandel und Schmuggel. Die Nächsten sind die Aussiedler, die ohne Hilfe krimineller Gruppen selbstständig geworden sind. Aber wenn sie mehr oder weniger auf eigenen Beinen stehen, kommen Herren, die ein ›Schutzdach‹ anbieten. Das machen zuerst die Leute aus der Heimat, aber das Inkasso und die Kontrolle – dafür nehmen sie junge Aussiedler. So gewinnen sie ständig an Boden in Deutschland, ohne Geld investieren zu müssen.«

Im Jahr 2001 versuchte das Landeskriminalamt Baden-Württemberg die geschäftlichen Hintergründe von Russlanddeutschen aufzuklären. Im LKA lief der Versuch unter der Bezeichnung »Auswerteprojekt Dyengi«. Eine gute Idee, deren Umsetzung jedoch teilweise zur Farce geriet. Denn zum einen hatten die baden-württembergischen Dienststellen Probleme damit, rechtzeitig die geforderten Daten zu liefern. Zum anderen mangelte es an der Bereitschaft, genügend Beamte einzusetzen. Ursprünglich sollten dauerhaft drei Beamte des gehobenen Polizeidienstes das Projekt bearbeiten. Doch wegen Personalmangels blieb ein einziger Sachbearbeiter übrig. Und schließlich fehlte es an logistischer Ausstattung für das wichtige Projekt.

Das Ergebnis der Studie ist, trotz aller Hemmnisse, erschreckend genug – und deshalb wird die Studie unter Verschluss gehalten.

Da heißt es unter anderem: »Legale Geschäftsstrukturen werden von

Aussiedlern für illegale Tätigkeiten benutzt. Ermittlungen in diesem ethnisch geschlossenen Umfeld gestalten sich naturgemäß außerordentlich schwierig. Aussagebereite Zeugen sind meist nicht zu finden. Traditionsgemäß kommt für Personen aus dem russisch geprägten Kulturkreis eine Zusammenarbeit mit staatlichen Strafverfolgungsbehörden nicht in Betracht. Polizeiliche Auskunftsersuchen laufen oft ins Leere, teilweise werden sie von korrupten Beamten bearbeitet. So ist es beispielsweise fast unmöglich, relevante Finanztransaktionen aus der GUS in die BRD nachzuweisen, da die Strafverfolgungsbehörden dort nicht in der Lage oder willens sind, Ermittlungsergebnisse vorzulegen.«

Hier einige Erkenntnisse der Studie über die wirtschaftlichen Aktivitäten von Russlanddeutschen in Baden-Württemberg: »Reisebüros und Reisedienste dienen professionellen Menschenhändlern als legale Werkzeuge zur Erschleichung von Visa, um Frauen in westeuropäische Staaten einzuschleusen, zur Prostitution zu zwingen oder als moderne Arbeitssklaven auszubeuten.«

Manche Russlanddeutsche haben mit ihren Firmen bereits eine Monopolstellung erreicht. Zum Beispiel die Brüder Waldemar und Hermann V., Besitzer mehrerer Einkaufsmärkte. Als Mitinhaber eines verschachtelten Firmengeflechts dominieren sie inzwischen, das behauptet das LKA in Stuttgart, den russischen Lebensmittel- und Einzelhandel in Deutschland.

»Es finden«, fügte die Polizeidirektion Ravensburg hinzu, »Geld und Warenflüsse statt, die nach gängigen betriebswirtschaftlichen Regeln nicht nachvollziehbar sind.« Daher besteht der Verdacht, dass diese verschachtelten, mit sich selbst konkurrierenden Betriebe als Steuerhinterziehungs- oder Geldwaschmaschinerie konzipiert wurden. Doch ein Ermittlungsverfahren wegen Geldwäsche konnte bislang wegen unzureichender Beweise nicht eingeleitet werden. Eine von der Polizei in Ravensburg initiierte und von der Steuerfahndung Stuttgart durchgeführte Betriebsprüfung erbrachte keine weiterführenden Hinweise.

Lahr im Schwarzwald. Diese Kleinstadt zwischen Offenburg und Freiburg beherbergt mehr als 8000 Deutschstämmige aus der ehemaligen Sowjetunion und ist heute nicht nur ein Paradebeispiel für Desintegration, sondern auch für die daraus entstehenden massiven

Jürgen Roth

sozialen Probleme. Der Bürgermeister verkündet zwar, dass die Probleme zu lösen seien. »Doch«, das beklagten mir gegenüber mehrere Kripobeamte, »aus politischer Rücksichtnahme wagt niemand, die Wirklichkeit zu beschreiben, wie sie ist. Eine Parallelgesellschaft hat sich etabliert, in der eigene Gesetze herrschen.« In dieser Parallelgesellschaft haben es einige geschafft und sind respektable Geschäftsleute geworden.

Probleme haben zum Beispiel die Ermittler mit zwei Russlanddeutschen aus Omsk, die auf dem Gelände des ehemaligen Militärflugplatzes in Lahr eine Paketspedition betreiben. Das scheint ein florierendes Geschäft zu sein, weil es viele Nachahmer findet. Der Grund liegt darin, dass nach dem Zusammenbruch der Sowjetunion die Paket- und Briefzustellung nicht mehr funktioniert. Auf dem normalen Postweg zwischen Deutschland und den GUS-Staaten versandte Briefe haben eine durchschnittliche Verlustrate von fünfzig Prozent. Bei Paketen liegt diese Rate noch weitaus höher, da der größere Teil der Pakete von den Postbediensteten in den GUS-Staaten unterschlagen wird.

Folglich entstanden private Dienste, die den Transport von Paketen bis zur Haustür des Empfängers in nahezu allen Provinzen des ehemaligen Sowjetimperiums anbieten. Das hat seinen Preis. Der Polizei liegen Erkenntnisse vor, wonach die Lkw-Transporte in der Regel nur dann funktionieren, wenn an das richtige kriminelle Syndikat in den jeweiligen Städten in den GUS-Ländern Schutzgelder gezahlt werden – wenn die OK-Gruppen dort also ein Dach anbieten.

Zwei Unternehmer, die einen solchen Paketdienst betreiben, erstatteten 1998 bei der Polizei in Offenburg Anzeige wegen Schutzgelderpressung. Als Täter benannten sie einen Aleksandr Tumentsew, bei dem es sich laut Interpol Moskau um den Anführer der kriminellen Vereinigung Khimkovskoje beziehungsweise Khimkovskaja aus Omsk handeln soll. Tumentsew wird per internationalem Haftbefehl gesucht.

Doch was wie ein korrektes Verhalten der beiden Unternehmer aussieht, ist so einfach nicht. Denn das verwandtschaftliche Umfeld eines der beiden, der Anzeige wegen Schutzgelderpressung erstattete, hat zu Fragen geführt. Seine Schwester ist mit einem Nikolaj B. aus Omsk verheiratet, und der wurde von Interpol Moskau als aktives Mitglied der Khimkovskaja-Gruppierung identifiziert und wird vom LKA als

Resident dieser Gruppierung in Baden-Württemberg angesehen. »Unter diesem Gesichtspunkt erscheint es schwer verständlich«, bemerkten Ermittler aus Lahr, »dass Andreas B. eine Anzeige gegen den Führer einer kriminellen Vereinigung erstattete, zu der sein eigener Schwager gehört.«

Andreas B.s Schwiegersohn wiederum, Jurij B., auch aus Omsk, verbüßt derzeit in Spanien eine vierjährige Freiheitsstrafe. Der Fall sorgte übrigens bundesweit für Schlagzeilen, als Jurij zusammen mit seinem Komplizen Gennadi G. am 27. August 1999 auf Mallorca festgenommen wurde. »Auf dem Parkplatz des Aguacity bei El Arenal hat die Guardia Civil am vergangenen Freitag zwei Männer aus Russland verhaftet, die die Polizei für professionelle Mörder hält. Im Kofferraum des geliehenen Opel Corsa, mit dem die beiden auf Mallorca unterwegs waren, fanden die Beamten eine geladene Pistole mit Schalldämpfer und eine scharfe Bombe mit Plastiksprengstoff.«[71]

Es schien, als ob Jurij B. und Gennadi G. bei ihrer Verhaftung kurz vor der Ausführung eines Auftragsmords standen. Die Hintergründe konnten aber nie geklärt werden, da beide Täter seither eisern schweigen. Als Jurij B. erlaubt wurde, einen Verwandten von seiner Festnahme zu informieren, wandte er sich an Nikolaj B., dem Mitbesitzer des Paketdienstes in Lahr. Drei Wochen nach Jurij B.s Festnahme flog Nikolaj B. nach St. Petersburg, wo er sich einige Tage aufhielt. Warum? Nach Meinung der Polizei »wurde er von seinen Befehlsgebern zum Rapport zitiert«.

Ähnlich undurchsichtig sind die Beziehungen der Paketspedition in Lahr zu einer Spedition im hessischen Hünfeld – die F. Transport-GmbH. Sie wurde von dem aus Kirgistan stammenden Deutschrussen Waldemar F. geleitet. Die Kripo in Offenburg ermittelte, dass die Spedition ein Umschlagplatz für Heroin war. Die Fahrzeuge von Waldemar F. transportierten auf der Rückfahrt das weiße Heroin, und von Hünfeld aus wurde es weiterverteilt. Als im Februar 2001 die Lagerräume der Spedition durchsucht wurden, fanden die Beamten insgesamt 49 Kilo weißes Heroin, Rauschgift der höchsten Güteklasse. Während der Hausdurchsuchung war Waldemar F. mit einem seiner Lastwagen gerade in Russland unterwegs, er wurde dann in Omsk verhaftet.

Bereits zuvor, am 9. Dezember 2000, waren in Österreich fünf Männer festgenommen worden, die in einem Kleinlastwagen der Spedition von Waldemar F. unterwegs waren. Sie wollten mehr als zehn Kilo Heroin von Deutschland nach Österreich schmuggeln. Auskunft über den Drogenspediteur wollte mir in Hünfeld niemand geben. Die Telefonnummer von Waldemar F. ist auf seine Ehefrau ausgestellt. Am Apparat meldet sich eine männliche Stimme und gibt an, hier sei jetzt ein Paketdienst und der habe mit der Spedition rein gar nichts zu tun. Erst nach beharrlichem Nachfragen kommt ziemlich ärgerlich die Auskunft: »Herr F. ist noch im Gefängnis.«

Den deutschen Ermittlern war es lediglich eine Randnotiz wert, dass auf der Kundenliste des Drogenspediteurs aus Hünfeld auch die Firma der Brüder V. stand – jener klugen Geschäftsleute, die den russischen Lebensmittelmarkt in Deutschland dominieren.

Neu-Isenburg und der Menschenhandel

Neu-Isenburg, nicht weit vom Frankfurter Airport entfernt, hat zum Teil eine beschauliche, fast dörfliche Fassade. Organisierte Kriminalität gibt es hier nicht, glauben viele Einwohner. Sie täuschen sich. Denn von Neu-Isenburg aus agierte bis Mitte April 2003 Sergej, Russlanddeutscher.

Ein Rückblick. Februar 2003, gegen 14 Uhr. Nichts ist auffällig an dem zweigeschossigen, weißen Haus, dessen Eingang von einer rosagrauen Markise überdacht ist. An der Vorderseite des Hauses rankt Efeu bis in den ersten Stock. Dort sind die grauen Plastikrollläden heruntergelassen. In einem der Rollläden klafft ein breiter Riss. Im Vorgarten liegen achtlos hingeworfene Schränke und auf dem Parkplatz stehen ein paar Autos – ein zerbeulter Opel ohne Nummernschild und ein roter Renault-Transporter mit einem litauischen Kennzeichen. Dahinter ist eine lang gestrecke Baracke. Derweil steht vor der Haustür ein etwa 30-jähriger, kurz geschorener Hüne von Mann, der in ein Handy spricht, während er in der anderen Hand ein zweites hält. Ein Schild im Fenster trägt die Inschrift »Business-Service«. Einen Service der besonderen Art bietet der Mieter des Hauses in der Tat an, und er scheint damit viel Geld gemacht zu haben. Deshalb will er in Neu-Isenburg ein Autohaus eröffnen und vielleicht auch eine Versicherungsagentur. Letzteres würde Sinn machen. Denn dann könnte Sergej Schutzgeld ganz offiziell eintreiben. Dafür jedenfalls ist er nicht nur in Neu-Isenburg bekannt, wenn er in seinem kleinen roten Renault unterwegs ist. Warum er keinen standesgemäßen Pkw fährt, fragen sich einige Nachbarn. Sergej hatte einen Offenbarungseid abgelegt und lebt offiziell von Sozialhilfe. Dass er überhaupt ins Visier der Polizei geriet, verdankte er engagierten Beamten im Offenbacher Polizeipräsidium. Die störte es, dass Sergej ungehindert agieren konnte. Wochenlang bemühten sie sich vergeblich, sowohl beim BKA wie beim LKA-Hessen jemanden zu finden, der sie unterstützt. »Es kann doch nicht sein, dass die Justiz nichts macht«, klagte einer der Beamten. Erst beim Darmstädter Staatsanwalt David Kirkpatrick fanden sie Gehör. Der leitete ein Ermittlungsverfahren ein, »wegen des Verdachts der Geldwäsche, des schweren Menschenhandels, des Waffenhandels und des Handels mit Betäubungsmitteln«.

Und nur weil inzwischen offiziell ein Ermittlungsverfahren lief, konnten die Beamten unter anderem verfolgen, wie Sergej versuchte, mit seinen Soldaten einen Barbetrieb zu überzeugen, dass es besser sei, von ihm geschützt zu werden, als plötzlich irgendwelche Probleme zu bekommen. Und sie stießen auf seinen Bodyguard.

Einer der ermittelnden Beamten der Offenbacher Polizei erzählte mir über diesen Mann: »Es ist so, dass der Bodyguard meist die Aufträge von Sergej bekommt, und teilweise selbstständig die Ausführung macht, das heißt, wenn es um Schutzgelderpressung, um die Eintreibung von Geldern geht, arbeitet er teilweise selbstständig. Nur wenn es absolut schwierige Situationen gibt, dann tritt auch der Sergej selbst mit auf, ansonsten hält er sich im Hintergrund, weil er entsprechend seine Leute hat, die für ihn arbeiten.« Wer ist denn gefährlicher, will ich von ihm wissen. »Von der Gefährlichkeit her ist der Bodyguard gefährlicher, weil er offensichtlich auch trainiert, der ist offensichtlich bei der Fremdenlegion gewesen, und er hat auch die entsprechende Kriegserfahrung. Für ihn bedeutet es offensichtlich nichts, Menschen zu töten.«

Dann, kurz vor Weihnachten 2002, wollten Sergej und sein Bodyguard mit Konkurrenten »abrechnen«. Die kamen aus Saarbrücken und hofften, für die Russen-Disco in Wörrstadt das »Dach« übernehmen zu können. Die Aktion, an der 20 Komplizen von Sergej beteiligt waren, wurde abgeblasen, weil die Gangster zu spät bemerkten, dass sie ihre Maschinenpistolen vergessen hatten. Hinzu kam eine Polizeikontrolle, die auf die Schnelle organisiert werden musste, um das Blutvergießen zu verhindern. Beschlagnahmt wurden bei den Kontrahenten Messer und Baseballschläger. Die Pistolen hatten sie rechtzeitig im Feld vergraben. Wahrscheinlich hätten die Beamten noch weitaus mehr bei ihren Observationen herausfinden können. Aber für eine konsequente Observation fehlte das Personal.

An den Bodyguard von Sergej konnte sich auch eine Prostituierte aus dem FKK-Klub in Dietzenbach erinnern. Der war auf der Suche nach einer Prostituierten, nach Elena, die flüchten konnte, nachdem sie schwer misshandelt wurde. In einem Bordell in Hessen, das er im Auftrag von Sergej mit Frauen aus Russland und der Ukraine versorgte, sei er, erzählte mir eine Prostituierte, mit schwarzem Mantel und zwei Pistolen in der Hand aufgetaucht. »Ich saß gerade rittlings auf einem Kunden, da hat er mir eine Pistole an den Kopf gehalten und gefragt: ›Wo ist Elena?‹« Elena ist nie mehr aufgetaucht.

Nicht nur Schutzgelderpressung ist ihr Geschäft, sondern auch Menschenhandel. Die Mädchen kommen mit Bussen aus Moskau an der Südseite des Frankfurter Hauptbahnhofs an. Danach werden sie sofort auf die einzelnen Bordelle in Hessen verteilt. Die Mädchen können kaum Deutsch, müssen alle Papiere abgeben und rund um die Uhr arbeiten. Pausen gibt es nicht. »Alle haben Angst, weil ihre Familien zu Hause bedroht werden«, berichtet eine deutsche Kollegin, die sich der Polizei anvertraute. Zu Sergej K.s Opfern gehörten zum Beispiel Laura, Tanja und Anna. Sie arbeiteten im Bordell Katzenmühle in Wadern-Oberlöstern, einem kleinen Kaff in Rheinland-Pfalz. Normalerweise müssen die Frauen fünfzig Prozent ihrer Einnahmen an den Bordellbetreiber abgeben. Das mussten diese drei auch. Aber die restlichen fünfzig Prozent durften sie nicht behalten, sondern mussten sie bei Sergej K. abliefern.

Neben Menschenhandel und Schutzgelderpressung betreibt er ein weiteres Geschäft – den Handel mit weißem Heroin. Das bezieht er aus Litauen. Da kommt zwar einiges an Geld zusammen – aber wie erklären sich die 275 Millionen US-Dollar, die Anfang 2003 auf seinem Konto landeten? Absender des Geldes war Dimitri D., ein Rechtsanwalt aus Moskau. Der residiert im Hotel Kosmos und nennt die Firma

Astra sein Eigen. Anscheinend, so die Ermittler, ist er der lenkende Boss im Hintergrund. Nun überlegten die Beamten in Offenbach, die den Fall übernahmen, nachdem weder BKA noch LKA dazu bereit waren, woher dieser horrende Betrag stammen könnte. Und sie staunten nicht schlecht, als sie ein Gespräch verfolgten, das der Bruder von Sergej, der bei der Frankfurter Commerzbank angestellt ist, mit Dimitri D., dem Anwalt in Moskau, führte. Demnach sind die Gelder aus einem großen Bauprojekt abgezweigt, dem Bau eines Atomkraftwerks. Und noch Abenteuerlicheres erfuhren die lauschenden Beamten am Telefon: »Es müssen gute Kontakte zu Putin bestehen. Das entnehmen wir der Überwachung von K.s Bruder.« Während die Staatsanwaltschaft Darmstadt seit Wochen auf Informationen wartete, teilte mir das Moskauer FSB – natürlich nur gegen entsprechende Bezahlung – innerhalb von drei Tagen außerdem folgendes über Dimitri Iwanowitsch D. mit: »Es handelt sich um einen ehemaligen Mitarbeiter der Miliz, der 1998 vom Dienst suspendiert wurde. Er besitzt in Tjumen die Firma T.A.D.E. Dabei ist zu beachten, dass Ende der neunziger Jahre in der Russischen Föderation eine Vielzahl von Firmen mit der o. g. Bezeichnung gegründet wurde. Diese Firmen standen unter unmittelbarem Einfluss von staatlichen Behörden. In der Regel wurden diese Firmen vor allem als Basis für illegale Transaktionen von Finanzmitteln genutzt.« Was den Verdacht der Geldwäsche angeht, da dürften die Ermittler in Offenbach also noch ein Problem bekommen, wenn es um den juristischen Beweis geht.

13. April 2003. Es ist eine Vollmondnacht. Gegen 3.30 Uhr versammeln sich im Offenbacher Polizeipräsidium über 60 Kripobeamte und Schutzpolizisten. Eine seit langem geplante Aktion gegen Sergej und seine Komplizen soll in der nächsten halbe Stunde bundesweit stattfinden. Die Offenbacher Beamten haben sich Sergej und das Haus in Neu-Isenburg vorgenommen. Zum letzten Mal wird besprochen, wie die Aktion ablaufen soll. Dann setzt sich eine Armada von Polizeifahrzeugen in Marsch. Punkt vier Uhr stürmen die Beamten nicht nur die Wohnung von Sergej, sondern auch das Haus in Neu-Isenburg. Nachdem die Tür mit einem Rammbock aufgebrochen wurde, überrumpeln die Beamten insgesamt achtzehn Personen. Unter ihnen ist ein per Haftbefehl gesuchter, kahlköpfiger Mann, der jetzt, halb nackt, mit gesenktem Kopf und gefesselten Händen auf dem Bett sitzt. Die anderen

Bewohner, überwiegend aus Litauen und der Ukraine und alle sehr jung, halten sich entweder illegal in Deutschland auf oder ihr Visum war bereits seit langem abgelaufen. Bei einem von ihnen finden die Beamten 100 Gramm reines Heroin. Was die Beamten in den kleinen Zimmern sehen, ist das triste Bild vieler Absteigen für Illegale: schmuddelige Matratzen am Boden, kaum Platz für etwas Persönliches bis auf einige Fotos auf einer kleinen Holzkiste. Immerhin steht in einem der Zimmer ein Fernseher. Daneben liegen russische Gewalt-Videos und ein Stapel Sex-Illustrierten. Die sanitäre Einrichtung ist katastrophal, genau wie die winzige Küche, in der offene Stromleitungen herumliegen. Früher oder später hätte das unabsehbare Folgen gehabt. Was nicht so ins Raster passt, war ein vergleichsweise vorzüglich ausgestatteter Fitnessraum auf dem Dachboden. Um das Körpertraining seiner Muskelmänner sorgte sich Sergej. Sein Bodyguard, der die »Dreckaufträge« für Sergej erledigte und sich selbst als »Killer« bezeichnete, wurde bei der Festnahme angeschossen – ein Kopfschuss. Davon abgesehen war es immerhin einmal eine erfolgreiche Polizeiaktion. Nur die Zeugen wollen nicht reden, aus Angst vor Repressalien gegen ihre Familienangehörigen.

Die Sex-Industrie, besser nennt man sie moderne Sklaverei, ist ein blühendes Gewerbe. Geschätzt wird, dass sie pro Jahr allein in den GUS-Staaten mindestens 13 Milliarden Dollar an Profit abwirft. »Der Handel mit Frauen ist ein Milliardengeschäft. Alljährlich werden weltweit zwischen siebenhunderttausend und zwei Millionen Frauen versklavt, schätzen UN-Expertinnen. In Europa macht das organisierte Verbrechen mit ihnen alljährlich zwischen sieben und dreizehn Milliarden Dollar Gewinn.«[72]

In Europa dürften, auch hier gibt es nur Schätzungen, derzeit mindestens 300 000 Prostituierte aus den GUS-Staaten tätig sein. Überwiegend sind es junge Frauen, die in dieses Gewerbe gezwungen werden. Und an diesem Geschäft möchten viele partizipieren. »Moskau gilt als einer der zentralen Umschlagplätze des Frauenhandels. Von dort aus werden der polnische, der asiatische und der deutsche Markt versorgt – so kommt zum Beispiel die Mehrzahl der 7000 Berliner Prostituierten aus dem Osten. Nach Angaben von Eleonora Lutschnikowa, Mitarbeiterin der Moskauer Stadtverwaltung, gibt es etwa 330 russische Unternehmen, die derartige Geschäfte abwickeln.«[73]

Dem Sex-Sklavenhandel hatte sich auch eine Familie von Russland-deutschen im Odenwald gewidmet. Sie ist tief religiös und hat beste Beziehungen zum Bundesamt für Verfassungsschutz. Die Frauen, die sie vermittelte, wurden in Russland als Hilfsarbeiterinnen oder Küchenhilfen angeworben und mussten dafür bis zu 2000 US-Dollar zahlen. Das notwendige Schengen-Visum erhielten sie über einen geschmierten Mitarbeiter der Botschaft Griechenlands in Moskau. Danach karrten die Auftraggeber sie mit russischen Bussen nach Hessen, wo sie, wie es eine der Beteiligten sagt, in kleinen Pensionen in Bensheim oder Schlierbach »zwischengelagert« wurden. Die nächste Station waren die vielen Bordelle in der Umgebung. Die Familie aus Kasachstan, die den Mädchenhandel im Odenwaldraum beherrschte und erst 2002 durch Ermittlungen der Staatsanwaltschaft Darmstadt auflog, lebte offiziell von Sozialhilfe. »Es war Gottes Fügung«, kommentierte die Ehefrau des Menschenhändlers ihre Festnahme und die ihres Mannes. Und nachdem sie selbst aus der Untersuchungshaft entlassen wurde, sagte sie: »Meine Gebete sind erhört worden.«

Die erwähnten guten Beziehungen zum Bundesamt für Verfassungsschutz in Köln führen übrigens zu einem Sachbearbeiter, der mit der Familie im Odenwald verwandtschaftlich eng verbunden ist. Immerhin war er, zusammen mit Heinz Fromm, dem Präsidenten des Bundesamts, auf Dienstreise unterwegs – nach Moskau.

Die geschilderten Beispiele kommen aus der mittleren Ebene Organisierter Kriminalität von Russlanddeutschen. Doch mittlerweile sind die Grenzen zu den höchsten Ebenen längst durchbrochen.

Der Zeuge aus dem ehrenhaften Milieu

»Ich bin 39 Jahre alt. Seit 1987 beschäftige ich mich mit privatem Business, das in der Ex-UdSSR durch die Perestroika zustande gekommen ist. Seit 1990 bin ich Bundesbürger. Bis 1996 war ich jedoch geschäftlich überwiegend auf dem Territorium der GUS-Staaten tätig. Westeuropa war für mich nur eine Transferbrücke. Dann habe ich einen Fehler gemacht, weil ich ein Geschäft für die großen Politiker machen wollte. Dadurch wurde ich gezwungen, mich für ein paar Jahre vom östlichen Markt zurückzuziehen. Das war ein dringender Rat der ›Autoritäten‹. Daraufhin habe ich mich endgültig in Deutschland niedergelassen.«

Es kommt nicht häufig vor, dass jemand aus dem kriminellen Milieu redet. Und noch seltener ist, dass er auspackt. Warum? Ich weiß es nicht. Offen gesagt, ist es mir auch gleichgültig. Wichtig für mich war nur, dass seine Behauptungen nachprüfbar waren und er eine so genannte A-1-Quelle ist, dass also ernst zu nehmen ist, was er berichtet.

»Auch ich habe Sünden an deutschen Gesetzen begangen. Aber ein Mensch ohne Sünden, ist das noch ein Mensch? Vor meiner Verhaftung dachte ich, ich hätte genug Verstand, mich von der harten Kriminalität fernzuhalten. Jetzt weiß ich, dass es mir nicht gelungen ist.«

Der das sagt, sitzt in einem süddeutschen Gefängnis ein. Ziemlich überzeugend gibt er mir zu verstehen, dass er für ein Verbrechen einsitzt, das er nicht begangen hat, während er für andere Taten, an denen er tatsächlich beteiligt war, nicht verurteilt wurde. Das ärgert ihn maßlos. Liest man das Urteil und die Aussagen der Belastungszeugen, könnte er sogar Recht haben.

»Ich war noch im Ausland, und mein deutscher Geschäftspartner hier wurde eines Tages so unter Druck gesetzt, dass er sofort 90 000 Mark bezahlt hat. Aber das war nicht das Ende. Am nächsten Tag bin ich nach Deutschland gekommen. Das war in Wolfsburg. Da ist die Polizei ins Spiel gekommen. Bis dahin hatte mein Partner, Axel D., großes Vertrauen in die deutsche Polizei. Aber die Polizei sagte ihm, dass sie keinen schützen kann, der mit Osteuropa Geschäfte macht, und er soll sich selbst schützen und mit dem Risiko leben. Dadurch mussten ich und mein Partner zwei Firmen schließen. Ein halbes Jahr später sind zwei Personen aus dem Osten nach Hannover gekommen. Sie sind zur Polizei gegangen und haben Geschichten über mich erzählt.«

Er wurde deshalb im Januar 1996 verhaftet und blieb knapp sechs Monate in U-Haft. Seinen Beteuerungen, dass die Beschuldigungen haltlos seien, wurde nicht geglaubt. »Das hat die nicht interessiert.«

Ein Jahr später stellte sich heraus, dass er tatsächlich unschuldig war. Gegen die beiden Männer, die ihn beschuldigt hatten, wurden Haftbefehle erlassen. »Aber die waren längst in Russland. Nach meiner Entlassungen begann meine kriminelle Karriere in Deutschland«, sagt er. »Damals hatte ich große Probleme im Osten, und die beste Lösung für mich war, selbst kriminell zu werden. Aber ich habe aufgepasst, welche Gesetze ich breche. Ich habe Firmenbilanzen gefälscht, habe gut gefälschte Pässe und Führerscheine verkauft und Kontakte zwischen verschiedenen Leuten vermittelt, die möglicherweise auch was Kriminelles gemacht haben. Aber das hat mich nicht interessiert. Geschädigt habe ich nur die Leute, die ihr Geld nicht mit rechten Dingen verdient hatten. Das war mein Leben.«

Er sagt, er sei kein »Dieb im Gesetz«. Aber ihm sei 1997 in Deutschland ein entsprechender Vorschlag unterbreitet worden.

»Ich habe mich niemals für die kriminelle Romantik, für die kriminelle Macht interessiert. Deshalb bin ich auf den Vorschlag nicht eingegangen. Natürlich habe ich im Lauf der Jahre Kontakte zu Autoritäten gehabt. Und logischerweise kenne ich einige kriminelle Organisationen und Autoritäten. Ich kenne mich gut mit den ungeschriebenen Gesetzen der kriminellen Welt aus. Ich bin bei einigen kriminellen Autoritäten als ›Aferist‹ bekannt. Afere heißt Betrug und Aferist ist ein Betrüger. Ein Aferist steht in der kriminellen Hierarchie niedriger als ein »Dieb im Gesetz«. Er wird für die Fähigkeit, schnell denken zu können, respektiert. Aber er bleibt unbeliebt, weil er die Vorteile und Gewinne für sich höher schätzt als die ungeschriebenen Gesetze der kriminellen Welt.«

Wie war das mit dem Vorschlag, in die Gemeinschaft der »Diebe im Gesetz« aufgenommen zu werden, wollte ich von ihm wissen. Er erzählt, dass sich im August 1997 einige Autoritäten und »Diebe im Gesetz« in Antwerpen trafen, um über neue Strategien wie über die allgemeinen Geschäfte zu diskutieren. »Die meisten von ihnen waren kaukasischer Herkunft, so genannte Lawruschniki oder Lawrowije. Denen war klar, dass sie in Deutschland weniger Einfluss haben als Diebe und Autoritäten slawischer Herkunft.«

An diesem Treffen nahm eine bekannte Autorität aus Deutschland teil. Seine Freunde fragten ihn, ob er jemanden kenne, der die Rolle eines »Diebes« übernehmen kann. »Dann wollten sie diese Person zum ›Dieb im Gesetz‹ machen, damit der ihre Interessen in Deutschland wahrnimmt und ihren Einfluss vermehrt. Deshalb wurde ich nach Belgien eingeladen. Ich habe abgelehnt.«

Üblicherweise konnte ein Krimineller nur dann »Dieb im Gesetz« werden, wenn er eine längere Gefängniserfahrung hatte. Das war zumindest bis zum Zusammenbruch der UdSSR so.

»Seit den neunziger Jahren sind diese Gesetze liberaler geworden. Seither gibt es ›Apfelsinen‹. So werden »Diebe im Gesetz« der neueren Generation genannt, die entweder überhaupt nicht oder nur kurze Zeit im Gefängnis waren.«

Bei diesem Wissen müsste er eigentlich auch diejenigen kennen, die in Deutschland leben.

»Diebe, die im Westen geboren sind, gibt es bis heute nicht. Ab und zu haben einige den Kopf hochgereckt, aber ohne Rückendeckung aus dem Osten werden die nicht akzeptiert. ›Autoritäten‹ gibt es in Deutschland und Europa nicht wenige. Aber die meisten halten sich nicht ständig in Deutschland auf. Ich kannte fünf und habe von einem Dutzend »Dieben im Gesetz« gehört, die in Deutschland leben.«

Er sprach von zweien in Berlin und einigen in Norddeutschland, zum Beispiel in Hannover und Bielefeld.

»In Deutschland gibt es Territorien, die unter den Autoritäten aufgeteilt sind, und alle russischen Unternehmen dort zahlen Schutzgeld beziehungsweise haben eine Kryscha.« Über Einzelheiten schweigt er, was ich verständlich finde.

Dafür ist er bereit, einiges über andere Kriminelle zu sagen, die aus der Ex-UdSSR nach Deutschland gekommen sind. Er teilt sie in verschiedene Gruppen auf.

Zur ersten Gruppe zählt er diejenigen, die in Immobilien investieren, »weil es Mode war, das Kapital abzusichern, und man Angst hatte, dass es im eigenen Land konfisziert wurde. Die meisten glaubten daran und haben ihr Schwarzgeld investiert.«

Zur zweiten Gruppe zählt er die kriminellen Autoritäten, »die gesicherte Plätze benötigen, um sich mit den ›Brüdern‹ ohne Überwachung durch Milizen und den FSB treffen zu können. Oder einen Ruheraum, wenn es in der Heimat Probleme mit offiziellen oder nicht offiziellen Organisationen gibt. Es ist eine Bleibe auf Zeit, bis in der Heimat alles geklärt ist.«

Zur dritten Gruppe gehören diejenigen, die hier Geld investieren, um es wieder für andere Geschäfte zu nutzen. Und in der Gruppe vier sind die Strategen, die alle Aktivitäten und Bewegungen kontrollieren. »Diese Leute kommen aus den Geheimdiensten und haben die Aufgabe, die Kriminalität zu kontrollieren und in die richtige Richtung zu steuern.«

Bei einem unserer vielen Gespräche reden wir über den Drogenhandel. Der ist in den letzten Jahren in Russland ein riesiges Problem geworden. In Moskau sind es die Nigerianer, die den Drogenmarkt offiziell beherrschen. In Wirklichkeit jedoch stehen sie unter dem Dach der Solnzewskaja. Darüber weiß er nichts. Mehr jedoch über eine Fabrik in Tschimkent in Kasachstan. Die ist seit langem als ein Betrieb zur Weiterverarbeitung des aus Afghanistan angelieferten Rohopiums bekannt. Bereits die UNDCP (United Nations Office on Drugs and Crime) in Wien hatte darüber berichtet. »Geschützt wird das Gelände durch eine Privatarmee … weder Regierungsvertreter noch der Bürgermeister von Tschimkent oder Polizei dürfen die Fabrik betreten, um nachzuprüfen, was dort tatsächlich produziert wird.«[74]

Dass er sie kennt, hat mich gewundert, insbesondere dass er Details kennt, die nicht einmal der UNDCP in Wien bekannt waren.

»Diese Fabrik hat in geheimen Laboren zu UdSSR-Zeiten Heroin für den KGB produziert. Und wenn ich mich nicht irre, wurde diese Fabrik 1993 privatisiert. Die Hauptanteile hält eine kasachische Familie. Der Vater dieser Familie ist ein hoher Beamter in der Regierung von Kasachstan. Er hat drei Söhne, die heute etwa 28, 31 und 32 Jahre alt sind. Die Familie soll verwandtschaftliche Beziehungen zur Frau des Präsidenten von Kasachstan, Nursultan Nasarbajew, haben. 1992 erzählte mir der Vater dieses Clans, dass er Politiker geworden sei. Er wollte seinen Söhnen ermöglichen, richtige Geschäfte zu machen, und hatte in Irland eine Holding registrieren lassen.

Usbeken liefern offiziell Rohstoffe, aus denen Medikamente für Herz- und Blutkrankheiten hergestellt werden. Aber nebenbei wird Rohopium geliefert. Für die Sicherheit und den Weiterverkauf von nicht offiziellen Produkten ist ein Typ aus Tschetschenien verantwortlich. Offiziell hat der Tschetschene ein Geschäft und handelt mit Korn aus Kasachstan. Deswegen kann ich mit Sicherheit sagen, dass noch vor ein paar Jahren die Usbeken in Tschimkent nur Händler von Rohstoffen verschiedener Art waren. Aber an dieser Fabrik und an dem Verkauf der Produkte waren sie nicht beteiligt.«

Und dann bestätigt er, was seit geraumer Zeit vermutet wird – radioaktives Material im freien Handel: »Außerdem kann man in Usbe-

Jürgen Roth

kistan ohne Probleme radioaktive Metalle wie Uran bekommen. Das Uran wurde zu Zeiten der UdSSR in Utschkuduk und Nawoi produziert. Sie können sicher sein, dass es dort dieses Metall zu kaufen gibt, ebenso andere Produkte wie Osmium Isotop 187. Normalerweise laufen diese Geschäfte nicht mit Europa, sondern mit Asien.«

Der Insider weiß auch etwas über die tschetschenischen Banden in Deutschland. »Sie haben sich dieses Image, unberechenbar und grausam zu sein, nicht alleine aufgebaut. Sondern die anderen kriminellen Gruppen haben daran mitgearbeitet, um ihre eigenen Aktivitäten zu decken und die Ermittlungsbehörden in die Irre zu führen. So wird den Tschetschenen viel mehr angehängt, als es der Realität entspricht. Die Tschetschenen nutzen das aus, indem sie in Firmen einsteigen, die Exilrussen gehören. So hatte ein Tschetschene in Hannover mit seltenen Metallen zu tun, und halb Europa wusste davon. Nur die Polizei wusste nichts. Vielleicht will die Polizei so etwas nicht erkennen? Auch dass die Tschetschenen auf deutschem Boden mit Kosovo-Albanern und Italienern kooperieren, ist das etwa der Polizei bekannt?« Nein, das BKA glaubt, dafür bisher keine Belege gefunden zu haben. So weit die Aussagen eines Insiders.

Tiefere Einblicke in kriminelle Brüderschaften

Die Pressestelle des Bundeskriminalamts teilt mit: »Der gemeinsamen Finanzermittlungsgruppe des BKA und des Zollkriminalamtes ist in Norddeutschland ein bedeutender Schlag im Kampf gegen eine deutschrussische Tätergruppierung, die der Organisierten Kriminalität zugerechnet wird, gelungen.« Und weiter: »Nach Einschätzung der Ermittlungsbehörden handelt es sich bei dem 1994 aus der Russischen Förderation eingereisten und mittlerweile deutschen Staatsangehörigen um eine ›Autorität im kriminellen Milieu‹, der in Russland der Organisierten Kriminalität zugerechnet wird. So konnte im Verlauf der Ermittlungen festgestellt werden, dass er und andere Beschuldigte enge geschäftliche und private Kontakte zu Anführern russischer krimineller Organisationen (so genannten ›Dieben im Gesetz‹) unterhalten haben. Auch Bedrohungs- und Erpressungshandlungen zur Durchsetzung der kriminellen Geschäftsinteressen waren Gegenstand der Ermittlungen.«[75]

»Schwerer Schlag gegen die Russen-Mafia. Seit Herbst 2000 läuft am Berliner Landgericht ein ›geheimer‹ Prozess gegen einen ihrer Geldwäscher und zwei Komplizen«, meldete »Bild« am 22. August 2001.

Seitdem gab es keine Meldungen mehr über diesen »Geheimprozess«. Weil sonst vielleicht unglaubliche Dinge ans Tageslicht gekommen wären? Zum Beispiel, dass der russische FSB zahlreiche Agenten einsetzt, die in Deutschland agieren, um die russischen Banditen besser kontrollieren zu können? Die entsprechenden Unterlagen des BKA belegen die Existenz einer Schattenwelt, die dem normalen Bürger weitgehend verschlossen bleibt. Glücklicherweise.

Da wurde, irgendwann im Sommer 1999, bei einem Agenten, der sich der Polizei in Hamburg stellte, ein Schreibmaschinenband beschlagnahmt. Bei der Kripo konnte es zum größten Teil ausgelesen werden. Es enthielt Berichte, die der FSB-Agent im Laufe weniger Wochen an seinen Führungsoffizier in Moskau geschrieben hatte.

»Im Februar hatte ich am Hamburger Flughafen ein Treffen mit Herrn Valerij Levin.« Es folgt dessen genaue Adresse in Moskau, die Telefonnummer, der Stand seines Kontos bei einer Bank in Zürich, etwa 16 Millionen US-Dollar. »Er hat direkte Beziehungen zum ›Dieb im Gesetz‹, Tamas, ein Krüppel, der die Gruppe in Belgien leitet. Valerij war eine Woche lang in Deutschland und hat herausgefunden, dass es in der Gruppe des Blonden keinen Zusammenhalt gibt und keine großen Geldmittel.« Aber, so schreibt er weiter, man könne mit den Leuten des Blonden, wenn man sie »unter seine Fittiche holt«, eine »große Sache« in Deutschland organisieren.

In dem Tätigkeitsbericht an seinen Führungsoffizier im FSB steht weiter: »Aus permanenten Telefonkontakten zwischen der Quelle und Valerij wurde bekannt, dass ›Diebe im Gesetz‹ mit dem Verhalten des selbstherrlichen Blonden äußerst unzufrieden sind, weil sie ihn beim Lügen erwischt haben. Für die nächste Zeit ist die Ankunft des Valerij und des ›Diebes‹ Tamas nach Deutschland geplant. Da der Blonde von meinem Treffen mit Valerij nichts wusste, dieses jedoch nach seinen Rückfragen in Moskau und Gesprächen mit Valerij und Tamas offenbar wurde, bekam die Beziehung zwischen mir und dem Blonden einen kritischen Aspekt.«

Oder: »Vor vier Tagen wurde mir gesagt, entweder zahle ich 100 000 Dollar und trete zu Valerij über oder ich werde umgebracht. Da der Blonde für sein unkalkulierbares Verhalten bekannt ist, an Paranoia leidet und in seinem Leben nicht wenige Leute umgebracht hat, betrachte ich die Drohung als absolut realistisch.«

»Der Blonde« ist ein deutscher Staatsbürger. Sein Name ist Wladimir Tews. Was sagt das BKA über diesen Tews? Stimmen die Angaben, die der FSB-Agent nach Moskau gemeldet hat? In einem Dokument des BKA (Az: 300 Ja 34579/97) ist im Zusammenhang mit einem Ermittlungsverfahren der Staatsanwaltschaft Bremen ein Waldemar Tews erwähnt. Das Dokument bezieht sich auf eine Information von Interpol Moskau, vom 5. Februar 1999: »Die Dienststelle zur Bekämpfung der Organisierten Kriminalität im Raum Nowosibirsk teilt über Interpol Moskau mit, dass nach den Ihnen vorliegenden Auskünften Tews Wladimir, ehemals wohnhaft in Nowosibirsk/Russland, derzeit mit seiner Ehefrau in Deutschland in der Nähe von Bonn wohnhaft ist. Er hat zwei Assistenten. Einen gewissen Sergeij, Meister in der Kampfsportart Karate, ehemals in der Republik Kasachstan. Vorliegenden Auskünften zufolge wird er in Kasachstan wegen Mordes gesucht. Und Laskovi V., ehemals Armeeangehöriger, nahm an militärischen Aktionen in Tschetschenien teil. Beide Personen sind an der illegalen Verschiebung von Fahrzeugen aus Deutschland über Kaliningrad nach Russland beteiligt. Tews Wladimir steht in Deutschland in enger Verbindung mit B. Mark, bei dem es sich in Russland um eine Persona non grata handelt. Er versuchte 1991 Waffen illegal nach Russland zu importieren. Tews unterhält enge Verbindungen zu Anführern und Mitgliedern von organisierten kriminellen Gruppierungen in Russland, wie z. B. mit V. Wjatscheslaw Iwankow (Japontschik, Klementiev, Klim). Darüber hinaus hat er Verbindungen zu organisierten kriminellen Gruppierungen in Westsibirien.« So weit die Erkenntnisse des BKA, die von Interpol in Moskau geliefert wurden.

Auch über den vom FSB-Agenten erwähnten Valerij Levin lagen dem BKA Erkenntnisse vor. »Valerij Levin, geboren am 18. Mai 1955, hat enge Kontakte zu Toinaz Gadzievich Pipia in Moskau, einem ›Dieb im Gesetz‹.«

Pipia ist in Europa bekannt, er sitzt mittlerweile im Rollstuhl, und das überwiegend in Belgien. Ob das mit dem »Dieb im Gesetz« zutrifft

– wer weiß das schon, selbst wenn die Information von Interpol Moskau stammt.

Der FSB-Agent wusste noch mehr über Wladimir Tews zu berichten. Dass er in Moskau in einer Wohnung war, in der auch eine Natalia Afanassjevna wohnt, die im Eisenbahnministerium arbeitet. Deren zweiter Sohn lebt in einer Wohnung des Blonden bei Osnabrück. Zusammen mit ihm wohnt Aliona M., Tochter des Verwaltungschefs in Komsomolsk am Amur. Natalia organisiert Devisentransfers aus Komsomolsk über Alionas Vater und über den Blonden nach Westen. Der Blonde soll in Moskau Sicherheitspersonal aus ehemaligen Mitarbeitern der Einheit »Alfa« um sich haben. »Jedoch wegen der komplizierten Lage um ihn herum wurde ihm vor einem Monat aus Andorra, wo er eine Wohnung hat, heimlich eine Waffe gebracht, von der die Sicherheitsleute nichts wissen. Es gibt die Vermutung, dass er in Moskau zusammen mit Marja Malyschewa lebt (Exfrau des bekannten Petersburger Kriminellen Malyschew), die auch vom Blonden schwanger ist.«

An seinen Führungsoffizier in Moskau lieferte der Agent auch weniger spektakuläre Fakten, etwa die Leistungsfähigkeit bestimmter Kaffeemaschinen und die aktuellen Fleischpreise. Oder er lässt einen Kontostand überprüfen und meldet nach Moskau: »Den Info-Service unter 018036731112 (Nummer der Dresdner Bank, d. Autor) anrufen. Sich mit meinem Namen vorstellen und die Geheimzahl nennen: 777113. Die Kontonummer nennen für Dollar und die für Mark. Man kann nach dem Firmennamen gefragt werden. Dann fragen, ob 60000 Dollar per Überweisung eingegangen sind.«

In einem weiteren Bericht bittet der FSB-Agent darum, dringend Maßnahmen zu treffen, damit der Blonde in Russland festgenommen wird. »Seine Rückkehr nach Deutschland bedeutet meine Liquidierung. Das Einzige, was mir dann bleibt, ist, mich an die deutsche Polizei mit der Bitte um Hilfe zu wenden, was ich wegen meiner Tätigkeit fürs Zentrum ungern machen möchte.« Das war am 10. März 1999.

Der Wunsch des Agenten, dass der Blonde in Moskau verhaftet werde, blieb unerfüllt. Am 18. Mai 1999 verfasste das Bundeskriminalamt ein Protokoll: »Befragung des ukrainischen Staatsangehörigen Dr. E. zu dessen nachrichtendienstlicher Tätigkeit.«

Demnach wurde der »Doktor« inzwischen in das Zeugenschutzprogramm aufgenommen. »Der Mann wird massiv von der Russen-Mafia bedroht und hat sich deswegen zunächst an das Landesamt für Verfassungsschutz Hamburg gewandt. Von dort ist er an die Polizei weitergeleitet worden.«

Seine Angaben führten jedenfalls dazu, dass bei einem Großeinsatz der GSG 9 fünf Personen verhaftet werden konnten. Und das wiederum hatte die Auswirkungen, über die auch »Bild« im August 2001 berichtete.

Vom Agenten zum Mafioso und umgekehrt

Der »Doktor« kann auf eine lange nachrichtendienstliche Karriere zurückschauen. Von 1990 bis 1993 arbeitete er für das KGB und in den Jahren 1997 bis 1998 für den FSB. Geboren ist er in der Ukraine. Im Alter von zwölf Jahren ging er mit seinen Eltern in die DDR. Seine Schulausbildung beendete er bei den sowjetischen Streitkräften. Danach studierte er in Lemberg in der Ukraine und promovierte an der Momonsov-Universität in Moskau. Die nächsten Stufen seiner wissenschaftlichen Karriere: wissenschaftlicher Mitarbeiter an der Biologischen Universität von Lemberg (Lviv). Als er dort gleichzeitig zum Parteisekretär aufstieg, wurde er von der örtlichen KGB-Stelle zur Mitarbeit aufgefordert. Nach einem Monat Bedenkzeit verpflichtete er sich dazu.

Er bekam den Deckname »Anders«, und seine Aufgabe war es fortan, Informationen über Wissenschaftler und deren Arbeitsergebnisse in Deutschland zu sammeln.

Noch 1988 flog er auftragsgemäß nach Berlin. An der Karl-Marx-Universität in Leipzig nahm er Kontakt zu Wissenschaftlern auf und lernte Professor Hans-Peter Kleber kennen. Der schlug ihm vor, einen Professor Wagner von der Universität Braunschweig anzurufen, was er auch tat. Und der, nicht wissend, dass der Kollege aus der Ukraine ein Agent war, lud ihn nach Braunschweig ein. In dem Bericht des BKA über den Fortgang der Geschichte steht: »Aus Moskau sei daraufhin der Befehl ergangen, ihm die Reise nach Braunschweig zu ermöglichen. Tatsächlich sei er im April oder Mai 1989 nach Braunschweig gefahren und habe bei Professor Wagner eine Vorlesung über seine wissenschaftliche Tätigkeit abgehalten. Auf Anraten Wagners habe er sich bei der Humboldt-Stiftung als Kandidat für ein Stipendium beworben. Im September 1989 sei er zum 60. Geburtstag des Professors erneut nach Braunschweig gefahren.«

Bei dieser Geburtstagsfeier, so erzählt er, sei nachts eine angetrunkene Frau mit der Bitte an ihn herangetreten, einen polnischen Brief zu übersetzen. Dieselbe Frau habe er am nächsten Tag in seinem Hotel gesehen. Das sei ihm verdächtig vorgekommen, und er habe deshalb angenommen, dass bundesdeutsche Dienste ihn überprüften.

Tatsächlich erhielt er ein Stipendium der Humboldt-Stiftung. »Die Stiftung selbst sei beim KGB aufklärungsmäßig nur zweite Kategorie gewesen. In erster Linie sei man am Fraunhofer-Institut interessiert gewesen. Später sei er nach Moskau beordert worden.«

Am 30. März 1990 flog er wieder nach Deutschland zurück, wo er bis Oktober 1991 als Stipendiat arbeitete. Eines Tages rief ihn der Zweite Sekretär der sowjetischen Botschaft an, der ihn eine Woche später besuchte. In einem abhörsicheren Raum wurde ihm gesagt, dass der Zweite Sekretär nun der für ihn zuständige Führungsoffizier sei. »Nikolai Morudenko hat mich in der Folgezeit damit beauftragt, an der Universität Braunschweig Spionage auf dem naturwissenschaftlichen Sektor zu betreiben. Ich habe, jeweils als Kopie oder als Original, folgende Dokumente beschafft und geliefert: Jahresberichte, Doktorarbeiten, Briefe und Dokumente aus Brüssel, die sich mit NATO-Projekten befassten, Ergebnisse weltweiter wissenschaftlicher Konferenzen. Außerdem habe ich über Mitarbeiter der Universität Braunschweig Personalakten erstellt, in denen insbesondere politische Ausrichtungen, Schwächen und Neigungen hervorgehoben wurden. Außerdem habe ich eine Kollektion von etwa 20 mikrobiologischen Stämmen geliefert, mit denen man industriell Polysaccharide herstellen kann. Für diese Lieferung erhielt ich als Sonderprämie einen Videorekorder.«

Er war also eine wichtige Quelle für den KGB, und weil er so perfekt gearbeitet hatte, wurde sein Führungsoffizier Morudenko zur Belohnung nach Moskau auf einen höher dotierten Posten versetzt.

Sein neuer Führungsoffizier war nun ein Wladimir Stepanow, der aus Moskau die schriftliche Weisung erhielt, ihn nicht mehr so oft einzusetzen, um ihn nicht zu gefährden.

Wladimir Stepanow erteilte ihm als Erstes den Auftrag, eine bestimmte Person anzuwerben. Im Vernehmungsprotokoll des BKA ist darüber zu lesen: »Bei dieser Person, die einen Doktortitel getragen hat, habe es sich um den Vizedirektor der ›Gesellschaft für Biotechnologische Forschung‹ (GBF) in Braunschweig-Marscherode gehandelt. Mit diesem Mann habe er sich auch getroffen, dann aber feststellen müssen, dass dieser für eine nachrichtendienstliche Tätigkeit aus seiner Sicht nicht geeignet war. Die Person habe damals eine Beziehung zu einer Brasilianerin unterhalten und sei auch sonst für Frauen sehr empfänglich gewesen. Er habe befürchtet, dass dieser Mann bei einem Anwerbeversuch die deutsche Seite informieren würde. So habe er diesen Auftrag nicht ausgeführt und Stepanow entsprechend berichtet.«

Nach dem Putschversuch im August 1991 in Moskau kehrte sein bisheriger Führungsoffizier nach Moskau zurück und verlies das KGB. Der »Doktor« wollte nun anscheinend die Seiten wechseln.

»Damals habe ich den deutschen Freund einer russischen Staatsangehörigen kennen gelernt. Bei diesem Freund handelte es sich um Hans-Dietrich H. aus Braunschweig, der Offizier und Pilot bei der Luftwaffe der Bundeswehr war. Er hat mir in angetrunkenem Zustand erklärt, entweder in Kiel oder Lübeck einen Marineoffizier festgenommen zu haben. Daraus habe ich geschlossen, dass er in Wirklichkeit dem Militärischen Abschirmdienst, MAD, angehört und habe mich dann ihm gegenüber als KGB-Mitarbeiter offenbart.«

Hans-Dietrich H., so steht es im BKA-Papier, »habe erklärt, dass das ›auf Grund seiner Verbindung zu Larissa ungünstig sei‹, und ihn, unter Aushändigung einer Telefonnummer, an den Verfassungsschutz Hannover verwiesen. Hans-Dieter H. habe noch erwähnt, er solle sich am besten nachts mit der Dienststelle in Verbindung setzen.«

Noch bevor er sich beim Verfassungsschutz melden konnte, rief ihn Wladimir Knjasev, der Dritte Sekretär der Botschaft in Bonn, an. Der erteilte ihm die Order, ein Frischhalteprodukt für Tomaten auf Kaliumpermanganat-Basis von einer englischen Firma zu beschaffen. Auch diesen etwas seltsamen Auftrag führte er brav aus. Dann wurde Knjasev im Mai 1993 nach Moskau versetzt. Zum Abschied sagte er dem »Doktor«, dass irgendwann jemand an ihn herantreten und im Gespräch »Konservenfabrik« sagen werde. Dann wisse er, dass es sich um einen KGB-Mitarbeiter handele und die Arbeit fortgesetzt werde.

Groß war die Entlohnung für seine Agententätigkeit nicht. »Ich habe lediglich Spesen und Auslagen wie Kopier- und Reisekosten erstattet bekommen. Die Summen lagen zwischen 300 und 400 Mark.«Pro Monat gab es ein Treffen mit seinem Agentenführer, das meistens in der Bonner Botschaft oder auf öffentlichen Plätzen im Großraum Düsseldorf stattfand. Das war stets vor dem 20. eines Monats, weil an diesem Tag immer eine Maschine mit Diplomatengepäck nach Moskau flog.

Er erzählt auch, dass es beim KGB für nachrichtendienstlich beschaffte Informationen eine Bewertungsskala gab mit den Noten von Eins bis Fünf. Fünf war die beste Note. Die von ihm gelieferten Unterlagen wurden durchweg mit den Noten Drei und Vier bewertet.

Im September 1993 traf er sich in Moskau privat mit seinen ehemaligen Führungsoffizieren. Der eine, Wladimir Stepanow, arbeitete mittlerweile für die Moskauer Vertretung der deutschen Firma Sanavita. Der andere, Vitalij Knjasev, als Elektronikspezialist in einem »Geheiminstitut«. Um welches Institut es sich handelte, hat er jedoch nicht erfahren.

Er selbst gründete im Juni 1994 eine Firma in Hamburg. Und über diese Firma, so erzählt er, »bin ich mit der Russen-Mafia in Verbindung gekommen«. Anfangs wollten die Gangster bei ihm nur Schutzgeld kassieren. Doch später – wie es üblich ist – verlangten sie, dass er über seine Geschäftskonten Gelder wäscht. Das tat er auch, und zwar eine Summe von insgesamt 800 000 Mark.

Dann wurde es ihm zu viel und er wandte sich im Mai 1997 an das russische Konsulat in Hamburg in der Hoffnung, dort »Hilfe gegen die Mafia zu bekommen«. Er wurde an den Sicherheitsdienst im Konsulat weitergeleitet, wobei er davon ausging, dass es KGB-Angehörige oder Mitarbeiter eines Nachfolgedienstes waren, denen er sich anvertraute. Er lag damit nicht falsch.

Im April 1999 informierte ihn sein ehemaliger Führungsoffizier Stepanow darüber, dass er tatsächlich an den FSB geraten sein dürfte. Denn der wollte etwas vom »Doktor«: »Man hat von mir verlangt, Informationen über die Geldkanäle der Mafia zu beschaffen und korrupte Personen festzustellen.« Eine ehrenvolle Aufgabe.

Was sollte er machen? Die FSB-Agenten in Hamburg hatten anscheinend Hinweise, dass »ein Boss der Russen-Mafia aus Deutschland in

Jürgen Roth

Spanien den Auftrag erhalten hatte, zehn verschiedene Stämme von gefährlichen Mikroorganismen und die dazugehörige Technologie zu beschaffen. Die Organismen würden die Krankheit Anthrax (Milzbrand) hervorrufen.«

Wer Auftraggeber gewesen sei, konnte oder wollte er nicht sagen. Aber er habe sich um die Angelegenheit gekümmert und sei dabei auf Wladimir Tews gestoßen. »Der hatte den in Hannover lebenden Karafizi, der zur Mafia gerechnet wird, mit der Durchführung der Beschaffung beauftragt. Bei beiden Personen handelt es sich um Aussiedler, die die deutsche Staatsangehörigkeit haben.«

Karafizi wiederum habe ihn dann beauftragt, die Mikroorganismen zu besorgen. Darüber informierte er den FSB in Hamburg. An Karafizi habe er eine Diskette übergeben, auf der Infos über sieben verschiedene Stämme sowie eine Beschreibung ihrer Eigenschaften in Latein gespeichert waren. Außerdem wurde ein Bauplan zur Herstellung einer Pilotanlage für die Produktion der Organismen beigefügt. »In einem Katalog einer französischen Firma mit Sitz in Deutschland war eine solche Anlage abgebildet. Der Katalog wurde einfach kopiert und mitgeliefert. Den Preis für die Ware hat Karafizi auf 27 Millionen US-Dollar festgelegt.«

Doch Karafizi gab das Millionengeschäft auf, nachdem ihm Tews mitgeteilt habe, dass inzwischen ein Spezialist aus Amerika gekommen sei. Und der habe gesagt, dass die Unterlagen »nicht für militärische Zwecke taugen«.

Wie war das mit der »Mafia«, die plötzlich bei ihm in seiner Hamburger Firma auftauchte und ihn dann erpresste?

»Das war ein Boris P., der mich erpresste und sagte, er wisse wo sich meine Eltern und meine Tochter in Lemberg aufhalten. Seine beiden Begleiter sagten außerdem, dass sie meine Eltern psychisch unter Druck setzen würden, wenn ich nicht zahle. Notfalls müssten meine Eltern ihre Wohnung verkaufen.«[76]

Dann bot ihm der bereits erwähnte Karafizi seine Hilfe an. Sie trafen sich an einer Tankstelle in Hannover. Boris P. sei mit zwanzig bewaffneten Begleitern erschienen. »Im Rahmen des Aufeinandertreffens wurde Karafizi bedroht, dass er selbst erschossen werde, wenn ich nicht in zwei Wochen 15 000 Mark zahle.«

Erneut kommt nun Tews, Spitzname »der Blonde«, ins Spiel. Das BKA notiert dazu eine Aussage von Zachary Karafizi.

»Nach Einschätzung von Karafizi handelt es sich bei Tews nicht um einen ›Dieb im Gesetz‹. Er hält sich an keinen Ehrenkodex und ist unberechenbar. Mir gegenüber behauptete er, er habe in einem Lager in Russland während seiner Inhaftierung etwa zehn Personen getötet. Nach seiner Freilassung habe er in Nowosibirsk Banken und Firmen ausgeraubt beziehungsweise erpresst. Auf die Frage, ob er konkrete Angaben zu Straftaten machen könne, in die Tews verwickelt war, antwortete er: ›Zum Beispiel hat mir Juri Sokolenko, ein ehemaliger Leibwächter von Tews, am 5. April 1999 in Moskau erklärt, dass ihm Tews erzählt habe, in Nowosibirsk an einem Handgranatenanschlag auf eine Richterin Zhabotinskaja beteiligt gewesen zu sein. Mittäter soll ein Eveni gewesen sein, der sich heute in Hannover aufhält und einen gefälschten polnischen Pass benutzt.« So weit die Protokolle des BKA, die sich auf die Aussagen von Karafizi stützen. Ob sie stimmten, konnten die BKA-Beamten nicht feststellen. Weder lagen ein Haftbefehl aus Russland gegen Tews vor noch Informationen, die die Anschuldigungen bestätigt hätten.

Unterdessen wurden die Geschäftsbeziehungen zwischen dem »Doktor« und Tews weiterausgebaut.

Der »Doktor« gab zu Protokoll: »Ich habe im September 1998 200 000 US-Dollar von Tews erhalten. Er überwies diesen Betrag von seinem Firmenkonto in Bremen auf das Konto meiner Firma in Hamburg. Er sagte mir nach Eingang des Geldes, dass es von kriminellen Gruppierungen aus Moskau stamme und nannte es Obtschak-Geld.«

Wenn diese Behauptung stimmt, würde das in der Tat darauf hinweisen, dass Tews mit kriminellen »Autoritäten« in Verbindung stand. Wie bereits erwähnt, wird das aus Straftaten gewonnene Geld auch dazu verwendet, inhaftierten Kriminellen in Russland Drogen, Prostituierte, Waffen und Alkohol zu verschaffen. Aber ist es überhaupt möglich, aus der Obtschak-Kasse ein Darlehen zu beziehen?

»Tews verfügt über eine gewisse Macht innerhalb der kriminellen russischen Gruppierungen und stellt eine Autorität in Moskau und in der sibirischen Region dar. Er kann deshalb einen ›Kreditantrag‹ auf das Obtschak-Geld stellen. Aus dieser Gemeinschaftskasse werden dann zinslose ›Darlehen‹ gewährt. Er steht persönlich für die Rückzahlung des Darlehens gerade.«

Ein solches Darlehen hatte also Tews erhalten, der das Geld dann an den »Doktor« überwies. Dafür sollte dieser pro Monat 23 000 Dollar

Zinsen in bar zahlen. Als jedoch seine Firma Konkurs anmelden musste, konnte er den Zahlungsverpflichtungen nicht mehr nachkommen.

»Es wurde mir von Tews mit dem Tod gedroht, wenn ich nicht den gesamten Betrag inklusive der angefallenen Zinsen und Zinseszinsen begleiche.«

Zuvor hatte er nach seinen eigenen Angaben von Tews bereits 490 000 Mark erhalten. Dabei habe es sich um Gelder des russischen Finanzministeriums gehandelt. »Dort hat ein hochrangiger Beamter namens Sergeij Pavlovic Ivanow mehr als eine Million US-Dollar aus Staatsgeldern unterschlagen. So weit mir Karafizi sagte, hatte Ivanow einen Bankkredit im Auftrag des Finanzministeriums dazu benutzt, um dieses Geld auf die Seite zu schaffen. Eine Million davon seien an Tews geflossen und der habe die 490 000 Mark auf das Konto seiner Firma überwiesen.«

Überprüfbar an dieser Aussage war, dass der erwähnte Sergej Ivanow in Luxemburg ein Konto bei der Robeco-Bank hatte, und zwar unter dem Firmennamen Flauvert Overseas Ltd., und dass die Polizei dort ein Ermittlungsverfahren wegen Fälschung von Bankunterlagen durchführte.

Bei einer späteren Vernehmung erzählte der »Doktor« mehr darüber, was mit dem Geld aus dunklen Kanälen in Deutschland geschah, und er bezog sich dabei auf Valerij Levin. »Da Valerij Levin befürchtete, dass das Geld im Rahmen von Ermittlungen der russischen Behörden entdeckt wurde, wollte er es nun in Sicherheit bringen. Dazu hat er mich gebeten, den Betrag über mein Firmenkonto in Hamburg zu transferieren. Im Anschluss sollte das Geld in eine Firma investiert werden.«

Levin wollte eine Kaseinanlage[77] in Deutschland kaufen. Der Gesamtpreis der kompletten Anlagen sollte sich auf etwa drei Millionen Dollar belaufen. »Damit konnte er sein Vermögen in Deutschland legalisieren und in seinem Verfügungsbereich halten. Das sollte sich alles in Ostdeutschland abspielen.«[78]

Wer ist dieser Valerij Levin, der auf Einladung des »Doktors« nach Deutschland kommen sollte, um Geld zu investieren?

»Levin ist einer der führenden Mitglieder der Solnzewskaja-Gruppe in Moskau und ist mit Michailow, Deckname ›Mikas‹, befreundet«, erzählte er den BKA-Beamten. »Levin ist den Ermittlungsbehörden in

Moskau tatsächlich bekannt. Nicht bekannt ist, ob er auch in Verbindung zur Solnzewskaja steht.

Über seinen ehemaligen Partner Karafizi sagte der »Doktor« aus, dass der einen »Igor« kenne, der bei einer Niederlassung des Telekommunikationsanbieters Otelo in Süddeutschland arbeite. Dieser Igor habe Zugang zu Telefonkarten, die an russische Aussiedler verkauft werden sollten, wobei hohe Gewinne anfallen würden.

Auch andere Geschäfte waren dubios. Zum Beispiel jenes, das im Zusammenhang mit der Expo 2000 in Hannover stand:

»Die kriminelle Gruppe in Hannover wusste, dass auch die GUS-Länder daran teilnehmen werden und dementsprechend Gelder fließen werden.« Karafizi habe ihn daraufhin mit einem gewissen Michael A. aus Hannover zusammengebracht. »Ich kenne nur seinen Bruder, Deckname ›Moijscha‹. Er hat einen direkten Draht zum Josef Kobson, Deckname ›Kep‹. Der hat sehr großen Einfluss innerhalb der russischen Politik und als Jude vertritt er die Interessen verschiedener jüdischer Gruppen.«

Über Josef Kobson heißt es in einem mir vorliegenden Bericht der israelischen Polizei aus dem Jahr 1996, dass er nicht nur in vielen Firmen als Präsident tätig sei, sondern auch Kontakte zu Kriminellen unterhalte: »Seit Beginn der neunziger Jahre wurde Kobsons Name immer häufiger in Verbindung mit der russischen Organisierten Kriminalität gebracht. Die israelische Polizei stellte Ende 1994 Verbindungen zur russischen Mafia her, als er sich mit Wladimir Belkin, Boris Birshtein und Shabtei Kalmanovich traf. Diese drei gehören zur Solnzewskaja-Organisation, die von Sergeij Michailow geführt wurde. Kobson hat großen Einfluss in verschiedenen kriminellen Organisationen und ist als Schlichter und Entscheidungsträger bekannt.«[79]

Doch zurück zu dem, was im Zusammenhang mit der Expo 2000 in Hannover geplant war. »In Russland findet der Präsidentschaftswahlkampf statt. Als Kandidat tritt auch der Bürgermeister von Moskau, Luschkow, an. Der Kobson ist ein enger Vertrauter und Freund von Luschkow und wegen seiner Popularität könnte er sehr hilfreich für die Wahlkampagne sein.«

Diese Information war richtig und allgemein bekannt.

»Die Expo 2000 sollte daher als Werbekampagne für die Präsidentenwahl in Russland dienen. Und entsprechend wichtig war es für Kobson und Luschkow zu erfahren, wer Ansprechpartner in Hannover ist und die Organisationsarbeit durchführen kann.« Aus seiner Sicht war ein gewisser Nikitin wichtig, der in Berlin als Vertreter der russischen Handelskammer registriert war und eine Vollmacht der russischen Regierung hatte, Verhandlungen mit der Expo 2000 in Hannover zu führen.

»Es ist zu vermuten, dass er für einen russischen Nachrichtendienst arbeitet. Deshalb hat sich Michael A. mit Nikitin in Berlin getroffen, um ihn darüber zu informieren, dass Luschkow ein gewisses Interesse an der Expo 2000 hat. Gesprochen wurde über den Betrag, den Russland als Teilnehmer an der Expo 2000 zahlen soll. Im Gespräch wurden Summen zwischen dreißig und sechzig Millionen Dollar genannt.«

Um an das Geld zu gelangen, sollte in Hannover ein Verein gegründet werden. Dabei, so der »Doktor«, sollte Tews, der bereits mit den zuständigen Leuten von Kobson in Moskau gesprochen habe, »jetzt die gesamte Kontrolle dieser Angelegenheit übernehmen«. Die Gelder aus Moskau sollten dann an verschiedene Firmen in Deutschland überwiesen werden. »Diese Beträge kämen aus der Staatskasse. Aber Teilbeträge davon sollten hier, gegen Belege für irgendwelche Service-Leistungen, für uns abgezweigt werden.«

Ganz nebenbei wurde in diesem Zusammenhang bekannt, dass der vom »Doktor« erwähnte Michael A. aus Hannover zwei junge Computerhacker aus Kassel kennen lernte. Die sollen damit geprahlt haben, in alle Computersysteme einbrechen zu können, und hätten das Michail A. gegenüber auch erfolgreich demonstriert. Sie filterten die Adressen von russischen Aussiedlern aus offiziellen Datenbanken, insgesamt 80 000 Adressen, und Michael A. habe dann diese Liste für vier Pfennige pro Adresse an einen Bekannten in Düsseldorf weiterverkauft, der eine russischsprachige Werbezeitung vertreibt.

Das Rotkäppchen und der Wolf

Irgendwie hatten die BKA-Beamten Feuer gefangen. Die Quelle schien nur so zu sprudeln, und nun galt es, Erkenntnisse, die dem BKA vorlagen, mit denen vom »Doktor« abzugleichen. Und so wollten sie wissen, was er über einen Wolfgang L. (Spitzname ›Wolf‹) sagen könne, der mit dem mehrmals erwähnten Zachary Karafizi zusammenarbeitete. Dem BKA war bekannt, dass Wolfgang L. in Günzburg wohnte, früher mal Fremdenlegionär war und als Spezialist für Sprengstoffe galt. Er war einmal wegen Zigarettenschmuggels verhaftet worden. Der »Doktor« gab zu Protokoll: »Ich weiß, dass er früher als Lkw-Fahrer bei einer Spedition gearbeitet und Zigaretten zwischen Holland, den baltischen Republiken, Deutschland und Italien geschmuggelt hat. Ein gewisses ›Rotkäppchen‹ aus Italien hat ihn verraten, woraufhin er festgenommen wurde.«

Und deshalb habe Wolf etwas vom »Doktor« gewollt: »Ich sollte jemanden finden, der in der Schweiz, in einem Ort nahe der italienischen Grenze, das Rotkäppchen aufsucht und erpresst.«

Dieses Rotkäppchen war der ehemalige Boss von Wolf. »Er ist Italiener, dem ein Finger an der Hand fehlt, und er steht in Italien auf der Fahndungsliste. Er hat Wolf damals verraten und schuldete ihm noch 400 000 Mark. Rotkäppchen sollte von den Russen um diese Summe erpresst werden, die dann an Wolf übergeben werden sollte, wobei die Erpresser die Hälfte des Betrages als Lohn erhalten sollten.«

Die Bitte leitete der »Doktor« an Karafizi weiter. »Im April 1999 war ich wieder in Bayern. Wolf hat mir erzählt, dass seine Telefonate überprüft wurden. Diesbezüglich war auch ein Polizeibeamter bei ihm. Es handelte sich um den Chef eines Dezernates, welches sich mit Zigarettenschmuggel beschäftigt. Dieser wollte nähere Informationen zu der Zigarettengeschichte bekommen. Das Rotkäppchen wurde 1998 in der Schweiz verhaftet.«

Karafizi sei dann mit Wolf nach Hamburg gefahren. Dort sollte beim Zoll jemand gefunden werden, der die nötigen Papiere für die Einfuhr von »Toilettenpapier« aus den baltischen Republiken ausstellt und dafür 6000 Mark pro Lkw-Lieferung bekommt. »In Wirklichkeit ging es um Zigaretten. Da mir klar war, dass es hier um Zigarettenschmuggel geht, habe ich sofort gesagt, dass ich mich daran nicht beteiligen werde. Trotz allem bin ich für Wolf eine wichtige Person im russischen Milieu geblieben.«

Anschließend wurde für diesen Wolf eine Reise nach Moskau organisiert, »zu Leuten von der Solnzewskaja. Dies geschah durch die Firma Reisen in Hamburg. Durch eine Frau dort, die enge Kontakte zum russischen Konsulat in Hamburg hatte, erhielt Wolf M. ein Visum für Russland.«

In Moskau traf er sich mit einem Anatolij (Rufname Tolik), einem der letzten Überlebenden einer Nebenorganisation der Solnzewskaja, über die der »Doktor« zu Recht sagt, sie sei die stärkste Mafia-Organisation in Russland. »Der Boss dieser Nebenorganisation, mit dem Decknamen »Lawusik«, hat zusammen mit Tews in Moskau Geschäfte gemacht und war auch bei ihm in Spanien. Lawusik sowie fünf seiner Leute wurden aus für mich unerfindlichen Gründen ermordet. Nach Lawusiks Ermordung sind nur zwei Leute übrig geblieben: Tolik und Igor Siwun, der Leibwächter von Lawusik.«

Im Herbst 1996 war Siwun nach Hannover gekommen, weil er Angst um sein Leben hatte. »Tews hat sich mit ihm in Deutschland getroffen. Die Beziehung zwischen den beiden sei jedoch gespannt geblieben, da Siwun bis heute der Meinung ist, dass er mit der Ermordung von Lawusik zu tun hat. Er hat mir gegenüber erwähnt, dass er im Jahr 1997 von Wolf Waffen gekauft hat, die er später bei Karafizi gelassen hat. Siwun hat diese Waffen mit dem Zug nach Hannover transportiert. Das Waffenlager von Wolf sollte in einem Waldversteck sein. Ob er dabei C4-Sprengstoff gekauft hat, ist mir unbekannt. Auf jeden Fall war Siwun im April 1997 bei mir in Hamburg und zwar mit einer Kalaschnikow AKM 47. Er hatte die Aufgabe, die Mitglieder der Sascha-Hohol-Samarskij-Bande zu eliminieren, da diese ihn beleidigt hatten.«

Inzwischen waren die Verhandlungen Wolfs mit dem Mafioso Tolik über das Zigarettengeschäft erfolgreich abgeschlossen, zustande kam es trotzdem nicht. Eine Woche nach Wolfs Rückkehr aus Moskau wurde Tolik dort ermordet. Der »Doktor«: »Ich kann hier anmerken, dass Tolik, bevor er ermordet wurde, ein offizielles Geschäft durchgeführt hat, Würstchenimport aus Bayern mit einer renommierten Firma.«

Nach dem geplatzten Zigarettengeschäft flog Wolf nach Kolumbien zu seinem Kumpel aus der Legionärszeit, einem gewissen Erik V., der in Bogotá lebt. »Erik V. betreibt ein Bodyguard-Unternehmen und hat Verbindungen zur kolumbianischen Polizei und der dortigen Mafia.«

Das Ziel der Reise, bestätigte ein anderer Zeuge, war der Aufbau einer Kokainroute. »Es war geplant, dafür mich und meine Firma zu benutzen. Da ich streng gegen alles bin, was mit Drogen zu tun hat, wurde zunächst geplant, ein legales Geschäft aufzubauen. Entsprechende Programme hatte Wolf aus Kolumbien mitgebracht. Außer

Im- und Exportgeschäften wurde ein Abenteuerprogramm für reiche Russen vorbereitet.«

In diesem Zusammenhang wurde darüber gesprochen, dass Valerij Levin und der »Doktor« nach Bogotá fliegen und neben dem »Abenteuerprogramm« noch den Export von Aquariumfischen aus den Amazonasregionen über Hamburg nach Moskau organisieren sollten. »Dieses Programm wurde später im April 1999 von den Mafia-Bossen in Moskau mit Begeisterung aufgenommen.« Ob es jemals zustande kam, ist nicht bekannt. Sowohl der häufig erwähnte Wladimir Tews wie Zachary Karafizi sind inzwischen zu hohen Gefängnisstrafen verurteilt worden. Wladimir Tews darf damit rechnen, in nächster Zeit wieder entlassen zu werden. Möglicherweise droht ihm aber ein weiteres Verfahren wegen Mitgliedschaft in einer kriminellen Vereinigung. Wenn die vom BKA gesammelten Erkenntnisse zutreffen, wäre das eigentlich zu erwarten.

Der Innenminister und die Ukraine

Die im Vorwort erwähnte Gruppe von Boris P. soll in und um Magdeburg aktiv gewesen sein. Und erneut fällt der Name Tews. Er habe demnach Kontakt, berichtet der »Doktor« dem BKA, auch zu einem Moskauer »Dieb im Gesetz« mit dem Spitznamen »Grom« (Donner). Und der habe sich bei Boris P. versteckt. Die Tätigkeiten dieser Gruppe, behauptete er, seien »Prostitution, das Disco-Geschäft, Bodybuilding-Studios, Erpressung und Waffenhandel, wobei die Mitglieder seiner Gruppe häufig aus der Region Odessa und Kiew« kämen.

Boris P. soll nach dieser Aussage bereits 1992 beste Verbindungen auch in die Ukraine gehabt haben, und zwar zu dem Geschäftsführer einer ukrainischen Firma, die eine staatliche Lizenz für den Waffenhandel besaß. Pate dieser Firma sei der ehemalige Innenminister der Ukraine, General Andrij Wasilyschin, gewesen. Angehörige dieser Firma hätten Kontakt zu dem damaligen Innenminister von Sachsen-Anhalt, Hartmut Perschau, aufgebaut. In dieser Zeit sei Boris P. als Kassierer für General Wasilyschin tätig gewesen.

Das BKA gibt die Aussage des »Doktors« so wieder: »Nach dem Gespräch seien durch die ukrainische Firma Waffen und Munition für die ukrainische Polizei geliefert worden.« Teile der Ladungen seien später durch die Geschäftsstellen des Unternehmens privat verkauft worden. Die Firma sei auch im Besitz eines eigenen Flugzeugs (TU-154) gewesen, und P. habe mehrmals Picknicks für General Wasilyschin zusammen mit Mafia-Leuten organisiert. Im Fotoalbum von P. könne man sogar Bilder von Herrn Perschau mit Mitgliedern der Firma, verschiedenen Polizei- und Militärbossen sowie mehreren Mafiosi finden. So weit seine Aussagen gegenüber dem BKA. Bestätigt wurden sie von Zachary Karafizi, was aber noch nicht heißt, dass sie der Wahrheit entsprechen.

Meine schriftliche Nachfrage[80] bei Hartmut Perschau – inzwischen Senator für Finanzen und Bürgermeister der Großen Koalition in Bremen –, ob er sich jemals mit diesem ukrainischen General getroffen habe, ob der Kontakt über Boris P. hergestellt wurde und ob Ausrüstungen für die ukrainische Polizei geliefert wurden beziehungsweise ob ihm die erwähnte ukrainische Firma ein Begriff sei, ließ er durch Stefan Luft, seinen Pressesprecher, beantworten. »Wie bereits am Telefon dargelegt, teile ich Ihnen auf Ihre Anfrage mit, dass Herr Bürgermeister Perschau in seiner damaligen Funktion als Innenminister des Landes Sachsen-Anhalt dem Innenminister der Ukraine einen Besuch abgestattet hat. Dieser Besuch fand im Rahmen einer Partnerschaft statt. Für weitere Informationen, was Gesprächspartner etc. angeht, wenden Sie sich bitte an das Innenministerium des Landes Sachsen-Anhalt.«

Im Innenministerium Sachsen-Anhalts verwies man mich an den damaligen Pressesprecher von Hartmut Perschau. Und der bestätigte mir, dass Boris P. tatsächlich als Dolmetscher für das Ministerium gearbeitet hatte. Er habe ihn als unterhaltsamen und witzigen Zeitgenossen kennen gelernt. »Er hatte damals Firmen, die Im- und Export betrieben.« Und er wusste auch, dass Boris P. schon sehr lange mit den »hiesigen russischen Standorten zu tun hatte«.

Nach seinen Worten seien jedoch nie irgendwelche Waffen geliefert worden, sondern zwölf Lkws aus Beständen der damaligen Volkspolizei und dann noch Unterwäsche.

Aus der Ukraine erhielt ich von einem mit dem Münchner Landeskriminalamt zusammenarbeitenden Privatdetektiv die folgende Auskunft, nachdem ich ihm die Aussagen des »Doktors« zugeschickt hatte: »Diese Informationen kann ich voll bestätigen. Es gab beziehungsweise gibt immer noch die erwähnten Personen, die Firma und alles, was ausgesagt wurde. Auch das Top-Verhältnis Wasilyschin und Perschau trifft voll zu. Ich war selbst bei einem Treffen der beiden in Kiew anwesend. Das war während eines Kohl-Besuches in der Ukraine. Perschau hat unter anderem dem ukrainischen Innenministerium große Lkw-Ladungen einschließlich der Lkws aus dem Bestand der Volkspolizei ›geschenkt‹. Diese Lkws wurden hier später jedoch nicht beim Innenministerium eingesetzt, sondern wurden unter sich aufgeteilt beziehungsweise als Jagdwagen verkauft. Ich hatte damals nach Bonn und an die Deutsche Botschaft berichtet, dass sich Perschau mit der Mafia einlässt. Aber man hörte nicht auf mich. Im Gegenteil. Die Deutsche Botschaft hat sogar meinen deutschen Pass eingezogen.«

Der ehemalige Pressesprecher von Perschau, dem ich diese Aussage vorlas, bestritt die Darstellung, rückte sie in den Bereich der Verleumdung und sagte nur: »Natürlich wussten wir von den schwierigen Strukturen dort.«

Boris P. schließlich kommentierte die Vorwürfe, nachdem ich ihm ebenfalls die Aussagen der Zeugen vorgelesen hatte: »Ich habe damals als Dolmetscher zwischen Perschau und dem ukrainischen Innenminister gearbeitet. In die Ukraine wurden lediglich alte Kleider geliefert. Alles andere ist Quatsch.«

Das träfe auch für die Behauptung zu, er sei Kopf einer kriminellen Organisation oder habe mit der Mafia zu tun gehabt. Den »Doktor« habe er 1991 in Braunschweig kennen gelernt, wo er als Verkäufer gearbeitet habe. Danach habe er ihn »noch ein einziges Mal getroffen. Und Karafizi kenne ich überhaupt nicht. Außerdem bin ich niemals von der Polizei vernommen worden.«

Der von ihm erwähnte Karafizi wiederum behauptet, dass er Boris P. gut kennen würde. »Wenn Boris behauptet, dass er mich nicht kennt, sagen Sie ihm, dass ich Sascha aus Wolfsburg bin, für den er in Magdeburg ein paar Autos verzollt hat. Und ich bin der Sascha, bei dem sein Freund, der ›Doktor‹, gearbeitet hat. Ich denke, es wird sein Gedächtnis auffrischen.«

Jürgen Roth

Die Berliner Szene

»Stiehlt einer ein Geldstück, dann hängt man ihn. Wer öffentliche Gelder unterschlägt, wer durch Monopole, Wucher und tausenderlei Machenschaften und Betrügereien noch so viel zusammenstiehlt, wird unter die vornehmen Leute gerechnet.«
Erasmus von Rotterdam, *Humanist und Universalgelehrter,*
1466–1532

Einmal im Jahr wird in Berlin der Zarenball zelebriert, ein rauschendes Fest. Der Eintritt ist nicht billig. Gegen 250 Euro pro Person (enthalten sind Kaviar, ein Menü und mehrere Wein- und Wodkaflaschen pro Tisch) trifft sich die russische Elite Berlins mit ihren deutschen Freunden, um in Erinnerungen zu schwelgen und für die Zukunft zu planen. Wie schon der Zarenball 2002 unter dem Motto »Katharina die Große«, als Ölmagnaten, Banker und Juweliere sogar aus dem fernen Russland nach Berlin jetteten, war auch der Zarenball 2003 ein gesellschaftliches Ereignis für die betuchten Berliner Russen. Diesmal stand der Ball unter dem Motto »Zar Alexander I.«. Er diente zugleich als Auftaktveranstaltung des »Russlandjahres in Deutschland«, das von Präsident Putin und Bundeskanzler Schröder initiiert wurde, um die Beziehungen zwischen beiden Völkern zu intensivieren.

In der Presseinformation für den pompösen Ball im ebenso pompösen Hotel Adlon schreiben die Veranstalter: »Mit höfischer Pracht, livriertem Service-Personal und einem perfekt durchinszenierten Programm lässt die festliche Ballgala Glanz und Hochkultur des Zarenhofes wieder aufleben.« Natürlich diente das Gelage mit Kaviar, Lachs, Wodka und Kognak einem guten Zweck – der Förderung musisch hochbegabter, aber mitteloser Kinder aus Russland. Zu den Kuratoren gehörten der Putin-Biograf Alexander Rahr und der High-Society-Friseur Udo Walz. Für Beamte des LKA Berlin, die sich seit Jahren mit der so genannten Russen-Mafia beschäftigen, wäre der Zarenball vermutlich eine Fundgrube für weitere Ermittlungen gewesen. Aber 250 Euro – das gibt die Staatskasse nicht her. Getroffen hätten sie zum Beispiel einen alten Bekannten, gegen den sie nicht ermitteln durften – einen Zahnarzt vom Kurfürstendamm, der nicht nur Zähne zieht, sondern mit Waffen und Waffensystemen handelt, die bei ihm bestellt werden können.

Oder vielleicht hätten sie sogar Alexander Malyschew treffen können, der, nach seiner Heirat mit einer Südamerikanerin, inzwischen
deren Namen angenommen hat. Alexander Malyschew war Anfang
der neunziger Jahre in St. Petersburg Führer eines der machtvollsten
kriminellen Syndikate, der Malyshevskaya.[81] Erreicht hatte er das dadurch, dass er verschiedene kleinere Gruppen und Brigaden zum
Malyshevskaya-Imperium zusammenfasste. Danach genügte es schon,
seinen Namen bei den künftigen »Kunden« auszusprechen, und die
zahlten bedingungslos Schutzgeld.[82] Der St. Petersburger Journalist
Andrei Konstantinow erzählte mir in St. Petersburg geradezu begeistert, welch kluger Kopf Malyschew einst war. »Er war wirklich ein
Godfather und hatte als genialer Manager eine interessante Organisation aufgebaut. Sein Name war so populär wie kaum ein anderer. Er
hat seine Anteile im städtischen Bereich von Öl bis zu Immobilien
behalten, obwohl er heute in Spanien lebt.« Auch wenn er häufig in
Spanien lebt, polizeilich gemeldet ist er in Berlin.

Die »Welt« schrieb übrigens über den Zarenball 2003 in einem Vorbe-
richt: »Der Russe als solcher lässt es ja gern krachen. Das lehrt nicht
nur die Geschichte, nein, auch in Charlottenburg vulgo Charlotten-
grad pumpt die in Versace gehüllte Mafia gerne die Medusenköpfe mit
Blei voll oder legt sich ein Bömbchen in die Mercedes-S-Klasse.«[83]
Freche Satire oder auch ein Körnchen Wahrheit?
Die genaue Anzahl der in Berlin lebenden Russen ist nicht bekannt.
Um die 30 000 dürften es offiziell sein. Dabei sind die so genannten
Wolga-Deutschen, die Aus- und Umsiedler, die russischen Staaten-
losen oder die russisch gebürtigen Israeli und Griechen noch nicht
einmal berücksichtigt. Genauso wenig wie die illegal in Berlin lebenden Bürger aus der Ex-UdSSR.
Lebten 1917 etwa 300 000 Russen in Berlin, dürften es heute zusammengenommen mindestens 100 000 sein. Die Stadt beherbergt
eine Vielzahl von russischen kulturellen Einrichtungen, Restaurants,
Hotels. Viele Betriebe und ganze Wirtschaftszweige sind in den Händen von Russen oder leben von russischen Käufern. Deutsche Nobel-
geschäfte haben russisch sprechendes Personal. Zehn der zwölf in
Deutschland vertretenen russischen Banken unterhalten Dependancen
in Berlin. Unter diesen »Businessmen« sind viele, die Ende der achtziger, Anfang der neunziger Jahre mit Betrugs- und Schmuggelgeschäf-

ten insbesondere mit den sowjetischen Streitkräften und der Sowjetunion ihre ersten Millionen kassierten. In einem Bericht des KGB aus dem Jahr 1991 wird die Situation so beschrieben: »Vor allem Bürger jüdischer Religion siedelten sich in Berlin und Düsseldorf als Geschäftsleute an. Anliegen vieler zu dieser Gruppierung zählenden Spekulanten und Geschäftsleute war es, den akut defizitären Markt der UdSSR mit hochwertigen Industriegütern, Textilprodukten, Konsumelektronik sowie anderen Konsumgütern zu bedienen und dabei mit spekulativen Preisen und Manipulationen enorme finanzielle Erlöse zu erzielen. Umgekehrt realisierten sie auf illegalem Weg (Schmuggel) die Ausfuhr von Ikonen, Bildern und wertvollen Büchern.«

Sie konnten das Geld gar nicht so schnell wegschaffen, wie sie es verdient hatten. Sie schlossen Scheingeschäfte über die – nur fiktive – Ausfuhr von Alkohol, Diesel, Benzin und Zigaretten ab oder handelten mit minderwertigen Waren zu überteuerten Preisen. Zum Beispiel verkauften sie den Militärs Unterwäsche im Wert von etwa fünf Mark zum Preis von fünfzig Mark oder Eier mit abgelaufenem Verfalldatum zum Preis von 32 Pfennig je Ei. Die Differenz wurde zwischen den Abzockern und den Offizieren geteilt. Fast alle, die an diesen mehr oder weniger kriminellen Geschäften beteiligt waren, lebten bereits seit den achtziger Jahren in Berlin. Ihre Geschäftsfelder waren häufig der Ikonenhandel (in Verbindung mit Schmuggel durch Diplomaten oder Diplomatenkinder, die in der Sowjetunion studierten), der Handel mit Juwelen oder mit Antiquitäten.

Dann kam hinzu, dass die UdSSR 1989 lediglich jüdischen Bürgern erlaubte, in großer Anzahl auszureisen. Viele russische Staatsbürger behaupteten auf einmal, sie seien Juden oder hätten jüdische Verwandte, um dem zusammenbrechenden kommunistischen Gulag zu entkommen. Was durchaus verständlich war. Aber zahlreiche Kriminelle täuschten eine »jüdische Verbindung« vor, indem sie gefälschte Dokumente kauften oder die Namen toter Juden annahmen. »Anderen wurde erlaubt, die UdSSR zu verlassen, wobei der KGB mit der gleichen Systematik vorging wie Fidel Castro beim Export von Kriminellen aus seinem Land.«[84] In Berlin und anderswo wurden sie mit offenen Armen aufgenommen. Nicht zu vergessen ist die unrühmliche Rolle der Westgruppe der sowjetischen Streitkräfte. Bereits Ende der achtziger Jahre waren sie ein wichtiges Zentrum für den illegalen Verkauf von Waffen. Es wurde alles geschmuggelt, was möglich war, mit

Hilfe von »Unternehmern« aus Berlin. Und so entstand eine mächtige kriminelle Infrastruktur in und außerhalb der sowjetischen Garnisonen. Mitverantwortlich dafür waren führende Offiziere der Sowjetarmee und insbesondere Mathvey Burlakow, der sowjetische Oberbefehlshaber der Westgruppe. Sein durch Schmuggel und Korruption in Deutschland erworbenes Vermögen verschob er, gerade mal ein Jahr in Ostdeutschland tätig, bereits 1992 auf Schweizer Banken. Das zumindest meldeten Agenten des BND vor Ort der Zentrale in Pullach. »Doch die Bürokraten«, so beklagten sich die kundigen BND-Agenten, »hatten für unsere Top-Informationen überhaupt kein Interesse. Ihnen waren diese Angaben zu heikel, störten sie doch den geregelten Abzug der sowjetischen Streitkräfte aus Ostdeutschland.«

Burlakow wurde später stellvertretender Verteidigungsminister in Russland. Als er 1994 im Zusammenhang mit der Ermordung des Moskauer Journalisten Dimitrij Kholodow als Mitverantwortlicher für das Attentat genannt wurde, musste ihn Boris Jelzin entlassen. Kholodow hatte eine Aufsehen erregende Artikelserie über Korruption in der Westgruppe veröffentlicht. Er schrieb unter anderem: »Unsere Armee ist mehr mit lateinamerikanischen Drogenkartellen zu vergleichen als mit einer funktionierenden Armee. Eine finanzielle Mafia existiert, die Millionen aus dem Militärbudget in private Kanäle umleitet. Wo sie auch mit dem Finger hinzeigen, überall stoßen sie auf Lügen, Heuchelei und Betrug in unserer höchsten militärischen Führung.«

Nach dem Zerfall der Sowjetmacht eilten als Nächstes die »Geschäftspartner« aus der ehemaligen UdSSR nach Berlin. Männer aus der Schattenwelt des Kommunismus, die den Zauber des Kapitalismus kennen lernen wollten. Sie erkannten blitzartig, dass sie in der Vergangenheit von ihren Partnern in Berlin erheblich übervorteilt worden waren. Wegen der Nachforderungen an die Alteingesessenen in Berlin, die nicht oder nur teilweise beglichen wurden, kam es dann zu Strafmaßnahmen bis hin zu schwersten Verstümmelungen und zu Morden.

Das war Anfang der neunziger Jahre. Bereits nach den ersten Drohungen – »Wie geht es der Familie und den Kindern?« (mit Nennung der Namen und Anschriften) – wurde in einigen Fällen bereits eine Einigung erzielt. In anderen Fällen ging es bis zur Hinrichtung und zur Zurschaustellung der Leichen mit abgeschnittenen Hoden.

Danach war klar, dass die Exilrussen nur noch zweite Wahl waren. Inzwischen hatten nämlich auch die kriminellen Gruppen aus der Ex-UdSSR mitbekommen, wie prächtig es sich in Berlin leben lässt.

Das hatte Konsequenzen. Witaly Sidorowitsch Kurus, 1991 Oberst der Streitkräfte der ehemaligen Sowjetunion, warnte bereits damals: »Deutschland ist nicht auf unsere Verbrecher vorbereitet. Es wird eine schwarze Flut kommen, von der bis jetzt erst die Vorhut da ist. Für die Gangster hier ist das ein Eldorado.«[85]

Und die Situation heute? Der »Tagesspiegel« schreibt: »Wenn es darum geht, wie die russische Mafia arbeitet, dann greifen die Ermittler für Organisierte Kriminalität gerne zu einem Vergleich aus dem Sport zurück. Die Russen-Mafia habe eine Oberliga, ein Mittelfeld und eine Unterliga. Doch trotz der vielfältigen kriminellen Aktivitäten sind sich die Ermittler sicher: ›Die Stadt wird nicht von der Russen-Mafia beherrscht.‹ Es gibt keinen russischen Paten in Berlin.«[86]

Kann man das wirklich so behaupten?

Ein profunder Kenner der russischen OK-Szene in Berlin ist der LKA-Beamte Nils Heinemann. In einem Vortrag führte er aus: »In Berlin sind nach meiner Meinung alle großen Strukturen der kriminellen Organisationen, aber nur wenige ›Diebe im Gesetz‹ vertreten.« Und die agieren geradezu bewundernswert umsichtig. »So wurde bei den in Berlin bekannten kriminellen Autoritäten und ›Dieben im Gesetz‹ mehrfach festgestellt, dass sie für ihre Fahrten von ihrer Wohnung in ihre Büros nie dieselbe Wegstrecke benutzen. Sie werden durch Bodyguards und oft durch Begleitfahrzeuge geschützt. Wir beobachteten, dass durch Begleitfahrzeuge ›Schleusen‹ aufgebaut und ihnen über Handy verfolgende Fahrzeuge mitgeteilt wurden«, erzählt ein Beamter.

So konnten die Ermittler mithören, wie einem »Dieb im Gesetz« die Kennzeichen und Fahrzeugtypen eines Mobilen Einsatzkommandos durchgegeben wurden und er bei einer zweiten »Schleuse« gezielt vor den Observationsfahrzeugen gewarnt wurde.

Besonders dreist fanden die Beamten das Verhalten der Gangster, als sie ein einschlägig bekanntes russisches Restaurant auf dem Kurfürstendamm zu observieren versuchten. Dazu hatten die Fahnder ein mobiles WC-Häuschen aufgestellt, das mit Video- und Funktechnik ausgestattet war. Doch dann kamen die Bodyguards der Bosse aus dem Restaurant und verklebten einfach mit Klebeband und Papier alle Öffnungen. Verbittert notierten die Beamten: »Die Stelle war langfristig und bestens vorbereitet worden und eine Polizeiobservation konnte eigentlich nicht vermutet werden.«

Entgegen offiziellen Bekundungen halten sich in Berlin heute viele einflussreiche kriminelle Organisationen aus Osteuropa auf, vertreten entweder durch Stellvertreter der Bosse in Moskau, St. Petersburg, Baku, Tiflis oder Kiew oder durch eigene Bandenmitglieder.

Zu letzteren zählt die Organisation Choroschevskaja (die Gute) mit enger Verbindung zur Solnzewskaja, einem der mächtigsten russischen Syndikate. In Moskau und St. Petersburg gilt die Choroschevskaja als zuständig für »harte Sachen«. In Berlin haben zwei ihrer Mitglieder ihren Stützpunkt. Andere Banden können sich, wie praktisch, bei ihnen Personal für Gewaltandrohung, Entführung oder Mord ausleihen.

Bedeutender sind die Syndikate aus St. Petersburg, die mit den Litauer Brigaden zusammenarbeiten. Das LKA Berlin schrieb in einer internen Studie dazu: »Dieser Zusammenschluss von russischen Kriminellen dürfte vermutlich ein spezielles Berliner Phänomen sein und konnte hier erstmalig beobachtet werden. Mitte 1996 wurde durch Observationen festgestellt, dass Personen, die der OK aus St. Petersburg und Moskau zuzurechnen waren, hier zusammen auftraten.«

Die Litauer Brigaden hatten sich in den achtziger Jahren aus Jugendbanden gebildet und sich dann im Laufe der Jahre weiterentwickelt. Nach anfangs diskreten Straftaten wie Schutzgelderpressung, Schmuggel, Devisenhandel mit Ausländern und Bestechung gingen sie über zu Taten wie Menschenraub und Mord. Zweifellos verfügen sie heute über beste Strukturen und Verbindungen zu staatlichen Projekten. In Berlin haben sie sich mit anderen Bandenmitgliedern aus Moskau und St. Petersburg zusammengeschlossen. Zum Beispiel, um den Drogenhandel von Südamerika nach Berlin zu organisieren.

Bei ihrer Kommunikation untereinander benutzen sie in aller Regel nur Kürzel und Andeutungen, damit die Strafverfolgungsbehörden ihnen nichts nachweisen können. Kokain war »Schweinkram«. »Schweinkram« sollte zum Beispiel Mitte 1997 von Ekuador nach Deutschland transportiert werden – mit einem Container der Firma

Ekuador Transit über Panama, USA, England, Rotterdam nach Bremerhaven. Es handelte sich dabei um einen zur Verschrottung gemeldeten Container, der nicht registriert war, so dass kein Eigentümer zu ermitteln war. Aber immerhin konnte am Container ein Peilsender angebracht werden. Dann, spät am Abend, fuhr ein Tieflader aus Litauen in Bremerhaven vor und lud den Container auf. Pech für die Ermittler war, dass der Peilsender beim Verladen zufällig so abgeschirmt wurde, dass nur noch ein schwaches Signal empfangen werden konnte. Während der gesamten Fahrt nach Berlin observierten nicht nur Polizisten den Lkw, sondern auch Mitglieder der Berliner Organisation mit diversen Wagen der S-Klasse.

Kurz vor Berlin parkte der Lkw auf einen Rastplatz, und der litauische Fahrer legte sich schlafen. Am nächsten Morgen fuhr der Lkw weiter, drehte dann aber unerwartet um, nachdem der Fahrer per Handy einen entsprechenden Befehl erhalten hatte. Mehrere Stunden lang suchte die Polizei vergeblich nach dem Container mit dem Kokain. Hinzu kam dann noch, dass ein Einsatzkommando wegen einer Fehlpeilung ein falsches Firmengelände stürmte. Als die Polizei endlich am eigentlichen Tatort ankam, verließ ein dunkler BMW mit mehreren Personen den Ladeplatz, andere flüchteten in den angrenzenden Wald.

Die Polizei meldete anschließend lapidar: »Der BMW wurde nicht mehr aufgefunden, die geflüchteten Personen wurden später in Berlin unter ihren Anschriften festgenommen.«

Die Drogenhunde schlugen zwar an, als sie an den Kartons und im Container herumschnüffelten. Aber die Beamten fanden nur billige Bügelbretter, Papierkörbe, Kinderfahrräder und T-Shirts im Wert von knapp 850 Euro. »Allein die Transportkosten lagen aber bei mindestens zwanzigtausend US-Dollar. Auf dem Gelände, auf dem der Lkw mit dem Container gefunden wurde, konnten fünf Fahrzeuge ohne Eigentümer/Berechtigten und etwa 500 000 illegal eingeführte Zigaretten beschlagnahmt werden«, schrieben die Beamten in ihr Protokoll. Bis heute konnte nicht geklärt werden, was und in welcher Menge im Container geschmuggelt wurde.

In einem abgehörten Gespräch, dass ein Verdächtiger auf der Flucht in den Wald mit seinem Bandenchef führte, fragte dieser, ob der »Schweinkram unter die Mauer gebracht werden konnte«. Damit war gemeint, ob alles beiseite geschafft werden konnte. Die Antwort lautete: »Ja!« Daraufhin kam das Lob: »Ihr seid gute Jungs.«

Gestützt werden die Litauer Brigaden in Berlin von A. R., einem »Dieb im Gesetz«, gegen den das BKA zwei Jahre lang ermittelte, dessen Telefone es überwachte, den es Tag und Nacht observierte, bis es schließlich entnervt aufgab. Durch A. R. soll eine enge wirtschaftliche Verbindung von Moskau nach Berlin, in die Niederlande und die Türkei bestehen.

Ein weiteres Syndikat heißt Luganskaja. Deren Mitglieder fielen in Berlin erstmals im Oktober 1998 auf. Nach Erkenntnissen der Polizei ist die Organisation als Schleuser und Arbeitsvermittler für Bürger aus Russland aktiv. Die illegalen Arbeitskräfte werden eingeschleust, an verschiedenen Orten rund um Berlin untergebracht und dann an diverse Arbeitgeber vermittelt. Die Organisation bekommt den Arbeitslohn. Nach Abzug der Schleuser-, Übernachtungs- und Verpflegungskosten bleibt den illegalen Arbeitern kaum etwas übrig. Später werden sie dann »umgeschult« und für kriminelle Aktivitäten rekrutiert.

Es existieren noch mindestens 15 weitere kriminelle Gruppen in Berlin, die zum Teil auch miteinander kooperieren. Das LKA Berlin vermerkte dazu: »Alle erkannten Gruppierungen stehen miteinander über hochrangige Mitglieder der jeweiligen Organisationen in Verbindung. Sie sind alle in Deutschland, explizit auch in Berlin, vertreten. Der Aufenthalt in Deutschland wird dafür genutzt, ihre Gelder Gewinn bringend anzulegen und alte wie auch neue Kontakte zu knüpfen oder Konflikte zu lösen. Der Aufenthalt ist nicht auf Dauer bestimmt, sondern nur kurzfristig.«

Das blühende Geschäft mit der Erpressung

Eine Kernaussage der BKA-Studie über die Zukunft der russischen organisierten Kriminalität in Deutschland lautet: »Die kriminellen Tätigkeiten von russischen Tätern in Deutschland werden von einem hohen Maß an Gewalt begleitet sein.«

Bahnhof Lichtenberg im trüben Osten von Berlin. Die Reisenden im Moskau-Express, planmäßige Ankunft 12.17 Uhr, haben seit ihrer

Abfahrt in Moskau-Somlenskaja 26 Stunden miteinander verbracht und dabei schon viel erlebt. Als sie in dem neuen Bahnhof ankommen, werden sie schon erwartet. Die Schaffner des Fernzuges deshalb, weil sie Pakete, Gelder, Dokumente, Schmuggelgut und vieles mehr gegen Entgelt transportieren. Und auf die Reisenden warten nicht nur Freunde und Verwandte, sondern auch Banditen, Mitglieder einflussreicher Gangs. An sie müssen sowohl die Fahrgäste wie die Schaffner »Schutzgelder« von bis zu 250 Euro bezahlen.

Erpressung ist ein boomendes Gewerbe, und das nicht nur in Berlin. Niemand redet darüber, weil alle Angst haben und die Polizei in der Regel wenig machen kann. Einen Eindruck vom Ausmaß der Schutzgelderpressung konnte sich die Polizei nach dem »Hinrichtungsmord« an Shakro Kakachia machen, einem Berliner Geschäftsmann und »Dieb im Gesetz«. Er wurde Mitte August 1996 in einer Tiefgarage in Wilmersdorf erschossen, nachdem er seinen 600er Mercedes in die Tiefgarage gefahren hatte. Shakro Kakachia war, so vermutete die Polizei, der Führer der georgischen Mafia in Berlin gewesen. Aus verschiedenen Informationsquellen und mit Hilfe von Telefonüberwachungen erhärtete sich der Verdacht, dass praktisch jeder Geschäftsmann in Berlin, der aus der ehemaligen Sowjetunion stammte, an ihn ab 150 Mark pro Monat Schutzgeld zahlen musste. Das LKA Berlin kommt zu folgendem Schluss: »Diese Summe hört sich sehr gering an, jedoch allein am Berliner Kurfürstendamm und in den Seitenstraßen gibt es etwa 200 aus Russland stammende Geschäftsleute – von der Blumenfrau über Straßenhändler, Zahn- und praktische Ärzte bis hin zu den Lokalen, Spielsalons und Im- und Exportgeschäften an der Kantstraße.« Die Beamten überschlugen, dass allein der Bereich um den Kurfürstendamm ein Nettoeinkommen von 30 000 Mark monatlich garantierte. Insgesamt dürfte Kakachia durch Schutzgeldeinnahmen »pro Monat über 100 000 DM eingenommen haben. Er stellte somit das ›Dach‹ für diesen Personenkreis dar«.

Das Motiv für den Mord liegt bis heute im Dunkeln. Einem Gerücht zufolge soll Kakachia Verwalter der »Diebeskasse der Georgier« gewesen sein und sich daraus unberechtigt bedient haben, so dass ein höher stehender »Dieb im Gesetz« seine Hinrichtung anordnete.

Kakachias Methode ist die eine Form von Schutzgelderpressung. Eine andere besteht darin, Inkassobüros zu gründen. So verwies eine in

Berlin und Frankfurt am Main ansässige Inkassofirma schon im Briefkopf auf eine Niederlassung in Moskau. Allein diese Moskauer Anschrift, die in Wirklichkeit gar nicht existierte, versetzte die Schuldner in solche Angst, dass sich einige sogar Hilfe suchend an die Polizei wandten. Andere Inkassobüros, teilweise von Deutschen geführt, haben ehemalige russische Militärangehörige gegen einen Hungerlohn angestellt – einzig zu dem Zweck, die Forderungen zu überbringen. Sie begrüßen den Empfänger auf Russisch, das reicht bereits.

In vielen Fällen drohen Gläubiger mit der Abtretung ihrer Forderungen an die »Russen-Mafia«, was zur Folge hat, dass der Schuldner zahlt, sich endgültig aus dem Staub macht oder die Polizei zu Hilfe holt. Ob zu diesen Praktiken auch das Unternehmen Inkasso Team Moskau aus Berlin greift? Es wirbt in der FAZ-Sonntagszeitung mit dem Text: »Ihr Schuldner muss kein Russisch können – er wird uns auch so verstehen.«[87]

Einige Schutzgelderpresser sind mit der Zeit gegangen und bieten ihre Dienste im Internet an, zum Beispiel unter www.russisch-inkasso.de.

Viele hielten die Adresse für einen Scherz, und vielleicht war es auch mal einer. Tatsächlich steckte hinter dieser Domain-Adresse ein Mann aus Seelze bei Hannover, der dort auf Grund zahlreicher Verfahren wegen Erpressung und Betrug kein Unbekannter war. Inzwischen ist er untergetaucht.

Die Internetadresse hat jetzt ein Unternehmer aus Berlin, der, klug genug, den Sitz des Büros nach Riga ins »Magnet Business Center« verlegt hat. Für 1000 Dollar wird Folgendes angeboten: »Wenn die Außenstände immer noch nicht beglichen wurden, müssen wir wohl etwas deutlicher werden. Beispiel: Der Schuldner und seine Familie werden privat aufgesucht … mal ein nettes Wort mit den Eltern, dem Bruder, der Schwester, den Kindern. Da schleicht hier oder dort mal eine Person um das Haus oder die Firma …« Und bei Außenständen ab 50 000 Euro lautet das Angebot: »Die Spezialisten kommen und verschaffen Ihnen Ihr Geld zurück! Sicher! Preis: Zehn Prozent vom Auftragswert im Voraus.« Die Spezialisten sollen drei ehemalige Unteroffiziere des russischen Heeres sein, Ex-Mitglieder der Spezialeinheit Speznaz. Auf der Internetseite werben sie: »Wir operieren seit 1998 in ganz Deutschland mit mehr als 50 freien Mitarbeitern.«

Ein neues blühendes Geschäft, nicht nur in Berlin, sind neben den Erpressungen auch Entführungen und erpresserischer Menschenraub. Ob in Hannover, Frankfurt oder Düsseldorf – überall wird entführt und erpresst, bislang nur innerhalb der ethnischen Gruppen, so dass es kaum an die Öffentlichkeit kommt. Ein gut organisiertes Geschäft übrigens. Als im Oktober 2002 ein russischer Geschäftsmann in Hannover entführt werden sollte, scheiterte das, weil die jungen Entführer das Auto gegen einen Brückenpfeiler setzten. Der Kaufmann konnte entkommen, aber bereits am nächsten Tag brannte eines seiner Geschäfte. Noch bevor der Geschäftsmann zur Polizei gegangen war, liefen die Telefondrähte zwischen Hannover und Moskau heiß. Neulinge waren ins Entführungsgeschäft eingestiegen, und in Moskau wollten die »Alten« wissen, wer dafür verantwortlich war. Sie sollten, so der Befehl aus Moskau, zur Verantwortung gezogen werden, ohne dass die Polizei einschreiten könne.

In Berlin wurde 1998 nach dem Geschäftsmann G. und dem Autohändler Jakov O. gesucht, die beide vermutlich entführt worden waren. Für G. wurden anfangs Lösegeldforderungen in Höhe von einer Million Mark gestellt, aber nach zehn Tagen meldeten sich die Entführer nicht mehr. Bei Jakov O. gab es weder Lösegeldforderungen noch andere Ermittlungsansätze für die Polizei.

Ein anderes Beispiel: Anfang 1995 betraten zwei Georgier mit Wohnsitz in Griechenland eine Bankfiliale in der Berliner City und baten darum, ein gemietetes Schließfach zu öffnen. Bei der Entnahme des Geldes aus dem Schließfach, ein Betrag von 250 000 Dollar, konnte einer der beiden der anwesenden Bankangestellten zuflüstern, dass seine Familie in Saloniki entführt worden sei und er hier das Lösegeld aus dem Schließfach holen müsse. Sein Begleiter sei einer der Entführer.

Die Frau rief sofort die Polizei an, und der Erpresser konnte verhaftet werden. Er erklärte bei seiner Vernehmung, dass sein »Geschäftspartner« ihm das Geld freiwillig und ohne Drohung übergeben habe. Der Mann, dem das Geld gehörte, erzählte den Beamten die gleiche Geschichte. Denen fiel jedoch auf, dass er dabei vor Angst zitterte. Sie beschlagnahmten daraufhin die 250 000 Dollar und nahmen mit Interpol in Athen Kontakt auf. Die Erpresser wurden observiert, und dann konnten in drei Wohnungen insgesamt vier entführte Familienmitglieder befreit werden. Das Geld wurde dem Erpressten ausgehändigt, und der legte es wieder in den Banktresor in Berlin, als »Notgroschen«.

An einem Morgen im Mai 1995 kam es in einem Berliner City-Hotel zu einem heftigen Streit zwischen einem Russen und einem Tschetschenen, angeblich um zwei Prostituierte. Der Russe wurde durch Messerschnitte am Hals lebensgefährlich verletzt und musste in ein Krankenhaus eingeliefert werden. Der Tschetschene wurde daraufhin festgenommen. Und da die Polizei mit dem Tod des Russen rechnete, ermittelte sie gegen den Tschetschenen wegen versuchten Totschlags. Dabei stießen die Beamten auf Unterlagen, die den Schluss zuließen, dass ein großes Betrugsmanöver zum Nachteil der kleinen Republiken Tuva und Altai geplant war. Es ging um Kreditverträge zwischen Vertretern dieser Staaten und der Weltbank in Höhe von einer Milliarde US-Dollar.

Das Geld sollte in 20 Raten in Höhe von je 50 Millionen US-Dollar von der Weltbank über ein Schweizer Konto ausgezahlt werden.

Kurz vor dem Streit im Hotel war die erste Rate in Höhe von 50 Millionen Dollar gezahlt worden. Und der schwer verletzte Russe hatte versucht, für seine Organisation einen Anteil von zehn Prozent, also fünf Millionen US-Dollar, zu erpressen. Das war der wahre Grund des Streites um zwei Prostituierte. Der Tschetschene wurde später wegen gefährlicher Körperverletzung zu einer Bewährungsstrafe verurteilt. Der bittere Kommentar der Berliner Ermittler: »Er konnte dem Gericht glaubhaft ›verkaufen‹, dass er auf Grund seiner Spezialausbildung beim Militär und seiner vielen Einsätze in Afghanistan, bei denen er viele Menschen töten musste, genau abschätzen konnte, wie er das Messer am Hals führen musste und wie tief er schneiden durfte, um sein Gegenüber nicht zu töten.«

Wie brutal sich Machtkämpfe unter den verschiedenen ethnischen Banden in Berlin abgespielt haben, zeigt das folgende Beispiel: In den Jahren 1995 und 1996 kam es zu mehreren Fällen von versuchtem Totschlag, zu einem versuchten Mord und zwei erfolgreich ausgeführten Auftragsmorden. Einer der Ermordeten wurde aus dem Landwehrkanal geborgen und wies typische Hinrichtungsmerkmale auf (Genickschüsse). Seine Leiche war mit Hantelgewichten versenkt worden. Aus verschiedenen Quellen erfuhren die Berliner Ermittler, dass für diese Taten das tschetschenische Duo Oleg A. und Oleg S., die sich »Alex & Alex« nannten, in Frage kommen konnte. Beide gehörten zur Tambovskaja aus St. Petersburg. Aber die Morde konnten ihnen nicht nachgewiesen werden. Die Verdächtigen konnten sich rechtzeitig nach St. Petersburg beziehungsweise Moskau absetzen und betreiben dort seither »Sportstudios«. Weil alle Opfer etwas mit Gartenbaubetrieben in Berlin zu tun hatten, vermuteten die Ermittler, dass versucht wurde, diese Betriebe zu übernehmen.

In einem anderen Fall ging es um Auftragsmord. Im Mai 1995 meldete ein Informant der Polizei, dass von Berlin aus ein hochrangiger Gangster agiere, der gerade zwei Mörder aus Moskau bestellt habe, die in Erfurt einen Mord begehen sollten. Die Ermittlungen führten zu Andrej Berline, der in einer Wohnung am Kurfürstendamm lebte. Bei der mehrtägigen Observation stießen die Beamten tatsächlich auf die zwei bestellten Auftragsmörder. Als dann Andrej Berline zusammen mit einem der beiden nach Zypern fliegen wollte, wurde er auf dem Flughafen in Tegel festgenommen. Gleichzeitig schlossen sich die Handschellen um die Gelenke des anderen Komplizen, der in einer konspirativen Wohnung in Neukölln untergebracht war. Aber überzeugende Beweise für die Mordplanung fand die Polizei nicht.

Das Motiv für den Auftragsmord glaubten die Beamten zu erkennen, als sie im Gepäck von Berline eine Videokamera fanden. Der Film zeigte ihn mit seinen zwei Begleitern im Zug nach Amsterdam. Dann folgten abgefilmte Polaroidbilder von Türken, ein Rotlichtlokal von außen, eine Fahrstrecke und ein Mercedes-Coupé mit Erfurter Kennzeichen.

»Worum geht es?«, wollten die Ermittler von Berline wissen. Aber sowohl er wie die beiden »Auftragsmörder« blieben stumm. Für die Behörden war jedoch auf Grund des Kfz-Kennzeichens klar, dass der Fall etwas mit Erfurt zu tun haben musste.

Die weiteren Ermittlungen ergaben, dass dort in den letzten Wochen Türken mehrmals versucht hatten, die örtlichen Bordelle zu übernehmen. Die deutschen Betreiber hatten sich erfolgreich gewehrt und versuchten jetzt, über ihre Beziehungen zum russischen Milieu die Türken zu verdrängen. Was sie nicht ahnten – die ortsansässigen Russen wollten selber den Erfurter Strich übernehmen. Offenbar sollte dies durch die beiden bestellten Mörder unter der Regie von Andrej Berline im wahrsten Sinne des Wortes exekutiert werden. Die Berliner Polizei hatte den Russen jedoch einen Strich durch die Rechnung gemacht.

Vierzehn Tage nach ihrer Festnahme wurden die Verdächtigen aus der Untersuchungshaft entlassen. Berline selbst hatte einen Antrag auf Haftverschonung gestellt und ihn mit folgenden Sätzen begründet: »Es entspricht den Tatsachen, dass ich die zwei Mittäter angeheuert habe, damit sich in Erfurt die Sache beruhigt. Ich selbst habe von dritter Seite den Auftrag bekommen, da ich mich auf diesem Gebiet der ›Logistik‹ auskenne.«

Er habe sich einen Tag vor seiner Festnahme diesen Plan überlegt, aber dann davon Abstand genommen. Die zwei angeheuerten Killer, er nennt sie »Burschen«, hätten keine Ahnung vom Plan und von ihrer Aufgabe gehabt. Auf Grund seiner Aussage wurde der Haftbefehl aufgehoben, Berline und seine beiden Partner aus der Haft entlassen und das Verfahren eingestellt. Die beiden Mittäter wurden wenig später in Moskau in die Luft gesprengt.

Andrej Berline sei ein hochintelligenter Mann, berichteten die ihn befragenden Beamten. Er blieb auch noch bei späteren Verhören standhaft bei seiner Darstellung der Dinge. Immerhin erfuhren sie, dass er schon 13 Jahre im Gefängnis gesessen und dort genügend Zeit und Gelegenheit gehabt hatte, um neun Fremdsprachen zu lernen, darunter Dänisch und Chinesisch. Warum gibt sich ein hochintelligenter »Denker« der Tambovskaja-Führung in St. Petersburg mit einem primitiven Auftragsmord ab? Diese spannende Frage konnte nie richtig geklärt werden.

Bei einer der Vernehmungen sagte er reumütig, dass es ein Fehler war, einen solchen Auftrag in Deutschland zu planen, da hier das Rechtssystem anders und die Polizei nicht korrupt sei. Es wäre viel klüger gewesen, die Türken nach Ungarn zu locken, wo sie ohnehin ihre Nutten herholen würden. Aus Ungarn hätte man sie dann über die grüne Grenze in die Ukraine verschleppen können. Dann wären sie längst verscharrt und niemand hätte etwas unternehmen können.

Im Rotlichtkrieg in Erfurt machten russisch-ukrainische Kriminelle mit Afghanistan-Erfahrung den etablierten türkischen Bordellgrößen das Geschäft mit Prostituierten aus Osteuropa, mit Schutzgeldern und Spielsalons streitig. Altan Yapici, der Chef der Türkenbande, wurde am 27. September 1995 kurz nach Mitternacht unter typischen Umständen liquidiert: nachts auf dem Weg vom Sonnenstudio zum Auto, begleitet von zwei leichten Mädchen, einsame Gasse, schaukelnde Straßenlaterne. Plötzlich kommen drei Killer und schießen, verletzen Yapici. Der schleppt sich zum Auto, holt die Maschinenpistole heraus, Ladehemmung. Die Killer entwinden ihm die Waffe, feuern eine Salve in seinen Körper. Sie wurden später gefasst. Es waren drei ukrainische Mafiosi.

Aus diesen Vorgängen lässt sich folgern, dass von Einzelfällen keine Rede mehr sein kann. In einem internen Bericht des Berliner LKA aus dem Jahr 1999 heißt es: »Die Statistikdaten der vergangenen Jahre haben von Jahr zu Jahr einen kontinuierlichen Anstieg der Delikte wie Mord, erpresserischer Menschenraub, Entführung, Raub, Erpressung und Nötigung gezeigt. Die Dunkelziffer in den Bereichen der Gewalt- und Tötungsdelikte, erpresserischer Menschenraub und Erpressung dürfte erheblich sein, da aus ethnischer Sicht die Einschaltung der Behörden nur eine Verschärfung der Situation darstellt. Die dringend benötigten Mittel zur Bekämpfung der OK fehlen von staatlicher Seite, so dass in Berlin z. B. verschiedene OK-Dienststellen mit PCs aus der Privatwirtschaft ausgestattet sind oder die Beamten ihre privaten PCs und Handys auf der Dienststelle verwenden. Deutschland wird weiter als Stützpunkt mafioser Gruppierungen aus der ehemaligen Sowjetunion ausgebaut.«

Drei Jahre sind seitdem vergangen. Die kriminellen Strukturen haben sich inzwischen so weit gefestigt, dass blutige Revierkämpfe eher die Ausnahme geworden sind. Außerdem bekommt die Polizei allenfalls noch am Rande etwas von den kriminellen Aktivitäten mit.

Insbesondere der Bereich der wuchernden organisierten Wirtschaftskriminalität ist ihr weitgehend verschlossen. Es gibt – aus welchen politischen Gründen auch immer – kein Interesse mehr, sich zu genau mit den Hintermännern und Bossen der Syndikate aus dem Osten zu beschäftigen, die heute eine seriöse Fassade errichtet haben.

Einer, der es wissen sollte, Uwe Schmidt, Leitender Kriminaldirektor beim LKA in Berlin, meint lapidar: »Wir sind am Aussterben.«

Und in einem Gespräch mit einer Journalistin der »Süddeutschen Zeitung« zieht er eine düstere Bilanz: »Die osteuropäischen Banden haben das russische System hierher übertragen. Die plündern das Volksvermögen aus, und wir sind weitgehend machtlos.«[88]

Jetzt, wo über Berlin der Pleitegeier kreist, gibt es noch die Erklärung: kein Personal, kein Geld. Ein Trost bleibt: Der nächste Zarenball Anfang 2004 wird noch prunkvoller gefeiert werden. Und vielleicht schaut ja sogar einmal der russische Präsident Wladimir Putin vorbei.

Das Ende eines großen Bosses?

Es liegt lange Zeit zurück, gut zwölf Jahre. Am 27. September 1991 steuerte der aus Berlin stammende Exilrusse Efim Laskin seinen 160000 Mark teuren, roten BMW 850i auf den Parkplatz des Münchner Ungerer-Bads. Am nächsten Morgen wurde Laskin gefunden – tot. Zehnmal war ihm ein Messer in den Leib gerammt worden. »Es hörte sich an wie im Schlachthaus«, beschrieb damals ein Ohrenzeuge die »tierischen Schreie«. Augenzeugen der Tat gab es nicht. Während die Polizei noch über das Motiv spekulierte, munkelte man bereits am nächsten Tag in Berliner Exilrussenkreisen, dass Laskin, der »schöne Zar«, einem gedungenen Mörder aus der kriminellen Russenszene zum Opfer gefallen war. Aber schnell war auch den Münchner Ermittlern klar, dass der Ermordete Drahtzieher einer internationalen Gangsterbande gewesen war, die sich mit Ikonenschmuggel, Falschgeld und Drogen, Schutzgelderpressung und Betrug beschäftigte. Er soll sogar eine Art Pate gewesen sein. »An Laskin kam keiner vorbei«, erzählte damals, im Jahr 1991, ein Fahnder. Tatsache war, dass er gute Kontakte zu allerhöchsten Gangsterkreisen jugoslawischer, tschechischer, polnischer, italienischer und deutscher Nationalität hatte. Gleichwohl lebte er offiziell von Sozialhilfe.

Fast auf den Tag genau zehn Jahre später, am 28. September 2001, meldete die »Süddeutsche Zeitung«: »Im so genannten Russen-Mafia-Prozess hat das Schwurgericht München I gestern den Weißrussen Alexander Iwanowitsch Bor, alias Aleksandr Iwanowitsch Timoschenko, zu lebenslanger Haft verurteilt.« Nach sechsmonatiger Verhandlung sah es das Gericht als erwiesen an, dass Bor im Verlauf eines internen Machtkampfs Laskin ermordet hatte, im Auftrag anderer russischer Banditen. Zum Prozessauftakt »glich das Gericht einem Hochsicherheitstrakt: verstärkte Streifengänge um das Gebäude, intensive Besucherkontrollen, teilweise sogar Hubschraubereinsatz über dem nüchternen Betonbau. Die Polizei lässt offenbar keine Maßnahme aus, um auf Nummer sicher zu gehen.«[89]

Alexander Bor gilt als sehr religiös. In der Haft empfing er mehrmals einen russisch-orthodoxen Geistlichen, woran man sieht, dass auch Killer eine Moral haben.

Dass Bor alias Timoschenko eine »Autorität« sein musste, darauf wiesen schon seine großflächigen Tätowierungen hin. Ein Bild auf seinem Rücken zeigte eine Stadtansicht mit zahlreichen Türmen, eine Tätowierung, die nur »Diebe im Gesetz« tragen dürfen. Dass es überhaupt zu seiner Festnahme kam, war einem Ermittlungsbeamten der Münchner Mordkommission zu verdanken. Der hatte, trotz erheblicher Schwierigkeiten, nie aufgegeben, die Hintergründe des Mordes an Laskin aufzuklären.

Gegen das Urteil des Landgerichts (während der Verhandlung selbst ließ Bor sich weder zu seiner Person noch zu dem Vorwurf selbst aus) legten seine Anwälte Berufung beim Bundesgerichtshof (BGH) ein. Der entschied am 23. Oktober 2002: Die Revision ist zulässig. Der Grund: Als eine Zeugin vernommen wurde, sei der Angeklagte aus dem Sitzungssaal entfernt worden. Dabei habe die Zeugin der Strafkammer drei Lichtbildblätter gezeigt und damit sei ein Sachbeweis erhoben worden. Ein Ausschluss von der Beweiserhebung sei aber durch den Beschluss nicht gedeckt gewesen. An der Richtigkeit der Verurteilung ließ der BGH dagegen keinen Zweifel aufkommen: »Nach allem kommt es auch nicht mehr darauf an, dass das Urteil des Landgerichts einen sachlich-rechtlichen Fehler nicht erkennen lässt, namentlich die Annahme der Mitgliedschaft bei dem Mord zum Nachteil Laskin rechtsfehlerfrei begründet ist. Aus den objektiven Spuren … konnte die Kammer in Verbindung mit weiteren Beweisanzeichen auf ein Maß an Beteiligung des Angeklagten an der Tat schließen, das ihn ohne weiteres als Mittäter erscheinen lässt.«[90]

Während Bors Anwälte die Revision durchboxten, musste der Staatsanwalt, der ihn angeklagt hatte, um sein Leben fürchten. In

München wurde gemunkelt, dass aus dem Umfeld von Bor (vielleicht von ihm selbst?) ein Mordauftrag vergeben worden sei, der mit 200 000 US-Dollar dotiert war.

Der Staatsanwalt ist seither auf ständigen Personenschutz angewiesen. Als ich Josef Geißdörfer vom Bayerischen Landeskriminalamt auf diese Information ansprach, verweigerte er jeden Kommentar. »Aber«, so sagt er mir, »das ist in Deutschland inzwischen kein Einzelfall, sondern ein strukturelles Problem.« Er meinte Mordaufträge, um Polizeibeamte, Staatsanwälte oder Richter auszuschalten.

Hier könnte die Geschichte um die Ermordung von Efim Laskin zu Ende sein. Doch was während der Verhandlung in München zur Sprache kam, war so aufschlussreich, dass es sich lohnt, noch ein wenig bei dem Ermordeten und seinem Killer zu verweilen. Denn es ist die Geschichte vom Aufstieg und Niedergang einiger Verbrecherfürsten in Deutschland, dokumentiert vom Münchner Landgericht.

Alexander Bor kam Anfang der neunziger Jahre mit einer gefälschten Geburtsurkunde als russisch-jüdischer Emigrant nach Berlin. Er arbeitete in diversen ausländischen Firmen und baute schnell Verbindungen nach Belgien und in die USA auf. Von 1993 an lebte er in New York. Ob er bereits in seiner Heimat, in Weißrussland, zu Freiheitsstrafen verurteilt worden war, konnte nie geklärt werden.

Efim Laskin, das Opfer, lebte seit 1975 in München. Im Jahr 1972 war er als so genannter Israel-Auswanderer aus der damaligen Sowjetunion nach Deutschland gekommen und wohnte zunächst in Berlin. Der ehemalige erfolgreiche Berufsboxer hatte einen außergewöhnlich großen Bekanntenkreis in der Welt des russischen und osteuropäischen Profi-Boxsports. In der Ukraine, in Lemberg, leitete er ein Sportinstitut und trat auch in Berlin und München als Sportlehrer auf. Über Jahre hinweg lud er immigrationswillige Landsleute ein und erleichterte ihnen die Zuwanderung nach Deutschland auf jede erdenkliche Weise. Als Gegenleistung forderte er Gold oder Sachwerte wie den Familienschmuck. Über die Profi-Boxerszene kam er in Kontakt zu Mitgliedern der Organisierten Kriminalität seiner Heimat, bis er selbst dazugehörte.

In München gründete er verschiedene Firmen, deren Geschäftszwecke allesamt undurchsichtig blieben. Im November 1981 wurde er in

München wegen Geldfälschung (US-Dollarscheine im Nennwert von etwa fünf Millionen Mark) und Betrugs zu fünf Jahren Gefängnis verurteilt. Nach seiner Haftentlassung beteiligte er sich in Berlin an einer Spielhallen GmbH mit fünfzig Prozent und arbeitete in der Gesellschaft als Geschäftsführer. Das Gericht dazu: »Die eigentliche Geschäftstätigkeit von Laskin war mannigfaltiger Art und im Wesentlichen im Dunstkreis der so genannten ›Organisierten Kriminalität‹ seiner Landsleute angesiedelt, mit denen er in einem unübersichtlichen und komplizierten Netzwerk in Verbindung stand.«

Zu diesem Netzwerk gehörten Männer, die der deutschen Polizei sehr früh, bereits Anfang der neunziger Jahre, aufgefallen sind. Etwa ein Rachmil Brandwain, dessen Firma M&S International in Antwerpen mit Drogen dealte. Mit ihm und »dem bekannten Mitglied der organisierten Kriminalität, Riccardo Fanchini, war er Gesellschafter und zudem Direktor des belgischen Unternehmens«, stellte das Landgericht fest. Die Feststellung ist insofern von Bedeutung, als Rachmil Brandwain in den neunziger Jahr jeden mit Klagen überzogen hatte, der ihn in die Nähe zur kriminellen Russenszene gerückt hatte.

Dabei hatte das BKA in seinem detaillierten und mit Namen bestückten Bericht über die »Osteuropäisch Organisierte Kriminalität« bereits im Jahr 1993 geschrieben: »Die Auswertung der im Rahmen der Projektarbeit gewonnenen Informationen deutet darauf hin, dass derzeit die nachfolgenden aufgeführten Personen, unabhängig von den erkannten Gruppierungen, als Schlüsselfiguren der osteuropäisch Organisierten Kriminalität anzusehen sind wie Rachmil Brandwain, Riccardo Fanchini und Boris Nayfeld.«[91]

Brandwain beklagte einst in Tel Aviv gegenüber einem Reporter von »Newsweek«: »Ich bin selbst Opfer der Russen-Mafia. Sie haben mir mein Geschäft gestohlen.« Und mit Nachdruck fügte er hinzu: »Ich gehe zu jeder Polizeidienststelle auf dieser Welt und rede. Aber bislang hat mich niemand gefragt oder gar verhaftet.« Die israelische Polizei hingegen bezeichnete ihn als »Teil eines Drogenringes zwischen Europa, Lateinamerika und Israel. Aber er ist kein Drogenhändler, sondern ein Finanzier, ein Vermittler bei den Finanzoperationen in Lateinamerika.«

Der kanadische Criminal Intelligence Service bezeichnete Brandwains Geschäftsfreund, den polnischen Geschäftsmann Riccardo Fanchini, in einem internen Bericht 1995 ebenfalls als Mitglied einer kriminellen Organisation, »die in den Heroinhandel, in Geldwäsche und in Fälschungen« verwickelt sei. Jahrelang fehlten handfeste Beweise für diese Vorwürfe. Nun tauchte Riccardo Fanchini, der lange Zeit in Berlin lebte, auch im Zusammenhang mit Efim Laskin und Alexander Bor auf, wie aus den Gerichtsakten hervorgeht.

Er konnte auf eine steile Karriere zurückschauen. In Monaco stieg er in der eigenen Zehn-Zimmer-Wohnung ab. In Schilde, dem Nobelvorort von Antwerpen, besaß er eine luxuriöse Villa. An der Côte d'Azur lag die »Kremlin Princess« vor Anker, seine 55-Meter-Yacht, Schätzpreis: 20 Millionen Dollar. Mit seinen knapp 40 Jahren hatte der osteuropäische Emigrant, der 1979 praktisch mittellos nach Deutschland ausgewandert war, einen bemerkenswerten Aufstieg in die westeuropäische High Society geschafft. Während des Großen Preises von Monte Carlo im Mai 1996 wurde die »Kremlin Princess« zum exklusiven Treffpunkt. Formel-1-Chef Bernie Ecclestone war ebenso auf der Yacht zu Gast wie Daniel Ducruet, damals Ehemann der Fürstentochter Stéphanie. Häufig kam Eddie Jordan vorbei, der Besitzer des gleichnamigen Rennstalls. Fanchinis Unternehmen in Antwerpen, die Wodka-Exportfirma Kremlovskaya, war einer seiner wichtigsten Sponsoren und finanzierte Jordan-Peugeot jährlich mit 2,5 Millionen Franken.

Doch dann wurde er plötzlich gestoppt. Die belgische Staatsanwaltschaft warf ihm Geldwäsche in Millionenhöhe vor. Das Geld, vermutlich aus dem Drogenhandel, sei hauptsächlich über den Finanzplatz Schweiz gewaschen worden.

»Wodka-Exporteur Fanchini wusste seit langem den Finanzplatz Schweiz für seine Zwecke zu nutzen und fühlte sich hier zu Lande überaus wohl«, schrieb das Schweizer Nachrichtenmagazin »Facts«. Es berichtete auch von einem vertraulichen Bericht des Bundesamtes für Polizeiwesen, der »Fanchini außer mit Geldwäsche auch mit dem internationalen Drogenhandel« in Verbindung brachte. »Fanchini äußert sich zu den Vorwürfen nicht und gibt keine Interviews. Nur seine Geschäftspartner ließ er in einem Rundschreiben wissen, dass er kein Mafioso sei und eine reine Weste habe.«[92]

Mittlerweile ist Fanchini in Antwerpen wegen Betrugs abgeurteilt. Sein ehemaliger Kumpane Rachmil Brandwain, dem engste Verbindungen zum BND nachgesagt wurden, hatte weniger Glück. Er wurde am 17. Juli 1998 in Antwerpen auf offener Straße erschossen.

Im Grunde genommen unterhielt die gesamte Elite der osteuropäischen Organisierten Kriminalität in Berlin mit Efim Laskin persönliche oder geschäftliche Kontakte. Viele von ihnen sind inzwischen ermordet worden, aber nicht wenige leben noch. Wie Boris Birshtein.[93]

Das Münchener Landgericht ordnete ihn so ein: »Birshtein soll als Verantwortlicher der kanadischen Seabeco Group, später Western Industrial Group, mit weltweiten Niederlassungen ein geschäftlich sehr erfolgreicher und schwerreicher Unternehmer (unter anderem in der Bau- und Filmbranche) sein.« Über diesen Birshtein berichtete mir ein russischer Mafioso: »Der Name Boris Birshtein ist mir bekannt. Nach meiner Information hat er etwas mit der Gründung von Seabeco zu tun. Das Unternehmen wurde von Ex-KGB-Offizieren kontrolliert, die zu dieser Zeit andere Machtpositionen hatten. Das habe ich zufällig während einer kleinen Auseinandersetzung mit den Personen, die die Interessen von Seabeco schützten, mitbekommen. Das war nämlich die Solnzewskaja. Und Boris ist eine bunte Persönlichkeit.«

Aber zurück zu Efim Laskin: Ende der achtziger Jahre muss es mit ihm plötzlich bergab gegangen sein. Er schien seinen Einfluss im Milieu zu verlieren, hatte kein Auto mehr, konnte laufenden Zahlungsverpflichtungen nicht nachkommen, ihm drohte sogar eine Zwangsräumung. Ein Jahr später hatte er wieder viel Geld und einen funkelnagelneuen BMW 850i. Er schmückte sich mit Prominenten aus dem Showgeschäft wie dem Ex-Schlagersänger Abi Ofarim oder der Witwe des Komponisten Emmerich Kálmán. Mitte 1991 trübten sich seine Geschäftsaussichten erneut. Es kam zu Spannungen und Konflikten in seinem vertrauten Milieu. Laskin verhielt sich übervorsichtig und ängstlich.

In dieser Phase lebte Alexander Bor in Berlin. Er arbeitete als Angestellter des Unternehmens American Eagle, das wiederum mit der Antwerpener Firma von Rachmil Brandwain in Geschäftsverbindung stand.

Am 21. Juli 1991 wurde in der Fasanenstraße in Berlin ein Anschlag auf die georgische Autorität Tengis Marianaschwili verübt. Doch der konnte unverletzt flüchten. Das Motiv für den Mordanschlag? Marianaschwili wollte offenbar auch ins Drogengeschäft einsteigen. Monate später, am 21. April 1992, wurde er bei Antwerpen mit zwei Kopfschüssen ermordet. »Es konnte nicht mit Sicherheit festgestellt werden, dass Laskin als Auftraggeber hinter dem missglückten Anschlag gestanden hatte, wie in einschlägigen Kreisen vermutet wurde. Ebenso wenig ist erwiesen, dass Laskin zu dieser Zeit wegen angeblich zwischenzeitlich aufgetretener geschäftlicher Differenzen an den in New York lebenden Rauschgifthändler Monya Elson einen hoch dotierten Auftrag zur Ermordung seines guten Bekannten Boris Nayfeld erteilt hatte«, schreibt das Münchener Landgericht.

Auf jeden Fall kam Laskin im August 1991 übel gelaunt und niedergeschlagen aus Berlin zurück und erzählte seiner jungen Hausangestellten, dass ihn »alle verraten« hätten und er kein Vertrauen mehr in die Menschen habe. Etwa zu diesem Zeitpunkt dürfte Alexander Bor aus dem Umfeld von Efim Laskin den Auftrag erhalten haben, diesen zu töten. Zwei weitere Männer sollten ihn dabei unterstützen.

Mitte September telefonierte Laskin von seiner Münchner Wohnung aus. Dabei schrie er seinen Gesprächspartner an, er solle ihm nur nicht drohen. Hinterher schien Laskin nervöser als je zuvor. Als seine Hausangestellte ihn fragte, ob er Feinde habe, antwortete er ausweichend: »Ich werde das alles schon selbst regeln.«

Am 27. September 1991 fährt Alexander Bor mit den bis heute unbekannten Mittätern nach München. Am Ungerer-Bad angekommen, rufen sie von einer Telefonzelle aus Laskin an. Der liegt bereits im Bett und liest noch Zeitung. Welchen Vorwand die Mörder benutzen, um Laskin aus dem Haus zu locken, konnte nie geklärt werden. Alexander Bor hat sich verkleidet, er trägt jetzt eine Perücke aus dunklem Kunsthaar und darüber eine Baseballkappe. Dann geschieht der Mord. »Es war«, so stellt das Landgericht München fest, »eine Hinrichtung nach Art mafioser Gruppierungen.«

Alexander Bor flüchtete danach in die USA, wo er Wjatscheslaw Iwankow kennen und schätzen lernte, einen der mächtigsten kriminellen Bosse der ehemaligen Sowjetunion. Schon in den siebziger Jahren war Iwankow ein berüchtigter Gangster, und Anfang der achtziger Jahre war er bereits der führende »Dieb im Gesetz« im Osten der damaligen Sowjetunion. 1982 wurde er wegen Raub, Erpressung und Drogenhandel zu 14 Jahren Gefängnis verurteilt. Seine frühzeitige Entlassung 1991 hatte er der Intervention eines hohen Politikers und der Bestechung eines Richters zu verdanken. Im selben Jahr trafen sich führende Mafiapaten in einer Datscha außerhalb Moskaus und beschlossen, dass einer der Ihren, die Wahl fiel auf Wjatscheslaw Iwankow, die russische Unterwelt in den USA übernehmen sollte, das jedenfalls berichtete Ray Kerr vom FBI. Der »rote Pate«, so nannte ihn das FBI, kam wenige Monate nach dem Moskauer Meeting mit einigen Dutzend Getreuer in den USA an.

Ihre Konkurrenten in New York waren verschiedene Gruppen, die sich aus russischen, ukrainischen, armenischen und georgischen Kriminellen zusammensetzen. »Gleichzeitig blieb er jedoch, vor allem durch den internationalen Drogenhandel, in engem Kontakt zu den Gangstern in seiner Heimat.«[94] Wjatscheslaw Iwankow schaltete in kurzer Zeit seine Konkurrenten aus und seine Organisation wurde die mächtigste russische in den USA. Das war relativ einfach, wussten doch die in New York lebenden Russen, mit wem sie es zu tun hatten. »Er kam an und sagte: ›Wir sind hier, und ihr arbeitet besser mit uns zusammen, denn ihr wisst, wer wir in Russland sind‹«, heißt es in einem Ermittlungsbericht über ihn. Und über die Tätigkeiten seiner Gruppe war zu lesen: »Zu ihren lukrativsten kriminellen Aktivitäten gehören Versicherungs- und Kreditkartenbetrug, Erpressung und Hinterziehung von Steuern. Diese Aktivitäten bedeuten für die private Industrie und die Bundes- und Staatsregierung der Vereinigten Staaten einen Verlust von Milliarden Dollar. Der Drogenhandel durch die Organisation nimmt zu, und sie benutzt dabei Routen über Südostasien, Südamerika und die Vereinigten Staaten. Um ihre kriminellen Aktivitäten zu erleichtern, hat die Iwankow-Organisation mindestens eine Scheinfirma eingerichtet und setzt viele andere für Geldwäsche ein.«[95]

Am 8. Juni 1995 stürmten FBI-Beamte Iwankows Appartement im 22. Stock eines Hochhauses in Little Odessa. Sie mussten die Tür aufbrechen. »Er tobte wie ein Verrückter, und selbst als wir ihm die Fingerabdrücke nehmen wollten, wehrte er sich so, dass wir ihm die Finger mit Gewalt öffnen mussten«, klagte einer der FBI-Beamten. Nach seiner Verhaftung engagierte er sofort einen Staranwalt. Das entsprechende Honorar (drei Millionen Dollar) hatten ihm »Diebe im Gesetz« aus Moskau überwiesen.

Immerhin war Alexander Bor damals von Wjatscheslaw Iwankow auserkoren worden, die Straßenoperationen durchzuführen, also das Kassieren von Schutzgeld und Aufräumen bei den Konkurrenten zu erledigen. Nach der Verhaftung seines Förderers Iwankow[96] soll Bor, in den USA war er unter dem Spitznamen Timoka bekannt, einen Mordauftrag erteilt haben. Das wurde ihm zum Verhängnis.

»Timoka machte einen großen Fehler, als er in Miami davon sprach, dass er zwei professionelle Killer sucht, die jenen beiden New Yorker FBI-Agenten eine Abreibung erteilen sollen, die Wjatscheslaw Iwankow verhaftet hatten«, schreibt der US-Autor Robert Friedman. Ein Spitzel »erzählte das dem FBI, das sich daraufhin mit Timoka näher beschäftigte. Daraufhin verließ er sein gerade neu gebautes Haus (500 000 US-Dollar) und flüchtete nach Deutschland.«[97] Verhaftet wurde Alexander Bor jedoch erst am 9. August 1999, als er, aus Moskau kommend, auf dem Flughafen München landete. Ausgewiesen hatte er sich bei der Grenzkontrolle mit einem gefälschten griechischen Pass.

Jetzt sitzt Alexander Bor im Gefängnis München-Stadelheim. Berichtet wird, dass sich der »Schrank von Mann«, wie ihn Gefängnisbedienstete beschreiben, dort als große Autorität aufführe und von den Mithäftlingen auch entsprechend behandelt werde. »Vor ihm haben viele Angst«, erzählte mir einer der JVA-Mitarbeiter.

Ein Name fehlte übrigens bei den vielfältigen Verbindungen zwischen Efim Laskin und Alexander Bor. Der Name führt in die kriminelle Hochfinanz. Die Rede ist von Alimzan Tochtachunow. Auch seine Karriere begann in Deutschland. Und sie endete nach intensiven Ermittlungen der italienischen Guardia di Finanza und von Europol in Den Haag vorläufig im Sommer 2002 in einem italienischen Gefängnis. Nach seiner Verhaftung beschlagnahmten die italienischen Ermittler 1000 Seiten Dokumente und die Festplatten von neun PCs und Laptops.

Die an der Fahndung beteiligte US-Staatsanwaltschaft jubelte nach Tochtachunows Festnahme und lobte auf einer Pressekonferenz besonders Interpol. Dabei war Interpol bei der Aktion lediglich ein Briefkasten für den Versand des internationalen Haftbefehls. Richtig ist dagegen, dass Tochtachunows Festnahme ohne die Beharrlichkeit von Europol überhaupt nicht zustande gekommen wäre. Bereits nach einer Arbeitstagung von Europol und dem US-Justizministerium im November 2001, auf der Tochtachunow als »top target« bezeichnet wurde, hatte Europol beschlossen, eine Arbeitsgruppe zu bilden, die sich intensiv Tochtachunow widmen sollte.

Ein Rückblick. Im Jahr 1989 kam der am 1. Januar 1949 in Taschkent geborene Alimzan Tochtachunow erstmals nach Deutschland. Obwohl er keiner geregelten Arbeit nachging, konnte er sich in Köln eine Luxuswohnung leisten, für die er monatlich 1600 Mark zahlte. Ausgestattet war die Wohnung mit zwei Telefaxgeräten und drei Telefonen. »Ach, was wollt ihr denn«, sagte er einmal Beamten des BKA, die ihn bei einer Fahndung nach einem anderen Kriminellen aufsuchten. »Ich finanziere mein Leben durch Spenden von Landsleuten.« 1992 war der Spendenempfänger bereits Teilhaber eines Kölner Import- und Exportgeschäfts. Gegenüber russischen Landsleuten prahlte er mit »ausgezeichneten Kontakten« zu Politikern, Geschäftsleuten und kriminellen Banden. Im Frühjahr 1993 gelang es der Kölner Polizei endlich, Tochtachunow aus seinem Revier zu verdrängen. Wenig später tauchte er in Paris auf, kaufte sich ein Luxusappartement im vierten Stock eines vornehmen Wohnhauses in der Rue du Conseiller Collignon und bezahlte dafür 1,5 Millionen Mark – in bar.

Nach Angaben der französischen Polizei betrieb er, nachdem er Deutschland den Rücken gekehrt hatte, ohne seine Verbindungen zu anderen Mafiosi abzubrechen, »undurchsichtige Geschäfte«. Das waren zum Beispiel Investitionen in Immobilien an der Mittelmeerküste, insbesondere in Parkhäuser in Marseille. 1994 begann er in den internationalen Waffenhandel einzusteigen. Er verkaufte mehrere Kampfhubschrauber aus russischen Armeebeständen, wurde in Frankreich erzählt. Das könnte ein Grund gewesen sein, dass er danach auf der Liste des französischen Geheimdienstes landete, als freier Mitarbeiter sozusagen. Denn anders ist kaum zu erklären, dass er ungehindert von Paris aus agieren und seine Position weiterausbauen konnte. In einem Bericht des FBI vom 25. Mai 1995 hieß es: »Alimzan Tochtachunow wird in Europa als sehr mächtiger ›Dieb im Gesetz‹ eingestuft. Seine Rolle und Stellung sind nicht genau definiert, aber aktuelle Informationen deuten darauf hin, dass er eine Schlüsselrolle für eurasische Kriminelle spielt, die in Europa operieren. Möglicherweise fungiert er als Schlichter bei Streitigkeiten.«

In Frankreich jedenfalls fühlte sich Tochtachunow wohl, entpuppte sich gar als Wohltäter diverser Sportgrößen. So kannte ihn zum Beispiel die hübsche russische Tennisspielerin Anna Kournikowa. »Ich habe von ihm gehört, aber ich denke, ich sollte nicht darüber reden. Tut mir Leid, aber ich bin Russin und ich muss auch nach Russland zurück.« Bei einer Sportgala 1999 in Paris, an der auch der Eishockey-spieler Pawel Bure, auch »russische Rakete« genannt, und Marina Anissina, eine begnadete Eiskunstläuferin, teilnahmen, wurde Alimzan Tochtachunow wegen seiner »Selbstlosigkeit, Großzügigkeit und Menschenfreundlichkeit« zum Ritter des St.-Konstantin-Ordens ernannt. Daran wäre nichts auszusetzen, gäbe es da nicht einen kleinen Zwischenfall. Und der hat mit der schönen intakten olympischen Welt zu tun, und zwar mit den Winterspielen 2002 in Salt Lake City.

Die Goldmedaille im Eiskunstlauf der Paare gewann, trotz eines Ausrutschers während ihres Auftritts, das russische Paar Elena Berezhnaya und Anton Sikharalidze. Eine Woche später bejubelten mehr als 160 000 Zuschauer im Ice Center die Kür des französischen Eistanzpaars Marina Anissina und Gwendal Peizerat. Die olympische Goldmedaille war ihnen sicher.

Ein halbes Jahr später übergab die Staatsanwaltschaft von New York dem Internationalen Olympischen Komitee (IOC) ein Protokoll des FBI, in dem es um Vorwürfe im Zusammenhang mit der Medaillenvergabe ging. In dem Protokoll des FBI-Agenten William E. McCaugland wird der Präsident des französischen Eislaufverbandes, Didier Gailhaguet, als »Schlüsselfigur einer großen Manipulation« bezeichnet. Gailhaguet habe zusammen mit Alimzan Tochtachunow »durch Bestechung die Entscheidungen im Paarlaufen und im Eistanz beeinflusst«. Laut FBI-Protokoll sollte Gailhaguet einen französischen Beitrag zum Sieg des russischen Paares leisten, im Gegenzug wollte Tochtachunow den Sieg des französischen Paares Marina Anissina/Gwendal Peizerat im Eistanz ermöglichen. Die Exilrussin Anissina soll von diesen Absprachen gewusst haben. Rund einen Monat vor Beginn der Winterspiele sei der Deal von Italien aus per Telefon (das abgehört wurde) eingefädelt worden. Gailhaguet und Tochtachunow hätten bereits lange vor den Olympischen Winterspielen Kontakt aufgenommen. Der mutmaßliche Mafiaboss soll dem Eislauf-Verbandschef finanzielle Unterstützung beim Aufbau eines Profi-Eishockeyteams in Paris zugesagt haben. Im Gegenzug habe Gailhaguet sich für die Verlängerung der Aufenthaltsgenehmigung von Tochtachunow in Frankreich einsetzen wollen.

Die Aufenthaltsgenehmigung wurde jedoch trotzdem nicht verlängert. Eine bislang unbekannte Person, in einem FBI-Protokoll wird sie als Quelle »CC-1« bezeichnet, habe nach der skandalösen Paarlaufentscheidung zu Tochtachunow gesagt: »Unsere Franzosen haben mich sehr erstaunt ... Du kannst ihrer Mutter oder ihrem Vater sagen, alles wird okay sein.« Gemeint waren die Eltern von Marina Anissina. Quelle CC-1 bezeichnete am Telefon Anissina als »eine von uns, sie wird Olympiasiegerin werden« und sagte zu Tochtachunow: »Die Franzosen haben nur drei Punktrichter für sich, sie brauchen noch zwei. Eine (Stimme) ist unsere, die andere wird ihnen von unseren Freunden gegeben. Wenn wir für sie sind, werden die Italiener bei drei Stimmen bleiben. Die Franzosen können somit nur mit fünf zu vier gewinnen.« Tochtachunow selbst soll noch vor der Eistanzentscheidung der Mutter von Anissina zugesichert haben: »Wir werden sie zur Olympiasiegerin machen. Selbst wenn sie stürzt. Er (CC-1) hat zwei oder drei Punktrichter. Sage ihr, wir werden ihr helfen und alles dafür tun.«

Und siehe da, das Eistanzpaar Anissina/Peizerat gewann erwartungsgemäß mit fünf zu vier Stimmen, während die italienischen Mitfavoriten nur Dritte wurden. Anissina gab später zwar zu, gelegentlich telefonischen Kontakt zu Tochtachunow gehabt zu haben. Allerdings sei nie über den Wettkampf gesprochen worden. Didier Gailhaguet, der wie die beim Paarlauf eingesetzte französische Punktrichterin Marie-Reine Le Gougne von der Internationalen Eislauf-Union (ISU) für drei Jahre gesperrt wurde, wies die in dem FBI-Protokoll erhobenen Vorwürfe zurück. »Natürlich gibt es im Eiskunstlauf Lobbys, aber die sind nicht krimineller Natur. Wir machen die Preisrichter im Training auf die Leistungsstärke unserer Läufer aufmerksam, aber ihre Wertungen treffen die Juroren allein. Diese so genannte Affäre ist abenteuerlich.« Und über Tochtachunow sagte er: »Der ist ein fabulierender, gefährlicher Clown.«

Ende Juli 2002 wurde Alimzan Tochtachunow in dem kleinen Ort Forte dei Marmi in Norditalien verhaftet. Der Vorwurf eines amerikanischen Richters: Betrug und Manipulation von Entscheidungen während der Olympischen Winterspiele 2002. Ihm drohen nun fünf Jahre Gefängnis. Entsprechend heftig wehrt er sich seitdem gegen seine Auslieferung in die USA. Denn er vermutet wahrscheinlich nicht zu Unrecht, dass die US-Behörden noch eine weitere Anklage nachschieben könnten. Und die hängt wiederum ursächlich mit seinen anderen vermuteten kriminellen Aktivitäten zusammen. Dagegen seien, das erzählte mir ein führender Beamter von Europol, die geschmierten Entscheidungen bei den Olympischen Winterspielen geradezu ein Kavaliersdelikt.

Kalter Finanzkrieg oder kriminelle Finanzkönige?

Aber was hat das mit Deutschland zu tun, wird der Leser fragen. Tochtachunow hatte ja der Bundesrepublik im Jahr 1994 den Rücken gekehrt. Also betrifft es doch nicht uns, ist irgendwie weit weg, und ein bisschen Schummelei – so schlimm ist das auch wieder nicht, oder?

In Wirklichkeit betrifft, was nun folgt, jeden normalen Bürger. Schließlich geht es um die Zukunft der Volkswirtschaft. Was, wenn kriminelle Syndikate hier bei uns, direkt oder indirekt, diktieren, wie die Preisgestaltung aussieht, oder wenn sie einen entscheidenden Einfluss darauf nehmen, wie sich unsere Wirtschaft entwickelt? In der BKA-Studie »Gefährdungsanalyse Deutschland« wird das noch als Möglichkeit betrachtet: »Der Zugriff auf Rohstoffe aller Art ist durch die personelle Verflechtung mit Strukturen in Russland auch für kriminelle Gruppierungen in Deutschland möglich, da diese durch die Umgehung der festgesetzten Margen einen Großteil der Rohstoffe ›schwarz‹ nach Deutschland bringen können. Der russische Rohstoffmarkt stellt somit einen besonders lukrativen und einfach zugänglichen Markt für kriminelle Gruppierungen dar.«

Weil genau das bereits eingetreten ist, wird es in diesem Kapitel für den Leser vielleicht etwas komplizierter. Aber die Beschäftigung mit den Einzelheiten lohnt sich.

In den Kampf um die Rohstoffe Russlands waren in der Vergangenheit gewitzte Anwälte, professionelle Killer, bestechliche Minister, skrupellose Finanzexperten, gierige Banker und schlüpfrige Geheimagenten verwickelt. Es war ein Krieg ohne Grenzen, der Hunderte von Menschenleben kostete. In unserem Fall dreht sich alles um den russischen Aluminiummarkt, auch mit seiner strategischen Bedeutung für die Rüstungsindustrie.

Bis vor kurzem produzierten die Chernoy-Brüder 80 Prozent des in

Russland hergestellten Aluminiums, 40 Prozent des Kupfers und 60 Prozent des Stahls. Als drittgrößter Produzent von Aluminium weltweit war ihr Konzern eine der wichtigsten Stützen des russischen Exports, mit entsprechendem Einfluss im Kreml. Doch was hat das mit Organisierter Kriminalität zu tun?

»Die Hälfte der geschäftlichen Aktivitäten der Chernoy-Brüder war und ist legal. Die andere Hälfte ist vollkommen kriminell. Wir nennen diesen Sektor die ›Energie-Quelle‹, denn die legale Hälfte wird unterstützt, geschützt und ausgebaut durch den kriminellen Teil, der in den Händen von drei Mafiosi ist. Es sind Sergej Aksienow, Sergeij Popow und Anton Malewski (offiziell für tot erklärt, aber wer weiß ...). Sie kontrollieren zwischen zwei- und dreitausend bewaffnete Männer, die zur ›Ismailovskaja/Podolskaja‹ gehören, einem kriminellen Kartell, das die Stadt Izmailowo und den Vorort Podolks kontrolliert.«[98]

In einem vornehmen Gebäude im Herzen von Genf ist das Finanzzentrum des Aluminium-Imperiums zu finden. Der Name des Firmenkonglomerats ist Trans World Group (TWG). Seit 1998 ermittelt die Genfer Staatsanwaltschaft gegen dieses Weltunternehmen beziehungsweise gegen die Chernoy-Brüder. An der Wand des ermittelnden Genfer Staatsanwalts Laurent Kaspar-Ansermet hängt ein über zwei Meter großes Plakat, auf dem, wie ein Spinnennetz, insgesamt 400 Firmen weltweit verzeichnet sind. In der Mitte stehen die Namen Lev und Mikhail Chernoy. Sie sind seit langem im Fadenkreuz internationaler Ermittlungsbehörden. In den USA, Frankreich und Großbritannien haben sie mittlerweile Einreiseverbot. Mikhail Chernoy hingegen erklärte gegenüber einem Journalisten: »Ich habe niemals gegen die Gesetze gearbeitet, ich mache ganz einfach nur Geschäfte.« Ist es wirklich so?

Verschiedene Spuren der Chernoy-Brüder führen nach Deutschland. Bereits Mitte der neunziger Jahre nutzten die Brüder die Londoner Zweigstelle der Hamburgischen Landesbank für den Transfer erheblicher Summen. Mehrere Milliarden Mark flossen damals über Konten der Filiale London. Im Herbst 1996, so die Hamburgische Landesbank, wurde diese profitable Geschäftsbeziehung jedoch aufgelöst. Ein Grund für den Rückzug der Banker dürfte ein britischer Polizeibericht gewesen sein. Darin wurde behauptet: »Die Chernoy-Brüder kontrollieren verschiedene Firmen. Informationen weisen darauf hin, dass diese Firmen vom Organisierten Verbrechen für Geldwäsche benutzt werden.« Kontobewegungen bei Unternehmen, die den beiden zugerechnet wurden, fielen in Deutschland erst wieder im Jahr 1999 auf. Damals schickte die WestLB eine Verdachtsanzeige an die Staatsanwaltschaft Düsseldorf. Es ging um den sagenhaften Betrag von insgesamt 14 Milliarden Mark, die seit 1997 über Konten bei der WestLB geflossen waren. Als der Vorgang bekannt wurde, kam es im Bundeskanzleramt zu einer Krisensitzung. 14 Milliarden Mark – das ist eine politisch-strategische Größenordnung.

Auf Anraten der Staatsanwaltschaft kündigte die WestLB die Konten nicht, denn man wollte weitere Erkenntnisse über die Finanzverflechtungen der Trans World Group (TWG) sammeln. »Die Verbindung zur WestLB soll ein ranghoher Mitarbeiter der Bank geknüpft haben. Anfang 1997 sei er zu einer Bank auf den Bahamas gewechselt, die der Unternehmensgruppe zugerechnet werde. Zeitweilig soll er die Zugangsberechtigung für Teile des in Düsseldorf angelegten Vermögens gehabt haben«[99], schrieb später »Der Spiegel«.

Da die Herkunft des Geldes nicht aufgeklärt werden konnte (oder sollte, wer weiß das schon?), musste der Betrag freigegeben werden, wobei die WestLB sicher kräftig kassiert hatte. Das Geld landete danach auf einem Konto in Israel. Sowohl Mikhail Chernoy wie die TWG bestritten auch im Zusammenhang mit der WestLB den Vorwurf der Geldwäsche.

Wer aber sind eigentlich diese Chernoy-Brüder? Die Antwort ist eine lange Geschichte. Denn der Aufstieg der Gebrüder Chernoy ist ein genaues Abbild des russischen Transformationsprozesses. Und der ist spannend wie ein Krimi.

Lev Chernoy studierte am Polytechnischen Institut in Taschkent, der Hauptstadt der damaligen sozialistischen Republik Usbekistan, und begann seine Karriere als Angestellter einer Baufirma. Schnell stieg er zum Leiter einer Produktionseinheit von Konsumgütern auf. Bereits 1985 gründete er eine der ersten usbekischen Produktionskooperativen. Dann brachte er seinen Bruder Mikhail in der Kooperative unter und teilte sich mit ihm das Produktionsmanagement. Lev war verantwortlich für die Beschaffung der Rohmaterialien, den Verkauf und die Finanzen. In kürzester Zeit wurde er einer der einflussreichsten Zwischenhändler – manche würden Schieber sagen – in der Schattenwirtschaft Usbekistans. Er beschaffte das nötige Material und eignete sich, sozusagen als Gegenleistung, systematisch und in großem Umfang staatliches Eigentum an. Das war in den achtziger Jahren in der Republik Usbekistan durchaus üblich. Zur Charakterisierung der damaligen Lage dient ein Aussage des Schriftstellers und Journalisten Arkadi Waksberg. Er war der Erste, der über die »roten Paten« in der untergehenden UdSSR schrieb: »Wahrscheinlich veranschaulicht die usbekische Mafia treffender als jede andere Mafia das Wesen und die Entwicklungsrichtung des wirtschaftlichen und politischen Systems der Sowjetunion, das logischerweise dazu führen musste, dass der Gesellschaft viele Milliarden an Verlusten entstanden, während der gigantische Mafia-Clan ebenso viele Milliarden an Gewinnen einstreichen konnte.« Und bereits im Jahr 1988 schrieb die KP-Zeitung »Prawda«: »In den höchsten Partei- und Regierungsspitzen Usbekistans herrschen nach wie vor Mafiamethoden, Korruption und Erpressung; das reicht sogar bis zum gedungenen Mord. So leben auch die Ermittlungsrichter höchst gefährlich, die seit fünf Jahren die Drahtzieher der Verbrechen zu entlarven und anzuklagen versuchen.«[100]

Bei seinen geschäftlichen Aktivitäten fand Lev Chernoy Unterstützung durch die kriminellen Clans, die seit geraumer Zeit in Taschkent das Sagen hatten und deren Führer er noch aus seiner Schulzeit kannte. Deren Profite aus Geschäften wie Schwarzhandel, Prostitution und Drogenhandel sollten mit seiner Hilfe gewaschen werden. Als gesichert kann auch gelten, dass er durch seine Verbindungen zu den Clans mit den einflussreichsten Gangstern der Sowjetunion zusammentraf, unter anderem mit Wjatscheslaw Iwankow und Otari Kwantrischwili.

Sein kometenhafter Aufstieg zum Multimilliardär hing also mit der kriminellen Nomenklatura in Usbekistan zusammen. Aber noch viel mehr mit dem Zusammenbruch der Sowjetunion.

1990 wurde Lev Chernoy Partner des in Odessa geborenen US-Bürgers Semion (Sam) Kislin. Der war Besitzer des Unternehmens Trans Commodities, das russische Eisenhüttenwerke mit Rohmaterialien belieferte. Weil es ihm an Eigenkapital fehlte, kam Kislin das Angebot zur Zusammenarbeit mit Lev Chernoy gerade recht. Die Geschäfte wuchsen rasant, und wenig später ließ Lev Chernoy die Firma Trans-CIS-Commodities Ltd. (TCC) in Monte Carlo eintragen. Doch ganz so harmonisch verlief die Zusammenarbeit mit dem Amerikaner nicht. Versuche von Kislin, zu einem »zivilisierten« finanziellen Ausgleich mit Chernoy zu kommen, scheiterten. Er erhielt Drohungen und gab auf.

Das FBI und die schweizerische Polizei nahmen später an, dass Wjatscheslaw Iwankow Partner von Chernoy bei Trans Commodities wurde, mit dem Ziel, das Unternehmen extensiv zur Geldwäsche einzusetzen. Beweisen konnten sie das aber nicht.

1991 machte Chernoy in Moskau die Bekanntschaft von Goran Stanovich, dem Repräsentanten der eher unbedeutenden Firma Trans World Metals (TWM), die dem Rohstoffhändler David Reuben in London gehörte. »Die Männer gründeten eine lose Partnerschaft. Die Chernoy-Brüder sollten die Aluminiumherstellung in Russland leiten; ihre Interessen im Ausland sollte die in Monte Carlo registrierte Firma namens Trans-CIS-Commodities vertreten.«[101] Zu dieser Zeit galt Lev Chernoys Hauptinteresse bereits der Aluminiumproduktion in der gesamten UdSSR.

1992 wurde rund um die TWM eine große Zahl von Firmen unter dem Namen Trans World Group (TWG) gegründet. Die Geschäftsidee hieß Arbeitsteilung: Die TWG beschaffte den Hütten das Rohmaterial (gereinigtes Aluminiumoxyd) und schoss das Geld für die Aluminiumproduktion vor. Im Gegenzug erhielt die Firma fertiges Aluminium für den Export. Die TWG schloss die günstigsten Verträge mit den russischen Aluminiumherstellern ab und wurde innerhalb kurzer Zeit zu einem der wichtigsten Aluminiumlieferanten auf dem Weltmarkt. Im Jahr 1995 wurden über die TWG und die Londoner Metallbörse mehr als eine Million Tonnen Aluminium oder fünf Prozent der Weltproduktion abgewickelt. Der Umsatz der TWG-Gesellschaften erreichte eine Milliarde US-Dollar.

Lev Chernoy spielte eine Hauptrolle bei dieser Entwicklung. Er erkannte, dass fremde Investoren zur Finanzierung seiner Geschäfte herangezogen werden mussten. Und für diese Rolle war der Londoner David Reuben die ideale Besetzung. Genauso wichtig war es ihm, die TWG-Firmen zur Legalisierung dubioser Gelder einzusetzen – vor allem die aus den russischen Diebeskassen. Das ist zumindest die Theorie der internationalen Ermittler.

David Reuben diente wahrscheinlich nur als Aushängeschild auf internationalen Konferenzen. Lev Chernoy war nach Auskunft von Angestellten der TWG offiziell nur ein Berater. »In der Praxis jedoch«, berichteten sie, »hat er alle Geschäfte der TWG in Russland, Kasachstan und der Ukraine entschieden.« Der Schlüssel zum Erfolg waren die guten Kontakte in den Kreml. »Sein Partner in Russland war Wladimir Lissin, ein ehemaliger Untergebener des damaligen Ersten Stellvertretenden Ministerpräsidenten Oleg Soskowez.«[102]

Lev Chernoy nutzte unterdessen den Mangel an Bargeld bei den russischen Aluminiumfabriken, um sie von sich abhängig zu machen. Bilanzen wurden manipuliert, Gewinne versteckt und der Staat erhielt keine Steuern. Chernoy erkannte die potenziell hohe Rentabilität der Aluminiumproduzenten und übernahm bedeutende Firmenanteile, um die Fabriken ganz unter seine Kontrolle zu bringen.

Nun gab es aber Beschränkungen seitens der russischen Regierung. Ein Einzelner durfte nur 20 Prozent der Anteile an strategischen Rohstofffabriken halten. Also errichtete Chernoy zahlreiche anonyme Offshore-Gesellschaften in Monaco, Gibraltar, der Schweiz, auf den Virgin Islands, den Bahamas und auf Zypern. Die gründeten wiederum Tochterfirmen in Russland. Über das Netzwerk dieser Tochterfirmen wurden dann so viele Anteile gekauft, dass es der TWG 1995 gelungen war, wichtigster Anteilseigner der Aluminiumhütten in Bratsk, Krasnojarsk, Syansk, Novokuznetsk und Navoi zu werden.

Doch dann stieß in Moskau jemand darauf, dass ein großer Teil der Firmen im Ausland mit gefälschten »Letters of Credit« gearbeitet hatte. Und das Moskauer Innenministerium behauptete, dass die Trans-CIS ihr erstes Kapital über fiktive Banken in Tschetschenien erworben und mit diesem Trick die Zentralbank getäuscht habe. Die Rede war von 800 Millionen US-Dollar, die mit Hilfe von gefälschten Dokumenten unterschlagen wurden. Verwertbare Beweise für diesen Sachverhalt konnten jedoch nie gefunden werden, obwohl jeder zu wissen glaubte, dass Lev Chernoy hinter dem groß angelegten Betrug stand. Jedenfalls hatte er beträchtliches Können entwickelt, Lücken im Gesetz aufzuspüren und entsprechende Gewinne zu machen.

Und noch etwas kam ihm zu Hilfe. Einer, der genaue Kenntnisse über die gefälschten Kreditbriefe hatte (weil er an den Manipulationen beteiligt gewesen sein soll), war der russische Geschäftsmann Igor Beletsky, der mit Chernoy in dem Unternehmen JV Kolum zusammenarbeitete. Ebenfalls informiert war der Vizepräsident von Roskommetallurgi. Beide kamen bei mysteriösen Autounfällen ums Leben.

Der Einzige, der noch sagen konnte, was es mit den gefälschten Letters of Credit auf sich hatte, war Lev Chernoy. Trotz mehrerer Aufforderungen des russischen Innenministeriums weigerte er sich, mit den Strafverfolgungsbehörden zu kooperieren. 1997 beklagte sich der verantwortliche Beamte im Innenministerium. »Es war unmöglich, Lev Chernoy persönlich zu befragen, obwohl wir das seit 1994 versuchten. Die einzige Reaktion kam aus Venezuela. Lev Chernoy schickte einen Brief an die Untersuchungsbehörden und leugnete jede Verwicklung in den Kreditbetrug.«

Unterdessen tobte ein mörderischer Kampf. Die kriminellen Syndikate griffen mit allen Mitteln nach der Macht in der Aluminiumindustrie Russlands. Hunderte von Menschen wurden im so genannten Aluminium-Krieg ermordet. Besonders heftig fielen die Auseinandersetzungen um die Kontrolle des gigantischen Aluminiumkombinats von Krasnojarsk (Kras) aus, 3000 Kilometer von Moskau entfernt. Die Stadt war zu Sowjetzeiten errichtet worden, um die Rüstungsindustrie mit Stahl und Aluminium zu versorgen. Die riesigen Produktionsstätten gelten bis zum heutigen Tag als die größten Umweltverschmutzer der gesamten Region.

TWG hatte mit dem Werk einen Tauschvertrag abgeschlossen und einen Anteil von 20 Prozent erworben. Aber im Herbst 1994 wandte sich der Generaldirektor des Werks gegen Chernoy, kündigte den bestehenden Vertrag und versuchte, Chernoys Anteil aus dem Aktionärsregister streichen zu lassen. Angesichts des drohenden Verlustes eines der lukrativsten Verträge galt es, Gegenmaßnahmen einzuleiten. Unterstützung erhielt Chernoy dabei von einem bekannten Industriellen und Verbrecher zugleich. Die Rede ist von Anatolij Bykow.[103] Der wurde von den Paten in Usbekistan aufgefordert, insbesondere durch Tofik Arifow und Salim Abdullaew, ihren usbekischen Freund Lev zu unterstützen. Davon überzeugten sie später auch Wjatscheslaw Iwankow.

In Krasnojarsk hatte Bykow es zuvor geschafft, all seine potenziellen Mitbewerber auszuschalten. Der ehemalige Kampfsportlehrer hatte Anfang der neunziger Jahre als »Bisinesmen« begonnen. Schnell stieg er zum Chef der Sicherheitsabteilung der Aluminiumschmelze auf. Seine Schlägerbanden hatten nun alle Möglichkeiten zur Entfaltung. So wurde er Aktionär und Mitglied der Geschäftsleitung. Mehrere Tausend Angestellte und Arbeiter erhielten Sozialleistungen, die der bankrotte Staat schon lange nicht mehr zahlen konnte. So schaffte er es, der Held von Krasnojarsk zu werden, ein russischer Robin Hood. Die Soziologin Irina Muratowa aus Krasnojarsk erklärte die Verehrung dieses »Antihelden« so: »Einerseits ahnen die Menschen, dass hinter jedem großen Geld Kriminelle stehen. Andererseits hat Bykow mehr als jeder andere für karitative Zwecke Geld gespendet.« Bykow schaffte es damals jedenfalls, ein »legaler« Mitinhaber des Krasnojarsker Kombinats zu werden. Sein Kollege Wladimir Tatarenkow, alias Tatarin, übernahm die Aluminiumfabriken in Sayansk. Tatarin leitete eine Gruppe von über 60 Gangstern und galt als einer der gefährlichsten Banditen im östlichen Sibirien.

Im April 1994 wurde Otari Kwantrischwili in Moskau erschossen. Er hatte versucht, Lev Chernoys Firmen aus dem Aluminiumgeschäft zu drängen. Lev begann um sein Leben zu fürchten und flüchtete in Richtung Westen. Zuerst flog er nach London, dann nach Paris, Monaco, New York, Tel Aviv und Caracas.

An dieser Stelle kommt Deutschland wieder ins Spiel. Nach dem Tod von Otari Kwantrischwili flüchtete auch ein Lev Tscherepow von Moskau aus in die Bundesrepublik. Behauptet wurde, dass er in den Drogenhandel mit Kirgistan verstrickt war und enge Beziehungen zu Kwantrischwili hatte. Sicher ist, dass Tscherepow jahrelang für das Moskauer Innenministerium gearbeitet hatte und zahlreiche Kontakte bis in die höchsten Ebenen der Staatsmacht unterhielt, insbesondere in Kirgistan und Russland. Außerdem glaubte das FSB zu wissen, dass er in enger Beziehung zu Wjatscheslaw Iwankow und dem Führer der Solnzewskaja, Sergeij Michailow, stand.

Nachdem Tscherepow eine Aufenthaltsgenehmigung in Deutschland erhalten hatte, durch wen auch immer, wurde er »Geschäftspartner« zahlreicher ehrenwerter russischer Unternehmer. Unter anderem soll er vorübergehend mit Efim Laskin zusammen gewesen sein. In Deutschland erwarb er sich den Ruf eines seriösen Geschäftsmanns, der breit angelegte unternehmerische Aktivitäten in Russland und anderen Staaten der GUS durchführen konnte. Auch Lev Chernoy hoffte, Tscherepows Verbindungen ausnutzen zu können. Deshalb bot er ihm an, sich an der Trans World Group zu beteiligen. Tscherepow war einverstanden. Seine Aufgabe bestand nun darin, davon gingen jedenfalls russische Ermittlungsbehörden aus, die Interessen von Lev Chernoy gegenüber den internationalen Sicherheitsdiensten wahrzunehmen und gleichzeitig die Verbindungen zu den kriminellen Gruppen zu koordinieren. »Um andere Unternehmer und Behördenvertreter unter Druck zu setzen, heuerte er tschetschenische Brigaden an«, lautete ein Vorwurf. Bewiesen werden konnte er nicht.

Im Jahr 1995 eskalierten die Auseinandersetzungen in Russland. Zu dieser Zeit beschloss die Jugorskij Bank, aus dem Ölgeschäft auszusteigen und eine Partnerschaft mit dem Aluminiumwerk in Krasnojarsk einzugehen. Vizepräsident der Bank war Wadim Jafjassow, der zuvor im Ministerium für Metallurgie für die Erteilung von Exportlizenzen verantwortlich gewesen war. Er wurde zum Vizegeneraldirektor des Werkes in Krasnojarsk ernannt. Innerhalb kurzer Zeit erkannte er, was dort gespielt wurde, und er war bereit, bei der Moskauer Staatsanwaltschaft gegen Lev Chernoy auszusagen. Am 11. April 1995 wurde er durch Kopfschuss getötet. Drei Monate später wurde Oleg Kantor, dem Präsidenten der Jugorskij Bank, der Bauch aufgeschlitzt und sein Leibwächter erschossen.

Im späten Sommer des gleichen Jahres flog Felix Lvov, der russische Repräsentant der US-Firma AIOC nach Moskau. Die AIOC mit Sitz in New York handelte erfolgreich mit russischem Aluminium, Kupfer, Nickel, Zink und Edelmetallen. Das Unternehmen hielt einen kleinen Anteil an Krasnojarsk. Kaum angekommen, wurde Lvov noch auf dem Flughafen von zwei Männern entführt, die sich als Angehörige des FSB ausgaben. Einen Tag später wurde sein Körper 180 Kilometer entfernt gefunden, mit einer Kugel im Kopf. AIOC verlor den Vertrag mit Krasnojarsk und meldete knapp ein Jahr später Bankrott an.[104]

Einige Monate nach dem Mord an dem AIOC-Vertreter übernahm die Trans World Group die totale Kontrolle über Krasnojarsk.

Zu Beginn des Jahres 1997 kühlten die bis dahin so guten Beziehungen der TWG zu den führenden russischen Managern und Aktienbesitzern ab. Und auch der Druck von außen wuchs. Vor der Duma erklärte Innenminister Anatolij Kulikow, dass Russland Maßnahmen ergreifen müsse, um die strategisch wichtige Aluminiumindustrie vor der Mafia zu schützen. Er forderte die Staatsanwaltschaft auf, weiter gegen Lew und Mikhail Chernoy zu ermitteln, und klagte: »Mafiastrukturen monopolisieren den Markt, zerstören ihn und verwandeln wirtschaftliche Beziehungen zu Beziehungen zwischen Verbrechersyndikaten.«

Angesichts der Gefahr, die Kontrolle über die Aluminiumproduktion zu verlieren, ergriff Lev Chernoy Abwehrmaßnahmen. Cherpow erhielt den Auftrag, seine Verbindungen zur Unterwelt zu nutzen, um Kritiker auszuschalten und die Lage zu beruhigen. Nach Informationen des FSB traf sich Cherpow mit den Führern mehrerer krimineller Organisationen in Kirgistan und Kasachstan. Dabei soll vereinbart worden sein, alle diejenigen auszuschalten, die in der Vergangenheit an Morden beteiligt waren. Für diese Arbeit zahlte Chernoy angeblich mehr als zehn Millionen Dollar an Cherpow.

Im Sommer 1998 kehrte Lev Chernoy nach Russland zurück und startete bald darauf eine PR-Kampagne, die darauf abzielte, ihn als patriotischen, staatsbürgerlich gesinnten Unternehmer zu präsentieren. Dafür benutzte er zahlreiche einflussreiche Zeitungen wie die »Komsomolskaya Prawda«, »Trud« und »Rossiyskaya Gazeta«. Außerdem versuchte er, den damals noch bestehenden politischen Einfluss von Boris Beresowski zu nutzen, um Zugang zum russischen Finanz-Establishment und zum abgeschotteten Präsidentenzirkel zu bekommen. Die beiden kannten sich schon lange und hatten gemeinsame politische Schirmherren: den Ersten Stellvertretenden Ministerpräsidenten Oleg Soskowez und Sicherheitschef Alexander Korschakow. Gemunkelt wurde, dass Lev Chernoy seinem Freund Beresowski, der gerade Liquiditätsprobleme hatte, Geld lieh, damit dieser den russischen Fernsehsender ORT kaufen konnte. Jedenfalls beteiligte er Boris Beresowski an seinen Aluminiumwerken.

Gleichzeitig ging es mit Anatolij Bykow bergab. 1998 trug er zwar noch maßgeblich zum Sieg des Ex-Generals Alexander Lebed bei den Gouverneurswahlen bei und kandidierte 1999 als Chef des Aluminiumkombinats auf der Liste des rechtsradikalen Politikers Wladimir Schirinowski. Doch die Wahlkommission lehnte ihn ab. Grund dafür waren seine engen Kontakte zur Ismailovskaja-Gruppe. Außerdem sollte er den russischen Staat um über 50 Millionen Dollar betrogen haben.[105]

Hinzu kam die Beichte eines »Auftragskillers«, der aussagte, dass er für Bykow einige »schmutzige Aufträge« erledigt habe. Bykow flüchtete aus Russland, wurde aber am 29. Oktober 1999 in Ungarn auf Grund eines internationalen Haftbefehls wegen des Auftragsmordes verhaftet. Nach seiner Festnahme erklärte er, er sei vor den »Schakalen des Kreml« geflohen, das Opfer einer »Art Todeskampagne« und bat um politisches Asyl. Die ungarischen Behörden lieferten ihn trotzdem nach Russland aus.

Im Februar 2002 wurde ihm der Prozess gemacht, und zwar wegen des Auftragsmordes, der aber anscheinend überhaupt keiner war. Zwar berichtete im Herbst 2000 das russische Fernsehen ausführlich über den Mordanschlag auf den früheren Partner Wilor Struganow. Sogar der blutige Tatort war zu sehen.

Doch der »Mordanschlag« war fingiert, um Bykow hinter Gitter zu bringen. Struganow nahm sogar am Prozess gegen seinen angeblichen Mörder teil – in Handschellen. Denn er selbst soll während des Wahlkampfes in Krasnojarsk im Dezember 2001 einen Sprengstoffanschlag geplant haben, um seine Wahl in die regionale Duma durchzusetzen.

In Sachen Bykow lag der Staatsanwaltschaft in Moskau hingegen ein Geständnis des gedungenen Mörders vor. Die »Neue Zürcher Zeitung« wunderte sich: »Als wäre die Affäre nicht bizarr genug, hat der ins Ausland geflüchtete Killer seine Aussage aber vor einigen Wochen widerrufen. Am ersten Prozesstag wurde eine Filmsequenz gezeigt, worin der vermeintliche Kronzeuge im Beisein von russischen Parlamentariern Bykow entlastet. Nun gibt es weder eine Leiche noch einen versuchten Mord noch einen Auftraggeber, dafür gleich zwei Mafiosi im Gerichtssaal, die die Behörden unmöglich freilassen können, ohne sich gewaltig zu blamieren.«[106]

Und Lev Chernoy? Nach Meinung vieler Beobachter hatte er nur noch ein Ziel: Sich selber reinzuwaschen und seine Leute in Schlüsselstellungen der Regierungen auf föderaler und regionaler Ebene zu hieven. Seine engen Kontakte zu führenden Männern der Organisierten Kriminalität und die zweifelhafte Herkunft seines Geldes sprechen dafür, dass dieser Prozess gelungen ist – der Prozess der Transformation kriminell erworbenen Reichtums in »legales« Kapital. Das bestätigte auch Europol in einem Bericht über »Russische Organisierte Kriminalität« vom September 2001: »Die Chernoy-Brüder spielen eine wichtige Rolle in der Ismailovskaja, und zwar als Geldwäscher, und sie benutzen dazu in Russland ihren Einfluss auf Politiker.«[107]

Sein Bruder Mikhail wehrte sich in einem Interview mit einer russischen Internetzeitung mit der Behauptung, die Vorwürfe gegen ihn und seinen Bruder seien Ausdruck des Kalten Krieges gegen das russische Kapital im Ausland. So würden ihm von der Polizei im Ausland allein 37 Morde vorgeworfen. »Das alles ohne Beweise. Aber das Büro

Jürgen Roth

des Staatsanwalts der russischen Föderation, der russische Innenminister und die Untersuchungsabteilung des Geheimdienstes haben erklärt, dass ich niemals dem Verdacht ausgesetzt war, in kriminelle Aktivitäten verwickelt zu sein.«

Auf die Frage, warum er von ausländischen Sicherheitsbehörden derart massiv beschuldigt werde, antwortete er, dass es drei unterschiedliche Interessengruppen gäbe. Da seien zunächst einige »finanzielle und industrielle Kreise in Russland, die Einfluss auf verschiedene Politiker und die Machtstrukturen ausüben«. Die würden befürchten, »dass ein Geschäftsmann, der aus Russland auswandert, ihre Monopole gefährdet«.

Die zweite Gruppe seien »Geschäftsrivalen aus Übersee. Schauen Sie sich den russischen Rüstungskomplex an. Der war maßgeblich daran beteiligt, dass die Schwerindustrie auf dem internationalen Markt erfolgreich agieren konnte. Das FBI und andere Geheimdienste reagierten darauf, indem sie behaupten, das sei die russische Mafia. Und die europäischen Länder sowie Israel werden dabei als Werkzeuge benutzt in diesem Kampf um den Weltmarkt.«

Der dritte »Clan«, der Vorwürfe gegen ihn erheben würde, seien die westlichen Geheimdienste. »Nach dem Ende des Kalten Krieges waren viele von ihnen praktisch arbeitslos. Indem sie die russische Mafia erfanden, erhielten sie die Möglichkeit, neue Mitarbeiter einzustellen, und ein höheres Budget für ihre Arbeit.«[108]

Als Präsident der Mikhail Chernoy Foundation in Israel hat er eine eigene Website im Internet. Auf ihr kann der Leser nicht nur sehen, dass er zahlreiche mildtätige Stiftungen unterhält und auch sonst viel Geld spendet. Ausführlich schildert er auch seinen Aufstieg und die damit verbundenen Probleme.[109] Über seinen Bruder hingegen ist relativ wenig zu lesen.

Und damit wäre die Geschichte über den Rohstoffkrieg fast erzählt. Nun kommen wir nur noch einmal auf Alimzan Tochtachunow zurück, und zwar im Zusammenhang mit einer Aussage von Djalol Khaidarow. Der war ein ehemaliger Freund von Tochtachunow und enger Verbündeter der Brüder Lev und Mikhail Chernoy, eine Art Finanzdirektor der Trans World Group. Die israelischen Behörden beschuldigen ihn, 643 Millionen Euro gewaschen zu haben. Um der Strafe zu entgehen, packte er aus, steht seither unter einem Zeugenschutzprogramm in Israel und redet dort manchmal mit Journalisten, unter anderem von »Le Monde«. Da erfährt dann der erstaunte Leser, dass der Gouverneur von Kemerowo Bankkonten in Liechtenstein hat, dass der ehemalige Eisenbahnminister »Kick-backs« von jeder Fabrik kassierte, die auf die Bahn angewiesen war, und dass einer seiner Partner aus dem russischen Geschäft geworfen wurde, indem einfach ein Kilo Heroin auf der Toilette seiner Hotelsuite versteckt und dann die Polizei informiert wurde.[110]

Was Europol und die italienische Polizei aber alarmierte, war die Behauptung, dass Tochtachunow der Finanzverwalter der Brüder Chernoy gewesen sei. Dazu führte Khaidarow fast schon lyrisch aus: »Er ist der Christopher Kolumbus für die Chernoy-Brüder gewesen. Er ist der Entdecker unbekannter Gebiete. Seine Mission war es, Chernoys Geld in sicheren Plätzen anzulegen.« Seine Beichte war am 6. Januar 2003 in der italienischen Zeitung »La Repubblica« nachzulesen. Die Bekenntnisse (wenn sie denn stimmen) würden erklären, warum bestimmte Regierungskreise in Russland ziemlich unruhig wurden, als Tochtachunow hinter Gitter kam und nun zu befürchten ist, dass er in die USA ausgeliefert wird. Denn dann könnte er sich ja entscheiden auszupacken. Das gesamte Geldwäsche-Netzwerk, das den Chernoy-Brüdern, insbesondere Lev, zugeschrieben wird, könnte in sich zusammenfallen und dabei nicht nur in Russland ein politisches Erdbeben auslösen.

Zeigten deshalb Ende Februar 2003 die russischen Delegierten bei den gemeinsamen Konsultationen mit deutschen Sicherheitsbehörden in Köln ein so großes Interesse daran, herauszufinden, was das BKA über den Fall Tochtachunow weiß?

Und stimmt es, dass Tochtachunow auch Deutschland als sicheren Hafen für kriminell erworbenes Kapital auserkoren hatte? Nachdem das BKA im Frühjahr 2003 in einem Fernschreiben an alle deutschen LKAs mitteilte, dass Alimzan Tochtachunow auch Geschäftsverbindungen zu einigen deutschen Eishockey-Klubs, und zwar der 1. und 2. Bundesliga, aufgenommen habe, scheint die Frage zum Teil beantwortet zu sein. Tatsache ist jedenfalls, dass »in Russland das Eishockey-Geschäft eng mit kriminellen Strukturen verbunden ist«.[111] Sie wollen mitkassieren, seit die Dollarmillionen nicht nur auf den Konten russischer Eishockey-Stars, sondern über meist dunkle Kanäle auch in den Taschen dubioser Funktionäre landen. Auftragsmorde klären dann manchmal die Machtverhältnisse.

Jürgen Roth

Die Usbekistan-Connection an der Saar

Manchmal geschehen noch Wunder. Suspekte Personen, die eigentlich schon lange in der Versenkung verschwunden sein sollten, weil bereits so viel über sie geschrieben wurde, tauchen plötzlich wieder auf, und bislang unbekannte Hintergründe werden endlich sichtbar. Diesmal geht es um unbekannte und schon bekannte Namen, das Saarland und das Tausende Kilometer entfernte Usbekistan.

Michael Lüders, Politikberater der SPD-nahen Friedrich-Ebert-Stiftung, schrieb über das heutige Usbekistan: »Häufig arbeitet die politische Elite mit Kriminellen zusammen, um ihre Geschäfte abzusichern. Ganze Wirtschaftszweige werden von lokalen Mafiabanden betrieben, unter der Regie korrupter Politiker.«[112]

Er nennt in diesem Zusammenhang einen Gafur Rachimov, den er als »Mafioso« beschreibt und der am Drogenschmuggel von Afghanistan nach Europa beteiligt sein soll. In seiner Firma würden »überwiegend ehemalige KGB-Offiziere« arbeiten. Ob das wirklich so stimmt? Dieser Gafur Rachimov ist immerhin Mitglied im Internationalen Olympischen Komitee Usbekistans. Und auf einer Liste der reichsten und einflussreichsten Geschäftsleute der gesamten GUS-Staaten steht er auf Platz 17, noch vor Lev Chernoy, der es auf Platz 24 bringt.[113]

Andererseits ist Usbekistan nicht einmal ansatzweise ein Rechtsstaat. Menschenrechtsaktivisten sprechen von mindestens 7000 politischen Gefangenen und massenhafter Folter. Im Februar 2003 schrieb einer der bekanntesten Journalisten Usbekistans, Sergej Jeschkow, einen Artikel, der zur offenen Hetzjagd gegen ihn führte. Der Grund? »Er hatte berichtet, dass Mitarbeiter des usbekischen Innenministeriums Sonderagenten und Provokateure in so genannten Auftragssachen einsetzen. Seine Recherchen hatten ergeben, dass diese Personen von der usbekischen Miliz wie ›festangestellte‹ Zeugen eingesetzt werden. Ein und derselbe ›freiwillige Helfer‹ der Miliz erscheint beispielsweise in Dutzenden Strafsachen, und jedes Mal erklärt er vor Gericht, zuvor als Zeuge nicht ausgesagt zu haben.«[114]

All das belegt, dass sich in Usbekistan in den letzten zwölf Jahren nichts verändert hat. Dann fiel mir ein Polizeidokument aus der Schweiz ein, das dem erwähnten Gafur Rachimov Verbindungen zu dem inzwischen hinlänglich bekannten Alimzan Tochtachunow nachsagt. Und die französische Polizei (Direction Générale de la Police Nationale) behauptete in einem Bericht vom 5. Februar 1998: »Rachimov ist einer der führenden Mitglieder der usbekischen Mafia, dessen Aufenthalt in Frankreich eine schwere Gefährdung der öffentlichen Sicherheit darstellt.« Aus diesem Grund wurde ihm im März 1998 die Einreise nach Frankreich verweigert. Einer seiner Begleiter war damals übrigens der umstrittene Geschäftsmann André Guelfi, bekannt aus der Affäre Elf Aquitaine. Beide, so der »Züricher Tages-Anzeiger«, seien »Vertraute des usbekischen Staatspräsidenten Islam Karimow«.[115]

Gafur Rachimov hatte alle Beschuldigungen stets von sich gewiesen, besonders den Verdacht, er habe etwas mit dem Drogenhandel zu tun. Diesen Vorwurf ließ er übrigens in der Vergangenheit gerichtlich untersagen. »Wer hat jemandem das Recht gegeben, meinen Namen, den eines Geschäftsmanns, mit kriminellen Gruppierungen zu verbinden ...? Niemals war ich an irgendeiner kriminellen Tätigkeit beteiligt.« Sein Vertrauensmann in Zürich, André Khasoff, bestätigte mir Anfang Februar 2003, dass gegen Gafur Rachimov nichts vorliege und er in Paris gegen das Einreiseverbot geklagt habe – »erfolgreich«, meinte er. Er hatte Recht. Im Juli 2001 hatte ein Gericht entschieden, dass das Einreiseverbot von 1998 gegen ihn aufgehoben werden müsse. Das Urteil wurde damit begründet, dass Interpol Usbekistan Gafur Rachimov bescheinigt hatte, dass er »niemals Objekt einer kriminalpolizeilichen Untersuchung in den GUS-Staaten, insbesondere in der Russischen Föderation«, gewesen sei und sich das französische Innenministerium weigere, »konkrete Fakten« zu liefern. Wie ist das einzuordnen?

Der Leiter von Interpol Usbekistan, Mahmud Chaitow, wurde im Mai 2000 entlassen, als bekannt wurde, dass er einen Killer angeheuert hatte, um den Dichter und Oppositionspolitiker Mohammed Salih ermorden zu lassen. Er musste suspendiert werden, weil in einer TV-Sendung, die den Vorgang aufdeckte, zu hören war, wie er am Telefon über die Restsumme für den Mordanschlag sprach. Ob sein Nachfolger viel integrer ist – daran darf man zweifeln.

Wie Mikhail Chernoy hatte übrigens auch Gafur Rachimov im Internet eine eigene Seite (www.gafurrakhimov.com), auf der viel Wissenswertes über ihn nachzulesen war. Zum Beispiel, dass er einer der »prominentesten usbekischen Geschäftsleute« ist und »berühmt ist für seine Philanthropie«. Seine Firmen würden mit »bekannten Gesellschaften in England, Australien, Belgien, Deutschland, Holland, den USA, der Schweiz und Frankreich kooperieren«. Doch seit Anfang 2003 ist die Seite nicht mehr im Netz.

So lohnt es sich, ein wenig seine Spuren zu verfolgen, insbesondere die nach Deutschland. Vielleicht erfahre ich hier aus erster Hand mehr über ihn. Sicher dürfte sein, dass er Anfang der neunziger Jahre mit dem Generalvertreter von Daimler-Benz in Usbekistan in enger Verbindung stand. Bis der sich von ihm trennte. Das behauptet jedenfalls Albert Boußonville aus dem Saarland, vormals Repräsentant von Mercedes in Usbekistan. Und er sollte es eigentlich wissen. Aber der Reihe nach.

Im Juni 1999 trafen sich in Leipzig Beamte des LKA Nordrhein-Westfalen mit einem Unternehmer, der bis September 1990 stellvertretender Polizeichef in Leipzig gewesen war. Als seine Polizeikarriere mit der Wende endete, suchte er ein neues Betätigungsfeld. Obwohl von kompetenter Stelle in Berlin gewarnt, wollte er unbedingt in den lukrativen Baumwollhandel einsteigen. Wenige Jahre später war alles zu Ende. Er behauptete, von seinen Partnern in Usbekistan ausgetrickst und massiv bedroht worden zu sein. Also vertraute er sich der Polizei und Staatsanwaltschaft in Leipzig an. »Der habe ich erklärt, dass meine Partner zur usbekischen Mafia gehören. Aber die haben gesagt: ›Das sind Hirngespinste. Eine usbekische Mafia, an der auch Regierungsmitglieder beteiligt sind, gibt es überhaupt nicht.‹«

Schließlich traf er Beamte eines anderen Landeskriminalamtes, die sich besser mit Organisierter Kriminalität auskannten. In einem Protokoll über das Gespräch, das ans BKA weitergeleitet wurde, sind zwei Passagen aufschlussreich. Zum einen, was er über Gafur Rachimov sagte. Der war nämlich sein Geschäftspartner in Taschkent.

»Im Juli 1991 bin ich in Taschkent angekommen. Ich war dort eine Woche und hatte den Eindruck, ich sei ein Staatsgast, mit so viel Brimborium haben die mich behandelt. Dann bin ich dem Kasanov sowie dem Handelsminister, dem Stellvertretenden Außenwirtschaftsminister und dem Geschäftsmann Gafur Rachimow vorgestellt worden. Mir war schnell klar, dass dieser Mann in Usbekistan eine zentrale Rolle spielt und ohne ihn nichts läuft. Das ist bei allen Gesprächen, Treffen und Abendessen auch auf Ministerebene deutlich geworden.« Besonders beeindruckt war er, als ihn Gafur Rachimow nach dem Besuch einer Teestube mit in seine Villa nahm. »Das war unglaublich. Alles Gold, Marmor und kostbares Leder.«

Mir hat er später etwas über die Geschäftspraktiken erzählt, die er mitbekam: »Die größten Geschäfte, die von Gafur mitorganisiert wurden, waren die mit Baumwolle. Die Ware wurde von mir bestellt, dann wurden die Waggons auf dem Weg nach Europa umgeleitet, und die Ware kam nie an. Oder es wurden falsche Rechnungen ausgestellt.« Er informierte die Staatsanwaltschaft Leipzig über diesen Sachverhalt. Doch nach seinen Angaben wollten weder Polizei noch Staatsanwaltschaft in Leipzig etwas davon wissen. Sie sagten ihm vielmehr, dass er ein Spinner sei. Der Grund für dieses Desinteresse? In einigen der neuen Bundesländer sind die zentralen Positionen der Dienststellen zur Bekämpfung Organisierter Kriminalität (bis hin zum Hauptpersonalrat) überwiegend mit ehemaligen K1-Mitarbeitern der DDR-Volkspolizei besetzt. K1-Mitarbeiter (die politische Polizei) pflegten engste Verbindungen zum Ministerium für Staatssicherheit (MfS) und gleichzeitig zum KGB, teilweise arbeiteten sie selbst für das KGB. Allein in Sachsen wurden im Jahr 1991 vierhundert ehemalige Angehörige der K1, bekannt und berüchtigt als »StasiHilfspolizei«, in den Staatsdienst übernommen. Was dazu führt, dass in den neuen Bundesländern im Polizeiapparat kaum jemand über die kriminellen Strukturen aus dem Osten spricht. Es scheint ein altes Ritual zu sein: Bereits vor der Wende fielen eine Vielzahl ehemaliger UdSSR-Bürger, insbesondere Soldaten und Offiziere, durch kriminelle Aktivitäten auf. Sie wurden vor der Wende bereits totgeschwiegen. Später bildeten sich zwischen Ex-KGB-Mitarbeitern, Ex-Militärs und Stasi sowie K1-Mitarbeitern feste Netzwerke. Die Konsequenz? »Wir haben seit Jahren jede Menge Probleme mit Kriminellen aus der ehemaligen UdSSR«, beschwert sich mir gegenüber ein couragierter Beamter aus Sachsen. »Dabei geht es um die Förderung der Prostitution, Menschenhandel, Schutzgelderpressung, Drogen- und Waffenhandel und die Verbreitung von Falschgeld. Bei den Tätern handelt es sich um hochrangige Offiziere der ehemaligen roten Armee, die in Dresden, Chemnitz oder Leipzig geblieben sind, um ehemalige KGB-Mitarbeiter und um Kriminelle aus dem Milieu. Sie arbeiten heute eng zusammen mit hochrangigen ehemaligen MfS-Mitarbeitern.« Wenn dann noch hinzukommt, dass ehemalige K1-Mitarbeiter in den Schlüsselpositionen der OK-Dienststellen sitzen, ist es nicht besonders verwunderlich, dass für den Bereich der Osteuropäischen Organisierten Kriminalität in den neuen Bundesländern weder Informationen gesammelt noch Ermittlungsverfahren eingeleitet werden.

Der Unternehmer aus Leipzig bringt dann noch weitere Namen ins Spiel. So traf er sich im September 1991 im Maritim-Hotel in Hannover mit dem usbekischen Handelsminister Usmanov sowie einem Valerij Eriksson und mit Albert Boußonville. »Die Herren Eriksson und Boußonville habe ich auch später bei den Treffen in Taschkent immer wieder bei gemeinsamen Abendessen oder den späteren Barbesuchen getroffen. Diese Personen gehörten ebenfalls zum direkten Umfeld des Gafur.«

All das spielte sich Mitte der neunziger Jahre ab und endete 1998 damit, dass er von seinen ehemaligen Geschäftspartnern beschuldigt wurde, Millionen unterschlagen zu haben. Er hingegen bestreitet das, und er wollte auch nicht glauben, dass »die Mafia ein deutsches Gericht bemüht, um mich fertig zu machen«. Tatsache ist, dass der usbekische Clan, der ihn des Betrugs und der Untreue beschuldigte, nicht nur eine der besten deutschen Anwaltskanzleien einschaltete, sondern dass diese Anwaltskanzlei anscheinend auch beste Beziehungen zur Leipziger Staatsanwaltschaft hatte. Immerhin notierten Beamte des LKA Nordrhein-Westfalen später: »Grundsätzlich kann auf Grund der hier vorliegenden Informationen über den benannten Personenkreis gesagt werden, dass der von Herrn P. geschilderte Ablauf den Tatsachen entsprechen könnte, das heißt, er beziehungsweise seine Firmen wurden von einer usbekischen OK-Gruppe als Deckmantel für groß angelegten Baumwollschmuggel benutzt und auch später von diesem Personenkreis unter Druck gesetzt.« Das sei übrigens auch nach »aktuellen Erkenntnissen des BKA in Deutschland bei vergleichbaren Sachverhalten nicht unüblich.« Trotzdem wurde er am 10. Juli 2001 von einer Leipziger Wirtschaftsstrafkammer wegen Untreue zu einer Freiheitsstrafe von einem Jahr und sechs Monaten verurteilt.

Heute macht er Geschäfte mit Georgien und, was die Korruption bis in die Spitzen der Regierung angeht, die gleichen Erfahrungen wie in Usbekistan.

Wer aber ist der von ihm genannte Valerij Eriksson? Eriksson wurde in Taschkent geboren, nahm nach der Heirat mit einer Schwedin deren

Namen an und kam vermutlich im August 1988 zum ersten Mal ins Saarland. Ein Jahr später bat er um die Erteilung einer Arbeitserlaubnis, arbeitete als Angestellter in der ABS GmbH von Albert Boußonville und erhielt ziemlich schnell, schon im Dezember 1992, die deutsche Staatsangehörigkeit. Dann gründete er eine Firma, die sich mit Immobilien und dem Im- und Export von Rohstoffen beschäftigte. Ebenso geschwind bezog er eine Villa (Kostenpunkt knapp vier Millionen Mark), die er mit allen Finessen der Überwachungstechnik absicherte, und fuhr, für die eher biedere saarländische Provinz ungewöhnlich, eine Lincoln-Stretchlimousine. Manchmal hielt er sich in einer großen Villa in Théoule sur Mer in Südfrankreich auf, die er Freunden gegenüber sein Eigen nannte. In Wirklichkeit gehörte sie seinem Freund Grigori Leventul. Und der hatte sie, weil die Kasse momentan leer war, an Albert Boußonville verpfändet. Auf der von Leventul gemieteten Yacht Savarone (einst die Yacht des türkischen Staatsgründers Atatürk) trafen sich im Juli 1994 nicht nur bekannte Autoritäten der Solnzewskaja wie Viktor Averine oder Sergeij Michailow. Auch Tochtachunow schipperte durchs Mittelmeer.

Albert Boußonville beschäftigte Mitte der neunziger Jahre als Präsident der Generalvertretung für Usbekistan der Mercedes-Benz AG, »Stern des Ostens«, in Saarwellingen 32 und in Taschkent 50 Angestellte. Im Jahr 1992, zur offiziellen Eröffnung des Stern des Ostens, wollte sogar der usbekische Staatspräsident Islam Karimow in die Mercedes-Repräsentanz in Taschkent kommen, sagte jedoch zehn Minuten vor der Eröffnung ab. Dafür schickte er seinen Stellvertreter.

Am 30. April 1994 war in der »Saarbrücker Zeitung« zu lesen: »Der usbekische Staatspräsident Islam Karimow wird im Rahmen seines ersten Deutschlandbesuches am heutigen Freitag das Saarwellinger Unternehmen ABS besuchen.« Der Grund für den Besuch im Saarland war Albert Boußonvilles Firma in Saarwellingen, die ABS GmbH, die inzwischen Generalvertreterin des Stuttgarter Automobilkonzerns in Usbekistan war. Die Geschäfte liefen hervorragend. Boußonville erwirtschaftete mit seiner Repräsentanz in Usbekistan ein Prozent des Gesamtumsatzes von Mercedes-Benz. Um den Besuch aus Usbekistan zu ehren, flog deshalb auch der damalige Vorstandsvorsitzende von Mercedes, Werner Niefer, ins Saarland.

Während des Staatsbesuchs in Saarwellingen gab der usbekische Präsident dem deutschen Unternehmer Boußonville übrigens einen freundlichen Rat: »Du musst dich entscheiden, für wen du arbeitest. Entweder für mich oder für die Straße.« Straße ist der umgangssprachliche Begriff für die Mafia. Boußonville entschied sich, wie er mir sagte, für Islam Karimow. Unterdessen war auch das saarländische Innenministerium davon überzeugt, dass es sich lohne, noch enger mit Usbekistan zusammenzuarbeiten, insbesondere im Bereich der Inneren Sicherheit.

In der Zeit vom 18. Juli 1994 bis 26. Juli 1994 reiste der saarländische SPD-Innenminister Friedel Läpple mit einer Delegation zu einem Gegenbesuch ins korrupte Usbekistan. Begleitet wurde er sowohl von Albert Boußonville wie von Valerij Eriksson. »Damals tauchte der in der ersten Klasse reisende Eriksson überraschend bei dem in der Touristenklasse fliegenden Läpple auf«,[116] beobachtete die »FAZ«. Im Vorfeld der Reise sei Eriksson aber mit »negativem Ergebnis geprüft worden«, erklärte LKA-Direktor Lehnert.

Eriksson befand sich noch mit Innenminister Läpple, den er inzwischen duzte, in Taschkent, da stürmten Beamte der Saarbrücker Zollfahndung seine Villa. »Was wollen Sie?«, fragte seine Frau Anja die Beamten. »Er ist gerade mit Innenminister Läpple auf Geschäftsreise.« Die Fahnder suchten Drogen. Der Auslöser der überraschenden Aktion? Im Mobiltelefon eines spanischen Drogenhändlers war die Nummer Erikssons gespeichert. Drogen fanden die Zollfahnder nicht. Dafür nach Angaben der Fahnder Gold für rund 200 000 Mark und an Bargeld 50 000 Dollar und 40 000 Mark im Tresor.

Kaum wieder auf sicherem Saarbrücker Boden gelandet, dachte Minister Läpple bereits über einen Fonds nach, der in Zukunft die erforderlichen Dienstreisen usbekischer Polizeibeamter ins Saarland finanzieren sollte. In der Zeitschrift des Innenministeriums hieß es: »Saarland unterstützt Usbekistan in Polizeifragen«. Und weiter: »Inzwischen hat Läpple Bundesinnenminister Kanther geschrieben, dass der usbekische Innenminister den Wunsch geäußert hat, dass die Bundesrepublik Deutschland mit Usbekistan das Abkommen über die Zusammenarbeit bei der Bekämpfung der Organisierten Kriminalität sowie des Terrorismus und anderer Straftaten abschließt, wie sie es schrittweise mit den osteuropäischen Staaten getan hat.«[117]

Läpple muss von der usbekischen Gastfreundschaft so begeistert gewesen sein, dass er auch gleich den Antrag auf Mitgliedschaft Usbekistans bei Interpol unterstützte. Kein einziges kritisches Wort war über die mafiosen Verhältnisse in Usbekistan zu lesen, die im Jahr 1994 genauso offensichtlich waren wie schon zuvor.

Zwei Monate nach der Hausdurchsuchung bei Valerij Eriksson eilte die nächste usbekische Delegation an die Saar, diesmal unter Leitung des usbekischen Innenministers Sakir Almatow. Beim abendlichen festlichen Dinner saß wieder Valerij Eriksson mit an der Tafel. Der musste wohl großen Einfluss nicht nur in Usbekistan, sondern auch im Saarbrücker Innenministerium gewonnen haben – trotz Hausdurchsuchung.

Nach zwei Tagen Informationsbesuch reiste die usbekische Delegation zusammen mit Valerij Eriksson und LKA-Direktor Gregor Lehnert weiter nach Rom, zur 63. Generalversammlung von Interpol. Mittlerweile wusste das BKA, dass Eriksson beste Kontakte zur kriminellen Russenszene in Europa hatte. Trotzdem durfte er zur Interpol-Tagung in Rom sogar einen italienischen Mafioso aus Duisburg als Gast mitbringen. Es war ein Paolo P., ein hochkarätiges Mitglied der Ndrangheta, der im holländischen Breda an einem Überfall auf Roma beteiligt gewesen war, bei dem vier Menschen erschossen wurden. Nach dem Bildungsbesuch bei Interpol in Rom prahlte Paolo P. gegenüber Ndrangheta-Leuten am Telefon, dass er bei der Tagung wichtige Erkenntnisse über Drogenbekämpfungsstrategien gewonnen habe. Für das BKA war er im Drogenhandel ein Bindeglied zwischen usbekischen Clans und der Ndrangheta. Ein BKA-Vermerk lautete: »Leiter LKA Saarbrücken hat beide in Rom, anlässlich dienstlicher/geschäftlicher Veranstaltungen getroffen.«[118]

Anscheinend war LKA-Leiter Lehnert zuvor vom BKA gewarnt worden, hatte es aber nach seiner Rückkehr nicht für notwendig befunden, das BKA über die obskuren Gäste zu informieren, »obwohl beide Ämter vereinbart hatten, Eriksson zu beobachten und Informationen auszutauschen«.[119]

Wieder in Saarbrücken zurück, fiel Eriksson Ende 1994 auf ganz andere Weise auf, als er von zwei Polizisten angehalten wurde: Sie fanden Spritzbesteck und ein wenig Heroin. Aber »als er seinen Interpol-Ausweis vom September zückte und auf Verbindungen zum LKA-Drogendezernat hinwies, wurde er nicht weiter überprüft«[120], schrieb eine Lokalzeitung ironisch. Zuletzt, so das BKA, wurde er am 31. Oktober 1995 auffällig, als er in einem Lokal in Nizza von einem be-

Jürgen Roth

kannten Drogenhändler 40 Gramm Kokain gekauft hatte und daraufhin festgenommen wurde.

Der Aussage des BKA steht jene von Eriksson und dessen Anwalt in Monaco entgegen. Demnach seien überhaupt keinerlei Drogen gefunden worden. Auf jeden Fall saß Eriksson einige Tage in Untersuchungshaft – so ganz ohne Grund?

Bedeutender war jedoch, was in einem Brief des BKA an das Innenministerium in Bonn behauptet wurde. Dort steht etwas über Albert Boußonville. Der habe zusammen »mit einem Gafur Rachimow, einem Vertreter der Schattenstrukturen im Staat, das usbekisch-deutsche Gemeinschaftsunternehmen mit dem Namen ›Zvezda Vostoka‹ (Stern des Ostens) gegründet und in diesem Zusammenhang mit Hilfe und Unterstützung staatlicher Funktionsträger überteuerte Mercedes-Benz-Fahrzeuge geliefert«. Boußonville bestreitet, überteuerte Mercedes-Limousinen geliefert zu haben.

An anderer Stelle im BKA-Brief wird auf Erikssons »nachgewiesene Kontakte in das Saarbrücker Rotlicht- und Drogenmilieu« und seine ebenso nachgewiesenen Kontakte zur Organisierten Kriminalität (»Russen- und Italienerszene«) hingewiesen. »Er scheint über erhebliche finanzielle Möglichkeiten zu verfügen.«[121] Erikssons Saarbrücker Anwälte wollten vom BKA eine Richtigstellung, der für ihren Mandanten ziemlich negativen Beurteilung. Doch die Antwort des BKA fiel nicht wie gewünscht aus: »Zu der von Ihnen über die Kontakte Ihres Mandanten zur Organisierten Kriminalität erbetenen ›Klarstellung‹ darf ich Ihnen mitteilen, dass das BKA kein Ermittlungsverfahren gegen ihren Mandanten führt. Es liegen hier jedoch kriminalpolizeiliche Erkenntnisse bezüglich anderer, im Einzelfall auch der Organisierten Kriminalität zuzurechnenden Personen vor, zu denen Ihr Mandant nach hier vorliegenden Informationen Kontakte hatte.«[122]

Von einer anderen Geschichte hatte selbst das BKA keine Ahnung. Die erzählte mir Boußonville: Anfang der neunziger Jahre, wahrscheinlich im Jahr 1992, erfuhr er, dass ein Mann namens Taiwanchek in Köln damit beschäftigt sei, russische Geschäftsleute zu erpressen. Auch bei Boußonville wollte er abkassieren. »Der war bei mir und machte so Andeutungen – wer mit Gafur arbeitet, der muss zahlen. Ich habe ihn rausgeworfen.« Taiwanchek ist übrigens der Spitzname von Alimzan

Tochtachunow. Eriksson selbst erklärt mir gegenüber, dass er Tochtachunow »nur flüchtig« gekannt und ihn 1991 zum letzten Mal in Köln gesehen habe.

Über den gesamten Skandal im Saarland berichteten im Frühjahr 1996 ansatzweise einige Medien. »Eriksson soll nach Angaben des Ministers (Innenminister Friedel Läpple, d. Autor) über Verbindungen in die Rauschgiftszene verfügen. Zudem seien ›Kontaktpersonen von Eriksson möglicherweise der Organisierten Kriminalität zuzurechnen‹, sagte Läpple dem Innenausschuss in Saarbrücken.«[123]

Spätestens nach den Pressemeldungen im Frühjahr 1996 über Eriksson und dessen unglaubliche Verbindungen zum Landeskriminalamt hätte dieser eigentlich gewarnt sein müssen und sich einem normalen bürgerlichen Leben widmen sollen. Zumal das saarländische LKA und das Innenministerium blamiert waren. LKA-Chef Gregor Lehnert erteilte Eriksson Anfang April 1995 Hausverbot und brach jeglichen Kontakt zu ihm ab. Für Eriksson war das ein »Stich in den Rücken«. Er behauptet mir gegenüber, und will dafür Zeugen haben, dass Gregor Lehnert von ihm 50 000 Mark in bar bekommen habe. Und zwar hätte er ihm das Geld gegeben, nachdem ihn Lehnert auf der Interpol-Tagung in Rom entsprechend angesprochen haben soll. »Und zwar hier, an diesem Tisch, an dem wir jetzt gerade sitzen.«

Es ist ein länglicher Plastiktisch auf der eindrucksvollen Veranda mit Blick auf den leeren Swimmingpool, marmorne Statuen und den Wald im Hintergrund. Seine Aussage habe er auch gegenüber der Saarbrücker Staatsanwaltschaft gemacht. Der von mir befragte Gregor Lehnert, inzwischen ist er Geschäftsführer eines Unternehmens für Werk- und Industrieschutz, hat von diesem Vorwurf »noch nie etwas gehört«. Und er bestreitet den von Eriksson geschilderten Vorgang.

In der Tat hatte die Staatsanwaltschaft Erikssons Vorwürfe überprüft. Doch die Vorwürfe hätten sich als »haltlos« und »abstrus« herausgestellt.

Nicht weniger brisant ist Erikssons Behauptung, dass der damalige Innenminister von Albert Boußonville »erpresst« sein worden soll. Und zwar durch die Edelprostituierte Tanja aus Taschkent, die tatsächlich mehrere Monate in der Nähe von Saarbrücken, in Bilsdorf, wohnte. Und sie wurde im VIP-Raum des Flughafens Taschkent von mehreren Personen gesehen, als sie sich verschmitzt auf den Schoß des

Innenministers gesetzt haben soll. Auch diese Angaben wurden von der Staatsanwaltschaft überprüft. Das Ergebnis war wieder eindeutig: »Haltlos und nicht beweisfähig.« Eriksson beharrt auf seinen Vorwürfen, will sogar davon wissen, dass er erst im Herbst 2002 erneut deshalb vernommen worden sei.

Gleichzeitig schwirren in diesem Zusammenhang noch weitere Beschuldigungen im Raum, zum Beispiel gegen Eriksson selbst. »Es war Ende 1996«, behauptet Albert Boußonville, »da waren wir im Düsseldorfer Hotel Breitenbacher Hof. In seinem Hotelzimmer sah ich mindestens ein Kilo Heroin.« Er habe Eriksson beim saarländischen LKA und beim Zoll angezeigt – aber nichts geschah, erzählte er mir verbittert. »Er muss einen großen Schutzengel haben«, mutmaßt Boußonville über das seltsame Verhalten der saarländischen Ermittlungsbehörden heute noch. Valerij Eriksson bestreitet hingegen, überhaupt irgendetwas mit Drogenhandel zu tun zu haben, und er widerspricht vehement dem von Boußonville geschilderten Vorgang im Düsseldorfer Breitenbacher Hof. »Bei allen Personen versucht er mich, durch Rufmord wirtschaftlich zu ruinieren«, klagt Eriksson.

Aufschlussreich ist ein Abschnitt in dem bereits erwähnten Schreiben des BKA an das Innenministerium, über »Hinweise des BND auf Albert Boußonville«. Demnach wurde durch die BND-Verbindungsstelle in Wiesbaden dem BKA ein Vermerk (VS-NfD) übergeben, in dem stand: »Boußonville war 1991 in den illegalen Abtransport von mehr als 30 000 Tonnen Baumwollfasern verwickelt. Außerdem hat er minderwertigen Impfstoff nach Usbekistan geliefert und der Republik Usbekistan einen Schaden von mehr als einer Million Dollar zugefügt.« Boußonville hält das für eine große Lüge. Er habe ganz regulär 5000 Tonnen Baumwolle geliefert, die restlichen 25 000 Tonnen stammten von Eriksson. Den hält er auch für die Quelle der Beschuldigung gegen ihn, obwohl der BKA-Bericht den »Usbekischen Nationalen Sicherheitsdienst« als Quelle nennt. Was nicht unbedingt ein Widerspruch sein muss.

Sicher ist, dass Eriksson und Boußonville sich bis zum heutigen Tag mit allen Mitteln bekämpfen. Für Eriksson ist Albert Boußonville »eine hoch kriminelle, sehr raffinierte, perverse und masochistische

Persönlichkeit. Dieser Mensch gehört zu denjenigen, die ihre eigene Mutter nach ihrem Tode ausgraben und für sechs Euro verkaufen.«

Eriksson beschuldigte zum Beispiel Boußonville, in dessen Auftrag er 1996 in Baku entführt worden zu sein. Der Vorfall gewährt einen kleinen Einblick, wie geschäftliche Auseinandersetzungen in Usbekistan gelöst werden. Hintergrund der Entführung von Eriksson am 28. November 1996 durch tschetschenische Kriminelle in Baku war, dass ein Partner von Boußonville, Hussein Husseinow, glaubte, aus einem Busgeschäft mit dem Unternehmen Evobus in Mannheim noch 1,8 Millionen Mark von Eriksson beziehungsweise Boußonville zu bekommen. Hussein Husseinow war damals Geschäftsführer einer Transportgesellschaft in Taschkent und gleichzeitig Präsident des staatlichen Automobilkonsortiums Azer Auto-Ngliyyatin in Baku. »Der Anführer der Tschetschenen hat mir jetzt nochmals vorgehalten, dass ich Herrn Husseinow dieses Geld schulde. Ich erklärte, dass ich nachweisen kann, dass Herr Boußonville die gesamte Summe von den Konto abgehoben hat.«

Nun sollte Boußonville nach Baku kommen, um zu beweisen, dass Eriksson lügt. Noch in der Nacht versuchte Eriksson zu fliehen. Doch die Flucht misslang. »Die Männer beschimpften mich dann mit allen möglichen Worten. Sie hielten mir vor, dass ich durch mein Verhalten bewiesen habe, dass ich doch schuldig bin. Sie sprachen davon, dass es besser wäre, mich zu erschießen. Dann legten sie mich auf den Boden, hielten mich an Händen und Füßen fest und zogen mich bis auf die Unterhose aus. Während die anderen mich festhielten, ergriff Sahid meinen Fuß. Legte ihn über sein Knie und drehte ihn mit Gewalt so weit herum, dass es krachte und ich Schmerzen bis ins Knie verspürte. Er sagte dann zu mir: ›Jetzt kannst du nicht mehr weglaufen.‹«

Einige Tage später kam Boußonville zu dem Entführten, so Eriksson gegenüber der Polizei. »Er erklärte, ich sei rauschgiftabhängig und würde spritzen. Sie sollten mir dreimal am Tag Heroin spritzen, dann würde ich reden. Ich erklärte wieder, ich sei unschuldig und bestand darauf, dass Boußonville Unterlagen zeigt, die seine Behauptung beweisen.« Doch das konnte er anscheinend nicht. »Beim Herausgehen sagte Boußonville: ›Lassen Sie ihn verschwinden, ich zahle selbst.‹ Boußonville erklärte weiterhin, Husseinow werde auch zahlen. Dieser nickte mit dem Kopf. Unterdessen meinte einer der tschetschenischen Entführer, Tomaz, ›jetzt müssten sie mich liquidieren, da ich ja Zeuge bin.‹ Tomaz hat mir erklärt, dass er sich bei den Tschetschenen für mich verbürgt hat. Er verlangte, dass ich ihm die gesamte Firma überschreibe mit der dazugehörigen Ware, damit er alles zu Geld machen kann.«

Wenig später, aus welchen Gründen auch immer, kam Eriksson frei. Nach seiner Rückkehr in Deutschland erstattete er beim saarländischen LKA eine Anzeige gegen Boußonville. Nachfragen beim LKA in Saarbrücken ergaben, dass die Ehefrau von Eriksson ihren Mann als vermisst gemeldet hatte. Und da Eriksson demnach wegen »Geldforderungen festgehalten« wurde, sei es zu einem Verfahren beim LKA gegen Boußonville gekommen. Dieses Verfahren wurde jedoch von der Staatsanwaltschaft wegen fehlender Zuständigkeit eingestellt. Erikssons Ehefrau hingegen beklagt bitter, dass das LKA überhaupt nichts unternommen hatte. Und Boußonville selbst bestreitet alles.

Das ist alles aber nur die eine Seite einer wüsten Geschichte um Macht und Geld. Die andere hängt mit Gafur Rachimov und Mercedes-Benz zusammen. Boußonville machte während seiner langjährigen Tätigkeit in Usbekistan viele persönliche Erfahrungen mit Gafur Rachimov (»halb Usbekistan steht auf seiner Gehaltsliste«). Und nicht nur in einem chinesischen Restaurant in Saarlouis. Da sieht man auf Fotos Gafur Rachimov und Valerij Eriksson, umrahmt von feurigen, schwarzhaarigen Frauen, an einem runden Tisch sitzen und auf das Essen warten. Gafur Rachimov trägt einen beigen Anzug, weißes Hemd und eine rot-grün gemusterte Krawatte. An seinem Handgelenk blinkt eine teure goldene Uhr.

Zweifellos war Rachimov an Mercedes-Benz in Usbekistan bis ins Jahr 1993 hinein beteiligt. »Aber als ich ihn 1994 rausgeschmissen habe, da fingen meine Probleme an«, klagte heute Albert Boußonville. Gafur Rachimov habe bei einem späteren Treffen eine Art Ehrfurcht ihm gegenüber gezeigt und seinen Freunden gesagt: »Boußonville ist der Einzige, der sich mir gegenüber ungebührlich verhält und der noch lebt.«

Der schien vor dem mächtigen Mann aus Taschkent damals tatsächlich keine Angst zu haben. Mir erzählte Boußonville von einem Erlebnis nach Rachimows Rauswurf aus dem Unternehmen. »Wir waren unterwegs und er drohte mir wieder einmal. Da bin ich in meinem Mercedes aufs Gaspedal gestiegen und mit 280 Stundenkilometern direkt auf einen Brückenpfeiler zu. Der hat sich in die Hose gemacht.« Bewundernswert findet er hingegen immer noch die Villa von Rachimow. »Sie müssen mal seine Villa in Taschkent sehen. Im Umkreis von einem Kilometer wird alles kontrolliert. Da kommen, wenn Sie sich in der Umgebung bewegen, sofort aufgemotzte Ladas mit Sicherheitskräften auf Sie zu. Die Villa ist ein Betonklotz, noch stärker bewacht als die Residenz des Präsidenten.«

Wie sich nun selbst renommierte und einflussreiche Industrieunternehmen in den GUS-Staaten verhalten beziehungsweise verhalten müssen, dafür ist das Beispiel Mercedes anscheinend typisch. Die Aussagen von Boußonville zeigen, was alles möglich ist. Dass er als Repräsentant von Mercedes in Taschkent hohe Schmiergelder an höchste Regierungsstellen gezahlt hat, vor allem an den Außenwirtschaftsminister, bestreitet er nicht: »Ohne Schmiergelder läuft in Usbekistan überhaupt nichts.« Das ist in der politischen Landschaft Usbekistans nichts Verwerfliches, sondern wahrscheinlich die einzige Möglichkeit, um überleben zu können.

Die Höhe der Schmiergelder ist es, die bedenklich stimmt. Im Fall von Mercedes-Benz ist die Rede von mindestens 20 Millionen Mark. Das Bestechungsgeld hatte Boußonville teilweise persönlich übergeben – an höchste Repräsentanten des Staatsapparates. An wen genau, wollte er mir nicht sagen. Dass aber der usbekische Despot Islam Karimow davon nichts für sich abgezweigt haben sollte, das widerspricht doch ein wenig der gesamten usbekischen Korruptionskultur.

Albert Boußonville zählt auf, welche Aufträge er für Mercedes-Benz in Usbekistan abgewickelt hat: Reisebusse (13,8 Millionen Mark), Lkw (38,6 Millionen Mark), Fahrzeuge für den Präsidentenapparat (20 Millionen Mark), Polizeifahrzeuge (1,679 Millionen Mark), Lkw-Auflieger (33 Millionen Mark), ein weiterer großer Busauftrag (etwa 100 Millionen Mark). Als Folgeauftrag sollten weitere 1000 Busse (380 Millionen Mark) geliefert werden, aber das kam nicht mehr zustande. In einem Schreiben von Mercedes-Benz, Produktbereich Omnibus, an Stern des Ostens, Boußonvilles Firma, ist zu lesen: »Wir bestätigen wunschgemäß, dass wir die Unterstützungsprovisionen, die für Aufbauten und für geplante Einrichtungen in Usbekistan vorgesehen sind ... 8 % aus der Vertragssumme DM 70 855 00 und 8 % aus der Vertragssumme DM 35 925 500.«[124] Mercedes-Benz hat das später als Gefälligkeitsschreiben an Boußonville gedeutet. Richtig ist jedenfalls, dass in Usbekistan zwischen sechs und acht Prozent der Bruttoauftragssumme als Schmiergelder gezahlt wurden, und da lässt sich leicht ausrechnen, was der korrupten usbekischen Nomenklatura cash ausgezahlt wurde.

Was sagt jedoch Mercedes-Benz (heute Daimler-Chrysler) in Stuttgart zu den Schmiergeldzahlungen? Sie werden bestätigt, aber Mercedes-Benz selbst habe damit nichts zu tun. Verantwortlich seien die anderen, die Händler und Vertreter. »Es ist so, dass der Abschluss solcher Geschäfte es erforderlich macht, dass man gewisse nützliche Aufwendungen tätigt. Man kann dies auch anders bezeichnen. Wir selbst tätigen diese Aufwendungen nicht, sondern lassen sie durch unsere Vertragspartner beziehungsweise Vertriebspartner tätigen. Unsere Vertragspartner müssen dabei in Vorlage gehen ... Wir haben keine Detailkenntnisse über den Umfang der NAs (nützliche Aufwendungen) durch die Vermittler. Auch der Zahlungszeitpunkt ist uns nicht bekannt. Er interessiert uns im Prinzip auch nicht.«

Das erklärte der Verantwortliche für den Produktbereich Omnibus bei Mercedes-Benz, jetzt Daimler-Chrysler, im Dezember 2000 vor dem Landgericht Stuttgart. Gestritten wurde dort über ausstehende Provisionszahlungen, die Boußonville von Mercedes eingefordert, aber nicht erhalten hatte. Denn der Vertrag zwischen Mercedes und Boußonville war 1996 gekündigt worden. Ein weiterer Zeuge sagte übrigens Ähnliches aus: »Die Schmiergeldzahlungen wurden alle vor Abschluss des Vertrages gezahlt. Dies ist in Usbekistan so üblich. Es mag sein, dass eventuell auch nach Abschluss des Geschäfts einmal die Hand aufgehalten wurde.«

Nach Aufkündigung des Vertrags begannen Boußonvilles Probleme. Und die bringt er mit Gafur Rachimov zusammen. Vier Monate lang hielt sich in seinem Büro in Taschkent die Steuerfahndung auf, vier Monate die Staatsanwaltschaft. Dann wurde seine Werkstatt geschlossen. Das Einzige, was gefunden wurde, war ein Fehler in der Buchhaltung, für den er knapp 20 000 Mark Strafe zahlen musste. »Ich habe nicht acht Jahre lang Usbekistan aufgebaut, private und gesundheitliche Probleme auf mich genommen«, schreibt Boußonville an Mercedes in Stuttgart, »ich habe mich nicht erpressen, bedrohen und betrügen lassen, um jetzt auf diese Weise die Vertretung zu verlieren.«

Insgesamt achtmal wurde er am Flughafen Taschkent verhaftet, »im Auftrag der Mafia«, wie er sagt. Denn immer wieder stellte sich heraus, dass kein Verantwortlicher den Befehl dazu gegeben hatte. Selbst der deutsche Botschafter in Taschkent verstand die Welt nicht mehr. Stand es etwa im Zusammenhang damit, dass Gafur Rachimov, das behauptet jedenfalls Albert Boußonville, beim Stern des Ostens nach dem Rauswurf wieder großen Einfluss genoss? Glaubt man den Aussagen von Boußonville, sei Rachimov jedenfalls ein begehrter Partner der Stuttgarter geworden.

»Ich habe die Leute in Stuttgart gewarnt: Ihr lasst euch mit der Mafia ein. Es kann nicht angehen, dass Mercedes wissentlich mit der Mafia zusammenarbeitet. Doch die hat das nicht interessiert«, behauptet Boußonville mir gegenüber. Und er ergänzt: »In Stuttgart haben höchste Mercedes-Repräsentanten Gafur Rachimov und dessen Finanzchef aus Moskau empfangen.«

Das ist richtig. Er hat mir die Teilnehmerliste des Treffens vom 14. Juni 1996 vorgelegt. Da steht nicht nur der Name eines Vorstandsmitglieds von Mercedes-Benz, sondern auch der von Gafur Rachimov und von Wladislaw Doronin von der Moskauer The Kapital Group. Vorgelegt wurde bei dem Treffen ein Plan, die Firma Stern des Ostens noch weiter auszubauen. Und zwar sollte über eine Offshore-Firma das Unternehmen »Stern von Zentralasien« gegründet werden. An ihm, so die Planung, sollten Rachimov und Wladislaw Doronin mit je 25 Prozent beteiligt werden. Der Plan wurde jedoch nicht mehr verwirklicht.

Dabei hätten die Mercedes-Verantwortlichen spätestens seit Frühjahr 1996 aus der Presse wissen können, in welchem Ruf Gafur Rachimov stand. Und die ausgezeichnete Sicherheitsabteilung in Stuttgart verfügte sicherlich über Kontakte zum BKA und BND.

Auf meine Nachfragen bei Daimler-Chrysler wird zwar bestätigt, dass Gafur Rachimow dort bekannt sei, aber nichts von dem, was die Sicherheitsbehörden über ihn behaupten. Außerdem sei es nicht richtig, dass Rachimov zusammen mit Doronin am 14. 6. 1996 in der Zentrale in Stuttgart gewesen sei und dabei über die Gründung des Unternehmens Stern von Zentralasien gesprochen wurde. Dem widersprechen jedoch die vorliegenden Dokumente, die genau das bestäti-

Jürgen Roth

gen. Auf meine Frage nach einer Zusammenarbeit zwischen Daimler-Chrysler und Gafur Rachimov antwortete Daimler-Chrysler, »dass eine eventuelle Zusammenarbeit zwischen unserer Vertretung in Taschkent und Gafur Rachimov sich unserer Kenntnis entzieht«.[125]

Übrigens soll der Autohandel in Moskau nicht viel anders ablaufen als in Taschkent, erzählt man in eingeweihten Kreisen des Konzerns. Und damit kann nur gemeint sein, dass kriminelle Syndikate entweder ihr Dach anbieten oder auf andere Art und Weise versuchen, Einfluss zu nehmen und Profit zu machen. Wird in Taschkent in diesem Zusammenhang der Name Rachimov geflüstert, ist es in Moskau der von Sergeij Michailow, dem mutmaßlichen Chef der Solnzewskaja.

Ein dubioses Graumarktgeschäft im Umfang von 870 Millionen Dollar ist bis heute nicht vollständig aufgeklärt. 10 000 Wagen der Mercedes-S-Klasse, die sich 1991 in Deutschland nicht so schnell verkauften wie geplant, standen auf Halde. Der neue Markt im Osten schien für die Lösung des Problems ideal geeignet zu sein. Käufer war eine russische Gruppe, die das Geld auf Schweizer Konten deponiert hatte. Es handelte sich dabei um »eine Gruppe von ehemaligen KGB-Beamten oder ähnlichen Personen aus dem Umkreis«, der es in den achtziger Jahren gelungen sei, die 870 Millionen Dollar aus Russland in die Schweiz zu bringen. Das jedenfalls hielt der bei Mercedes für Exportfinanzierung zuständige Mann in einer Aktennotiz fest.[126] Und nach Meinung von Albert Boußonville war »meines Wissens nach auch Sergeij Michailow mit dabei«.

Ob das zutrifft, sei dahingestellt. Sicher ist, dass sich Gafur Rachimov und Sergeij Michailow kannten. Gafur Rachimov gibt das offen zu: »Selbstverständlich kenne ich den Geschäftsmann Sergeij Michailow persönlich, habe ihn mehrmals getroffen, und wir haben über die Möglichkeit gemeinsamer kommerzieller Projekte diskutiert, haben jedoch bis jetzt noch nicht zusammengearbeitet.«

Er kann guten Gewissens sagen, dass Sergeij Michailow bislang noch nie verurteilt worden ist. Im Gegenteil. Nach einer knapp zweijährigen Untersuchungshaft musste Michailow im Dezember 1998 von einem Genfer Gericht freigesprochen werden und erhielt sogar noch Haftentschädigung. Die Anklage gegen ihn hatte auf Mitgliedschaft in einer kriminellen Vereinigung gelautet. Noch am 1. Juli 1997 lehnte das von Michailows Anwälten angerufene Bundesgericht in

Bern ab, Michailow aus der Untersuchungshaft zu entlassen, da genügend ernsthafte Indizien vorhanden wären, die die neunmonatige Untersuchungshaft rechtfertigten. Vollkommen überraschend war dann auch sein Freispruch. »In der Urteilsbegründung des Geschworenengerichts hieß es, die Gründe für den Freispruch seien eine lückenhafte Untersuchung, das Fehlen zwingender Beweismittel sowie wenig überzeugende Indizien.«[127]

Ist damit die Geschichte aus dem Saarland zu Ende? Irgendwann im Herbst 2002 traf ich einen Anwalt aus dem australischen Brisbane, der sich mit Wirtschaftskriminalität, insbesondere mit Bankbetrügereien in Europa beschäftigte. Nach Deutschland war er diesmal gekommen, um sich über eine Sicherheitsfirma in Esslingen zu informieren. Da seien Millionen verschwunden. »Einmal in der Woche«, erzählte er mir, »wird durch das Sicherheitsunternehmen Bargeld zur Baden-Württembergischen Handelsbank transportiert, und auf dem Weg zur Bank soll ein großer Betrag verschwunden sein.« Hellhörig wurde ich, als er erzählte, dass bei einer Gerichtsverhandlung einer der Verantwortlichen des Unternehmens davon gesprochen habe, dass es sich meistens um Schwarzgeld aus Russland handele und dass ein Mitarbeiter des Unternehmens im Büro der Sicherheitsfirma erschossen wurde.

Dann höre ich auf einmal den Namen Eriksson. Ich frage: »Der Eriksson?« »Ja, der Eriksson aus dem Saarland.« Den hab er 1998 besucht. Zusammen mit Eriksson sei er in dessen Jaguar nach Hamburg gefahren. Der Rechtsanwalt sollte drei Dinge für ihn erledigen: »VW, Bundesdruckerei und Verhandlungen mit Brokern, um ein Schiff zu kaufen.«

Nach seinen Aussagen hatte Eriksson bereits darüber verhandelt, den Volkswagenkonzern in Georgien zu vertreten. Außerdem sollten bei der Bundesdruckerei Führerscheine für Georgien gedruckt werden. Eriksson habe »in Georgien Unterstützung auf höchster Ebene«.

Und dann diese Einladung nach Nizza. »Abgeholt wurde ich in einem gepanzerten Mercedes von zwei Leibwächtern. Er lebte in einer wunderschönen Villa in Nizza im Wert von 15 Millionen US-Dollar. Eine riesige Yacht lag da unten. Sie gehöre ihm, sagte er. Und er hatte immer sehr viel Bargeld bei sich.«

Im April 2001 meldete das Landeskriminalamt Sachsen, dass sich der Innenminister Usbekistans bei einem Besuch im Landeskriminalamt über den Einsatz moderner Technologien bei der Verbrechensbekämpfung informiert habe. »Herr Almatow zeigte sich beeindruckt, wie schnell über eingegebene Personenbeschreibungen auf bereits bekannte Tatverdächtige mit gespeicherten Lichtbildern zurückgegriffen, diese für Fahndungszwecke abgerufen und Zeugen oder Opfern von Straftaten vorgelegt werden können.«[128] Der Innenminister des Despoten, der einst das Saarland besuchte, ist also immer noch unterwegs und findet immer noch offene Türen.

Albert Boußonville hingegen ist pleite, sein Unternehmen verpfändet. Er hat nicht einmal genügend Geld, um weitere Prozesse zu führen, die notwendig wären, um die ihm – seiner Überzeugung nach – zustehenden Provisionen einklagen zu können. Von Mercedes-Benz fühlt er sich verraten. Als ich ihn frage, warum er trotz seiner finanziellen Misere eigentlich nicht die Seiten wechsle, das wäre doch menschlich verständlich, braust er auf: »Ich habe entsprechende Angebote bekommen, auch von Gafur Rachimov. Aber ich werde mich hüten. Lieber lebe ich von der Sozialhilfe.« Valerij Eriksson ist ebenfalls am Ende. Seine prächtige Villa musste er verkaufen und er ist inzwischen auf Sozialhilfe angewiesen. Und das, obwohl er einen Gerichtstitel über knapp zehn Millionen Euro gegen Albert Boußonville beim Oberlandesgericht Saarbrücken erwirkt hatte. »Und immer«, erzählt er mir verbittert, »wenn ich versuche, irgendwie ein neues Geschäft zu machen, werde ich mit der Mafia in Verbindung gebracht und alles platzt.« Die Verantwortung dafür schiebt er auf Albert Boußonville.

Hintergründe von Aktenzeichen 2 Js GStA 260.3/97

Die Männer – es waren fast immer Männer, die spät nachts im südhessischen Städtchen Seeheim-Jugenheim eine abgedunkelte Villa aufsuchten – fuhren mit dicken Limousinen vor. Anwohnern, die das mit einer Mischung aus Angst und Neugierde verfolgten, fiel auf, dass der Mieter der Villa häufig von zwei Bodyguards begleitet wurde. Er kam aus Georgien. Sein Name: Gocha Leladze. Sein Metier: Stellvertretender Stationschef von Air Georgia mit Sitz in Darmstadt. Bei einem Angestellten einer Fluglinie aus dem zerrütteten und verarmten Georgien sind keine großen Reichtümer zu erwarten. Entsprechend gering war sein offizielles Gehalt – 2500 Mark. Vielleicht stammte das Geld für sein Luxusleben von seinem Vater Demur? Irgendwann gerieten Gocha Leladze, sein Vater Demur und der Chef der Airline, Nugsar Karsidze, auch der lebte auf großem Fuß – mit 3000 Mark Gehalt, ins Visier des Bundeskriminalamtes – wegen des Verdachts der Geldwäsche. Bei der Frankfurter Generalstaatsanwaltschaft wurde deshalb 1997 ein Ermittlungsverfahren mit dem Aktenzeichen 2 Js GStA 260.3/97 eingeleitet und im Januar 2000 wieder eingestellt. Warum dieses Verfahren eingestellt wurde, begriffen viele hessische Ermittler nicht. Im Folgenden soll am Beispiel der Airline untersucht werden, ob die Justiz heute überhaupt noch willens ist, Organisierte Kriminalität zu bekämpfen.

Wie begann alles? Mitarbeiter von Air Georgia fielen dadurch auf, dass sich auf dem Frankfurter Flughafen merkwürdige Dinge ereigneten. Gepäckstücke und Pakete wurden aus den Maschinen der Air Georgia ein- und ausgeladen, und zwar unter bewusster Umgehung aller Polizei- und Zollkontrollen. Die BKA-Verbindungsstelle auf dem Frankfurter Flughafen versuchte mehrmals, die Fahrzeuge zu verfolgen, die unkontrolliert das Gelände verlassen konnten. »Wir wurden ausgetrickst«, erzählen Beamte, die mit ihren gemütlich-langsamen Observationsfahrzeugen den schnellen Mercedes-Limousinen nicht folgen konnten. Dann traf sich Stationschef Karsidze mit seltsamen Figuren wie dem Darmstädter Frank-Rüdiger Y., der 1991 von einem italienischen Gericht wegen des Besitzes und der Weitergabe von Falschgeld zu einem Jahr und acht Monaten Freiheitsstrafe verurteilt wurde und in Deutschland wegen Bankrott, Konkursverschleppung und Betrug aufgefallen war.

Unerklärliche Kontenbewegungen kamen später dazu. »Sollte sich auf dem Firmenkonto der Air Georgia tatsächlich zum Teil illegales Kapital befinden, wäre diese Kontosituation geradezu typisch für das Vorliegen einer Straftat nach dem Geldwäschegesetz.«

Der Verdacht konnte nicht erhärtet werden. Hausdurchsuchungen durch das BKA im November 1998 haben Leladze und Karsidze problemlos überstanden. Geschadet hat ihnen auch nicht, dass ihnen im Laufe der Ermittlung nachgewiesen werden konnte, dass sie mit georgischen und russischen Kriminellen in Europa in Verbindung standen.

Für das BKA galten sie am Ende der über vierjährigen Ermittlungen trotz mancher Unklarheiten als unbescholten. »Die Beschuldigten waren bemüht, die Ermittlungen zu unterstützen. Bei den Kontakten zu bestimmten Personen aus dem Umfeld gaben sie keine ausführlichen Auskünfte beziehungsweise leugneten auch, bestimmte Personen zu kennen. Gerade hierbei ergaben sich die häufigsten Verdachtsmomente, da doch sehr viele Kontaktpersonen schon in polizeiliche Ermittlungsverfahren verwickelt waren oder noch sind. Es wird trotzdem angeregt, das Verfahren gemäß § 170 Abs. 2 StPO einzustellen.«

So geschah es. Für das BKA und die Frankfurter Generalstaatsanwaltschaft war damit die Angelegenheit beendet. Für mich begann sie jetzt erst.

Im Sommer 2002 muss Gocha Leladze die Villa verlassen haben. Jetzt wohnt dort ein junges amerikanisches Ehepaar. Der ehemalige Mieter, erzählen sie, sei unbekannt verzogen. Auch Air Georgia hat sich in Luft aufgelöst. Am Frankfurter Flughafen kennt niemand mehr die Airline, die über Jahre hinweg viermal wöchentlich die Strecke Frankfurt – Tiflis mit einer Tupolev 154B bediente. Leladze und Karsidze, die ich gerne sprechen wollte, sind nirgendwo aufzufinden. Ihre offiziellen wie geheimen Telefonanschlüsse sind abgemeldet. Auch der Angestellte der Fluggesellschaft Airzena, die heute die Strecke Frankfurt – Tiflis fliegt, kann nicht sagen, wo die beiden geblieben sind. Beim ersten Telefongespräch sagte er noch: »Leladze war bis zum April 2002 bei Airzena. Danach wurden er und seine gesamte Mannschaft entlassen. Wir haben jetzt die Strecke, Air Georgia gibt es nicht mehr.« Bei meinem nächsten Anruf blockte er ab. Mein Eindruck war, dass er nichts mehr sagen wollte.

Auf Nachfrage bei der Botschaft Georgiens in Berlin erzählte mir Botschafter Konstantin Gabaschwili, dass Leladze immer noch in Deutschland lebe und bei einer zentralasiatischen Fluggesellschaft in Frankfurt arbeite. Sonst habe er keine weiteren Erkenntnisse über ihn. Nachfragen bei allen in Frage kommenden Fluggesellschaften in Frankfurt blieben jedoch ergebnislos.

Würden mir die Kontakte der beiden Air-Georgia-Mitarbeiter (Visitenkarten, Treffen, Telefongespräche) mehr Einblicke in ihre Aktivitäten geben?

Die erste Überraschung war, dass bei den Ermittlungen des BKA eine Firma Sun Rose auftauchte. Ihr Präsident sei »Valerij Eriksson«.

Über den hatte das BKA ja bereits einige Erkenntnisse gesammelt. Neu war, dass im Saarland gegen ihn bereits umfangreiche Ermittlungen wegen des Verdachts der Geldwäsche geführt worden waren, wobei allerdings der Verdacht nie erhärtet werden konnte.

Der Stationschef von Air Georgia erklärte, er kenne Eriksson von gemeinsamen Flügen her, Eriksson sei ihm als kasachischer Geschäftsmann »bekannt«. Er betreibe allerdings »nach meiner Kenntnis keine Geschäfte mehr«. Was ihm noch aufgefallen sei, fragten die BKA-Beamten. Antwort: »Bei den Begegnungen hat er immer ziemlich viel getrunken.«

Was sagt eine andere Visitenkarte aus, die von Maisuradze, die bei den Herren von der Air Georgia gefunden wurde? Nach Auskunft von Interpol Moskau ist ein Maisuradze Anführer einer bis 30 Personen starken Gruppe, die im Verdacht steht, Waffen von Tschechien nach Moskau zu schmuggeln. »Bei diesem Maisuradze soll es sich um eine ›Autorität‹ handeln, die Kontakt zu dem ehemaligen Leiter der georgischen Staatssicherheit Igor Giorgadze haben soll.«

Das kann sein, muss aber nicht, weil hier nicht weiterermittelt wurde. Was nachprüfbar ist: Igor Giorgadze war tatsächlich Leiter der georgischen Staatssicherheit – bis 1995. Dann soll er für den am 25. August 1995 versuchten Mordanschlag auf den georgischen Präsidenten, den er mit an die Macht gebracht hatte, verantwortlich gewesen und anschließend nach Russland geflüchtet sein.[129] Von Interpol wird er mit Haftbefehl gesucht, wegen Terrorismus, in Moskau wird er von der russischen Presse als »Terrorismus-Experte« zitiert. Er gibt ausführliche Interviews zum Terrorismus-Franchise-Unternehmen Al Qaida. Was zeigt das? Bei den politischen Grabenkämpfen zwischen Russland und Georgien ist nicht mehr herauszufinden, was wahr ist und was nicht. Dafür sind andere Belege einfacher nachzuprüfen. Zum Beispiel, was Air Georgia mit einer italienischen Rüstungsfirma zu tun hat.

Die italienischen Firma Fiocchi Munizioni hatte anscheinend vor, mit Hilfe von Air Georgia Munition über Deutschland nach Georgien zu schicken. Das BKA stellte fest: »Über weitere Hintergründe zu einem möglichen Waffen- und oder Munitionsgeschäft liegen hier keine Erkenntnisse vor.« Dann gab es Schreiben an die Schweizerische Industrie-Gesellschaft, Geschäftsbereich Waffen, denen die BKA-Beamten entnahmen, dass Air Georgia auf jeden Fall Interesse an Pistolen und Präzisionsgewehren mit Nachtsichtgeräten hatte. Warum hat das

BKA eigentlich diese Spuren nicht weiterverfolgt, sondern lediglich diesen Sachverhalt aufgeschrieben? Dann wäre es unter Umständen darauf gestoßen, was der russische FSB behauptet: »Es liegen operative Hinweise vor, wonach Personen um Demur Leladze am ungesetzlichen Handel mit Waffen und Drogen in Grusinien beteiligt sind.«

Dass eine Telefonnummer gefunden wurde, die einem Rashid S. gehört, wäre ohne Belang, wenn dieser Rashid S. nicht wegen Veruntreuung in Deutschland zur Fahndung ausgeschrieben wäre. Der Ex-Generaldirektor einer russischen Stahlfirma soll gemeinsam mit einer Gruppe »etwa zwei Millionen Aktien im Gesamtwert von 100 Millionen US-Dollar unter Zuhilfenahme von Scheinfirmen veruntreut haben«.

Und was hat eine Fluggesellschaft aus Darmstadt mit Dokumenten des Londoner Unternehmens Tonys Business Service Ltd. zu tun? Dahinter verbirgt sich eine Briefkastenfirma, die »Camouflage-Pässe« anbietet. Die sollen nicht nur »äußerst preiswert« sein, sondern auch »toll aussehen«. Die Firma weist besonders darauf hin, dass man mit einem solchen Pass »anonym ein Bankkonto eröffnen kann«. Und um die Echtheit der Papiere zu unterstreichen, werden sie sogar noch »mit Ein- und Ausreisestempel versehen«. Aber das sind Nebensächlichkeiten.

Aufschlussreicher erschien den BKA-Beamten das Asservat 2.4.3.2., die Visitenkarte einer belgischen Firma Eurofood/Universalfood. Der Präsident des Unternehmens war damals anscheinend Vano Lomidze. Neugierig geworden, ermittelten die BKA-Beamten, ob sich was anderes als ein Lebensmittelhandel hinter der Firma verbergen könnte. Und sie erfuhren von ihren Kollegen in Belgien, dass dort gegen das Unternehmen seit 1998 ein Ermittlungsverfahren wegen Verdachts der Geldwäsche betrieben wurde. Der Geschäftsführer der Firma soll gemeinsam mit anderen georgischen Mitarbeitern versucht haben, Fußballvereine der oberen Spielklasse mit hohen Geldsummen zu beeinflussen beziehungsweise zu übernehmen. Das erinnert ein wenig an den Fall Alimzan Tochtachunow.

Die BKA-Beamten machten sich ihre Gedanken: »Inwieweit georgische Staatsangehörige Geld in den Sport, hauptsächlich in den Bereich Fußball, investieren, darüber kann lediglich spekuliert werden. Nach Auskunft der belgischen Behörden sind ihnen ähnliche Geldtransaktionen aus der Schweiz (Neuchâtel) bekannt. Außerdem ist nach der dortigen Meinung auffällig, dass beim FC Zürich gegenwärtig eine hohe Zahl georgischer Fußballer spielen.«

Worauf gründeten die BKA-Beamten ihren Verdacht? Er dürfte mit Mikhail Surgudladze zusammenhängen, der als enger Freund des »Diebes im Gesetz« Tariel Oniani galt und der häufig mit Air Georgia telefoniert haben soll. Nach Auskunft von Interpol Brüssel waren 1999 in Belgien gegen ihn bei verschiedenen Dienststellen Ermittlungsverfahren wegen des Verdachts der Geldwäsche anhängig. Die belgischen Beamten erzählten, dass nach ihren Informationen Surgudladze ein Dauervisum für die Schengen-Staaten habe und ständig mit seiner Familie in Europa herumreisen würde. Behauptet wurde zudem von den belgischen Behörden, dass er versucht habe, Fußballklubs zu erwerben und »durch den Einsatz und Weiterverkauf von georgischen Fußballspielern über mehrere Firmen Profite zu machen«. Von derartigen Firmen sind unter anderem in Belgien die Firma Tridex UK Ltd. in London und die Blatt Trading & Sales Ltd. in Gibraltar bekannt. »Die involvierten Personen investieren nach Erkenntnissen der belgischen Behörden Hunderte Millionen belgischer Francs in Fußballklubs, wobei die Herkunft des Geldes nicht nachvollziehbar ist.« Das kann sein, muss aber nicht. Aber warum wurde nicht weiterermittelt, um die schweren Verdachtsmomente entweder zu beweisen oder sie fallen zu lassen?

Wussten die BKA-Beamten nicht, dass eine Taskforce der spanischen Nationalbank zur Bekämpfung der Geldwäsche auch einen Vano Lomidze im Visier hatte? Der Nationalbank in Madrid war aufgefallen, dass aus dem Umfeld von Vano Lomidze bei einer Bank in der Nähe Barcelonas ein Konto eröffnet wurde, auf dem wiederholt hohe Geldbeträge aus Georgien, Russland, Belgien und der Schweiz eingingen, die am selben Tag wieder zurücküberwiesen wurden. Deshalb wurde in Spanien ein Verfahren wegen Geldwäsche gegen Lomidze angestrengt. Ob der Vorwurf stimmte, sei einmal dahingestellt. Auf jeden Fall hätte man leicht auch eine Verbindung zu Tariel Oniani herstellen können. Denn Vano Lomidze, Tariel Oniani sowie Gocha Leladze und Nugsar Karsidze wurden am 5. März 1997 am Frankfurter Flughafen von BKA-Beamten beobachtet. »Anscheinend kannten sich Karsidze und Lomidze recht gut«, behauptet das BKA. Auch meinten die BKAler, eine auffällige Transaktion feststellen zu können. Es ging um ein

Konto von Karsidze bei der Deutschen Bank. Die hatte das Konto bereits im August 1998 gekündigt, weil gegen den Kontoinhaber ein Ermittlungsverfahren wegen Verdachts der Geldwäsche gelaufen wäre. In solchen Fällen sind die seriösen Banken gnadenlos und kappen sofort die Geschäftsverbindungen.

Auf dem Konto waren jedenfalls im Juli 1997 knapp 78 000 US-Dollar eingegangen, überwiesen von einem Nino Gogvadze aus Barcelona. Am selben Tag wurde der Betrag durch Karsidze abgehoben. Was dann mit dem Geld geschah – darüber rätselten die BKA-Beamten. Karsidze erklärte bei seiner Vernehmung, dass die 78 000 US-Dollar für eine Baufirma in Georgien bestimmt gewesen seien. Er habe für die Transaktion aus Spanien nur sein Konto zur Verfügung gestellt. Einfach so, aus Freundschaft, obwohl er die Absender überhaupt nicht gekannt haben will.

Dabei ist das Rätsel um Nino Gogvadze einfach zu lösen. Er ist mit Zaza Gongadze verheiratet, und die soll die spanische Kontaktperson von Tariel Oniani sein. Der wiederum ist ein weit gereister Unternehmer aus Georgien, ein Mann des Kutajsij-Clans, ein »Dieb im Gesetz«. Unter ihm arbeiteten etwa fünfzig »Autoritäten« in einer 500 Mann starken Bande. Anfang der neunziger Jahre wollte er Westeuropa kennen lernen, lebte 1994 vorübergehend mit seiner Frau in Österreich, zog dann weiter nach Frankreich. Seine wirtschaftlichen Aktivitäten zeigten eine große Spannbreite – vom Drogenhandel über das Öl- und Weizengeschäft bis hin zu Schutzgelderpressung und Auftragsmord. Geplant hatte er die Ermordung des georgischen Ex-Verteidigungsministers und über einen Richter sagte er am Telefon: »Entweder wir kaufen ihn oder wir eliminieren ihn.« Geplant hatte er auch die Ermordung des in New York lebenden Wjatscheslaw Iwankow. Als er einen ehemaligen Offizier des KGB entführen wollte, der eine Bank in Tiflis um 15 Millionen Dollar betrogen hatte, wurde er verhaftet. Er hatte wieder einmal zu viel am Telefon geredet und die Ermittler auf seine Fährte gelockt. Ein Gericht im französischen Grasse verurteilte ihn im Oktober 1998 zu acht Jahren Haft wegen Vorbereitung einer kriminellen Tat.

Um wieder auf die Männer von Air Georgia zurückzukommen: Von ihrem Büro in Darmstadt aus wurde besonders häufig eine Nummer in Frankreich angerufen. Es war die Handynummer von Tariel Oniani.

Und einen weiteren Hinweis auf Tariel Oniani gibt es. Im Mai 1996 wurden auf ein Konto bei der Dresdner Bank Frankfurt 50 000 US-Dollar überwiesen. Absender war eine SVD-Anstalt in Rugell/Liechtenstein. Interpol Vaduz wurde um Aufklärung gebeten. Die Antwort lautete, dass »nicht ausgeschlossen werden kann, dass die Treuhänder, die die SVD-Anstalt verwalten, mit Persönlichkeiten der russischen Mafia zusammenarbeiten«. Einer der beiden Treuhänder ist in Deutschland 1992 wegen Verstoßes gegen das Kriegswaffenkontrollgesetz auffällig geworden. In Argentinien wurde wegen des Verdachts der Geldwäsche gegen ihn ermittelt.

In einem Telefax vom 28. April 2000 (8Vr 17/91) von Interpol Wien an Interpol Vaduz, das ich im Zusammenhang mit den Ermittlungen von Sonderstaatsanwalt Kurt Spitzer in Liechtenstein kannte, heißt es: »Die Firma SVD-Anstalt war Gegenstand eines Verfahrens ins Wien. Über diese Firma wurden offensichtlich Gelder krimineller Herkunft gewaschen.«

Repräsentant und Bevollmächtigter dieser SVD-Anstalt war der Georgier David Sanikidze, auch kein »normaler Unternehmer«.

David Sanikidze, 1946 in Batumi/Georgien geboren, seit 1989 ein »Dieb im Gesetz« und einflussreicher Geschäftsmann, reiste 1991 in die USA, um dort als Mitglied einer georgischen Delegation über die »wirtschaftliche Zusammenarbeit« mit den USA zu sprechen. Damals war er bereits Geschäftsführer einer Leasing- und Hotelinvest-Firma in Wien.

Wiederum ein Jahr später waren er und der bekannte Pate der »Russen-Mafia«, Wjatscheslaw Iwankow, ein Herz und eine Seele. »Laut dem FBI war Sanikidze alleiniger Zeichnungsberechtigter für Iwankow-Konten, unter anderem in der Schweiz und in Liechtenstein. Wir reden dabei über mehrere Milliarden Dollar«[130], schrieb die »WirtschaftsWoche«. Mit seinem mächtigen Partner baute er seine politischen Kontakte auf. Zu denen gehörten die beiden im Westen hochgepriesenen Chefprivatisierer Russlands, Anatolij Tschubais und Jegor Gaijdar, und natürlich war er mit dem georgischen Präsidenten Eduard Schewardnadse befreundet. Besonders stolz war David Sanikidze auf ein Foto aus dem Jahr 1994, das ihn gemeinsam mit Boris Jelzin zeigt. Schließlich ließ er sich, auf Anraten der »Diebe im Gesetz«, dort nieder, wo schon viele, die zur Elite der osteuropäischen Organisierten Kriminalität zählten, liebe politische Freunde gewonnen haben und gesellschaftliche Anerkennung – in Wien. Nicht lange, und Sanikidze war begehrter Gesprächs- und Geschäftspartner am Hofe der damals regierenden Sozialdemokraten. Seine Unternehmen, vom Besitz einer georgischen Fluglinie und einigen Hotels abgesehen, beschäftigten sich mit Versicherungen beziehungsweise konkreter mit Schutzgelderpressung. Am 11. Juli 1996 wurde er in der Wiener Innenstadt erschossen, seine Mörder wurden kurze Zeit später in Budapest verhaftet. Einer von ihnen gehörte zum Oniani-Clan.

Zwei Jahre und zwei Monate später. Das Landgericht Wien. Die Angeklagten sitzen auf einer Art Beichtstuhl im weiträumigen, marmornen Prachtsaal des Landesgerichts aus dem 19. Jahrhundert. Bieder und blass schauen die angeklagten Jünglinge aus. Hinter ihnen hocken, eng aneinander gepresst, ihre fünf Verteidiger, Spitzenleute ihrer Zunft. Argwöhnisch werden sie von Beamten der Spezialeinheit WEGA beäugt, die, mit Maschinenpistolen im Anschlag und einem Helm-Mikrofon vor dem Mund, permanenten Ausnahmezustand signalisieren. Geradezu gemütlich dagegen verläuft der Prozess. Die geladenen Zeugen kommen entweder überhaupt nicht oder, wenn doch, schweigen sie beziehungsweise wissen nichts mehr von dem, was sie einst bei der Polizei zu Protokoll gaben.

Staatsanwältin Theresia Schuhmeister-Schmatral möchte zu gerne wissen, was an den Berichten der Wiener Polizei dran ist, wonach das Opfer beste politische Beziehungen in Wien hegte und pflegte. So etwas stößt nicht überall auf Begeisterung, zumal eine illustre Clique aus honorablen Ministern, Ex-Ministern, Abgeordneten und Kommerzialräten davon partout nichts wissen wollte.

Die beiden mutmaßlichen Mörder sind Mitglieder des in der Schattenwelt hoch angesehenen georgischen Kutajsij-Clans unter Führung von Tariel Oniani. Über den steht in der Anklageschrift: »Sie strebten im großem Umfang Einfluss auf Politik und Wirtschaft an, korrumpierten oder schüchterten andere ein, indem sie Entführungen, Erpressungen, gefährliche Drohungen, teilweise versuchte, teils vollendete Nötigungen und Mordanschläge und verdeckte Schutzgeldzahlungen wiederholt planten und durchführten. Dadurch haben sie im großen Umfang eine in Millionen-Dollar-Beträge reichende pekuniäre Bereicherung erzielt und erheblichen Einfluss auf die Innen-/Außenpolitik (z. B. durch illegale Interventionen und teils geplante, teils durchgeführte Schmiergeldzahlungen an Beamte und Entscheidungsträger) ausgeübt und erheblichen Einfluss auf die Wirtschaft (z. B. durch Anlage illegaler Gelder in legale Unternehmen, durch Gründung von ›Scheinfirmen‹ und Firmenimperien, die mit illegalen beziehungsweise betrügerisch erlangten Geldern arbeiten) angestrebt.«

Die Kontakte des Clans, sogar zu in- und ausländischen Regierungsmitgliedern, gehen aus einer Telefonüberwachung der französischen Polizei beim Clanchef Tariel Oniani hervor. Die Überwacher meldeten zum Beispiel, dass »Verbindungen zwischen Tariel Oniani und Silvio Berlusconi bestehen«. Im Protokoll der Telefonüberwachung wurde folgender Dialog festgehalten: »Wie hat die Angelegenheit mit Berlusconi geendet?« »Diese Posten sind solider als vor der Krise. Ich werde ihn anrufen. Ich hoffe, dass das Geschäft gelingt.«

Die Angeklagten wurden am 28. April 1999 vom Landesgericht für Strafsachen wegen Mordes und Mitgliedschaft in einer kriminellen Vereinigung zu lebenslanger Freiheitsstrafe verurteilt.

Der Vorwurf, dass sie Mitglieder einer kriminellen Vereinigung seien, konnte in der Berufungsverhandlung vor dem Obersten Gerichtshof nicht bewiesen werden. Eine Wiener Zeitung kommentierte: »Damit steht jetzt schon fest: Das vermeintlich größte Mafiaverfahren der österreichischen Justizgeschichte ist bereits hinter den Kulissen zu einem ganz gewöhnlichen Mordprozess mutiert. Für die Mafia-Jäger kann das Scheitern in diesem Fall nur bedeuten, ihre Arbeit zu intensivieren.«[131]

Europol ist übrigens immer noch davon überzeugt, dass David Sanikidze tatsächlich der Kopf einer kriminellen Organisation war. Und hinter vorgehaltener Hand wird in Den Haag berichtet, dass die damalige Staatsanwältin politisch massiv unter Druck gesetzt worden sei. »Die Wiener Regierung wollte das Verfahren nicht, weil zu viele aus ihren Kreisen darin verwickelt waren.«

Das ist also die Geschichte von David Sanikidze, einem Unternehmer, der die Gesetze der freien Marktwirtschaft verstanden hatte und doch an ihren Tücken scheiterte. Und das führt wieder in die heutige Zeit zurück, zur Air Georgia.

Was es denn mit dem Geld auf sich gehabt habe, den 50000 Dollar, die auf seinem Konto waren, wurde Gocha Leladze einmal von BKA-Beamten gefragt. »Die 50000 US-Dollar waren für Konstantin Iosseliani bestimmt. Er ist mein guter Freund und hat zwei Jahre bei mir gewohnt. Zuvor hat Iosseliani einen Anruf von einem ›David‹ bekommen. Wer dieser David war, weiß ich nicht. Und die SVD-Anstalt ist mir nicht bekannt. Aus reiner Freundschaft habe ich mein Konto für diese Transaktion zur Verfügung gestellt.«

Am 10. Juni 1998 traf sich Gocha Leladze mit einem georgischen Landsmann in Darmstadt. Die observierende Polizei fand heraus, dass es sich dabei um einen Giorgio handelt, der in Tiflis bis zum September 1998 zwei Visumanträge gestellt hatte. Einem der Anträge ist zu entnehmen, dass er als »Auto-Tourist« nach Deutschland kommen wollte. Als Kontaktadresse gab er eine Import-Exportfirma in Köln an. Diese Firma und insbesondere ihr Inhaber waren im Rahmen eines Ermittlungsverfahrens wegen des Verdachts des schweren Menschenhandels auffällig geworden. Bereits zuvor war gegen die Verantwortlichen der Firma von verschiedenen Dienststellen wegen Verdacht der Beihilfe zum Menschenhandel, Verdacht der Geldwäsche und des Einfuhrschmuggels und wegen OK-Zugehörigkeit ermittelt worden. Herausgekommen ist dabei anscheinend nichts.

Vom Büro der Air Georgia aus wurde heftig telefoniert. Zum Beispiel mit einem Oliver W. aus Münster, ein im Exportgeschäft tätiger Unternehmer, der ein ziemlicher Raufbold gewesen sein muss. Denn gegen ihn wurde ermittelt wegen Verdacht des Raubes, der betrügerischen Erpressung, wegen Betrug, der Vortäuschung eines Autodiebstahls und auch im Zusammenhang mit Drogenschmuggel.

Häufig wurde eine Nummer in Bamberg angerufen, die einem Rechtsanwalt gehörte. Offenbar hat sich dieser Rechtsanwalt, nennen wir ihn Wolfgang, besonders intensiv für seine Mandanten eingesetzt. Seit 1991 wurde gegen ihn ermittelt wegen Verdacht der Beihilfe zur falschen uneidlichen Aussage, wegen Verdacht der Hehlerei, wegen unerlaubten Verkehrs mit Gefangenen, wegen Verdacht des Verstoßes gegen das Betäubungsmittelgesetz und dann noch wegen des Verdachts des Prozessbetrugs. Alle Verfahren wurden eingestellt.

Telefoniert hatte Karsidze auch mit einem Ruben M. in Karlsruhe, der sowohl in Karlsruhe wie Antwerpen mehrere Firmen und Immobilien besaß. Zusammen mit einem Rafael M. war er zudem Geschäftsführer verschiedener Firmen in Belgien. 1996 wurde sein Freund und Mitgeschäftsführer in Antwerpen in seinem Fahrzeug erschossen aufgefunden. Die Ermittlungen ergaben, dass Rafael M. Mitglied einer internationalen Drogenorganisation war, die Kokain im dreistelligen Kilogrammbereich auf den Markt brachte.

Auch nicht ganz sauber ist ein Mann in Berlin, mit dem Karsidze telefonierte. Lev K. ist in Berlin bei der Polizei bekannt wie ein bunter Hund, wegen schweren Raubes und Freiheitsberaubung sowie wegen Verstoßes gegen das Waffengesetz. Er lebt zusammen mit Irina, gegen die ebenfalls ermittelt wurde: Scheinehe, einfacher Diebstahl, Scheckbetrug und gefährliche Körperverletzung. Und wenn Karsidze eine andere Telefonnummer wählte, war Alexander H. aus Offenbach am anderen Ende der Leitung. Polizeibekannt wegen versuchten Mordes, Vergewaltigung und schweren Diebstahls.

Vom Büro der Air Georgia aus wurde neben Hotels, Pensionen und Restaurants im Ausland auch mal eine Bar im ligurischen Levanto angerufen. Inhaber der Bar »La Giada del Mesco« ist Ugo Giovanni P., zugleich Geschäftsführer des Centro Italo-Georgiano, ein italienisch-georgisches Zentrum, das in Form einer GmbH seit 1991 besteht. Die Aufgabe ist die »Förderung, Bildung, Entwicklung, Gestaltung von Beziehungen zwischen italienischen und georgischen Regierungen, Industrien, Import-Export, Dienstleistungen ...« und so weiter.

All diese Begegnungen, Notizen und Telefonate besagen isoliert gesehen wenig. So dachte ja auch das BKA und beendete die immerhin drei Jahre dauernden Ermittlungen. Andererseits fällt jedem Anfänger in einem Kurs über Organisierte Kriminalität auf, dass da ungewöhnliche Dinge passiert sind und dass der gewöhnliche georgische Geschäftsmann oder Angestellte einer Fluggesellschaft ganz sicher nicht mit Personen solchen Kalibers zusammenkommt wie in diesem Fall. Vielleicht wird man hin und wieder einige davon treffen – so groß ist die georgische Gemeinschaft in Europa auch wieder nicht. Trotzdem kann man sich bei dieser Häufung dubioser Kontakte nur schwer des Eindrucks erwehren, dass es da ein mafioses Netzwerk gab, in das die Air-Georgia-Mitarbeiter auf die eine oder andere Weise eingebunden gewesen sein mussten. Und das BKA hätte eigentlich in der Lage sein sollen, genügend Manpower einzusetzen, um wenigstens mehr an Hintergründen zu ermitteln.

Zudem stellt sich dem Außenstehenden eine ganz einfache Frage: Warum wurde eigentlich nicht in Georgien selbst ermittelt?

Um zu verstehen, worum es in Georgien heute geht, ein paar Sätze über dieses Land: Georgien mit seiner einzigartigen, dreitausendjährigen Kultur ist ein Transformationsstaat, der viel Hilfe aus dem Westen, insbesondere aus Deutschland, erhält. Ein renommierter deutscher Rechtsprofessor, der zuvor in Afrika gearbeitet hatte, baute in den letzten Jahren – mit geringer finanzieller Unterstützung – das georgische Zivilrecht auf. Und als Entwicklungshilfeministerin Heidemarie Wieczorek-Zeul am 10. April 2001 in Tiflis landete, konnte sie sich mit Stolz und zu Recht Entwicklungsprojekte der deutschen »Gesellschaft für technische Zusammenarbeit« (GTZ) vorführen lassen. Die Delegationsteilnehmer und begleitenden Journalisten hatten vorher zur Einstimmung eine dicke Informationsmappe erhalten. Ein Artikel von Barbara Christophe wurde auf dem Flug nach Georgien besonders diskutiert.[132] Sie schreibt, dass Georgien das Produkt einer geschickten Inszenierung ist. »Ihr Publikum sind die internationalen Organisationen, die für die Lebensfähigkeit dieses auf den Geldzufluss von außen angewiesenen Systems eine zentrale Rolle spielen.« Kredite und Entwicklungshilfe zu gewähren, ist in ihren Augen kontraproduktiv. »Zum einen verlängert diese Hilfe die Lebensfähigkeit eines Systems, dessen Institutionen das auf reiner Umverteilung beruhende Streben nach Renteneinkommen begünstigen und Produktionstätigkeiten blockieren. Zum anderen verleiht sie der gegenwärtigen Machtelite, die ungeniert die Rolle eines Maklers zwischen den georgischen Klienten und den westlichen Patronen spielt, zusätzliche Glaubwürdigkeit und erschwert damit die Herausbildung einer demokratischen Alternative.«

Dass Heidemarie Wieczorek-Zeul für die Nichtregierungsorganisationen (NGOs) in Georgien, einziges Standbein einer Demokratie im Umbruch, nicht viel Zeit hatte, lag zweifellos an ihrem vollen Terminkalender. Dafür war das Essen abends in der Residenz Krzanissi, zu dem Außenminister Irakli Menagarischwili geladen hatte, opulent. Vom Kaviar mit Zitrone über Krabbensalat, Pilze mit Zwiebeln, Käsetaschen, Lammfleisch und Lammspieß bis zum schweren Rotwein »Teliani« gab es alles, was die Normalbevölkerung sich nie leisten könnte. Am nächsten Tag flog die Ministerin nach einem Frühstück mit deutschen Experten der GTZ und politischen Stiftungen nach Borjomi, dem georgischen Nationalpark. An den Straßenrändern standen Fähnchen schwenkende Kinder, die sich besonders fein herausgeputzt hatten. Nicht so sehr wegen der deutschen Delegation, sondern weil auch Staatspräsident Eduard Schewardnadse erwartet wurde. Das

Entwicklungshilfeministerium förderte hier ein bedeutendes Hilfsprojekt. Es geht um die Unterstützung und Entwicklung einer nachhaltigen Landwirtschaft in Georgien, um die Lebensbedingungen in den ländlichen Gegenden zu verbessern. Ein wichtiges Projekt, das von einer georgischen Nichtregierungsorganisation gegründet wurde.

Aber ist das nicht nur Fassade? Was sich hinter den schönen Bildern verbirgt, die eine Aufbruchstimmung hin zu einer zivilen Gesellschaft signalisieren, haben weder die engagierte Ministerin noch die sie begleitenden Journalisten erfahren.

»Überhaupt sind der Staat und das organisierte Verbrechen so miteinander verschmolzen, dass sie kaum auseinander gehalten werden können. Wer es z. B. wagt, über die Korruption des Innenministers Katcha Targamadse, des Generalstaatsanwalts Dschamlet Babilaschwile oder dessen Ersten Stellvertreter zu berichten, muss mit gewalttätigen Übergriffen organisierter Banden rechnen. Innenminister Kacha Kargamadse fährt nur Mercedes oder Super-Jeeps und ließ sich im Kurort Zkneti, 15 Kilometer östlich von Tiflis, einen riesigen Prunkpalast bauen. Auf der Sairme-Straße in Tiflis ist der Luxuspalast des Tifliser Polizeichefs Soso Alawidse zu bewundern.« So beschreiben Mitarbeiter der Internationalen Gesellschaft für Menschenrechte die Situation in Georgien.[133]

Und der Clan des Präsidenten Schewardnadse ist sicher in den letzten Jahren nicht ärmer geworden. Ganz im Gegenteil zur georgischen Bevölkerung. Die Arbeitslosigkeit liegt bei 80 Prozent. Die Mindestrente, die oft bis zu acht Monate lang nicht ausbezahlt wird, beträgt zwölf Lari im Monat. Davon muss der Empfänger einen Lari an den Beamten des Sozialministeriums abgeben, sonst bekommt er überhaupt kein Geld. Von den übrigen elf Lari kann er sich gerade mal elf Laib Brot kaufen. Die meisten Eltern haben für Schulbücher und die Kleidung ihrer Kinder kein Geld. In den psychiatrischen Anstalten herrscht blanker Hunger. Ärzte und Personal müssen monatelang auf ihren kargen Lohn warten. Das Internationale Rote Kreuz hat mittlerweile seine finanziellen Zuschüsse an das Georgische Rote Kreuz gestoppt. Der Grund? »Millionen Dollar sind verschwunden und an irgendjemanden gegangen.«[134]

Ich erinnere mich an eine internationale Tagung, Mitte Dezember 2000 in Palermo. Die Vereinten Nationen und Pino Arlacchi vom UN-Büro für Drogenkontrolle und Kriminalitätsprävention hatten eingeladen, um eine internationale Konvention zur Bekämpfung von organisierter Kriminalität und Korruption zu beschließen. Gleichzeitig fand ein internationales Symposium über »die Rolle der Zivilgesellschaft im Kampf gegen Organisierte Kriminalität« statt. Mit dabei war eine starke georgische Delegation. Abends traf ich mich mit einigen ihrer Mitglieder im Hotel, zusammen mit Roy Godson, dem Präsidenten des National Strategy Information Center. Der hatte ein geradezu herzliches Verhältnis zu den Georgiern.

Ich staunte über die Offenheit eines jungen Politikers aus Tiflis, der mir vehement widersprach, als ich davon redete, dass in Georgien Organisierte Kriminalität unter Schewardnadse nicht mehr zu bekämpfen sei. Der junge Politiker war der Justizminister Mikhail Saakashvili. Er sprühte vor Hoffnung, und ich hatte den Eindruck, dass er wirklich gewillt ist, Wirtschaftskriminalität wie Korruption in seiner Heimat zu bekämpfen. »Die Politiker sind daran gewöhnt, in der Zeit zwischen den Wahlen so viel zu stehlen, wie es geht. Und kurz vor den Wahlen muss das Geld investiert werden, um Fernsehstationen zu kaufen, Journalisten zu bestechen und die Opposition zu diskreditieren. Welche Chance hat denn eine Gesellschaft, wo die Richter gerade mal fünfzig Dollar im Monat verdienen und die Parlamentarier mit ihren offiziellen Einkommen nicht ihre Familien ernähren können?« Und er erzählte mir, dass bis vor drei Jahren die Justiz vollkommen korrupt war und er jetzt versuchen wolle, das System zu ändern.

Neun Monate später trat er aus Protest von seinem Amt zurück. Seine bittere Begründung: »Das einzige Ziel der georgischen Behörden ist es, die Interessen einer Hand voll Clans zu schützen, die nichts mit den Interessen der einfachen Leute zu tun haben. Die Menschen haben daher ihr Vertrauen in die Repräsentanten des Staates verloren.«[135]

Diese katastrophale Lage, vor allem die Korruption auf allen Ebenen des Staates, führte inzwischen dazu, dass selbst risikoerfahrene Investoren sich aus Georgien zurückziehen. Da konnte Eduard Schewardnadse, wie zuletzt am 24. Februar 2003 in einem Radiointerview, zum wiederholten Mal verkünden, dass seine Sicherheitskräfte nun kompromisslos gegen die Kriminalität vorgehen würden. Das hat er in den vergangenen Jahren ständig behauptet – aber nichts ist geschehen.

Vielleicht waren diese Gesamtumstände für die BKA-Beamten der Grund dafür, nicht in Georgien zu ermitteln. Aber wenn es dem FSB möglich ist, an Informationen über die Air Georgia zu gelangen, dann sollte das zumindest im Ansatz auch den deutschen Behörden möglich sein.

Denn es gibt Erkenntnisse. Und unabhängig von ihrem Wahrheitsgehalt wäre es für die Einordnung der Vorgänge bei Air Georgia wichtig gewesen, diese Informationen auszuwerten: »Die genannten Personen unterhalten nachweislich direkte Beziehungen zu den wichtigsten Vertretern des organisierten Verbrechens in Grusinien.« Eine der »genannten Personen«, der Vater des Stellvertretenden Stationschefs, genieße seit Jahren den Schutz und die direkte Unterstützung höchster Beamter aus dem georgischen Staatsapparat, behauptet der FSB. Die persönlichen Verbindungen reichten bis in das unmittelbare Umfeld des Präsidenten. »Der Aufbau und die Unterhaltung dieses abgesicherten Beziehungsgeflechts mit hochrangigen Beamten und Institutionen des georgischen Staates verfolgt das Ziel der Bereicherung. Die eingebundenen Staatsbeamten aus allen Bereichen der wichtigsten Ministerien werden entsprechend stabil und angemessen vergütet.« Zum Schluss behauptet der FSB: »Zu bemerken ist, dass zu den genannten Personen bei den offiziell zuständigen Sicherheitsbehörden keine negativen beziehungsweise belastenden Faktoren gespeichert sind.« Und: »Alle diesbezogenen Hinweise, Fakten und Beweise sind in geeigneter Weise beiseite geschafft worden. Ermittlungsverfahren und operative Maßnahmen wurden nicht eingeleitet.«

Da diese Behauptungen von in Georgien arbeitenden Agenten des russischen FSB stammen, lässt sich zu Recht einwenden, das könnte auch eine Mischung aus Dichtung und Wahrheit sein. Im Hinblick auf die Erkenntnisse aus Darmstadt, die doch höchst suspekt sind, spricht einiges dafür, dass der FSB mit seinen Behauptungen nicht ganz falsch lag.

Korruption der Polizei – am Beispiel Österreich

Die Verfilzung zwischen Staatsbeamten und kriminellen Clans beziehungsweise führenden Mafiosi gibt es jedoch nicht nur im fernen Georgien. Sondern zum Beispiel auch im nahen Österreich. Unbestritten ist, dass die 2001 aufgelöste EDOK (Einheit zur Bekämpfung Organisierter Kriminalität) im Wiener Innenministerium nicht nur aus couragierten Beamten bestand, die versuchten, Organisierte Kriminalität zu bekämpfen. Gerade im Hinblick auf die Aktivitäten krimineller Syndikate aus dem Osten war das eigentlich dringend geboten. Immerhin gibt es in Österreich inzwischen mehrere hundert Firmen mit seltsamen russischen Beteiligungen. Die Firmen verfügen in der Regel über keine Gewerbeberechtigung. Dafür fließen über die Konten dieser Unternehmen enorm hohe Geldmengen. Als Treuhänder werden dann in der Regel österreichische Staatsbürger vorgeschoben.

So gesehen hätte sich für die EDOK ein weites Betätigungsfeld eröffnet, und teilweise leisteten Beamte der EDOK im Kampf gegen die Organisierte Kriminalität auch Beachtliches. Doch dann wurden EDOK-Beamte selbst zu dem Problem, das sie eigentlich bekämpfen sollten. Ein Grund dafür dürfte sein, dass ehemalige Gendarmen, die zuvor den Verkehr regelten, auf Taschendiebstahl spezialisiert waren oder wussten, wie man Festgenommene vermöbelt, nicht unbedingt die Fähigkeiten hatten, um hoch komplizierte organisierte Kriminalität zu bekämpfen. Und so ist es nicht weiter verwunderlich, dass sich selbst für österreichische Verhältnisse ungewöhnlich viele EDOK-Beamte in korrupte Machenschaften verwickelten. Sie durften schicke Autos fahren, trugen Designerkleidung und hatten genug Geld in der Tasche, um in der feinen Unterwelt anerkannt zu werden. Der Glaube, sich wie James-Bond aufführen zu können, fehlende Kontrolle und Qualifikation sowie die Konfrontation mit einem sozial und kulturell fremden Milieu führten viele in Versuchung.

Informationen zu erfinden war noch das Harmloseste, obwohl dadurch einige Existenzen zerstört wurden. Mit Informationen (ob erfunden oder nicht) bestimmte, durchaus suspekte Persönlichkeiten in Wien zu erpressen ist schon problematischer. Nicht nur für Journalisten waren EDOK-Beamte eine ständig fließende Quelle von Informationen, insbesondere nach dem zweiten oder dritten Viertel Wein beim Heurigen. Jeder profitierte von jedem. Oder wie es der Staatsanwalt Walter Geyer in einem Interview mit dem Journalisten Florian Klenk beschrieb: »Wenn auf dem Aktendeckel ›EDOK‹ stand, war unsere Reaktion meist: ›Oje!‹. Dann traten die ersten Fälle auf, in denen EDOK-Beamte unter Korruptionsverdacht gerieten, sich gegenseitig ausspielten und Beweise unterdrückten. Ich erinnere etwa an die Sache mit der ›Harmonie-Bar‹, in der zahlreiche Polizeibeamte und auch ein Staatsanwalt verkehrten. Der Besitzer ließ seine Tochter ermorden – er ist inzwischen rechtskräftig verurteilt. Als eine Zeugin schriftlich deponierte, dass auch der Leiter der EDOK dort Stammgast und mit dem Bordellchef befreundet war, verschwand diese Information in der Tasche eines untergeordneten Polizeibeamten, der sie erst wieder hervorholte, um einen Karrieresprung seines Chefs zu verhindern. Wenn aber Beweise und Ermittlungsergebnisse nicht mehr vollständig, sondern selektiv und manipulativ geliefert werden, verkommt die Justiz zu einer Marionette der Polizei.«

Nun hatten die Objekte polizeilicher Aufklärungsbegierde, die in Wien lebenden Paten der osteuropäischen kriminellen Syndikate, ungewöhnlich viel Geld und andere Accessoires des Reichtums. Daher wurde für einige Beamte der Reiz übermächtig, daran ein wenig zu partizipieren. Da gibt es den EDOK-Beamten, der im Herbst 2000 als Bote eines ukrainischen Verbrechersyndikats arbeitete und dessen Aufträge willig erledigte. Irgendwie will ein angenehmer Lebensstil (Luxuslimousine und Freundin), der mit den Bezügen eines Beamten nicht in Einklang zu bringen ist, schließlich finanziert werden. Als er durch seine eigene Dummheit aufflog, wurde er zunächst beurlaubt und dann wieder ehrenhaft in die Riege der OK-Bekämpfer aufgenommen. Demgegenüber wurde ein international anerkannter Experte wie der Leiter der OK-Dienststelle im Wiener Sicherheitsbüro, Max Edelbacher, auf einen bedeutungslosen Posten abgeschoben. Seitdem gibt es in Wien auch keine OK-Bekämpfung mehr.

Von anderer Qualität ist, dass osteuropäische Mafiapaten von hohen EDOK-Beamten mehr als begünstigt wurden.

Ein EDOK-Beamter kassierte zum Beispiel 60 000 US-Dollar, damit er als Gegenleistung die Akten über einen bekannten usbekischen Unternehmer säuberte. Der Geschäftsmann hatte wohl enge Beziehungen zur usbekischen Mafia und (was kein Widerspruch ist) ganz sicher zu Spitzenpolitikern der österreichischen Sozialdemokraten. Die EDOK behauptete über ihn in einem »Lagebild Organisierte Kriminalität Russland – Polen«: »Er unterhält auch beste Kontakte zu Personen des öffentlichen Lebens und hat in der Gesellschaft bereits Fuß gefasst, weshalb sich für Österreich eine nicht zu vernachlässigende Gefährdungslage ergeben könnte. Über seine Kontakte stehen den

Jürgen Roth

Führern der Solnzewskaja sämtliche Möglichkeiten der Geschäftsanbahnung in Österreich offen.«

Die »saubere« Akte sollte es dem Unternehmer ermöglichen, reibungslos als Honorarkonsul von Usbekistan in Wien akkreditiert zu werden. Aus der Sicht des betroffenen usbekischen Unternehmers lief das ganz anders ab: Er wurde von dem EDOK-Beamten erpresst. Das beklagte er jedenfalls glaubhaft gegenüber dem UN-Protokollchef in Wien.

Bei einem anderen Mann, der in den Genuss polizeilicher Vorzugsbehandlung geriet, handelte es sich um den Polen Jeremiasz Baranski, Spitzname »Hammelfleisch«, der seit 1978 in dem idyllischen Ort Gramatneusiedl lebte und im Laufe der Jahre zu einem mächtigen Paten der polnischen Unterwelt aufsteigen konnte. Er verstand es, sich als williger und vertrauenswürdiger Informant und Mitarbeiter der Polizei anzubieten. Schlau wie er war, bot er seine Kenntnisse von Straftaten seiner unliebsamen Konkurrenten den Sicherheitsbehörden in Deutschland und Österreich an. Er schien der ideale V-Mann zu sein. Dafür sprach schon seine kriminelle Vorgeschichte: 1991 fand die Polizei 64 gefälschte Diplomaten-, Reise- und Dienstpässe in einer Werkstatt, die ihm gehörte. 1994 wurde er in Belgien wegen Alkoholschmuggels festgenommen, kam aber nach kurzer U-Haft wieder frei. Weitere Vorwürfe: illegaler Waffenbesitz und Widerstand gegen die Staatsgewalt.

1995 wurde die polnische Staatsanwältin Wiolantyna Mataniak mit 98-prozentiger Schwefelsäure überschüttet, ihr Gesicht blieb entstellt. Sie hatte gegen Baranski wegen Schmuggel von 310 000 Litern Wodka ermittelt. In dem Verfahren wurden neun Bandenmitglieder verurteilt. Nur einer kam wieder frei, Baranski. Nach seiner Entlassung aus der U-Haft soll er einem Freund per Postkarte mitgeteilt haben, der Arbeitseinsatz der Staatsanwältin habe ihn »eine Million Dollar gekostet«, nun werde »ihr eine Dusche besorgt«. Als ein polnischer Staatsanwalt nach Wien kam, um das Säureattentat aufzuklären, wusste Baranski sofort, in welchem Hotel er übernachtete. Nach einem kurzen Besuch Baranskis im Hotel stellte der Staatsanwalt das Verfahren ein. Nun wird in Polen gegen den Staatsanwalt ermittelt.

Als eine Lehrerin der Vienna International School, in der Kinder von UNO-Beamten und Diplomaten aufgenommen werden, es wagte, seinen Sohn Kuki nicht in die Schule aufzunehmen, versprach er ihr

»die Hölle«. Kurz darauf lauerte am frühen Morgen ein Unbekannter der Lehrerin auf und verprügelte sie.

»In Warschau, so vermuteten deutsche Behörden nach einer Telefonüberwachung, soll Baranski ein regelrechtes Massaker in der ›Gamma-Bar‹ organisiert haben. Fünf Menschen wurden mit Maschinenpistolen niedergemäht. Zu einer Anklage hat es in diesem Fall allerdings nicht gereicht.«[136] Nachdem sich zwei seiner ehemaligen »Soldaten« entschlossen hatten, gegen ihn vor Gericht auszusagen, wurde der eine in seinem Versteck in der Schweiz »mit einem Gruß aus Wien« bedroht, man würde ihm die Beine brechen. Den anderen trafen tödliche Schüsse auf der Straße. Ein Rechtsanwalt, der gegen ihn auftrat, fand eine Paketbombe vor seiner Tür. Dieser Baranski diente also auch dem deutschen BKA als Informant.

Wegen Zigarettenschmuggels wurde er 1997 in Hildesheim zu zwei Jahren Haft auf Bewährung verurteilt. »Die Welt« schrieb damals: »Ein seltsamer Prozess, in dem ein BKA-Mann würdigte, nur dank Baranski sei es gelungen, in die höhere Ebene der polnischen Organisierten Kriminalität hineinzustoßen.«[137] Das ungewöhnlich milde Urteil verdankte Baranski wiederum der Fürsprache des BKA.

Sowohl das BKA wie die österreichischen Kollegen von der EDOK freuten sich riesig über den vermeintlich wichtigen V-Mann und belohnten ihn für seine Kooperation. In Wien bekam er, trotz seiner Vorstrafen, die begehrte österreichische Staatsbürgerschaft. Den entsprechenden Antrag stellte höchstpersönlich ein EDOK-Beamter, der dafür 500 000 Schillinge kassiert haben soll. Bei seinen Kollegen vom BKA hatte er zuvor um ein gutes Leumundszeugnis gebeten, was ihm auch prompt übersandt wurde. »Wir teilen mit, dass eine Einbürgerung von Herrn Baranski in Österreich begrüßt wird. So kann er uneingeschränkt reisen.« Zudem erhielt er für seine Informationen mindestens 100 000 Euro aus den Kassen des Staates. Und das alles, obwohl im »Central European Review« vom 24. April 2001 zu lesen war: »Jacek Debski, ehemaliger Sport- und Tourismusminister, wurde außerhalb des Warschauer Restaurants ›Casa Nostra‹, wo er seinen Geburtstag feierte, niedergeschossen.« Nach dem Mord vom 21. April 2001 spekulierte die polnische Presse darüber, dass Debski anscheinend Verbindungen zur polnischen Mafia hatte, und dabei fiel der Name Baranski. Der soll den Mord in Auftrag gegeben haben. Indizien dafür: Noch kurz vor dem Anschlag hatte Jeremiasz Baranski vom Konto des

Ex-Ministers knapp 400 000 Euro abgeräumt. Der Killer, der sich am Morgen danach bei Baranski in Gramatnensiedl mit den Worten »Elegant, was?« meldete, »erhängte« sich später im Gefängnis. Baranskis Freunde von der EDOK interessierte das nicht.

»Lange Zeit«, so der Journalist Florian Klenk, der sich intensiv mit dem Skandal befasste, »fraßen ihm die Fahnder geradezu aus der Hand. Sie belohnten, beschützten und begünstigten ihn, indem sie Beweismaterial gegen ihn einfach in den Reißwolf warfen, um ihn nicht der Justiz auszuliefern.«

Erst im Frühjahr 2001 wurde der Skandal bekannt – durch eine anonyme Anzeige frustrierter Polizeibeamter. Die Beschuldigungen waren so ungeheuerlich, dass sie nicht mehr unter den Teppich gekehrt werden konnten. Im Juli 2002 wurde Baranski verhaftet. Die Anklageschrift, die Anfang Dezember 2002 von Staatsanwalt Walter Geyer dem Wiener Landgericht übergeben wurde, warf ihm vor, »als führendes Mitglied einer kriminellen Organisation angehört zu haben, die auf gefährliche Körperverletzungen, Mord und Vermögensdelikte ausgerichtet war«. Baranski selbst sagte, er sei nur ein kleiner Geschäftsmann und die Vorwürfe gegen ihn seien eine »Intrige der Polizei«. Mit der Mafia habe er seit Jahren nichts mehr zu tun. Noch aus dem Gefängnis heraus, natürlich konnte er von dort ungehindert telefonieren, versuchte er, Zeugen, die ihn belasten konnten, umzudrehen.

Baranskis Anwalt hielt die Anklagen gegen seinen Mandanten für »Unsinn«. Es sei eine »Intrige«, die Vorwürfe seien »aus der Luft gegriffen«. Ob er das wirklich glaubte? Besonders aufschlussreich waren die Erkenntnisse, die der Staatsanwalt über die enge Verflechtung zwischen polnischer Mafia und der Wirtschaft gesammelt hatte. Sie deckten sich mit den Aussagen eines Analytikers im Bundeskanzleramt. Der sagte: »Eigentlich darf Polen auf Grund der engen Verflechtung zwischen Regierung und Mafia überhaupt nicht in die EU aufgenommen werden.«

Zwei der EDOK-Beamten sind inzwischen zu Haftstrafen verurteilt worden. Und einer der höchsten EDOK-Beamten, Oberstleutnant Josef B., wurde Anfang April 2003 in Wien zu zwei Jahren Haft verdonnert, wegen Amtsmissbrauch. »Sie haben das Vertrauen der Bevölkerung in die Sicherheitsbehörden und die Strafrechtspflege erheblich erschüttert«, sagte Richterin Eva-Maria Seidl in der Urteilsbegründung. Gegen das Urteil hat der Verteidiger Revision eingelegt. Zu einem Verfahren gegen Baranski wird es nicht mehr kommen. Er erhängte sich Anfang Mai 2003 in seiner Zelle.

Das ist die juristische Seite der Affäre. Die politische Dimension beschreibt Florian Klenk so: »Der Fall des Jeremiasz Baranski zeigt, wie schnell und unkontrolliert der österreichische Staat im Kampf gegen die Organisierte Kriminalität korrumpiert werden kann.« Da ist es lediglich eine Randnotiz, dass ein ehemaliger Wiener Polizeichef einem führenden österreichischen Kasinobetreiber im März 2003 ziemlich dubiose russische Geschäftsleute vermitteln wollte. Der Verantwortliche des Kasinobetreibers schlug die Hände über dem Kopf zusammen und setzte den einst hochkarätigen Polizeibeamten samt seinen halbseidenen Geschäftsfreunden vor die Tür. Ob sich also an all diesen Verhältnissen im neu gegründeten österreichischen BKA, in dem knapp 600 Beamte arbeiten und in das fast alle Beamte der EDOK übernommen wurden, etwas ändern wird, ist eher fraglich.

Komplizen beim BKA und einem deutschen Geheimdienst

Es ist das Heiligtum des BKA in Wiesbaden – das Präsidentenzimmer im obersten Stockwerk des weitläufigen Gebäudekomplexes. Schweren Herzens muss sich BKA-Präsident Ulrich Kersten wieder einmal mit Berlin verbinden lassen. Sein oberster Dienstherr, Innenminister Otto Schily, legt Wert auf persönliche Unterrichtung. Wahrscheinlich wird er Ulrich Kersten mit den Worten »Was ist denn nun mit dem Fall des BKA-Beamten Uli?« angeherrscht haben. Der dürfte daraufhin in den nur ein paar Schritte entfernten Wald geblickt und sich gefragt haben: Wie lange können wir den Vorgang noch unter der Decke halten?

Nun ist Otto Schily nicht ein Vorgesetzter, dem das Schicksal seiner kleinen Beamten besonders am Herzen läge. Für seinen brüsken, manchmal feindlich-aggressiven Umgangston ist er gefürchtet. Ihm dürfte es wohl mehr um das Image der ihm unterstehenden Bundesbehörden gehen. Presseveröffentlichungen über korrupte Beamte kratzen am Image. Da hatten vor einiger Zeit die Medien über korrupte BGS-Beamte auf dem Frankfurter Flughafen berichtet. Flugs wurde

eine interne Gruppe aufgebaut, die für Ordnung in Schilys Bundespolizei sorgen sollte. Die Beamten der Gruppe waren schnell ver-
schrien – als »Verräter«. Einer der Verräter hatte sogar mitbekommen,
dass seine Kollegen an der deutsch-polnischen Grenze deshalb keine
Schleuser verfolgten, weil sie selber in das lukrative Geschäft mit dem
Menschenhandel eingestiegen waren. »Er wollte ermitteln«, erzählten
mir seine Kollegen, die nicht mit Namen zitiert werden wollen. »Aber
weil es um höchste BGS-Beamte in diesem Abschnitt ging, wurde er
ins Innenministerium zitiert, und ihm wurde klar gesagt: ›Da machen
Sie nicht weiter‹.« Jetzt hat der neugierige BGSler irgendwo in der
Provinz einen Lehrauftrag übernehmen müssen. Das Schleusergeschäft
der Grenzschützer soll immer noch florieren.

Um reine Imagepflege geht es auch im Fall des BKA-Beamten Uli,
der auf Abwege gekommen sein muss. Jedenfalls ist gegen ihn bei der
Staatsanwaltschaft Frankfurt ein Verfahren wegen Verdachts der
Geldwäsche anhängig. Der BKA-Beamte war, bis zu seiner Frühpen-
sionierung im Frühjahr 2002, im Bereich der osteuropäischen Organisierten Kriminalität tätig. Mitte der neunziger Jahre hatte er als
verdeckter Ermittler in der kriminellen osteuropäischen Szene gearbeitet, hauptsächlich in Berlin. Dann wurde er wegen »Unführbar-
keit« in die für Osteuropa zuständige BKA-Abteilung versetzt. Auf
vielen internationalen Tagungen war er anzutreffen, er galt als Experte. Bei den Kollegen im Amt entstand hingegen der Verdacht,
dass er wegen des gewohnten luxuriösen Lebens als verdeckter Ermittler inzwischen den Wert von Luxus zu sehr schätzen gelernt haben könnte. So wurde 1997, bei einem langwierigen verdeckten Einsatz des BKA gegen einen vermutlichen »Dieb im Gesetz«, Alexander
R., festgestellt, dass nach Ulis Gesprächen mit Verdächtigen diese sofort ihre Handynummern wechselten. Und seine Informationen,
dass sich in einer bestimmten Kneipe »führende Kräfte der russischen Mafia« treffen würden und die Wirtin eine »zentrale Kontaktperson« sei, stellten sich alle als falsch heraus. »Das war blödes Zeug«,
schimpften damals seine Kollegen. Doch noch störte sich niemand
daran.
    Die Affäre spitzte sich im Herbst 1999 zu. Damals traf sich ein Be-
amter der belgischen Polizei mit dem umstrittenen russischen Geschäftsmann Grigorij Loutchansky. Der soll, so will es Eric Van de

Weghe gehört haben, nach Material gesucht haben, um einen hohen Politiker in Kasachstan zu belasten.

Das Stelldichein fand am 14. August 1999 im feinen »Conrad« in Brüssel statt. Der belgische Beamte soll dabei zu Loutchansky gesagt haben: »Ich bringe Sie in Kontakt mit Uli.« Im Oktober 1999 war es anscheinend so weit. Uli, so erinnert sich Van de Weghe fuhr mit einem 7er BMW vor, begleitet von einer Brasilianerin, die er als seine Assistentin vorstellte.

Vielleicht war Uli ja nur zu dem Termin gekommen, weil er persönlich den großen Loutchansky kennen lernen wollte. Für einen verdeckten Ermittler wäre das ein durchaus professionelles Verhalten.

Nicht aber das, was Van de Weghe beobachtete und Frankfurter Polizeibeamten im Sheraton-Hotel am Frankfurter Flughafen zu Protokoll gab: »Ich bin zusammen mit Uli bei einer anderen Gelegenheit ins Business-Center des Hotels Conrad in Brüssel gegangen, um Kopien anzufertigen. Ich konnte sehen, dass Uli eine Plastiktüte dabeihatte. Ihr entnahm er mehrere Seiten eines Berichtes im Format DIN A4 und kopierte sie. Dann gingen wir wieder zurück zu Loutchansky.« Später dinierte man zusammen. Während des Abendessens, erinnert sich der Zeuge, »brachte Loutchansky genau die Tüte mit, in die Uli die Kopien gesteckt hatte. Während des Essens und auch danach las Loutchansky ständig in dem von Uli fotokopierten Bericht. Ich konnte sehen, dass auf der ersten Seite des Berichts im unteren Drittel der Titel ›The Chernoy Brothers‹ stand. Loutchansky sagte mir auch, als ich ihn nach dem Inhalt gefragt habe, dass die darin enthaltenen Informationen schon bekannt seien und es immer der gleiche Scheiß wäre, der geschrieben wird.« Van de Weghe erzählte auch, dass Uli an Louchtansky Krypter und große Batterien für das neue Siemens-Handy übergeben haben soll. Krypter sind Verschlüsselungssysteme. Die Van de Weghe befragenden beiden Beamten der Frankfurter Kripo wollten am Ende der Vernehmung noch etwas von dem Zeugen wissen:

»Sie äußerten zu Beginn, dass sie im Besitz eines Telefaxes sind, aus dem hervorgeht, dass Uli Zigaretten anbietet. Was können Sie dazu sagen?«

»Ich kenne einige Geschäftsleute in Belgien. Diese haben vor drei oder vier Monaten ein Fax mit dem Stempel der Firma in Frankfurt erhalten, auf dem Uli Zigaretten der Marke Marlboro zum Kauf anbie-

Jürgen Roth

tet. Auf dem Fax, was ich selbst gelesen habe, ist die Rede von Containerladungen mit Zigaretten.«

Während seiner Besuche in Genf und Brüssel war BKA-Uli noch krankgeschrieben. Und wenn man der Aussage des Zeugen Eric Van de Weghe glauben darf, hat Uli, der damals eine Visitenkarte mit den Namen einer Frankfurter Privatdetektei dabeihatte, private Rechercheaufträge durchgeführt.

Nun war Eric Van de Weghe, der das alles behauptete, nicht unbedingt einer, dem man über den Weg trauen konnte. Zu oft hatte der Geschäftsmann aus Belgien selbst die Seiten gewechselt. Er war einst Generaldirektor der Firma Stellar im amerikanischen Baltimore. Das war eine Tarnfirma der US-Zollbehörde. Gegründet wurde sie, um Kontakte in Richtung Ex-UdSSR aufzubauen und dann in kriminelle Netzwerke einzudringen. In Brüssel arbeitete er bis 1997 als V-Mann auch bei der dortigen Polizei. Als er für kurze Zeit wegen Betrug ins Gefängnis wanderte, knüpfte er weiter seine Kontakte. Pierre Delilez von der belgischen Police Judiciaire (BNB), der von dem Zeugen selbst hereingelegt und deshalb vom Dienst suspendiert wurde und bis heute auf seine Rehabilitierung wartet: »Ich halte es für sinnlos, mit ihm zusammenzuarbeiten. Habe immer gewarnt. Er ist ein Betrüger, steht aber in Kontakt mit unseren Zielpersonen.« Zielpersonen damals waren unter anderem Sergej Michailow, der sich in Belgien an einer Firma beteiligt hatte, und Semion Mogilevich. »Er hat bei Mogilevich 200 000 Dollar kassiert für Polizeiberichte und ihm angeboten, Drogen und Waffen zu liefern«, behauptet Delilez. Sicher ist, dass er Ende 1995 Michailow auf dem Brüsseler Flughafen begrüßte und später behauptete, Michailow wollte Geschäfte mit Waffen tätigen und in Spielkasinos in Belgien investieren. Auch die Behauptung, dass ein bekannter Brüsseler Journalist von der »Russen-Mafia« mit dem Tod bedroht sei, stammte von ihm. Ob es eine Erfindung von Van de Weghe war, um sich wichtig zu machen, oder ob der Journalist tatsächlich bedroht wurde – es wird wohl immer ein Rätsel bleiben. Als Van de Weghe im November 1997 für kurze Zeit ins Gefängnis wanderte wegen Betrug, knüpfte er weiter seine Kontakte. Zum Beispiel zum belgischen Ex-Botschafter Alfred Cahen. Der war damals Generalsekretär der Atlantischen Verteidigungsgemeinschaft ATA, der wichtigsten politischen Lobby-Organisation der NATO. Cahen setzte sich, über Van de Weghe, für den Obergangster Semion Mogilevich ein. Semion

Mogilevich wollte unbedingt nach Frankreich einreisen. Doch die Grenze blieb ihm verschlossen. Er galt als unerwünschter Ausländer und wandte sich daher, das behaupten Brüsseler Polizeibeamte, über Mittelsmänner an Alfred Cahen, um aus dem Computersystem des Schengen-Abkommens (SIS) herauszukommen und ungehindert nach Frankreich einreisen zu können. Die Intervention war erfolgreich. Der ehrenwerte Alfred Cahen schrieb an den Mittelsmann des Paten:

»Wir werden also in der kommenden Woche einen Brief erhalten, der die Aufhebung des Verbotes für Herrn Mogilevich bestätigt sowie das Datum, von dem an das offiziell ist. Ich halte Sie täglich über die Entwicklung der behördlichen Verfahrensweise auf dem Laufenden. Ich danke Ihnen für das Vertrauen, das Sie mir gewähren und für die Diskretion und die Effizienz, die Sie in dieser Angelegenheit gezeigt haben.« Ob als Gegenleistung Geld, kostbare Schmuckstücke oder überhaupt nichts bezahlt wurde – niemand kann und will es beweisen. Gesichert ist hingegen, dass der belgische Abgeordnete Philippe Rozenberg von Mogilevich fünf Millionen belgische Franc dafür erhielt, dass Mitglieder russischer krimineller Syndikate die belgische Staatsbürgerschaft erhalten und er für sie in Belgien Lobbyarbeit leistet. In den Deal verwickelt war Van de Weghe.

Um wieder auf den BKA-Beamten Uli zurückzukommen: Pierre Delilez glaubte auch, dass Uli für Loutchansky bestimmte Ermittlungen durchführte, um Van de Weghe auszuschalten, weil der Loutchansky betrogen haben soll. Zusammenfassend könnte man sagen: Da hat ein begnadeter Manipulator und Agent Provocateur erneut einen Beamten ausgeschaltet, der gefährlich geworden war.

Was sind nun die harten Fakten? Uli hatte, über seine Frau, in Frankfurt tatsächlich ein »Detektivbüro« eröffnet. Geschäftszweck der GmbH: »Im- und Export von Waren aller Art aus und nach Osteuropa, die Übernahme von Vertretungen und Beratungen für osteuropäische Firmen sowie der Betrieb einer Detektei und eines Sicherheitsdienstes.« Bereits im Jahr 2000 konnte anhand von Ermittlungen festgestellt werden, dass auf das Konto der GmbH Bareinzahlungen in Höhe von knapp 280 000 Mark eingegangen waren. Das würde in etwa dem Zeitraum entsprechen, über den auch der belgische V-Mann berichtet hatte.

Bei weiteren Beobachtungen der Frankfurter Staatsanwaltschaft stellte sich zudem heraus, dass Uli Kontakte zu Personen hatte, die als russische Dunkelmänner bekannt waren. Auf jeden Fall dürften in dem Frankfurter Detektivbüro im Bahnhofsviertel ziemlich viele »Geschäftsleute« ein- und ausgegangen sein. Die Ermittler notierten: »Zusammenfassend lässt sich sagen, dass der beschuldigte Uli als Mittler zwischen deutschen und russischen Unternehmen im Verdacht steht, Handlungen vorzunehmen, die diese Unternehmen darin unterstützten, die Herkunft illegaler Gelder zu vertuschen und diese dem legalen Wirtschaftskreislauf zuzuführen.« Also ein Helfershelfer für die Geldwäsche osteuropäischer Mafiosi? Ein schwerer Vorwurf. Ob er jemals bewiesen werden kann, ist fraglich.

Besonders merkwürdig waren Ulis Besuche in Italien, und zwar bei Leonid Minin. Der saß, als Uli ihn besuchte, bereits im Gefängnis. Verhaftet wurde er am 5. August 2000 in Cinisello Balsamo, einer kleinen Arbeiterstadt in der Nähe von Mailand. Für den ukrainischen Millionär nicht unbedingt das adäquate Ambiente. Wie immer, wenn er hierherkam, hat er im Hotel Europa übernachtet, wo ein Zimmer 75 Euro kostet. Normalerweise lebt er bei seiner Familie in der Via del Pollairolo in Rom.

Am 5. August gab ihm der Portier des Hotels Europa das Zimmer 341. Er vergnügte sich gerade mit vier Prostituierten (Russin, Ukrainerin, Italienerin und Kenianerin), als die Polizei das Zimmer stürmte. Auf einem kleinen Tisch lag Kokain. Und ein Häufchen Diamanten im Wert von etwa 500 000 Euro. Wichtiger noch war, was die Polizisten in einem grünen Aktenkoffer fanden: 1500 Dokumente in englischer, russischer, holländischer und französischer Sprache.[138]

Leonid Minin, am 14. Dezember 1947 in Odessa in der Ukraine geboren, war nicht nur eine wichtige Figur im Waffenhandel. Seit über einem Jahrzehnt klebt an ihm der Ruf, ein führender Mafiosi mit weltweiten Verbindungen zu sein. Seine Karriere begann er in Deutschland. Hier wurde er 1978 vorübergehend festgenommen wegen Ikonenhandel, dann 1992 wegen Raub erkennungsdienstlich behandelt, und ab 1995 ermittelte das BKA wegen Drogenhandel gegen ihn. 1997 wurde er in Nizza wegen Kokainbesitz zu acht Monaten Gefängnis auf Bewährung verurteilt. Kleinigkeiten für ein Kaliber wie ihn. Der ambitionierte Unternehmer, der Ende der neunziger Jahre noch an der Spitze eines multinationalen Öl-Imperiums stand, dürfte jedoch Fehler gemacht haben. Oder war er sich einfach zu sicher?

Inzwischen ermittelte auch die italienische Polizei gegen ihn. Sie warf ihm vor, in den internationalen Waffen- und Drogenhandel, in Geldwäsche, Erpressung und andere Delikte verwickelt zu sein. »Seine Bedeutung und seine Aktivitäten stellen eine extreme Gefahr für die Gesellschaft dar«, heißt es in einem Report der italienischen Staatspolizei.[139]

Zum Verhängnis wurden ihm Waffenlieferungen an den Diktator Charles Taylor in Liberia und an die Revolutionäre Einheitsfront (RUF) in Sierra Leone. Beide von Desperados beherrschte Staatsgebilde unterliegen seit Jahren einem UN-Waffenembargo. Nun muss Leonid Minin mit zwölf Jahren Gefängnis rechnen. Aber einer sollte ihm noch zur Seite stehen – Uli aus Deutschland.

Irgendjemand hatte mir mal die private Handynummer von Uli gegeben. Vielleicht ist er ja bereit, mit mir zu sprechen, dachte ich, und rief ihn an. Er war vorsichtig, war jedoch mit einem Treffen im Frankfurter Intercontinental-Hotel einverstanden. »Wir sehen uns in der Lobby, ich erkenne Sie schon«, sagte er.

Pünktlich kommt er auf mich zu, ein großer Mann, vielleicht 40 Jahre alt, sportlich gekleidet. Als ein Blitzlicht aufleuchtet, schaut er sich sofort um. Wir taxieren uns. Er weiß nicht, was ich über ihn gehört und gelesen habe, und ich werde es vermeiden, auch nur ansatzweise davon zu sprechen. Das Treffen ist leider ziemlich kurz. »Nur zum Kennenlernen«, sagt er mir. Ein paar Wochen später sehen wir uns wieder, am gleichen Platz. Offensichtlich ist er verärgert. War ich beim Telefonieren unvorsichtig? Ich wusste, dass sein Telefon abgehört wurde, wusste, dass er verschiedene Handys benutzt, und auch ihm war klar, dass sein Telefon nicht sicher war.

»Sie haben mich fotografieren lassen«, fuhr er mich an, nachdem er einen Cappuccino bestellt hatte. Er spielte damit auf das Blitzlicht beim letzten Treffen an. Nun habe ich ihn ganz sicher nicht fotografieren lassen, und wenn, dann hätte er sicher nichts mitbekommen. Er war davon überzeugt, dass ich mit »irgendjemandem« zusammenarbeite. Für einen BKA-Beamten im Urlaub, das war er zu dieser Zeit noch, war sein Verhalten schon etwas merkwürdig. Ich konnte ihn ja verstehen – noch hatte er nicht seine Entlassungsurkunde des

BKA in den Händen, und die Pension wollte er sich nicht gefährden lassen.

Beim vorigen Mal, wir unterhielten uns über den in Italien verhafteten Minin – »Der ist unschuldig, ich weiß das« –, hatte er mir angeboten, Materialien über Vadim Rabinovich zu liefern, den ukrainischen Oligarchen, über den ich ein Buch geschrieben habe. »Sie wurden ja von dem gekauft, das weiß ich. Aber sind Sie bereit, Informationen zu veröffentlichen, die eindeutig zeigen, dass Leonid Minin nur ein Strohmann von Rabinovich war?«

Erneut betont er die Unschuld von Leonid Minin. Ich bin etwas perplex und biete ihm an, wenn er wirklich handfestes Material gegen Rabinovich hat, dieses sofort zu veröffentlichen. »Beim nächsten Mal bringe ich die Dokumente mit«, verspricht er. Und dann endlich, nachdem er Vertrauen gefasst und inzwischen alle Brücken zum BKA dienstrechtlich einwandfrei abgebrochen hat, erzählt er mir beim nächsten Treffen, dass er »in gewisser Weise die Interessen von Leonid Minin« wahrnehme.

Das finde ich beachtlich. Ich wundere mich überhaupt die ganze Zeit, warum er sich so vehement für Minin einsetzt. Hat das mit den Kontakten zu tun, die er 1997 und 1998 in Berlin geknüpft hatte? Leonid Minin hatte ja, über eine Erdölgesellschaft, einen wichtigen Stützpunkt in Berlin.

Ist er deshalb eine Art PR-Agent für den Gangster Minin geworden? Aus purem Idealismus wird er sich doch für Minin nicht einsetzen. Reisen nach Italien sind nicht ganz billig.

Als ich ihn fragte, ob er mir nicht ein Treffen mit Leonid Minin oder dessen Anwalt in Italien vermitteln könne, sagte er: »Natürlich. Wobei Minin auf Sie stinksauer ist. Er glaubt, dass er wegen Ihrer Buchveröffentlichung erst die Schwierigkeiten bekommen hat.« Das klang ziemlich unglaubwürdig, und ich konnte mir keinen Reim darauf machen, warum er solch eine Geschichte erfand.

Er spielte auf das Buch »Der Oligarch« an, in dem ich ausführlich über Leonid Minin geschrieben hatte. »Aber in der nächsten Zeit wird erst mal ein Reporter einer US-Zeitung mit Minin sprechen. Danach organisiere ich das.« Und dann eilte er in die Tiefgarage, um in seinem Luxusschlitten zum Tennisspielen zu fahren.

Beim letzten Treffen mit ihm, im Frühjahr 2002, wieder der gleiche

Ort, hat er tatsächlich Unterlagen dabei. Aber nicht, wie versprochen, Dokumente, Bankauszüge oder andere Originalunterlagen, die Vadim Rabinovich belasten, sondern einige Zeitungsartikel. Und die kannte ich bereits. Trotzdem habe ich versucht, seine Vorwürfe gegen Rabinovich, die wiederum Leonid Minin erhoben hatte, überprüfen zu lassen. Es ging um die Waffenlieferungen an Sierra Leone und an die Taliban in Afghanistan. Denen soll er im Jahr 1996 vierhundert Panzer geliefert haben. Wenn Leonid Minin wirklich der Strohmann von Rabinovich war, und zwar beweisbar, dann hätte ich eine Illusion weniger. Denn das hätte bedeutet, dass Rabinovich mich belogen hätte. Er hatte mir nämlich bereits im Sommer 2001 nachdrücklich versichert, dass er mit Minin niemals Geschäfte gemacht habe, und hielt Minin für einen »durchgedrehten Kriminellen«.

Die Überprüfung in Italien, den USA und der Ukraine kam zu einem eindeutigen Befund: Rabinovich hatte nichts mit diesen Waffengeschäften zu tun. Bestätigt wurde das sowohl von der Moskauer Generalstaatsanwaltschaft wie vom ukrainischen Außenministerium, der US-Botschaft in Kiew und vom russischen Botschafter in der Ukraine.

Seitdem habe ich nichts mehr von Uli, dem Pressesprecher eines Top-Gangsters, gehört und gesehen. Das hatte unter Umständen mit dem zu tun, was er bei beim letzten Treffen sagte: »Seien Sie vorsichtig mit dem Telefon. Benutzen Sie das Internet zum Telefonieren. Das bietet Sicherheit.« Aber vielleicht wurde er ja auch gewarnt, und zwar aus einer ganz anderen Ecke, vielleicht aus Pullach. Warum Pullach?

Eine Verbindung zwischen Uli und Grigorij Loutchansky scheint bestanden zu haben, was unter anderem die Aussage des belgischen Zeugen Van de Weghe belegte. Grigorij Loutchansky gilt wiederum in Westeuropa, insbesondere bei diversen Sicherheitsbehörden, als ziemlich undurchsichtiger russischer Unternehmer, aber auch als eine faszinierende Persönlichkeit. Sämtliche Vorwürfe gegen ihn im Zusammenhang mit organisierter Wirtschaftskriminalität konnten niemals bewiesen werden. Dann veröffentlichte der Journalist Jochen Kummer nach dem Terroranschlag vom 11. September in der »Welt am Sonntag« eine Artikelreihe, in der Grigorij Loutchansky im Zusammenhang mit dem internationalen Waffenhandel erwähnt wurde. Die Quelle seiner Behauptungen war der BND. Als ich den Artikel las,

Jürgen Roth

dachte ich, dass auf den Journalisten Kummer harte Zeiten zukommen.

Loutchansky klagte, wie zu erwarten war, vor dem Landgericht Hamburg gegen die Berichterstattung. So weit war alles noch ganz normal. Doch dann geschah Seltsames: Auf Beschluss einer Zivilkammer des Landgerichts vom 22. November 2002 sollte Beweis erhoben werden, ob die Vorwürfe des Journalisten zutreffend seien. Und zwar durch die Vernehmung von zwei Zeugen des Bundesnachrichtendienstes, ein Dr. Hermann und eine Michaela Haber aus Pullach. Die Anwälte der »Welt am Sonntag« hatten sie als Zeugen benannt. Beweis erhoben werden sollte unter anderem über »die Äußerung, dass der Kläger ein Waffenhändler sei, der im verbotenen Geschäft des internationalen Waffenhandels mit das große Rad drehe«. Denn diese Äußerung »stamme vom BND, sei vom BND gegengelesen und gegenüber dem Beklagten als richtig freigegeben worden«. Und die Information »über die Beteiligung der klägerischen Firma Nordex an der Beltech-Export und deren Betätigung im Waffenhandel stamme direkt von Mitarbeitern des BND.« Außerdem sei »die Passage im streitgegenständlichen Artikel, dass die klägerische Firma Nordex am Atomschmuggel mit Irak, Iran und Nordkorea beteiligt sei, der Zeugin Michaela H. in der später veröffentlichten Fassung vorgelesen worden«, und sie habe »die Information als richtig bestätigt«. So weit der Beweiserhebungsbeschluss.

Es war schon verwunderlich, dass die Kammer überhaupt zulassen wollte, die beiden BND-Mitarbeiter als Zeugen zu laden. Sollten sie die Aussage des Journalisten bestätigen, wäre das eine arge Niederlage für Grigorij Loutchansky. Bislang hatte er weltweit vor allen Gerichten immer obsiegt, wenn es darum ging, seinen Ruf zu verteidigen.

21. Februar 2003, 14 Uhr, Raum 833, Hamburger Landgericht. Die beiden BND-Mitarbeiter sind erschienen und bereit auszusagen, das heißt, sie haben von höchster Stelle eine Aussagegenehmigung erhalten. Der Journalist und seine Anwälte jubeln, schließlich sind es ihre Zeugen.

Doch es soll ganz anders kommen. Auf die Fragen der Richter an die BND-Mitarbeiter, ob sie dem Journalisten die Informationen gegeben haben, die in dem Artikel zitiert wurden, und ob der BND die Artikelserie vor der Veröffentlichung gelesen und abgesegnet habe, sagen sie:

Nein, das stimme nicht. Es habe zwar ein Briefing mit dem Journalisten über eine ABC-Waffen-Proliferation gegeben. Aber Loutchansky sei dabei nicht erwähnt worden. Daher sei der BND hinsichtlich der Vorwürfe gegen Loutchansky auch nicht in der Position gewesen, irgendetwas zu bestätigen oder zu dementieren. Deshalb habe der BND auch nicht seine Zustimmung vor der Veröffentlichung gegeben.

Die Verteidigungsstrategie ist in sich zusammengebrochen. Hat der Journalist die Unwahrheit gesagt?

»Nein«, sagt er. »Ich werde jetzt dem Gericht den gesamten Schriftverkehr vorlegen, einschließlich der Fax-Kennung des BND, aus dem hervorgeht, dass der BND genau das getan hat, was ich in meinem Artikel geschrieben habe. Die beiden Mitarbeiter hatten ihr Okay gegeben, sie kannten die Artikel vor der Veröffentlichung und haben sie abgesegnet.«

Journalistisch ist dieses Verfahren höchst fragwürdig. Aber es gibt ja leider noch andere Journalisten und Medien, die sich vom BND beraten oder diktieren lassen, was veröffentlicht werden kann. Daran, dass Jochen Kummer und die »Welt am Sonntag« den Prozess verlieren werden, gibt es jedoch kaum einen Zweifel. Und zwar unabhängig davon, ob der BND den Artikel über Loutchansky vorher abgesegnet hatte oder nicht und ob die Informationen vom BND stammten oder nicht. Beweiskräftig wären die Infos des BND vor einer Pressekammer in Hamburg wahrscheinlich nicht gewesen. Der Skandal liegt woanders. Warum verleugnet der BND plötzlich etwas, was er nachweislich gegenüber einem Journalisten erklärt hat? Ist es neue Politik in Pullach, Journalisten erst zu instrumentalisieren und sie dann in die Falle laufen zu lassen? Oder sollte das Gerücht zutreffen, dass dem BND eine neue Quelle so wichtig erscheint, dass er nicht nur einen BND-gläubigen Journalisten verlädt, sondern selbst ein Gericht belügt?

Zufluchtsort Moskau, ein Erdgas- und ein Zigarettenkonzern

Putins Russland ist für Top-Kriminelle zu einem sicheren Zufluchtsort geworden. Natürlich immer unter dem Dach des einstigen KGB, der heute FSB heißt. Wobei in einigen Regionen Russlands Gangster bereits direkt in Regierungsämtern arbeiten. In Jekatarinenburg, in der Provinz Swerdlowsk, um ein Beispiel zu nennen, haben polizeibekannte Kriminelle eine eigene politische Partei gegründet, die Sozialpolitische Union Uralmash, die von den lokalen Behörden auch anerkannt wurde. Die Uralmash-Gang hatte zuvor viel Geld investiert, besonders in den damaligen Polizeichef und in die Stadtverwaltung, damit die die ausstehenden Gehälter an ihre Mitarbeiter zahlen konnte. »Die Männer von Uralmash kontrollieren die Kupferhütten in der Region, eine Juwelierfabrik und verschiedene mittlere und große Banken.«[140]

Doch wieder zurück zum großen Dach in Moskau. Man kann sagen, dass die Kriminalität in Russland unter Putin nicht entscheidend gesunken ist. »Gab es im letzten Jahr der Jelzin-Regierung 31 140 gemeldete Morde, so waren es im Jahr 2001 33 500 Morde«[141], berichtet der zuständige Generalstaatsanwalt.

Auftragsmorde, die nie aufgeklärt werden, haben immer noch Hochkonjunktur. Der Vorsitzende des Sicherheitskomitees der Duma, Aleksander Gurow, klagte am 9. Oktober 2002 über die unhaltbaren Zustände: »Wer Morde plant, muss keine Angst vor der Polizei haben. Sie wissen, das sie der Bestrafung entkommen können, indem sie die Polizei bestechen.«[142] Das gilt natürlich nicht nur für Mörder, sondern noch viel mehr für die großen Bosse, die international agierenden Top-Gangster.

Viktor Anatolewich Bout, der bekannteste russische Waffenschmuggler, wird von Interpol mit Haftbefehl gesucht wegen Geldwäsche. Der einstige Offizier der sowjetischen Streitkräfte wechselte, als seine Kompanie aufgelöst wurde, ins private Business, gründete die Fluggesellschaft »Air Cess« (die später in »Air Pass« umbenannt wurde), begann mit Waffenlieferungen nach Afghanistan und entdeckte dann den schwarzen Kontinent Afrika. Seitdem steht auch er in dringendem Verdacht, das UN-Waffenembargo gegen Angola und Sierra Leone gebrochen zu haben. Viktor Bout, der lange Zeit von Tschechien aus operierte und dort noch beste Kontakte pflegt sowie in Bulgarien regelmäßig Rüstungsfirmen besuchte, zog schließlich nach Moskau um, wo er einigen Journalisten Interviews gab und seine Unschuld beteuerte. »Das Netzwerk von Viktor Bout, Afrikas wichtigstem Waffen-

händler, beleuchtet die engen Beziehungen, die es zwischen Bürger-
kriegsparteien, dem Geschäft mit Mineralien und der regionalen Ab-
rüstung gibt. Da er fast alle Krieg führenden Parteien mit Waffen und
Rüstungsmaterialien beliefert hat und wegen seiner engen Beziehungen zu den regionalen Händlern, konnte er ungehindert wichtige
Rohstoffe wie Coltan und Diamanten ausbeuten. Im Gegenzug erhielten die Krieg führenden Parteien die notwendigen Waffen.«[143]

Er fühlt sich deshalb so sicher, erklärte mir ein hoher Mitarbeiter der
Vereinten Nationen, »weil er genau weiß, dass Moskau ihn nicht aus-
liefern wird. Er könnte bei einer Festnahme und Auslieferung ja ›sin-
gen‹.« Und das würde manchem in Moskau nicht gefallen.
    Eine UN-Taskforce, die auf Grund eines UN-Beschlusses die finan-
ziellen Netzwerke von Al Qaida untersucht, hat Bout ebenfalls im Visier. Es soll genügend Hinweise geben, dass er für die Taliban und
eventuell für Al Qaida selbst Waffen transportiert hat. Fairerweise sollte angemerkt werden, dass Viktor Bout anscheinend auch vom CIA
gedeckt wird. Noch vor dem Angriff amerikanischer Streitkräfte in
Afghanistan habe er US-Spezialtruppen in seinen Maschinen auf kleinen Landepisten in Nordafghanistan abgesetzt.

Ein anderes Beispiel für das gnädige Dach in Moskau ist Semion Mogilevich, Kopf eines international operierenden kriminellen Syndikats.
Der sagte mal zu dem Vorwurf, dass er für Geldwäsche in Milliardenhöhe verantwortlich sei: »Geldwäsche? Das einzige Geld, das ich je gewaschen habe, war eine Fünf-Dollar-Note, die in meinem Hemd mit-
gewaschen wurde. Danach war sie sauber.«
    Von britischen wie amerikanischen Strafverfolgern, von Europol wie
vom Bundeskriminalamt wird er übereinstimmend als einer der weltweit bedeutendsten Kriminellen genannt.[144] Pikant dabei ist, dass er
auch vom Bundesnachrichtendienst erfolgreich angeworben wurde.
Das ist immer hilfreich. Im März 1996 hielt sich Mogilevich in einer
Suite im Berliner Interconti-Hotel auf. Begleitet wurde er von Chef
der Moskauer Polizei, Sergeij Dontsow, sowie dem Leiter der Wirt-
schaftsabteilung der Russischen Botschaft in Berlin und einem Vertreter des FSB. Mogilevich wollte in Berlin investieren und versuchte mit
Hilfe seiner Freunde, einen Handel mit der Polizei abzuschließen. Sein
Angebot: ›Ich darf hier ungehindert investieren. Dafür sorge ich dafür,

Jürgen Roth

dass in der kriminellen osteuropäischen Berliner Szene Ruhe herrscht.« In einem Protokoll des Berliner LKA vom 22. März 1996 ist nachzulesen, wie sich der damalige Chef der Moskauer Polizei für Mogilevich stark machte: »Er schilderte die Person Mogilevich als eine, die in der Öffentlichkeit als vollkommen falsch dargestellt wird. Mogilevich sei ein guter Geschäftsmann, besitze in der Ukraine neun Wodkabrennereien und sei Besitzer der Petrow-Bank in Moskau.« Die Berliner LKA-Beamten lehnten das schlüpfrige Angebot des Gangsterbosses strikt ab. Der BND hingegen nahm Kontakt mit Mogilevich auf. Und der Moskauer Polizeichef übernahm wenig später einen bedeutenden Posten im Kreml.

Wo lebt ein solcher Top-Gangster? Friedlich in Moskau, nachdem er im Jahr 2000 Hals über Kopf aus Ungarn fliehen musste.

Drei Jahre später taucht sein Name wieder auf. Diesmal im Zusammenhang mit dem mächtigsten russischen Staatsunternehmen, der Gazprom, an dem der deutsche Konzern Ruhrgas AG offiziell mit vier Prozent beteiligt und damit größter ausländischer Anteilseigner ist. Glaubt man Gerüchten, habe es zudem Nebenverträge gegeben, wonach die Ruhrgas AG noch größere Beteiligungen an Gazprom habe.

Sicher ist, dass Semion Mogilevich, das meldete »Jane's Intelligence Digest«, im Zusammenhang mit Gazprom eine Rolle spielte. Da ging es um einen höchst umstrittenen Vertrag zwischen Gazprom und einer winzigen ungarischen Firma, der Eural Trans Gas, über die Lieferung von turkmenischem Erdgas in die Ukraine. Von den erwarteten Jahreseinnahmen von 130 Millionen Dollar für Eural Trans Gas, solle, so wurde vermutet, »ein Teil als Kick-back an Gazprom-Manager und ihre politischen Beschützer« fließen.[145] Der Sicherheitschef von Gazprom, Sergeij Lukasch, der von dem Vertrag erfuhr und zu erreichen versuchte, dass der FSB intervenierte, wurde kurzerhand entlassen.

Bei Gazprom haben längst die bewährten St. Petersburger das Sagen. Mitte Februar 2003 wurde gemeldet, dass Valerij Golubew seinen Posten als Petersburger Repräsentant im föderalen Rat aufgeben wolle, um in die private Wirtschaft einzusteigen. »Nach Zeitungsmeldungen plant er, eine führende Position im Umfeld von Gazprom zu übernehmen.«[146] Golubew ist ehemaliger KGB-Offizier und arbeitete, wie einst Präsident Wladimir Putin, in der St. Petersburger Stadtverwaltung. »In der gleichen Woche wurde ein anderer ehemaliger Geheimdienstoffizier aus St. Petersburg, Sergeij Ushakow, zum stellvertretenden Vorsitzenden der Gazprom-Verwaltung in Moskau ernannt.«[147]

Über die Hintergründe von Gazprom äußern sich in Deutschland weder der Aktionär E.ON AG, vormals Ruhrkohle AG, noch die Berliner Parteien. Deutschland ist auf Erdgas aus Russland angewiesen und damit erpressbar geworden. Übertrieben scharf war sicher die Äußerung eines durchaus seriösen BKA-Beamten, der Gazprom in die Nähe einer »kriminellen Vereinigung« rückte. Doch zurück zu den Fakten. Was hat der Vertrag zwischen Gazprom und der Firma Eural Trans Gas mit Semion Mogilevich zu tun?

Zum einen bestehen enge Verbindungen von Mogilevich zum ukrainischen Präsidenten Leonid Kutschma. Dann ist das Unternehmen Eural Trans Gas, mit Sitz in Budapest, eng mit Igor Fisherman verbunden. Das ist ein Unternehmer, der bereits in der Vergangenheit mit Mogilevich zusammenarbeitete. FBI-Dokumente aus dem Jahr 1996 belegen diesen Sachverhalt. Auch der FSB weiß etwas über ihn: »Er ist persönlich und geschäftlich eng mit kriminellen liiert und fungiert als Vermittler von Geschäften für die kriminellen Autoritäten Mogilevich und Wachtang Umbria. So die Behauptung des FSB. Alleiniger Gründungsgesellschafter von Eural-Trans ist der israelische Unternehmer Gordon Zeev. Außerdem bestehen enge persönliche und geschäftliche Beziehungen zwischen der Eural-Trans und einer Firma Highrock Properties. Dieses Unternehmen verfügt in Moskau über eine Firmenadresse. Doch Überprüfungen dieser Adresse und des unmittelbaren Umfeldes ergaben, dass dort weder Firmenschilder noch offizielle Büros zu finden sind. Auch beim Registergericht in Moskau ist die Firma nicht eingetragen. Dafür findet sie sich im zentralen Firmenregister von Zypern. Und in Israel. In Israel wiederum ist Igor Fisherman Finanzdirektor von Highrock Properties. Vermutet wird, dass sich hinter dem gesamten Firmengestrüpp Gazprom verbergen könnte. Der Verdacht ist nicht von der Hand zu weisen, dass auch bei der Vermarktung von Gas und Öl nach Westeuropa kriminelle Organisationen eine führende Rolle spielen. Und schließlich wurde der Eural-Gazprom-Kontrakt (Nr. ITCP-03) von einem Andras Knoop unterschrieben. Er gilt als Geschäftsführer und Generaldirektor von Eural-Trans in Budapest.

Wer ist nun Andras Knoop? In Hamburg, in der Firmenzentrale des Zigarettenkonzerns Reemtsma, ist er sicherlich kein Unbekannter. Andras Knopp wurde im Zusammenhang mit den Zigarettenschmuggelaffären des Unternehmens an prominenter Stelle erwähnt. Weniger bekannt ist, welche Rolle genau er im osteuropäischen Zigarettenschmuggel in der Vergangenheit spielte. Schließlich ist das Zigarettengeschäft ein besonders lukratives, in dem kriminelle Syndikate weltweit seit Jahren mitmischen. Laut Europol bestimmen 80 kriminelle Gruppen das gesamte Zigarettenschmuggelgeschäft in Europa.

Andras Knoop, einst Staatssekretär in Ungarn, arbeitete nach dem Zerfall der Sowjetunion im Auftrag von Reemtsma in Moskau. Seine Visitenkarten zierte der Aufdruck: »Reemtsma. Vice President Regional Manager CIS«. Auf einem Notizzettel, den Zöllner in Hamburg beschlagnahmten, hatte er zwei Namen samt Telefonnummern notiert: »Seva Mogilevich« und »Igor Fisherman«. Und in einem Schreiben des Moskauer Generalmajors der Miliz, Wladimir Owtschenskij, vom 14. November 1998 an Interpol Moskau, steht: »Mogilevich hat Beziehungen zu dem ehemaligen Mitglied der ungarischen Regierung, zu Herrn Knoop Andras, der zur Zeit als Manager bei dem größten Zigarettenhersteller Reemtsma in Deutschland tätig ist. Herr Mogilevich hat Herrn Knoop mit Mitgliedern der russischen Regierung bekannt gemacht, die für das Zigarettengeschäft zuständig sind ... Ich bitte Sie, informieren Sie die entsprechenden Dienste in Deutschland und in Ungarn über die Beziehungen zwischen Herrn Knoop und Mogilevich.« Der Major der Miliz weist außerdem darauf hin, dass »Semion Mogilevich ein Killerkommando von Budapest nach Hamburg geschickt« habe, um einen Mann auszuschalten, »der beim Geschäft stört«. Das Opfer sollte ein Andreas Nimptschke sein.

Nach Informationen von Ex-Stasioffizieren hatte Andras Knoop maßgeblich beim Aufbau von zwei Zigarettenfabriken in den GUS-Staaten mitgeholfen – »mit Hilfe der Strukturen der Solnzewskaja. Der Mann war Gold wert.« Die Solnzewskaja, bis zum heutigen Tag eine der führenden kriminellen Organisationen Russlands, ist wiederum eng mit Semion Mogilevich verbunden. So schließen sich die Kreise.

Geschichten über einen »Syndikatsboss«

Und damit kommt Andreas Nimptschke ins Spiel. Da ich mich seit geraumer Zeit intensiv mit Semion Mogilevich beschäftigt hatte, erhielt ich im Sommer 2000 aus Hamburg einen Anruf. Da sei ein Mann, der im Zeugenschutzprogramm der Polizei stünde und Interesse habe, mit mir zu sprechen. Es war Andreas Nimptschke, in den neunziger Jahren Reemtsma-Generalvertreter in den baltischen Staaten. Wir trafen uns mehrmals. Anfangs war er extrem ängstlich, wollte eigentlich überhaupt nichts von dem erzählen, was ich wissen wollte, nämlich was er über Mogilevich und insbesondere St. Petersburg wusste. Er redete viel und schnell über seine massiven Probleme mit Gangstern aus Litauen und Moskau. Endlich fiel der Name Mogilevich. Reemtsma habe 200 Lkw-Ladungen Zigaretten an Mogilevich verkauft. Mogilevich habe ihn aus dem Geschäft herausgedrängt, »mit der Konsequenz, dass es in meiner Gruppe achtzehn Tote gegeben hat«. Und: »Mogilevich versucht, mich zu ermorden.« Das war nicht erfunden, sondern der Grund, weshalb er ins Zeugenschutzprogramm aufgenommen worden war.

Eine andere Information war für mich damals wichtiger. Nimptschke sprach zwar nur sehr ungern über Geschäfte und Beziehungen, aber dennoch hoffte ich, von ihm Einzelheiten über St. Petersburg zu erfahren. Das Einzige, was er mir sagte, war: »Wladimir Putins Beraterin für Tabakangelegenheiten hat von mir zwanzig Prozent Provision bei allen Geschäften gefordert.« Ob er jemals Schmiergeld in St. Petersburg bezahlt hat, weiß ich bis heute nicht. Sicher ist, dass er mächtige Gegner hatte. Mogilevich war der eine, deutsche Zollbehörden die anderen. Obwohl er seit langem mit der Hamburger Polizei kooperierte, sogar als V-Mann für sie tätig war, geriet er bei der Konkurrenz, dem Kölner Zollkriminalamt, ins Visier.

Ich kann mich noch gut daran erinnern, dass er mich am 22. März 2001 mitten in der Nacht anrief. Er wirkte vollkommen verstört. Mit seiner Frau und seinem kleinen Sohn hielt er sich gerade in Teneriffa auf, um einen seit langem geplanten Urlaub zu genießen. »Da laufen Journalisten vor meinem Haus herum und sagen, dass ich der Pate der Zigarettenmafia sei, und erzählen den Nachbarn, dass ich verhaftet werde. Und sie suchen Fotos von mir.« Er schrie ins Telefon, drehte durch, und ich – wusste nicht, was ich tun sollte.

Tatsächlich wurde seine Villa am frühen Morgen von Sondereinsatzkommandos gestürmt. Über die Aktion berichtete am 26. März 2001 ein Hamburger Magazin und bauschte dabei ziemlich auf: Nimptschke wurde als ein »mutmaßlicher Syndikatsboss« vorgestellt. Vom »Schlag gegen Zigarettenschmuggler« war die Rede und vom bislang »größten Einsatz der Zollfahndung gegen den organisierten Zigarettenschmuggel in Deutschland«. Weil kein Foto von ihm aufzutreiben war, wurde er zum »Mann ohne Gesicht«. Nun mag Nimptschke zwar kein Chorknabe sein, das ist ausgeschlossen, wenn man Mitte der neunziger Jahre im Osten Geschäfte machte – aber »der größte Zigarettenschmuggler« und gar ein »Syndikatsboss«?

Einen Tag nach der für ihn katastrophalen Berichterstattung reiste er nach Deutschland zurück und wurde, wie er erwartet hatte, verhaftet. In einer Hamburger Zeitung prangte daraufhin die Schlagzeile: »Zigaretten-Mafia – der Pate sitzt«. Die Folge: Seine Frau wurde in dem Dorf, in dem beide bisher gelebt hatten, als »Verbrecherbraut« und »Mafianutte« diffamiert und in keinem Geschäft mehr bedient.

Neue Artikel erschienen – die Schlagzeile »Syndikatsboss« muss die Journalisten elektrisiert haben. Der »Syndikatsboss« sei ein Mann, dessen »Großeltern über gute Kontakte in russische Parteikreise verfügt haben sollen«, schrieb eine Zeitung. Eine andere fand heraus: »Andreas wurde als Kind von deutschen Nazi-Widerstandskämpfern in der ehemaligen Sowjetunion geboren.« Oder auch: »Der mächtigste Zigarettenschmuggler Deutschlands«, sei ein »in der Sowjetunion aufgewachsener Deutscher«.

Andreas Nimptschke wurde in Andreashütte, dem heutigen Andryszow geboren. Das liegt in Polen, und zwar im einstigen Schlesien, wie der deutsche Ortsname schon verrät. Er selbst bezeichnete sich bei jeder Gelegenheit als Schlesier und nicht als Pole. Sein Großvater kam im Zweiten Weltkrieg in einem sowjetischen Lager ums Leben, seine Großmutter starb, als Andreas Nimptschke gerade mal ein Jahr alt war. Und sein Vater war Deutscher, der bei der Luftwaffe diente.

Um seine Gefährlichkeit zu illustrieren, wurde seine Villa ausführlich beschrieben. Die sei von einem zwei Meter hohen Eisenzaun umgeben, an jeder Ecke Kameras mit Wärmesensoren. Die Kameras hatte er jedoch auf Anraten der Polizei in Buchholz installieren lassen. Und dieser Rat hing mit dem Zeugenschutzprogramm zusammen.

Und was war dran an den Beschuldigungen gegen ihn? Er war seit zwei Jahren überhaupt nicht mehr im Zigarettengeschäft tätig. Das laufende Verfahren gegen ihn bezog sich auf die Jahre 1994 bis 1996. Damals hatte er nachweislich eng mit den Zollbehörden zusammengearbeitet, die ihn, das wird von Polizeibeamten aus Hamburg bestätigt, geradezu zwangen, Container, voll mit Zigaretten, aus Litauen wieder nach Deutschland zurückzubringen, um vermeintliche und tatsächliche Schmuggelwege verfolgen zu können. Hätte er den Auftrag abgelehnt, wären ihm sowohl in Deutschland wie in Russland und Litauen erhebliche Schwierigkeiten entstanden. Immerhin hatte er selbst dem Zoll die Zigarettenladungen aus Litauen avisiert und damit, so einer der ermittelnden Zollbeamten, »sogar sein eigenes Geschäft kaputtgemacht«. Das gesamte Vermögen Nimptschkes ist bis heute beschlagnahmt – und er auf Sozialhilfe angewiesen. Die großen Bosse hingegen sind unangetastet geblieben. So schließt sich endgültig der Kreis, in dem Top-Kriminelle mit deutschen Konzernen Bündnisse schließen und kleine Fische der Öffentlichkeit als große Paten vorgeführt werden.

Die Schweiz – alles Mafia oder nicht?

Geschützt wird im Kreml übrigens ein weiterer hochkarätiger Gauner. Da verkündete im Dezember 2002 Pavel Borodins Pressesprecher, dass sein Boss, einst engster Mitarbeiter von Boris Jelzin und Chef der Kreml-Verwaltung, in der Schweiz von allen Anklagepunkten freigesprochen worden sei. Vorgeworfen wurde ihm von der Genfer Staatsanwaltschaft unter anderem Geldwäsche. Dem vorausgegangen war, dass die Moskauer Generalstaatsanwaltschaft behauptete, Borodin sei für die Vergabe lukrativer Bauaufträge an die Schweizer Firmen Mabetex und Mercata verantwortlich gewesen. Als Gegenleistung habe er hohe Bestechungsgelder (22 Millionen US-Dollar) entgegengenommen. Die Untersuchungen in Russland wurden jedoch im Dezember 2000, nach einem Wechsel in der Staatsanwaltschaft, eingestellt. In der Schweiz hingegen wurde weiterermittelt, wegen Geldwäscherei und Zugehörigkeit zu einer kriminellen Organisation. Der letztere Vorwurf musste später fallen gelassen werden.

Wegen eines von der Genfer Staatsanwaltschaft Anfang 2000 erlassenen Haftbefehls wurde Borodin im Januar 2001 bei der Einreise in die USA verhaftet und ein paar Monate später an die Schweiz ausgeliefert. Dort wurde er gegen eine Kaution von fünf Millionen Franken freigelassen. Danach wurde er mehrmals vom Genfer Untersuchungsrichter vorgeladen. Er erschien zwar meistens, machte aber konsequent von seinem Schweigerecht Gebrauch. Anfang 2002 verurteilte die Genfer Justiz Borodin wegen Geldwäscherei zu einer Buße von 300000 Franken. Das Urteil ist seitdem rechtkräftig. Zurückhaltend notierte dazu das Schweizer Bundesamt für Polizeiwesen: »Der Fall zeigt die Schwierigkeit der Prozessführung bei internationalen Geldwäschereifällen, wenn die Vortat (hier die Annahme der Bestechungsgelder) im Ausland stattfand und die Zusammenarbeit mit den dortigen Ermittlungsbehörden schwierig ist.«[148]

Am 23. Oktober 2002 traf bei Interpol Bern ein Telex ein. Darin teilte Interpol Moskau mit, dass in der Schweiz ein »Treffen der russischen kriminellen Organisation ›Diebe im Gesetz‹« geplant sei. Von einer solchen Organisation hatten die Schweizer bislang nichts gehört, allenfalls von »Dieben im Gesetz«, die verschiedenen kriminellen Gruppen angehören. Organisiert werde das Treffen, so Interpol Moskau, von Zakhar K., Vladimir T. und Guios K. Bei dem Treffen solle es darum gehen, neue Märkte zu erschließen und bestehende Konflikte zu überwinden.

Ob dieses Treffen stattfand, konnten die Schweizer Behörden nicht herausfinden. Ebenso wenig, ob Merab K., sowohl ein »Dieb im Gesetz« wie ein Asylbewerber in Luzern, an diesem Meeting – wenn es denn überhaupt stattgefunden hatte – teilgenommen hatte.

Klar ist hingegen, dass seit mindestens Anfang der neunziger Jahre der Finanzplatz Schweiz von kriminellen Syndikaten und Einzelpersonen aus dem Osten zu einem ihrer wichtigsten Stützpunkte auserkoren wurde – als Tresor für Milliarden Dollar aus schmutzigen Geschäften. Wie überall sind die »neuen Russen« auch in der Schweiz durch ihre Großzügigkeit beim Ausgeben von Geld in Luxushotels und Boutiquen aufgefallen. Wenn in der Züricher Bahnhofstraße bei »Bucherer« mal für einen Ohrstecker (18 Karat Gold, zwei Diamanten) 72000 Franken einfach so hingeblättert werden und wenig später bei »Meister Uhren« 120000 Franken, dann wundert das nur ein paar neidische Mitbürger.

Aber es gibt auch andere Investitionen: »In der Schweiz haben zahlreiche Geschäftsleute aus der GUS und vor allem aus Russland Firmen eröffnet und pflegen gute Kontakte zu Schweizer Banken. Es sind zahlreiche Personen aus der GUS bekannt, die im Verdacht stehen, für kriminelle Organisationen Geld zu waschen. Sie verfügen über gute Kontakte in der Schweiz«[149], heißt es in einem Bericht zur Inneren Sicherheit.

In der Schweiz ist das Gleiche eingetreten wie in Deutschland und Österreich: Gesellschaften mit international klingenden Namen wurden gegründet, die lediglich aus einem kleinen Büro bestehen, ausgestattet nur mit Computer, Telefon und Telefax. In der Schweiz wird ihre Zahl auf über 1500 geschätzt. Oft werden sie nur für kurze Zeit benutzt, dann wird die Geschäftstätigkeit auf eine Neugründung übertragen. Firmen werden häufig nur für eine einzige Transaktion gegründet und dann wieder aufgelöst.

Und auch das ist ein typischer Modus Operandi: An der Börse werden Aktienpakete unerkannt von Firmen erworben, hinter denen die Organisierte Kriminalität steckt. Und immer wieder »lassen sich so genannte Türöffner aus der Schweiz von den Beziehungen ihrer Partner zu höchsten politischen Kreisen blenden und interpretieren diese fälschlicherweise als Garantie für Seriosität. Zu erkennen, ob die Schweizer Beteiligten dabei Opfer oder Mittäter sind, ist schwierig. Sie rechtlich in die Verantwortung zu nehmen, ist praktisch unmöglich.«[150]

Selbst der ehemalige Nationalratspräsident Peter Hess, heute ist er Anwalt und Berater, schien in die Fänge dubioser Firmen geraten zu sein. 2001 trennte er sich – nach massivem öffentlichen und politischen Druck – von seinen 41 Verwaltungsratsmandaten. Eines dieser Mandate betraf die Aktiengesellschaft eines Gad Zeevi, der in Israel wegen Geldwäscherei und Betrug angeklagt ist. »Dem 63-jährigen Investor wird vorgeworfen, ein Strohmann für die Anlage krimineller Gelder aus Russland zu sein«[151], schrieb der Züricher »Tages-Anzeiger«. Zeevi war enger Geschäftspartner von Mikhail Chernoy. Beide wiesen die Vorwürfe zurück und sahen sich als Opfer einer Diffamierungskampagne.

Eine der größten und prächtigsten Villen im Tessin steht in Lugano-Gentilino. Besitzer der Villa war Viktor Stepanovitch Stolpowski, ein russischer Staatsbürger, der bei dunklen Geschäften zwischen Russland und der Schweiz eine zentrale Rolle spielte. Das Firmenschild »Mercata Trading« steht noch am Eingang des mit hohen Gittern und Kameras gesicherten Palais. Nur der Hausherr, der für die Villa 20 Millionen Dollar bezahlt hatte, ist nicht mehr aufzufinden. In der Datei »Personenfahndung« des BKA steht über ihn: »Viktor Stolpowski, geb. 18. 2. 1963, ist in Auslieferungshaft zu nehmen. Straftat: Geldwäsche. Er wird mit internationalem Haftbefehl, ausgestellt von der Genfer Staatsanwaltschaft, gesucht.«

Der Haftbefehl dürfte den russischen Multimillionär nicht stören. Er lebt heute – wie so viele andere – unbehelligt in Moskau. Geschäftspartner des gesuchten Stolpowski war übrigens der Kosovo-Albaner Beghjet Pacolli. Gemeinsam erhielten sie in den neunziger Jahren Aufträge aus dem Kreml in Höhe von 335 Millionen US-Dollar für Bau- und Sanierungsarbeiten im Regierungs- und Präsidentenkomplex in Moskau. Im Gegenzug sollen Schmiergelder in zweistelliger Millionenhöhe über Budapest nach Moskau transferiert worden sein. Pacolli bestritt das heftig. Sicher dürfte aber sein, dass er für Kreditkarten Jelzins und seiner beiden Töchter gebürgt hatte. Heute sponsert er den Wirtschaftsminister der Schweiz und organisiert Veranstaltungen zwischen schweizerischen und europäischen Jungunternehmern. Vielleicht lernen sie, wie Geschäftsverbindungen auf hohem Niveau geschmiert werden.

Keine besonders guten Erfahrungen mit den Schweizer Justizbehörden machte Felipe Turover, Anfang der neunziger Jahre Finanzberater der russischen Regierung in Moskau, damals im Auftrag der Tessiner Banca del Gottardo. Ihm ist zu verdanken, dass die Affäre um Bestechungsgelder für den Jelzin-Clan überhaupt bekannt wurde, wobei nicht klar war, welche politischen Interessen hinter den Enthüllungen standen. Turover erzählte mir eine seltsame Begebenheit vom Beginn der Ermittlungen, die sich zu einem politischen Skandal in Moskau ausweiteten. Was war vorgefallen? Auf Grund von Ermittlungen der Genfer Staatsanwaltschaft und Aussagen von Felipe Turover verdichtete sich der Verdacht, dass der Jelzin-Clan und insbesondere der Vermögensverwalter des Kreml, Pavel Borodin, über Tessiner Firmen hohe Bestechungsgelder in Empfang genommen hatten. Bundesanwältin war damals Carla Del Ponte. Sie hatte im Spätsommer 1999 bei den

Tessiner Firmen Mabetex und Mercata und deren wichtigstem Gesellschafter Beghjet Pacolli Durchsuchungen durchführen und umfangreiches Belastungsmaterial beschlagnahmen lassen. Nun wollte sie sich mit dem russischen Generalstaatsanwalt Juri Skuratow treffen, um die weiteren Schritte zu besprechen. Generalstaatsanwalt Skuratow hatte inzwischen ein Rechtshilfeersuchen nach Bern geschickt. »Mit dem Rechtshilfeersuchen ging Carla Del Ponte sofort zu Mabetex und gab Pacolli eine Kopie des Rechtshilfeersuchens aus Moskau mit allen konkreten Angaben. Bereits am gleichen Tag landete es in Borodins Büro.« Carla Del Ponte wollte nun selbst nach Moskau fliegen, um dort weitere Ermittlungen zu führen, und in Moskau war Generalstaatsanwalt Skuratow auf die Dokumente angewiesen, die Carla Del Ponte bei der Durchsuchung der Tessiner Firmen Mabetex und Mercata beschlagnahmt hatte. Doch kurz vor ihrem Abflug nach Moskau hatte sie immer noch kein Visum von der russischen Botschaft in Bern bekommen. Turover: »Sie rief mich an und sagte, dass sie ihr kein Visum geben wollen. Der russische Botschafter sei gerade bei ihr gewesen und habe gesagt, sie solle sich da raushalten. Daraufhin sagte ich zu Carla: Gehen Sie zum Botschafter und sagen Sie ihm: Seine Tochter arbeitet bei Mabetex, bekommt als Sekretärin 40 000 Franken im Monat und wohnt im Hotel, das von Mabetex bezahlt wird. Sagen Sie ihm das.«

Wenige Stunden vor dem Abflug war das Visum auf einmal da und Carla Del Ponte flog nach Moskau. Turover: »Wir fuhren zu Generalstaatsanwalt Skuratow. Aber Del Ponte brachte nichts mit, kein einziges der bei Mabetex und Mercata beschlagnahmten Dokumente. Nur den Computerausdruck einer Liste von Namen. Skuratow war schockiert. Am nächsten Tag wurde sie vom Innenminister eingeladen. Sie ging zu ihm. Als sie wieder herauskam, erklärte sie, dass kein einziger russischer Politiker involviert sei.«

Anschließend traf sie den entsetzten Turover im Büro des Generalstaatsanwalts. »Ich wollte Öl auf die Wogen gießen«, sagte sie ihm.

Der antwortete: »Das Mindeste, was Sie tun können, ist, dass Sie bei Ihrer Rückkehr in die Schweiz eine Erklärung abgeben, dass höchste Autoritäten involviert sind.«

Unterdessen hatten Journalisten der italienischen Tageszeitung »Corriere della Sera« aus dem Umfeld von Bundesanwältin Carla Del Ponte Informationen erhalten. Sie veröffentlichten die sensationelle Geschichte von der Korruption im Kreml, mit der Verwicklung des

Präsidenten Boris Jelzin und des Kreml-Schatzmeisters Pavel Borodin, und zitierten Felipe Turover. Den Namen des wichtigen Zeugen gegen Pavel Borodin hatte Carla Del Ponte persönlich weitergegeben.

Felipe Turover erinnert sich folgendermaßen: »Am nächsten Tag sah ich mein Gesicht im Fernsehen. Ich war zu dieser Zeit in Moskau. Wenig später rief jemand vom Innenministerium an. ›Hier will Sie jemand sprechen.‹ ›Was wollen Sie?‹, fragte ich. Antwort: ›Wir haben hier die Aussagen von zwei Frauen. Die eine hat erklärt, dass Sie ihr eine Uhr gestohlen hätten, und die andere, dass Sie ihr 5000 Dollar gegeben hätten, um Skuratow zu bestechen.‹ Ich hatte verstanden und flüchtete aus Moskau. Putin persönlich hatte den Auftrag erteilt, mich zu verhaften und ins Gefängnis zu bringen.«

Auch der Moskauer Generalstaatsanwalt Juri Skuratow war nach dieser Affäre eine unerwünschte Person, sowohl in Moskau wie in der Schweiz. In Moskau wurde ein Video präsentiert, auf dem er mit jungen Frauen in einer Sauna zu bewundern war. »Und in der Schweiz«, so Turover, »hat mir Carla Del Ponte erzählt, dass sie aus politischen Gründen Skuratow nicht einladen kann. Das war im September 1999. Daher bat ich meine Freundin, sie ist Schweizerin, ihm eine Einladung zu schicken. Der Außenminister persönlich blockierte aber das Visum. Meine Freundin wurde zur Bundespolizei bestellt, wo man ihr drohte und sagte, dass sie Skuratow nicht einladen darf.«

Das Ende des Moskauer Generalstaatsanwalts Juri Skuratow war auch das Ende der Moskauer Ermittlungen gegen den Jelzin-Clan. Felipe Turover wurde geopfert. Ihn, der mit seinen Aussagen die Affäre Borodin und Jelzin ins Rollen brachte und seitdem um sein Leben fürchten musste, schützte in der Schweiz niemand. Im Gegenteil. Der Präsident des Kassationshofes am Bundesgericht, ein Martin Schubarth, hat, so die Züricher Zeitung »SonntagsBlick«, »in einem publizierten Urteil Namen und Wohnadresse eines Zeugen nicht abgedeckt. Alle anderen Namen und Institutionen waren hingegen eingeschwärzt. Eine heikle Sache. Denn bei der Strafsache ging es auch um Organisierte Kriminalität.«[152] Der Zeuge war Felipe Turover. Bekannt wurde der Bundesrichter aber dadurch, dass er einen Journalisten und Gerichtsschreiber angespuckt hatte.

Zur gleichen Zeit, als im Tessin die Bestechungsvorwürfe gegen den

Jelzin-Clan Schlagzeilen machten, saß der Genfer Untersuchungs-richter Laurent Kaspar-Ansermet verzweifelt in seinem Büro im Palais de Justice. Seit Monaten wartete er schon auf die Beantwortung diverser Rechtshilfeersuchen. Selbst sein Besuch in Washington war erfolglos. Es ging um Geldwäsche in Milliardenhöhe, Gelder unter anderem des Internationalen Währungsfonds (IWF), die für die Stützung der russischen Wirtschaft bestimmt waren. »Die haben aus außenpolitischen Gründen kein Interesse, die Vorgänge aufzuklären«, klagte er mir gegenüber. Der Ausgangspunkt: Im Herbst 1999 deckte das FBI einen riesigen Geldwäscheskandal auf, in dem der bekannte Semion Mogilevich, und die Bank of New York eine wichtige Rolle spielten. US-Regierungsvertreter erklärten noch am 29. Oktober 1999 im Brustton der Überzeugung: »Es ist die größte Geldwaschangelegenheit, die das FBI je untersuchte.« Der Internationale Währungsfonds in Washington D. C. dementierte heftig und wider besseren Wissens.

Für den Genfer Staatsanwalt Kaspar-Ansermet stand nämlich fest, dass die für Russland bestimmten Kredite des IWF nicht zu ihrem Zweck, der Stützung der Not leidenden Wirtschaft, verwendet wurden. Demnach wurden am 14. August 1998 4,8 Milliarden Dollar, die letzte Tranche eines Gesamtkredits in Höhe von 22,5 Milliarden Dollar, angewiesen. Und zwar vom Konto 9091 der Federal Reserve Bank in New York auf ein Konto der Ost-West Handelsbank, Sitz Frankfurt, im Tessin überwiesen. Noch am gleichen Tag wurden Teilbeträge auf Konten der Bank of Sydney, der Bank of New York, der Credit Suisse und auf ein Konto der National Westminister Bank in London transferiert. Danach verlor sich die Spur des Geldes. 240 Millionen Dollar, so behauptete Felipe Turover, seien auf das Konto einer Firma in Australien überwiesen worden, die Jelzins Tochter Tatjana Djatschenko gehört.

Nicht gut zu sprechen ist Turover auch auf den derzeitigen Premierminister Mikhail Kasjanow. Während seiner Zeit als Stellvertretender Finanzminister war er damit betraut, die westlichen Gläubiger zufrieden zu stellen. Dazu wurden Prioritätslisten der Schulden erstellt, die entweder sofort oder irgendwann beglichen werden müssen. Dafür soll Kasjanow eine Provision erhalten haben. Seitdem wird er auch Mister zwei Prozent genannt.

Zu einer anderen zentralen Anlaufstelle im Tessin dürfte eine besonders attraktive Bank in Lugano gehören, die bereits im Zusammenhang mit dem Kreml-Vermögensverwalter Borodin aufgefallen war, die Banca del Gottardo. Im Sommer 2001 deckten die italienischen Justizbehörden einen groß angelegten Waffenhandel auf, dessen Spuren auch ins Tessin führten. Die Turiner Staatsanwaltschaft erbat daraufhin von der Schweiz die Bankunterlagen eines Alexander Zhokuw, Präsident der russisch-ukrainischen Staatsholding Sintez, der im April 2001 auf Sardinien verhaftet worden war. Die Turiner Staatsanwaltschaft beschuldigte ihn, über die Sintez den illegalen Waffenhandel mitorganisiert zu haben. Die Holding sollte in den Jahren 1992 bis 1994 über Tochterfirmen riesige Mengen an Waffen ins serbisch-kroatische Kriegsgebiet verschoben haben. Die Spuren führten zur Banca del Gottardo in Lugano. Sie sollte der Sintez, Anfang der neunziger Jahre, Starthilfe geleistet und 1992 einen Hundert-Millionen-Dollar-Kredit an eine Tochterfirma von Sintez in Lugano ausgezahlt haben. Die Banca del Gottardo dementierte und erklärte, dass sie weder zu dieser Firma Beziehungen unterhalten noch an sie Kredite vergeben habe.

Es gibt Dokumente, die etwas anderes sagen. Danach verbürgte sich das russische Ministerium für Waffenindustrie in einem Schreiben an die Bank für einen Hundert-Millionen-Dollar-Kredit an eine Sintez-Tochterfirma.

Das Glück der EU-Osterweiterung

Auf die westeuropäischen Staaten kommt eine neue Entwicklung zu – die EU-Osterweiterung. Und Russland macht politisch Druck, um die Visumpflicht abzuschaffen. Politisch ist die EU-Osterweiterung sicher notwendig, daran zweifelt niemand. Aber man sollte sich in Westeuropa auch klar darüber sein, was daraus folgen wird. Es lassen sich viele Beispiele aufführen, die zeigen, wie sehr sich kriminelle Syndikate aus den GUS-Staaten bereits in den Beitrittsländern festgesetzt haben. Weitaus intensiver als in Westeuropa boomt im postkommunistischen Zentraleuropa die Organisierte Kriminalität, deren Syndikate von Anfang an die Beitrittskandidaten als Brückenkopf für Westeuropa ausgebaut haben. »Teilweise«, stellt Europol in einer »Bedrohungsanalyse« fest, »haben die kriminellen Elemente das Zentrum der Gesellschaft infiltriert.«

Die ungarische Polizei räumt ein, dass sechs russische Mafiagruppen Budapest zu ihrem zentraleuropäischen Hauptquartier ausgebaut haben. Sie sagt jedoch, dass diese nicht angetastet werden können, solange sie in Ungarn keine Straftaten begehen. »Die baltischen Staaten sind seit Jahren die wichtigste Brücke zwischen Russland und dem Westen, und dort hat sich die russische Organisierte Kriminalität fest etabliert. Nur in Estland ist es ihnen nicht gelungen, die Macht zu übernehmen. Sie konnten sich nicht gegen die lokalen Verbrecherfürsten durchsetzen«, schrieb Europol in der Analyse aus dem Jahr 2001.

Durch die massive Infiltration der gesamten Wirtschaft haben sich die Syndikate aus den GUS-Staaten in den vergangenen Jahren mehr als nur ein Standbein in den Beitrittsländern geschaffen. Sie verfügen in diesen Ländern heute über eine Monopolstellung mit entsprechendem politischen Einfluss auf kommunaler wie auf nationaler Ebene. Nicht einmal ansatzweise wurde bislang im Westen begriffen, in welchem Umfang in den EU-Beitrittsländern die alte Nomenklatura in enger Verbindung mit kriminellen Syndikaten die Volkswirtschaft in ihrem Sinne »privatisiert« hat. An zwei Beispielen soll das beschrieben werden, an Bulgarien und Tschechien.

Am 17. Juni 2001 gewann die kurz zuvor gegründete »Nationale Bewegung« des Ex-Königs Simeon II. in Bulgarien die Wahlen mit überwältigender Mehrheit. Der Ex-König sprach, wie alle anderen politischen Führer vor ihm, von einer »neuen Moral in Politik und Wirtschaft«. Und das in einem Land, in dem Desinformation und interne Machtkämpfe unglaubliche Dimensionen erreicht haben. »Tatsächlich mussten jedoch schon mehrere Kabinettsmitglieder wegen Korruptionsvorwürfen zurücktreten, auch der Zollchef des Landes. Der Riss durch Bulgariens Gesellschaft wird immer größer. Die breite Masse ist ärmer als je zuvor.«[153] Vielleicht hat das ja mit den internen Machtstrukturen zu tun, mit erbitterten Kämpfen um die Pfründe, die mit allen Mitteln geschützt werden müssen.

Ein typisches Beispiel dafür spielte sich vor den letzten Parlamentswahlen 2001 ab. Und ich wäre dabei fast unter die Räder gekommen.

Bereits Monate vor den Parlamentswahlen wurde Elena, die Frau des damals regierenden Ministerpräsidenten Iwan Kostow, beschuldigt, auf Konten im Westen Millionenbeträge deponiert zu haben. Sie war Präsidentin einer Stiftung mit dem verheißungsvollen Namen Zukunft für Bulgarien. Das Ziel der Stiftung war die »geistige und intellektuelle Entwicklung des bulgarischen Charakters«, die Erziehung der Jugend »im Geist des Humanismus« und die Unterstützung dabei, »demokratische Werte in Bulgarien zu installieren«. Über diese Stiftung wurde damals viel gemunkelt: Ihr würden aus dunklen Kanälen Geldmittel zufließen, schrieben bulgarische Zeitungen. Großherziger Spender sei unter anderem Grigorij Loutchansky mit seinem Konzern Nordex gewesen. In Anfragen oppositioneller Politiker war zudem von Geldwäsche der russischen Mafia über die Stiftung die Rede. Doch es waren alles nur Gerüchte. Immerhin hatte Elenas Mann im Dezember 1999 nicht weniger als zehn seiner Minister wegen zweifelhafter Amtsführung entlassen müssen. Die parteilose Zeitung »Trud« bezeichnete die Regierung Kostow gar als »Kleptokratie«.

Im Sommer 2001, kurz vor den entscheidenden Parlamentswahlen, wurden mir durch Boten, die aus Sofia eingeflogen waren, belastende Dokumente übergeben. Ich sollte sie so schnell wie möglich veröffentlichen. Was sie mir zeigten, bestätigte, was über die Familie Kostow immer wieder behauptet wurde. Unter den Dokumenten befanden sich zwei Belege der Deutschen Bank. Eines der Konten mit der Nummer 11 01 221 504 gehörte Elena Kostowa, der Ehefrau des Ministerpräsidenten. Das andere Konto mit der Nummer 12 030 005 101 lautete auf Anelia Atanasowa, die Ehefrau von Atanas Atanasow, dem Chef des bulgarischen Sicherheitsdienstes. Auf dem Kontoauszug für Elena Kostowa stand ein Betrag von 25 Millionen US-Dollar, auf dem von Anelia Atanasowa waren es sieben Millionen US-Dollar – für bulgarische Verhältnisse unvorstellbar hohe Summen. Überwiesen wurden diese Beträge am 23. Januar 2000 (Kostowa) und 19. Januar 2000 (Atanasowa) von Deutschland aus in die USA auf Konten der Bank of America. In beiden Fällen war als Zahlungsgrund »Wirtschaftsverträge« angegeben.

Auch über Georgie Sokolow, den damaligen Parlamentspräsidenten und vormaligen Innenminister, erhielt ich Material. In als »streng geheim« klassifizierten Dokumenten, die sogar im Original vorgelegt wurden, stand, dass er in den achtziger Jahren mit dem kommunistischen Geheimdienst zusammengearbeitet hatte. Sein Deckname war damals »Momata«, was so viel wie »Jungfrau« heißt.

Aus einer handschriftlichen Erklärung ging hervor, dass er tatsächlich als Informant vom damaligen, unter Moskaus Herrschaft stehenden bulgarischen Sicherheitsdienst angeworben worden war. In Sokolows Einverständniserklärung vom 13. Dezember 1983 steht: »Ich bin freiwillig bereit, dem Sicherheitsdienst Informationen über jene Personen zu liefern, die eine Gefahr für die Sicherheit des Landes darstellen. Ich werde meine Verbindungen zum Sicherheitsdienst strikt geheim halten.« Darunter seine Unterschrift. In anderen Schreiben des Innenministeriums war zu lesen, dass er ab 1985 eifrig Informationen lieferte, zum Beispiel über den Politiker Doganow: »Mehdi Doganow kämpft gegen die kommunistische Partei. Er gibt ihr die Schuld an der Vernichtung der türkischen Bevölkerung in Bulgarien«, wird Sokolow in einem Rapport des Innenministeriums vom 16. Januar 1985 zitiert.

Sollten diese Dokumente und die Bankbelege wirklich echt sein, dann wäre der bereits schwer beschädigte Ruf der Regierungspartei UDF sowie der von Iwan Kostow selbst endgültig ruiniert. Die Konsequenz: Der Sieg der Nationalen Bewegung von Simeon II. wäre gesichert. Ist es aber vorstellbar, dass die Ehefrau des Ministerpräsidenten und die des Geheimdienstchefs an solchen Machenschaften beteiligt waren und das schmutzige Geld auf deutschen Bankkonten deponierten?

Elena Kostowa hatte auf meine Anfrage hin, ob sie Konten in Deutschland führe, vehement dementiert: »Weder die Stiftung Zukunft für Bulgarien noch ich als private Person hatten jemals Konten bei der Deutschen Bank oder irgendeiner anderen Bank in Deutschland. Man möchte mich und insbesondere meinen Ehemann, den Premierminister, kompromittieren.«

Aber die Überweisungsbelege, die von einer Filiale der Deutschen Bank stammten, schienen echt zu sein, so das Bayerische Landeskriminalamt nach einer ersten Überprüfung. Auffallend war lediglich, dass die im Kontoauszug erwähnte Anwaltskanzlei im bayerischen Planegg, die das Konto verwaltete, nirgendwo zu finden war. Erst nach genauer Überprüfung durch die Deutsche Bank stellte sich heraus, dass die Überweisungsbelege gefälscht waren. »Hinter diesen Fälschungen steckt professioneller Expertenverstand«, kommentierte ehrfurchtsvoll ein Mitarbeiter der Bank. Ähnlich geschickt waren auch die anderen Dokumente, zum Teil »Originale«, gefälscht worden.

Der politische Schachzug, der mit diesen Materialien aus der Giftküche der Desinformation geplant war, erschloss sich mir erst in dem Moment, als ich die Ergebnisse der Überprüfung erhielt: Vor den Wahlen sollten die regierende UDF und Ministerpräsident Iwan Kostow bloßgestellt und politisch zerstört werden. Die Fälscher hatten darauf gesetzt, dass auf dem Höhepunkt des Wahlkampfs der Wahrheitsgehalt der belastenden Dokumente nicht mehr zu überprüfen wäre. Und ich hätte mich in eine Einöde verziehen können, wären die Dokumente nicht sorgfältig überprüft worden.

Ob die europäischen Rechtsnormen an solchen Machenschaften des bulgarischen Geheimdienstes und der mit ihm zusammenarbeitenden Politiker in Zukunft etwas ändern werden – ich habe meine Zweifel. Keine Zweifel dürften angebracht sein, wenn behauptet wird, dass die kriminellen Syndikate, in enger Verbindung mit der alten Nomenklatura, Bulgarien immer noch beherrschen.

In Bulgarien haben ehemalige Geheimdienstler, neue Wirtschafts- und Finanzmagnaten, Altkommunisten und Mafiosi in der Wirtschaft und der Politik bis heute das Sagen. Dabei kommt es hin und wieder zu blutigen Auseinandersetzungen, in denen die Gegner erschossen, mit Granatwerfern ausgelöscht oder durch Bombenanschläge zerfetzt werden.

Einem Bericht des französischen Senators Aymerie de Montesquiou zufolge werden »60 Prozent der bulgarischen Wirtschaft von Mafiagruppen kontrolliert«. Und weiter: »Die Zollbehörden sind bis heute Garanten für einen florierenden Zigaretten- und Waffenhandel.«[154]

Vor allem beim internationalen Waffenschmuggel taucht Bulgarien seit fast zwei Jahrzehnten immer wieder in den Schlagzeilen auf. Zuletzt ging es dabei um den Waffennachschub für die mörderischen Rebellen in Sierra Leone oder für den angolanischen Rebellenführer Jonas Savimbi. Wie konnte es dazu kommen?

Alexander Andreev, stellvertretender Leiter der Bulgarien-Redaktion des Deutschlandfunks in Köln, veröffentlichte ein Buch über die Entstehungsgeschichte der mafiosen Nomenklatura und die Errichtung ihrer Herrschaft. »Schon kurz nach der Wende wurden die Befürchtungen laut und tauchten viele Indizien auf, dass sich die politische Macht der kommunistischen Herrscher sehr schnell und unkontrolliert in den wirtschaftlichen Bereich verlagere. Diese mit der Zeit langsam Gestalt gewinnende Machttransformation, die die marktwirtschaftlichen Reformen schwer beeinträchtigte, geschah mit der entscheidenden Hilfe ehemaliger Geheimdienstler aus unterschiedlichen, noch existierenden oder formell gestrichenen Abteilungen der Staatssicherheit. Da sie gesetzwidrig war, entfesselte sie auch enorme kriminelle Energien, die für die bulgarische Gesellschaft bis zum heutigen Tage das größte Problem darstellen.«

Als Konsequenz dieser Entwicklung bildeten sich mafiaähnliche Strukturen mit entsprechender Einflussnahme auf die politischen Entscheidungsträger in Sofia.

Der erste nicht kommunistische Vizepremier Bulgariens, Dimitor Ludschew, der auch mit der Aufsicht über die Geheimdienste beauftragt war, beschrieb diese Machttransformation einmal folgendermaßen: »Staatlich gedeckte Drogen- und Waffengeschäfte, deren Erlös ins westliche Ausland fließt (die so genannten ›Dreieckgeschäfte‹). Die Tätigkeit der kommunistischen Wirtschaftsspionage und der so genannten ›wissenschaftlich-technischen Aufklärung‹, die durch Deck- und Briefkastenfirmen im Westen die Blockade für Spitzentechnologien zu durchbrechen versucht haben. Solche Firmen verfügten in der Regel über unbegrenzte Finanzmittel, ihre wirtschaftlichen Ergebnisse zugunsten des Staates waren jedoch mehr als fragwürdig.«

Bei Joint Ventures im westlichen Ausland wurde gezielt auf Verluste hingearbeitet, um die Firmen später über Mittelsmänner billig aufzukaufen. Und es gab natürlich direkte Geldtransfers aus der Staatskasse ins westliche Ausland. Diese »Aktenkoffergelder« wurden in der Regel als »schlafendes Kapital« von Kriminellen im Ausland betreut, um später in Bulgarien wieder investiert zu werden.

Die meisten dieser Tarnfirmen waren bereits in den achtziger Jahren in Österreich, Liechtenstein, Deutschland und in der Schweiz registriert. In einer Regierungsanordnung aus dem Jahr 1986 ist unter anderem zu lesen: »Die Deviseneinnahmen aus der Tätigkeit von Deckfirmen ... werden auf Bankkonten im Ausland angelegt. Diese Konten werden vom Innenministerium kontrolliert.« Dann wurden die Geheimdienste damit beauftragt, diese Geldbewegungen im Ausland zu koordinieren und zu kontrollieren.

Mit der Umsetzung dieser Beschlüsse waren die Voraussetzungen für eine blühende Schattenwirtschaft geschaffen. Der ehemalige Innenminister Sokolow behauptete, etwa neun Milliarden US-Dollar, die Bulgarien vor 1990 im Ausland als Schulden aufgenommen hatte, seien spurlos verschwunden. Andere Politiker, wie etwa Dimitar Popow, glauben zu wissen, dass zwei der insgesamt neun Milliarden Dollar unter dem ehemaligen Regierungschef Andrej Lukanow innerhalb weniger Monate verschwunden waren. Buchautor Alexander Andreev kommt zu dem Ergebnis: »Die aus der Nomenklatura und aus den Geheimdiensten neu entstandenen Wirtschafts- und Finanzeliten wollten in Bulgarien eine quasi freie Marktwirtschaft aufbauen, das heißt, das Wirtschaftsleben (genau wie unter dem alten Regime) monopolisieren, den freien Wettbewerb noch im Ansatz ersticken, ausländische Unternehmer und inländische Mittelständler verängstigen, kaputtmachen oder wegjagen. Ob geplant oder nicht, konnte dies nur durch die Schaffung von Unsicherheit, Gesetzlosigkeit und einer ausufernden Kriminalität geschehen.«

Und so entstanden die mächtigen kriminellen Gruppierungen. Bekannt waren insbesondere die »Kraftsportler«, Ringer, die sich bei den Olympischen Spielen hervortaten. Die ehemaligen Lieblinge des Regimes lebten während der kommunistischen Herrschaft jahrelang zusammen und trainierten unter härtesten Bedingungen, wodurch sich unter ihnen ein kaum zerstörbares Vertrauensverhältnis bildete. Nach dem Zusammenbruch des Kommunismus mussten sie Alternativen finden, um ihren bisherigen privilegierten Lebensstil fortführen zu können.

Im Angebot waren illegale Geschäfte wie Autoschieberei, Drogenhandel, Prostitution, Schmuggel, Glücksspiel oder Schutzgelderpressung. Außerdem gründeten sie »Sicherheitsfirmen«. Im Jahr 1994 wurden 3800 dieser Firmen registriert, überwiegend von »Ringer-Brigaden« geleitet. Und danach gründeten sie Wirtschafts- und Finanzgruppen, die zum Teil in kriminelle Machenschaften involviert waren, sich aber gleichzeitig als legale Unternehmen präsentierten. Ziel war die Privatisierung von Staatsfirmen. Oder sie kassierten staatliche Subventionen für Betriebe, die sie durch zu hohe Rohstoff- und zu niedrige Absatzpreise unrentabel gemacht hatten, um dann die Staatsknete in Privatkapital umzuwandeln. Den Transformationsprozess hatten sie jedenfalls schnell begriffen – abkassieren und ausbeuten, solange es geht. Der schnelle Gewinn beim Export-Import, die Spekulationen mit Devisen dienten ihnen als Orientierung. Hinzu kam der große Betrug über zahlreiche Anlagefonds und Privatbanken, der die bulgarischen Kleinanleger um ihre Ersparnisse und die Zentralbank, also den bulgarischen Steuerzahler, um Milliarden brachte. Durch ihre Lobbys in der Politik und der staatlichen Administration sorgte die neu entstandene Wirtschafts- und Finanzelite für Protektionismus. Jahrelang gelang es ihnen, eine marktwirtschaftliche Gesetzgebung, eine demokratisch legitimierte Privatisierung und letztendlich einen fairen Wettbewerb zu blockieren.

Dimitar Iwanow, ehemals Chef der Abteilung VI/6 der Staatssicherheit, später Vizepräsident der bulgarischen Holdinggesellschaft Multigroup, erklärte die Struktur der organisierten Kriminalität in Bulgarien folgendermaßen: »Erstens gibt es die gewalttätigen Gruppierungen ehemaliger Leistungssportler beziehungsweise Mitarbeiter des Innen- und Verteidigungsministeriums, die im Schutz- und Versicherungsgeschäft tätig sind und zugleich in kriminelle Aktivitäten wie Autoschieberei, Drogen- und Waffenhandel sowie Prostitution verstrickt sind. Zweitens gibt es illegale Finanz- und Anlagefonds, die eine hohe Verzinsung versprechen und dann Pleite gehen. Hinzu kommen noch Wechselstuben, Glücksspiele, nicht lizenzierte Fernsehkabelbetreiber oder Videoverleihketten. Und schließlich drittens die Wirtschafts- und Finanzkonzerne und die mit ihnen kooperierenden Privatbanken, Versicherungsgesellschaften, Investment- oder Privatisierungsfonds.«

Dazu passt, was der ehemalige bulgarische Ministerpräsident Iwan Kostow kurz nach seinem Amtsantritt 1997 erklärte: »Vierzig Prozent des Staates sind unter der Kontrolle der Staatsgewalt, die übrigen sechzig Prozent werden von gewalttätigen Gruppierungen und kriminellen Strukturen kontrolliert.« Verheißungsvoll waren damals seine Versprechen: »Radikale Wirtschaftsreformen, energischer Kampf gegen Kriminalität und Korruption sowie eine Rechtsreform.«

Auch die Holdinggesellschaft Multigroup wurde mehrfach illegaler Aktivitäten beschuldigt. Sie gilt laut Weltbank als Teil des »roten Konglomerats« in Bulgarien. Das Unternehmen hat im schweizerischen Zug als Multigroup Switzerland AG einen westeuropäischen Stützpunkt und ist seit Jahren ein mächtiger, weltweit agierender Konzern, der in ungewöhnlich kurzer Zeit Milliardenumsätze erzielte. Das

Jürgen Roth

Unternehmen umfasst Bereiche wie Energie, Bauwesen, Zuckerproduktion und Fremdenverkehr und beschäftigt allein in Bulgarien etwa 20 000 Mitarbeiter.

Doch offenbar gab es Neider. Die US-Botschaft in Sofia habe Washington darüber informiert, meldete »U.S. News & World Report« im August 1999, dass Firmen von Multigroup in Geldwäsche und Schmuggelgeschäfte verwickelt sein sollen. Diesen Vorwurf dementierte die Konzernleitung. Tatsache ist, dass es bislang keine juristischen Verfahren gegen den Konzern oder Konzernmitarbeiter wegen dieser Vorwürfe gegeben hatte.

Richtig ist aber auch, dass Multigroup beste Beziehungen zum russischen Energiekonzern Gazprom und den wichtigsten Politikern und Wirtschaftsführern im Kreml unterhalten hat und immer noch unterhält. Gazproms Verbindungen zu Multigroup sind strategisch von enormer Bedeutung. Durch die Abhängigkeit von den Erdgaslieferungen bindet sich die Regierung in Sofia, mit Multigroup als Bindeglied, zwangsläufig an den Kreml. Und zugleich lassen sich über die Energieversorgung auch Moskaus Interessen in Osteuropa durchsetzen.

Der Vorstandsvorsitzende von Multigroup, Ilija Pawlow, Jahrgang 1960, ehemaliger Olympia-Ringer, wurde zum reichsten Mann Bulgariens. Er begann, erzählt er gern seinen Gästen, »mit einem kleinen Handelsunternehmen in meiner eigenen Wohnung. Die Wohnung war klein – die Gewinne stiegen und wurden ständig reinvestiert.«

Die Multigroup wurde 1990 in der Schweiz, in Zug, registriert und wuchs zu einem mächtigen Konzern heran – der drei Jahre später einen Jahresumsatz von rund einer Milliarde Dollar erzielte. Kritische bulgarische Journalisten sahen einen Zusammenhang zwischen diesem Erfolg und den verschwundenen Geldern der bulgarischen KP. Ihre Vermutung: Multigroup war die größte Geldwaschanlage der Kommunistischen Partei Bulgariens. Beweise dafür gab es jedoch nie.

Anfang März 2003 fiel Ilija Pawlow, Chef von Multigroup und achtreichster Unternehmer Osteuropas, Vorstandsmitglied der bulgarischen Ringer-Föderation und Vorsitzender eines Fußballvereins, einem Auftragsmord zum Opfer. Als er mit seinen Leibwächtern das Hauptquartier der Multigroup in Sofia verließ, wurde er mit einem einzigen Schuss ins Herz getötet. Einen Tag vor seiner Ermordung hatte er noch in einem Prozess ausgesagt. Verhandlungsgegenstand war die Ermordung des früheren Ministerpräsidenten Andrej Lukanow. »Er wurde von dem Biest ermordet, das er geschaffen hatte«, schrieben anlässlich dessen Ermordung im Jahr 1996 die bulgarischen Zeitungen. »Nach der Ermordung Lukanows war Pawlow dessen Nachfolger an der Spitze einer mit dem russischen Konzern Gazprom verbundenen Energie-Importfirma. Sein Vermögen wird auf 1,5 Milliarden Dollar geschätzt.«[155] Das Morden um die Pfründe geht also weiter.

Tschechien und der Mafia-Kapitalismus

Die Lage im künftigen EU-Mitgliedsland Tschechien ist wegen des jahrzehntelangen Widerstandes gegen die kommunistische Herrschaft mit der in Bulgarien im Prinzip nicht zu vergleichen. Im Zusammenhang mit der Privatisierung der Volkswirtschaft nach dem Zusammenbruch des Ostblocks wiederum doch. Wie in Bulgarien standen an der Spitze der meisten Fonds und der neuen Banken zumeist alte KP- und Geheimdienstkader. Sie nutzten den damals entstandenen rechtsfreien Raum, bedienten sich ihres ehemaligen Herrschaftswissens und der nach wie vor funktionierenden Beziehungen auch in die Schattenwelt hinein.

Im April 2000 wurden die Bürger in Tschechien befragt, welchen Einfluss die Mafia in ihrem Land hat. Mehr als die Hälfte waren der Meinung, dass verschiedene Mafia-Organisationen Einfluss auf das Leben der tschechischen Gesellschaft nehmen und die Demokratie bedrohen. Siebzig Prozent der Befragten behaupteten darüber hinaus, dass die Mafia schon bis in die höchsten politischen Kreise vorgedrungen sei. Vorausgegangen war eine Rede ihres Staatspräsidenten Vaclav Havel.

Der hatte vor einem »Mafia-Kapitalismus« gewarnt, nachdem er sich mit Polizeibeamten getroffen hatte, die ihn über das wuchernde organisierte Verbrechen aufklärten. »Seine Fragen an die Experten bezogen sich dabei auf zwei mächtige tschechische Banken, die in Verdacht standen, mit russischen Syndikaten zusammenzuarbeiten, und deren Besitzer versuchten, die Antikorruptionseinheit der tschechischen Polizeiabteilung zu destabilisieren.«[156] Tatsächlich hatte ein einflussreicher Aktienbesitzer und ehemaliger tschechischer Spion, der für ein Bombenattentat in den siebziger Jahren auf Radio Free Europe in München verantwortlich war, enge Beziehungen zu Semion Mogilevich.

Am 26. Januar 1998 reiste Vladimir Ofer (Zeef Zola), nach dem Besuch bei einer deutschen Firma, in einem Volvo mit Kölner Kennzeichen in die Schweiz ein. Im Gepäck hatte er einen kasachischen und einen israelischen Pass. Die Zollbeamten schauten sich ihn etwas genauer an, nachdem ihnen aufgefallen war, dass er einen amerikanischen und einen tschechischen Führerschein bei sich hatte. Den Besitz beider Führerscheine begründete er damit, dass er in den USA, in Tschechien, Israel und Russland jeweils Wohnsitze hätte.

Mit sich führte der 1969 in Kasachstan geborene Weltenbürger auch zahlreiche Geschäftsunterlagen. Die Beamten suchten und fanden etwas über ihn im Computer: Bereits 1991 habe Interpol Moskau ein Rechtshilfeersuchen an die Bundesanwaltschaft in Bern gerichtet. Damals sei es um Scheckfälschung und dem Transfer von hohen Geldbeträgen gegangen. Mehr erfuhren die Schweizer Zöllner nicht.

Sie konnten nicht ahnen, dass sie einen Unternehmer kontrollierten, der in Prag ziemlich bekannt war. In seinen Unterlagen wurde eine Firma mit Verbindungen nach Prag erwähnt, und zwar zu dem Georgier Paata Mamaladze. Der war Gründungsmitglied des in der Schweiz registrierten Unternehmens Falkon Capital, dessen Sitz wiederum Prag war.

Bekannt wurde das Unternehmen in Tschechien durch einen großen Skandal. Es ging um die Privatisierung von mehreren Milliarden Dollar, die der russische Staat, als Rechtsnachfolger der UdSSR, Tschechien schuldete. Als die Sowjetunion im Jahr 1991 aufhörte zu existieren, willigte Russland ein, die Schulden der UdSSR zu übernehmen. Gegenüber der Tschechoslowakei betrugen sie etwa fünf Milliarden Dollar. Als sich die CSSR im Jahr 1993 auflöste, wurden die russischen Schulden unter den beiden neuen Staaten aufgeteilt: Den Tschechen wurden 3,6 Milliarden US-Dollar, den Slowaken 1,1 Milliarden US-Dollar zugestanden. In den folgenden Jahren fanden diverse Verhandlungen statt, um Russland dazu zu bewegen, endlich seine Schulden zu zahlen. Die russische Regierung bot lediglich Waren anstelle von Bargeld an, was wiederum von der Regierung in Prag abgelehnt wurde. Bis ins Jahr 2001 hinein war das Problem nicht gelöst.

Dann trafen sich der russische Premierminister Mikhail Kasjanow und sein tschechischer Kollege Milos Zeman in St. Petersburg. Sie vereinbarten einen seltsamen Deal, wonach Tschechien einen Teil der russischen Schulden an eine private Firma verkaufen konnte. Bei dieser Firma handelte es sich um die Falkon Capital. 570 Millionen US-Dollar Abschlagszahlung sollten nun bar in die Staatskasse fließen, etwa 20 Prozent der Gesamtsumme. Bei der Verhandlung bestand Kasjanow strikt darauf, dass die Details des Vertrages geheim gehalten werden müssten.

Am 9. Oktober 2001 wurde der Vorvertrag zwischen Russland und Tschechien in Prag abgeschlossen. Zwei Tage später unterschrieben die tschechische Regierung und Falkon Capital ihrerseits den Vertrag über den Kauf der Schulden. Als einige Details des Deals bekannt wurden, forderten Opposition und die Medien, dass der ganze Vertrag öffentlich gemacht werden müsse. Doch die konservative Regierung lehnte ab mit der Begründung, dass internationale Abkommen geheim seien. Als die Kritik nicht abnahm, behauptete die tschechische Regierung, dass es für den Deal eine Ausschreibung gegeben hätte und Falkon Capital im Sommer 2001 diese Ausschreibung gewonnen hätte. Tschechische Journalisten wollten das nicht glauben und forderten die Regierung auf, die Namen der Mitbieter zu nennen. Bis heute gibt es darauf keine Antwort.

Am 13. Dezember 2001 wurde, trotz des Protestes, der Vertrag mit Falkon Capital endgültig abgeschlossen, und noch vor Weihnachten wurden 570 Millionen US-Dollar auf einem Konto der Deutschen Bank in Prag deponiert. Kurze Zeit später wurde das Geld in tschechische Kronen konvertiert und auf ein Regierungskonto bei der Nationalbank überwiesen. Die tschechische Öffentlichkeit fragte sich natürlich, warum ihre Regierung einem solchen Deal überhaupt zustimmen konnte. Warum gab sie sich mit so wenig zufrieden, und den Rest bekommt eine bisher unbekannte Firma? Warum die Heimlichkeit? Viele Beobachter glaubten, dass da etwas nicht stimmte.

Dafür spricht einiges, und das hängt mit Falkon Capital zusammen. Bereits am 22. Mai 1998 hatte die Zeitung »Mlade fronta Dnes« einen Bericht veröffentlicht, wonach die tschechische Polizeieinheit zur Bekämpfung der Organisierten Kriminalität einen der Gründer von Falkon Capital im Visier hatte. Vermutet wurde, dass er Verbindungen zur Unterwelt habe. Es handelte sich um Paata Mamaladze. Dreieinhalb Jahre lang gelang es keinem Journalisten, einen der Manager von Falkon Capital zu kontaktieren. Das Büro von Falkon Capital, so viel fanden sie heraus, war ein kleines Zimmer, vermietet vom Dominikaner-Orden. Die Rechercheure zitierten einen Ordensbruder, der sich über die seltsame Firma wunderte: »Es ist eine mysteriöse Firma. Manchmal kommen Leute, um die Post abzuholen.« Sicher ist jedenfalls, dass unter den Gründungsvätern von Falkon Capital auch ein ehemaliges Mitglied des russischen militärischen Nachrichtendienstes (GRU) war. Und was hat der an der Schweizer Grenze kontrollierte Ofer damit zu tun? Im Handelsregisterauszug von Falkon Capital aus dem Jahr 1997 ist sowohl Vladimir Ofer wie Paata Mamaladze aufgeführt.

Doch damit sind die Zufälle noch nicht zu Ende. Am 12. November 2001 erschien im »Earth Times News Service« ein Bericht mit der Überschrift: »Schweizer Bank war verantwortlich für den Verkauf einer russischen Biowaffen-Firma«. In dem Artikel wurde behauptet, dass ein »georgischer Waffenhändler namens Paata Guramovich Mamaladze« einer der Besitzer der Firma Torola sei, die in Lugano registriert war und mit biologischen Waffen zu tun hatte. War es derselbe Mamaladze, der einer der Gründer von Falkon Capital war und der im Februar 1997 die Gesellschaft verlassen hatte? Derjenige Mamaladze, der nach Behauptungen von Felipe Turover sogar ein »Dieb im Gesetz« sein soll und heute in Ungarn lebt?

Das Netzwerk aus ehrenwerten Geschäftsleuten, Geheimdienstlern und Kriminellen zeigt sich auch anderswo. Da gibt es den Deutschen Gustav A. Der besitzt in Tschechien über zehn Firmen sowie einige Kasinos. In Prag ist bekannt, dass er enge Verbindungen zu ehemaligen Mitgliedern des STB, des kommunistischen Geheimdienstes der CSSR, hatte und seine Freundin eine ehemalige KGB-Agentin war, die einst mit Wladimir Putin in Dresden zusammengearbeitet hatte. Behauptet wurde auch, dass er Verbindungen zur Organisierten Kriminalität unterhalte, und zwar über den tschechischen Unternehmer Miroslaw.

Bereits vor zwei Jahren hatte mich ein tschechischer Journalist angeschrieben und gefragt, ob ich Informationen über einen Oleg O. und seine Firma International Commercial mit einer Filiale in Augsburg hätte. Meine Nachfragen beim Landeskriminalamt in München ergaben, dass dort nichts bekannt war, und ich legte den Vorgang ab. Ende 2002 war ich in Prag und traf mich mit Polizisten, die versuchen, die

Organisierte Kriminalität dort zu bekämpfen. Unter anderem fragte ich, ob denn die Tambovskaja in Prag präsent sei. »Natürlich«, antworteten sie. Und dann wollte einer der Beamten wissen, ob ich vielleicht etwas über eine Firma in Augsburg wüsste. Sie ermittelten seit geraumer Zeit, weil es ihrer Meinung nach enge Verbindungen zur Tambovskaja gebe. So habe der Besitzer mit einem anderen Russen zusammengearbeitet, der in Prag sogar eine eigene Sicherheitstruppe unterhalte und inzwischen sehr mächtig geworden sei. Er biete außerdem rumänische Reisepässe an. »Die Tambovskaja hat sich in Tschechien stark ausgebreitet. Wir untersuchen derzeit die Aktivitäten der International Commercial in Prag. Sie gehört eindeutig zur Tambovskaja und ist im Bereich Telekommunikation und Versicherung aktiv. Sie arbeitet mit der GmbH in Augsburg zusammen. Diese Firma schickt Einladungen nach Moskau. Alle Telekommunikationsdaten, die von der Firma gesammelt werden, laufen über das russische Konsulat in Karlsbad.« So weit die Behauptungen aus Prag. Was stimmt daran?

Bei einer neuen Überprüfung stellt sich heraus, dass die von den Beamten erwähnte Firma tatsächlich im Augsburger Handelsregister eingetragen war, dann aber nach Fulda verlegt wurde. Dort sagte man mir, dass sie aufgelöst sei. Ich solle mich an eine Firma in Augsburg wenden, die unter der gleichen Adresse wie das suspekte Unternehmen zu finden sei. Ein Angestellter der Augsburger Firma erzählte mir dann am Telefon, dass sein Betrieb nichts mit dem alten Unternehmen zu tun habe. Aber man arbeite eng mit Oleg O. zusammen und treffe sich einmal pro Woche mit ihm. Auch dieses Unternehmen ist im Telekommunikationssektor aktiv. Über Verbindungen zur Tambovskaja ist bei den Behörden in Deutschland jedoch nichts bekannt.

Die These der Polizei in Prag, dass es Verbindungen zur Tambovskaja gibt, hängt wahrscheinlich mit der Firma Scorpion in Prag zusammen. Hier ist die Beweislage eindeutig. Besitzer des Unternehmens ist ein Alexander Efimow aus St. Petersburg. Es ist derselbe Efimow, der 1999 in der Ukraine verhaftet wurde und zuvor einer der Mitbegründer der Tambovskaja war. Eines seiner »Sicherheitsunternehmen« in St. Petersburg war die Firma Scorpion.

Das sind Beispiele für die Kriminalität aus den GUS-Staaten, die seit 1989 wie eine große Welle über die Tschechische Republik schwappte. Wobei zu bedenken ist, dass bereits im Jahr 1992 in Prag ein Treffen zwischen italienischen und russischen Mafiaführern stattgefunden hatte. Es ging um ein Abkommen über Geldwäsche und den Drogenhandel. Prag wurde danach zur Speerspitze italienischer Mafia-Interessen in Osteuropa. Doch die russischen Gruppen wurden schließlich die Aristokraten unter den vielen anderen kriminellen Gangs. Heute sind sie etabliert. Sie besitzen repräsentative Grundstücke, teure Appartements, Hotels, Spielsalons, Restaurants und Geschäfte, in denen Luxusartikel verkauft werden. Gleichzeitig haben sie die strategischen Industrien Tschechiens unterwandert, wie etwa die Petrochemie und die Energieversorgung. Und schließlich ist es ihnen in den letzten Jahren gelungen, zahlreiche Politiker zu kaufen.

In Prag kontrollieren sie jedenfalls zahlreiche Hotels, vor allem die in der historischen Altstadt im Herzen Prags. Aber auch Geschäfte, die Fabergé-Eier, Matrioschka-Figuren und Gemälde an Touristen verkaufen, zum Beispiel an der Karlova ulice, die die Altstadt mit der Karlsbrücke verbindet. Oder am Boulevard Parizska, der teuersten Meile Prags. Das Problem, so beschreiben es Polizeibeamte, sei, dass das meiste – nicht das gesamte – Kapital aus kriminellen Aktivitäten stamme, aus Drogenhandel, Diebstahl, Erpressung, Prostitution, Auftragsmord und Menschenschmuggel.

Immerhin hat die Prager Altstadt, was die Bausubstanz anbelangt, einen schnellen Transformationsprozess erlebt. Mit den Milliardeninvestitionen aus kriminell erwirtschafteten Geldern verwandelte sie sich von einem grauen, zerbröckelnden in einen lebendigen, charmanten Stadtteil.

Die anderen kriminellen Gruppen wie die weißrussischen und ukrainischen Banden, die sich in Brigaden organisiert haben und über das ganze Land verteilt sind, erzeugen keine willkommenen Nebenwirkungen. Ihr Geschäftsfeld ist der Menschenhandel – mit Prostituierten oder billigen Arbeitskräften. Kleiner, aber nicht weniger einflussreich sind die kaukasischen Banden aus Tschetschenien, Dagestan, Georgien und Armenien. Sie widmen sich hauptsächlich dem Drogenhandel.

Als besonders gefährlich gelten die albanischen Mafiabanden. Fast immer sind es Kosovo-Albaner, die wegen laufender Strafverfahren aus der Schweiz, aus Deutschland und Österreich geflüchtet sind und die

Tschechien zum neuen Stützpunkt auserkoren haben. Vom Drogen- bis zum Mädchenhandel, von der Schutzgelderpressung bis zum Auto- diebstahl bedienen sie jene Deliktbereiche, die sie nicht in Konflikt mit den anderen kriminellen Organisationen bringen. Manchmal klappt das nicht. Dann explodieren Bomben oder bereinigen Auftragskiller den Streit um die Marktanteile.

Zum ersten Mal sichtbar wurde der Einfluss der russischen Syndikate im Frühjahr 1995. Ein Pate der russischen Mafia feierte am 31. Mai seinen Geburtstag in einem bekannten Prager Restaurant, dem »U Holubu«. Und alle, die sich ihm verbunden fühlten, kamen und ließen ihn hochleben. Mit dabei waren Sergej Michailow, Kopf der Soln- zewskaja, Gafur Rachimov, Philanthrop und Geschäftsmann, Dzhe- mal Khatschidse, ein Pate, und Aleksander S., einer der bekanntesten russischen Auftragskiller, um nur einige aus der erlauchten Runde her- vorzuheben.

Sie verzehrten exzellente japanische Speisen, lauschten den Klängen eines russischen Sängers und lachten herzlich über ein paar Komiker. Die Creme der russischen Organisierten Kriminalität hatte sich ver- sammelt, und auch Semion Mogilevich war bereits in Prag gelandet, dann aber durch einen Zufall – oder sagt man besser einen guten Rie- cher? – nicht zum großen Fest gekommen.

Zweithöchster Polizeichef in Tschechien war damals Zdenek Macha- cek, und der leitete die Aktion, die ihm zum Verhängnis werden soll- te. Als junger, engagierter und vor allem unbelasteter Polizeibeamter hatte er eine starre Front der alten Garde vor sich. Und die wollte mit dem Aufsteiger nichts zu tun haben. »Unser Auftreten, unsere Haltung behagte den Alten nicht«, erzählt er mir in einem kleinen Prager Café.

Zdenek Machacek wusste, dass das U Holubu auch von hochmö- genden Politikern der tschechischen Spitzengarnitur geschätzt wurde. Trotzdem ließ er das Restaurant stürmen und alle Anwesenden erken- nungsdienstlich behandeln. Keiner der Anwesenden wurde jemals an- geklagt, nicht einmal ein Verfahren wurde eröffnet. Warum auch, schließlich waren die Gäste prominente Banker, Unternehmer und Regierungsberater. »Im U Holubu fanden wir heraus, dass es Verbin- dungen zu Politikern gab und dass die Banditen bei ihnen gute Lobby- arbeit geleistet hatten«, so Zdenek Machacek.

Jürgen Roth

Die Durchsuchung fiel in die Zeit einer heißen innenpolitischen Auseinandersetzung. »Die Sozialdemokraten benutzten die Razzia für ihre Zwecke, gingen an die Öffentlichkeit und warfen uns vor uns, dass die Aktion ungesetzlich war, weil die Gäste harmlose Geschäftsleute waren«, sagte Zdenek Machacek.

Immerhin wurde er nach der Razzia in die USA eingeladen und vom FBI für seine Leistungen ausgezeichnet. Und der Innenminister erhielt ein Dankesschreiben des US-Justizministeriums, dass sich für den Kampf gegen das organisierte Verbrechen bedankte. Ein Dank, der in der Tschechien nicht gewürdigt wurde. »Ich habe nur Probleme nach der Durchsuchung des U Holubu bekommen. Man sagte mir, ich solle die Polizei verlassen. Später wurde ich beschuldigt, geheime Informationen an Außenstehende weitergegeben zu haben.« Er saß deshalb 1999 drei Monate im Gefängnis. Bei der Gerichtsverhandlung stellte sich jedoch heraus, dass die Beschuldigungen Fälschungen waren. Er wurde freigesprochen. »Inzwischen hat man mir angeboten, wieder zur Polizei zurückzukehren.«

Nachfolger von Machacek wurde Vaclav Jakubik. Der wiederum hatte Verbindungen zum Boss der Solnzewskaja, zu Sergeij Michailow. Michailow war bei der Geburtstagsfeier im U Holubu mit dabei und erhielt danach ein zehnjähriges Aufenthaltsverbot. »Nun«, schrieb ein Prager Beobachter, »hat es den Anschein, dass er in der Person von Jakubik einen sehr einflussreichen Freund hatte.«[157]

Das FBI verfasste über die Razzia und die späteren Ereignisse einen Bericht, in dem es heißt: »Als Reaktion auf die Razzia initiierte Semion Mogilevich eine Aktion gegen die tschechische Polizei, indem er Informationen verbreitete, welche ihrer Beamten während der kommunistischen Herrschaft für den Geheimdienst gearbeitet hatten. Zweck war eine Desinformationskampagne in den Medien. Mogilevich benutzte den Parlamentssprecher und den Stellvertretenden Innenminister als Teil seiner Desinformationskampagne.«[158]

Zdenek Machacek hingegen vermutet hinter der Aktion einen bekannten Anwalt in Prag, Josef Doucha. »Damals hatten wir uns gefragt, warum er nicht ins Gefängnis kommt, vor allem, nachdem wir herausfanden, dass er in Verbindung zu einem ehemaligen Geheimdienstmann stand, der in München in den siebziger Jahren einen

Sprengstoffanschlag auf Radio Free Europe durchgeführt hatte. Das war der heute angesehene Unternehmer Pavel M., einst Major des Geheimdienstes.«

Josef Doucha, der damals im Innenministerium für Organisierte Kriminalität zuständig war, wurde 1996 verhaftet, dann jedoch wieder freigelassen und trat danach von seinem Posten im Innenministerium zurück. Später war er sogar für den Posten des Polizeipräsidenten in Prag vorgesehen. Heute »repräsentiert er eine Gruppe russischer ›Entrepreneurs‹ mit vermuteten Verbindungen zur russischen Mafia. Nach der Razzia im U Holubu vertrat er einige der ›Unternehmer‹, die während der Operation verhaftet wurden«, behauptet eine Prager Zeitung.[159] Diese Verfilzungen waren übrigens der Grund dafür, dass der tschechische Präsident Vaclav Havel im Frühjahr 2000 vor einem »Mafia-Kapitalismus« warnte.

Besuch in Karlsbad

Karlsbad war das Lieblingsbad von Johann Wolfgang von Goethe. Zwölfmal weilte er in dem westböhmischen Badeort, der heilsamen Quellen wegen und um geologische Exkursionen in die Umgebung zu machen. Inzwischen gibt es in der Umgebung, auf einer Hochebene, einen Flughafen – für Gäste aus Moskau.

Flug OK 908 aus Moskau landet um 15.20 Uhr, eine Boeing 737 der CSR-Fluglinie. Die Männer und Frauen aus Moskau sehen, wenn sie die laxen Zollkontrollen hinter sich haben und vor der kleinen Abflughalle auf ihre Fahrer warten, eine riesige Plakatwand. »Royal Gold Gallery« ist zu lesen – Einkaufsparadies für Gold und Edelsteine. Vor der Tür des kleinen Flughafens parken sechs Vans, sauber und gepflegt, mit schwarzen Scheiben. Derweil stehen die letzten Gäste aus Karlsbad, die um 16.50 Uhr mit dem Flug OK 909 nach Moskau zurückfliegen, vor den beiden Abfertigungsschaltern. Auffallend viele der Frauen, die sich zwischen Bar und Eingang zur Abflughalle riesige Kartons in Folie einschweißen lassen, sind in Nerzmäntel gehüllt.

Karlsbad ist der westlichste Vorposten für russische Geheimdienstler und Mafiosi aus den GUS-Staaten. Ihnen und dem Kapital dubioser Investoren verdankt der Kurort neuen Glanz. Der »Spiegel« beschrieb

die Koexistenz von Gangstern aus dem Osten und böhmischen Klein-
städtern so: »Ihr Unwohlsein über die finanz- und wortgewaltigen
Kräfte verbergen die Karlsbader so gut es geht. Aber sie registrieren,
dass die Anführer der russischen, ukrainischen und tschetschenischen
Mafia ungestört in der Pilsstube des ›Kolonnada‹ einen Waffenstill-
stand besiegeln könnten, ohne das jemand eingriffe.«[160] Das sieht auch
der Manager des prächtigen Hotels »Imperial« so, ein Haus, das zu
einem Drittel in ukrainischer Hand ist. »Es gibt natürlich ab und zu
ein Treffen von gewissen Gangs, die halt Absprachen machen«, meint
er. Moskaus Oberbürgermeister Luschkow besitzt in Karlsbad eine
Dependance, ebenso wie der einstige russische Premierminister Viktor
Tschernomyrdin. Mafiabosse von der Solnzewskaja haben sich vier
Hotels gekauft, kriminelle Syndikate aus Georgien und Aserbeidschan
fühlen sich hier wohl. Auch der Präsident Kasachstans, Nasarbajew,
kurt von Zeit zu Zeit in seinen eigenen Gemächern.

Besondere Bedeutung scheint das russische Konsulat in Karlsbad zu
haben. Für Beamte der tschechischen Polizei ist es »die Spitze der
Pyramide«. Nach ihren Beobachtungen »laufen keine Geschäfte ohne
Beteiligung des Geheimdienstes. Der FSB im Konsulat hat alles unter
Kontrolle. Es arbeitet wie zu Zeiten der Sowjetunion.«

Und dann sagt mir ein Polizeibeamter aus Prag, was ich in dieser
Deutlichkeit noch nie gehört hatte: »Über fünfzig Prozent der kriminellen Aktivitäten russischer Gruppen bei uns haben als Dach den russischen Nachrichtendienst.«

Der tschechische Nachrichtendienst (BSI) hatte zwar Ähnliches in
der Vergangenheit immer wieder behauptet, auch, dass russische
Nachrichtendienste versuchten, Einfluss auf bestimmte Bereiche der
tschechischen Regierung und Wirtschaft zu nehmen. Der BSI sprach
von einem »Mafia-nachrichtendienstlichen Netzwerk«. Aber die Aussage dieses Beamten beruhte auf Erkenntnissen aus eigenen Ermittlungen. Er erwähnte in diesem Zusammenhang eine »Beratungsfirma«, die ihren Sitz im Konsulat selbst hat, eine Privatfirma. »Wer in
Tschechien erfolgreich Geschäfte machen will, muss mit dieser Privatfirma zusammenarbeiten. Dafür müssen die russischen Geschäftsleute
zwanzig Prozent ihres Umsatzes an die Beratungsfirma zahlen.« Der
Mann sollte es wissen. Er ist der für Organisierte Kriminalität zuständige Offizier der tschechischen Polizei.

Seine Erkenntnisse erklären auch, warum Oleg Orlov, ein bekannter Waffenhändler, so gerne in seine Villa nach Karlsbad kommt. Seine Moskauer Firma Omarus betreibt legale (und manchmal auch illegale) Rüstungsgeschäfte. Und er ist stolz auf seine guten Verbindungen – sowohl zu hochrangigen Politikern in der Ukraine, Russland und Turkmenistan wie auch in Thailand, Sri Lanka, Nordkorea, Syrien und dem Sudan. Bekannt geworden sind seine Waffenlieferungen nach Sri Lanka (1994), Serbien (1995) und Nordkorea (1995 und 1999)[161], so »Intercon's Daily Report on Russia«. Was der dem CIA nahe stehende Informationsdienst nicht sagt, ist, dass Orlov auch gute Kontakte in die USA hat.

Fazit? Heute können die EU-Grenzen noch einen Teil dieser kriminellen Syndikate in ihrem Tempo bremsen, zumindest gewinnen hier die Behörden (wenn sie es denn wollen) einige Erkenntnisse. Wenn die Grenzen fallen und aus den Beitrittskandidaten Mitgliedsstaaten der EU geworden sind, dann wird kein Halten mehr sein. Es ist illusorisch zu glauben, dass die deutschen oder österreichischen Sicherheitsbehörden dagegen gewappnet sind. Ehrlicherweise sollte man deshalb OK-Delikte wie Drogen-, Waffen-, Menschenhandel, Betrug und Korruption einfach legalisieren. Das ersparte viel Ärger und noch mehr Kosten.

Die »fünfte Gewalt«, wie das organisierte Verbrechen in Russland bereits heißt, wird jedenfalls ein bestimmender Faktor auch im Westen werden. »Das Europa ohne Grenzen ist ein Eldorado für grenzenlos operierende Verbrecherkartelle geworden«, warnte Konrad Freiberg, Vorsitzender der Gewerkschaft der Polizei, bereits im Frühjahr 2001. »Den Polizisten des vereinten Europas sind dagegen national und in der internationalen Zusammenarbeit Handfesseln angelegt. Organisierte Kriminalität mit ihren Strukturen und Erscheinungsformen wird teilweise von den Regierungen nur halbherzig bekämpft.«[162]

Perspektiven der Belusconisierung Europas

Die politisch einflussreichen kriminellen Syndikate in Russland – in den GUS-Staaten ist das nicht viel anders – haben ein schützendes Dach, in Russland ist es unter anderem der Kreml. Da mögen noch so viele Arbeitstagungen zwischen russischen und deutschen Strafverfol-

Jürgen Roth

gern stattfinden, auf denen Jahr für Jahr aufs Neue der gemeinsame Kampf gegen die Organisierte Kriminalität beschworen wird. Die Wirklichkeit sieht anders aus: Staatsanwälte oder Polizisten, ob aus Österreich, der Schweiz oder Deutschland, die bei Kollegen in Moskau oder St. Petersburg nachfragen, ob es zum Beispiel kriminelle Organisationen gebe, bekommen in aller Regel keine Antwort. Und wenn doch, dann wird die Existenz solcher Organisationen schlichtweg geleugnet. Generell beantworten die GUS-Staaten keine Rechtshilfeersuchen, die potente, aber kriminelle Förderer des Systems betreffen.

Richtig ist andererseits auch, was Professor Hans-Hermann Höhmann vom Bundesinstitut für ostwissenschaftliche und internationale Studien sagt: »Es ist ein Gemeinplatz, dass der Transformationsprozess im Osten Europas mit einem beträchtlichen Ausmaß an Kriminalisierung des politischen, gesellschaftlichen und wirtschaftlichen Lebens verbunden ist.« Und er fügt an, »dass kriminelle Verhaltensmuster heutzutage prinzipiell, wenn auch unterschiedlich ausgeprägt, für jede moderne Gesellschaft typisch sind. Und dass publikumswirksame Stereotype westlicher Wahrnehmung wie ›im Osten herrscht die Mafia‹, den Zugang zu Ausmaß und Art krimineller Verhaltensweisen eher versperren, als dass sie Erkenntnisse fördern.«[163]

Aber das ist noch keine Antwort auf die Frage, die der renommierte Informationsdienst Organized Crime and Terrorism Watch im Februar 2003 stellte: »Was ist der Grund dafür, dass die Kriminalität in Russland unter Wladimir Putin zugenommen hat, und warum können weltweit gesuchte Verbrecher in Russland einen geschützten Zufluchtsort finden?«[164]

Drei Theorien stehen zur Diskussion. Da heißt es zunächst, auch Putin sei mit diesem Zustand nicht einverstanden, warte jedoch ab, bis er andere Probleme im Griff habe: Tschetschenien, die wirtschaftliche Labilität, das Gesundheitssystem und den Strafverfolgungsapparat.

Die zweite Theorie geht davon aus, dass Putin die »ultimative Kryscha für die Kriminellen im Land« geworden sei. Er benutze die Organisierte Kriminalität für seine eigenen Zwecke. Ein Beweis für die Verwicklung des Kremls in krumme Geschäfte sei beispielsweise die Privatisierung von Slavneft, einer russischen Erdölgesellschaft. Das Unternehmen wurde für 1,86 Milliarden US-Dollar an den privaten

Erdölkonzern Sibneft verkauft, obwohl andere Anbieter bereit waren, bis zu drei Milliarden US-Dollar an die russische Staatskasse zu überweisen. Der Grund für den Billigverkauf: Weil der Besitzer von Sibneft, Roman Abramovich, einer der mächtigsten russischen Oligarchen, den von ihm kontrollierten Fernsehsender RTR der Kontrolle des Kreml überließ, habe er als Gegenleistung Slavneft erhalten.

Die dritte Theorie lautet schlicht, dass das Problem inzwischen zu groß geworden sei, um es überhaupt noch kontrollieren zu können. Kriminalität und Korruption hätten in Russland ein solch epidemisches Ausmaß erreicht, dass niemand mehr gegenhalten könne.

Es ist jedoch auch nicht falsch, von einem »gekaperten Staat« zu sprechen, und damit wäre Russland (Wladimir Putin) in guter Gesellschaft mit Silvio Berlusconi. Bei Silvio Berlusconi sind die vielfältigen Verbindungen zur Cosa Nostra in Sizilien allseits bekannt. Doch sie werden systematisch verdrängt.

In Staaten wie Russland oder Italien, so die Theorie, könne »mit den herrschaftlich abgezweigten Ressourcen klientelistische oder Patronagebeziehungen unterhalten und so Herrschaft stabilisiert werden – dies freilich in einer Form, die nichts mit den Normen eines ›geordneten Staatswesens‹ oder einer idealen neoliberalen Marktordnung gemein hat. Die ›grand corruption‹ in der Extremvariante der Vereinnahmung des Staates ist freilich erst dann möglich, wenn der Staat so weitgehend delegitimiert ist, dass es gegen die Vereinnahmung keinen oder nur geringen Widerstand der zivilgesellschaftlichen Organisationen und der Parteien des politischen Systems gibt.«[165]

Deshalb wäre es auch viel zu einfach, die osteuropäisch organisierte Kriminalität isoliert von der allgemeinen Globalisierung zu sehen. »Der internationale Finanzmarkt«, konstatiert Wolfgang Hetzer, »ist zum globalen Tatort geworden. Die dort anzutreffenden Akteure sind durch die Strafdrohungen klassischer Straftatbestände nicht zu beeindrucken. Die weitgehende Deregulierung weltweiter Kapitaltransaktionen und die Ablösung des Finanzgeschehens von ›realen‹ wirtschaftlichen Prozessen hat die negativen Wirkungen der Globalisierung gesteigert. Sie hat Möglichkeiten zur sozialschädlichen und kriminellen Bereicherung eröffnet, welche die Reaktionsmöglichkeiten einzelner Staaten übersteigen.«

Folglich, so Hetzer, gibt es auch »keine Strategien, mit deren Hilfe das hochkomplexe Geflecht wirtschaftlicher Interessen und krimineller Ambitionen angegangen werden könnte. Die Schattenseiten der Globalisierung werden sich weiter ausdehnen.«[166]

Man kann es so sehen. Denn in der Tat spricht vieles bereits für den Sieg des globalisierten Neoliberalismus, der vom Waffen- und Drogenhandel über Raub und Erpressung, Menschenhandel und Anlagebetrug bis hin zur organisierten Wirtschaftskriminalität eine stabile Brücke zu den noch legalen Strukturen gebaut hat, unterstützt von den politischen Entscheidungsträgern auch in Deutschland, Österreich oder der Schweiz.

Und deshalb kann es zwangsläufig keine Strategien mehr geben, die »Schattenseiten der Globalisierung« zu bekämpfen, weil daran überhaupt kein Interesse besteht. Das ist misslich, lässt sich aber an vielen Beispielen belegen.

Einige charakteristische Fälle möchte ich erwähnen. Deshalb noch einmal ein Blick in die BKA-Studie über die zukünftige Entwicklung der russischen Organisierten Kriminalität in Deutschland.

In der Theorie hat das BKA erkannt, dass die Kriminalitätslage in Deutschland vor allem »von solchen Aktivitäten betroffen ist, die den unterversorgten russischen Markt mit Konsumgütern versorgen«. Das gelte »insbesondere für den illegalen Kfz-Handel, den illegalen Waffenhandel, die Rauschgiftkriminalität, den Menschenhandel, die Schleuserkriminalität, die illegale Verschiebung von Rohstoffen und Bodenschätzen, den Alkoholschmuggel«. Unterstützt würden diese Aktivitäten »durch in Deutschland bestehende Netzwerke und Flüchtlingswellen, die ein Rekrutierungspotenzial für kriminelle Gruppierungen darstellen. Die deutsche Polizei muss hier zusätzliche Ressourcen zur Bekämpfung freimachen, um die Kriminalität kontrollieren zu können.«

Was aber geschieht in der Realität, ob in Deutschland oder den anderen westeuropäischen Ländern?

Da hat Innenminister Otto Schily im Mai 1999 ein Dokument mit seinem Amtskollegen aus Moskau, Boris Gryslow, unterschrieben, wonach Ermittlungsergebnisse des BKA an die Moskauer Miliz weitergegeben werden. »Eine direkte Datenleitung zur Mafia«, schrieb damals der »Spiegel«. Bis ins Jahr 2003 hinein trat das Abkommen wegen massiven Widerstands des BKA nicht in Kraft. Doch im Frühjahr 2003 setzte sich Otto Schily gegen die starken Bedenken des BKA und aller Sicherheitsbehörden im Bereich Organisierte Kriminalität alters-starrköpfig durch. Nun darf die Mafia in Russland beziehungsweise deren Dach, der Kreml, direkt von den Erkenntnissen des BKA partizipieren. Dem greisen Law-and-Order-Politiker Otto Schily, der den rechtsfundamentalistischen Hardliner und US-Justizminister John Ashcroft gerne ungefragt als seinen Freund bezeichnet, ist das anscheinend gleichgültig.

Dazu passt eine andere Entwicklung. Jahrelang hatten engagierte Zöllner an den noch bestehenden Grenzen nicht nur mal kurz ins Auto oder in den Pass geschaut, sondern verdächtige Grenzgänger genauer kontrolliert. Sie fanden zahllose Beweise für gewaltige Geldtransfers, manchmal in Höhe von bis zu 1,5 Milliarden Euro. Bei den Tätern handelte es sich um Personen, die in enger Verbindung mit italienischen, lateinamerikanischen oder osteuropäischen Banden standen. Regelmäßig schrieben sie darüber Berichte, auch für das Bundeskriminalamt in Wiesbaden. Seit Anfang 2003 sollten sie das nicht mehr. Sie haben, sagen sie, die klare Anweisung aus dem BKA: nur noch Bargeldkontrollen. Wenn keine Bargeldbeträge über 15 000 Euro im Spiel sind, so das BKA, »interessiert uns das nicht mehr«. Der schlichte Grund: »Wir wissen nicht, wie wir das bearbeiten sollen. Das ist für uns zu viel Arbeit.«
Ähnliches bekamen die Zöllner aus den Finanz- und Wirtschaftsministerien in Bund und Ländern zu hören, wo sich reiche Deutsche über die zu peniblen Kontrollen beschwert hatten. Dem ist nun ein Ende bereitet worden.

Frankfurt am Main ist ein internationaler Finanzmarkt und damit auch eine Hochburg vieler illegaler finanzieller Transaktionen. An der Frankfurter Wertpapierbörse ist die staatliche Börsenaufsicht für die Kontrolle der Aktiengeschäfte verantwortlich. Staatskommissar war dort der noch von der SPD-Landesregierung eingesetzte Klaus-Dieter Benner.
Dann, kurz vor den Landtagswahlen im Frühjahr 1999, sprach er in einem Interview Ungebührliches aus: Er forderte ein Unternehmensstrafrecht, so dass bei Gesetzesverstößen nicht nur der einzelne Angestellte, sondern die gesamte Unternehmensführung zur Verantwortung gezogen werden könne. Ruppert von Plottnitz, hessischer Ex-Justiz-

minister, spricht davon, dass auf seine Initiative hin bereits im Jahr 1998 ein Gesetzentwurf zum Unternehmensstrafrecht im Bundesrat eingebracht wurde. »Doch diejenigen von der CDU/CSU, die am lautesten eine Verschärfung von Gesetzen gegen OK forderten, haben den Gesetzentwurf systematisch blockiert.«[167] Bis zum heutigen Tag übrigens.

Die Folge der Meinungsäußerung von Klaus-Dieter Benner war jedenfalls, dass er am Tag nach der Hessenwahl vom neuen FDP-Wirtschaftsminister einen Maulkorb verpasst bekam. Dann wurden ihm Personal und Kompetenzen entzogen, und schließlich wurde er aus Gremien wie dem Börsenrat herausgedrängt. Trotzdem sagt er noch heute, wiederum in einem Interview mit dem »Handelsblatt«: »Es kann nicht sein, dass sich die großen Gewinner der Spekulationsblase, die auch mit gezielten Falschinformationen reich geworden sind, neue Häuser bauen, während Rentner einen guten Teil ihrer Ersparnisse verloren haben.« Seiner Ansicht nach machen internationale Investoren mittlerweile einen Bogen um die Bundesrepublik – wegen mangelnder Abschreckung bei Wirtschaftsstraftaten und unzureichender Strafverfolgung der schwarzen Schafe.[168]

Das Verhalten der Hessischen Landesregierung passt zur höchstoffiziellen Politik, in Zukunft nicht mehr aktiv oder gar präventiv gegen Organisierte Kriminalität vorzugehen. »Da geht es nicht mehr um die Bekämpfung der Organisierten Kriminalität, sondern nur noch um deren Kontrolle«, klagt verbittert ein hochrangiger Polizeibeamter im Hessischen Innenministerium. Sollte trotzdem einmal ein Verfahren eingeleitet werden, was die Bürokratie zu verhüten sucht, müssen die Beamten ihren Vorgesetzten zunächst schriftlich ein »Ermittlungskonzept« und danach ein »Ermittlungsziel« vorlegen. Als sei Organisierte Kriminalität mit Managementlösungen zu bekämpfen. Während des Verfahrens müssen dann, ebenfalls schriftlich, eine »Wirkungsanalyse«, eine »Effizienzanalyse« und eine »Zielerreichungsanalyse« erstellt werden.

»Projektmanagement« nennt sich die Legitimation für das Nichtbekämpfen von Organisierter Kriminalität in Nordrhein-Westfalen. Wenn bei einem Ermittlungsverfahren die Erfolgsaussicht unter 50 Prozent liegt, wird, bedingt durch die knappen finanziellen Ressourcen, überhaupt kein Verfahren mehr eingeleitet. »Holländische Verhältnisse« nennen das Beamte des nordrhein-westfälischen LKA. Man könnte das auch als das Ende des Kampfes gegen Organisierte Kriminalität beziehungsweise organisierte Wirtschaftskriminalität bezeichnen. Staatsanwälte, die hochkarätige Wirtschaftskriminelle verfolgen wollen, werden mit so viel Kleinarbeit überhäuft, dass sie zwangsläufig die Finger von solch einem komplizierten und langwierigen Verfahren lassen.

Ein weiteres Indiz für die politisch motivierte Strategie in Deutschland, Organisierte Kriminalität nicht mehr zu bekämpfen, ist die Budgetierung. Sie bedeutet, dass den einzelnen Kriminalabteilungen nur ein bestimmtes Budget zur Verfügung steht, das einmal im Jahr festgelegt wird. Ist das Budget aufgebraucht, gibt es keine weiteren Finanzmittel mehr – das Verfahren muss zwangsläufig beendet werden. Oder es wird, gerade im Bereich der organisierten Wirtschaftskriminalität, erst überhaupt nicht mit den Ermittlungen begonnen. Im Hinblick darauf, dass der Schaden für den Steuerzahler Hunderte von Milliarden Euro beträgt, dass durch kriminelle Monopole und die sie stützenden Regierungen der freie und faire Wettbewerb außer Kraft gesetzt wird, Arbeitsplätze massenhaft vernichtet und gleichzeitig soziale Rechte abgebaut werden, ist das Nichtstun der politischen Entscheidungsträger auch in Deutschland geradezu von einer kriminellen Energie geprägt.

Bekämpft wird dafür umso unnachgiebiger die kleine Kriminalität, die das große Geschäft beflecken könnte und die auch leichter aufzuklären ist. Das ist gut für die Statistik. Dafür schaut man nicht mehr so genau hin, wenn die Ängste der Bürger funktionalisiert und zu einem schleichenden Abbau elementarer Grundrechte missbraucht werden. Hessens Ex-Justizminister Ruppert von Plottnitz nennt es die »Berlusconisierung der Politik«. Und er meint damit, dass mafiose Strukturen staatliches Handeln prägen, indem einerseits immer neue und schärfere Gesetze durchgepaukt werden, die demokratische Kontrolle und Partizipation der Bürger unmöglich machen. Andererseits sind die staatlichen Hoheitsträger und internationale Konzerne zunehmend gewillt, kriminelle Strukturen zu decken beziehungsweise zu fördern, weil sie ihnen Macht gewähren.

Gleichzeitig erleben die Bürger in ihrem Alltag bereits das, was die Berliner Professoren Elmar Altvater und Birgit Mahnkopf die »politi-

Jürgen Roth

sche Ökonomie der Unsicherheit« nennen. Sie verstehen darunter, dass »immer mehr Menschen der Voraussetzung beraubt werden, einem selbst gesteuerten, vernünftigen Lebensplan folgen zu können. Unter dem Signum der ›Flexibilisierung‹ werden sie einer grundlegenden Freiheit beraubt, nämlich der, selbstverantwortlich handeln und entscheiden zu können. Diese Freiheit kann ohne sozioökonomische Sicherheit im umfassenden Sinne nicht existieren, weder im Produktionsprozess noch in den Haushalten.«[169]

Eine neue Epoche, in der existenzielle Unsicherheit gezüchtet wird, ist angebrochen – ohne dass politische Gegenprogramme zu erkennen sind. Das gilt sowohl für die innere wie die wirtschaftliche Sicherheit. Heißt das, in Ohnmacht zu verharren? Natürlich nicht. Vielleicht ist das Erkennen der sozialen und gesellschaftlichen Veränderungen ein erster Schritt, um sich dagegen zu wehren. Ich hoffe es jedenfalls.

Nachwort von Hermann Lutz

Am 1. 5. 2004 wird die Europäische Union um weitere zehn Länder auf dann insgesamt 25 Staaten erweitert. Nach dem derzeitigen Sachstand werden 2007 Bulgarien und Rumänien folgen. Die Aufnahme der dann noch verbleibenden europäischen Länder – insgesamt weitere 16 – sind Folgestaaten des früheren Jugoslawiens und der UdSSR sowie Albanien.

Zum politischen Einigungsprozess und dem Schaffen eines einheitlichen europäischen Raums der Freiheit, der Sicherheit und des Rechts gibt es keine Alternative. Diese im Vertrag von Amsterdam am 1. 5. 1999 so formulierten Ziele müssen für die Menschen im Alltag erlebbar werden, damit das von oben vereinte Europa akzeptiert wird und zum Europa von morgen werden kann. Die Inanspruchnahme der Freizügigkeit, ohne Grenzkontrollen von einem zum anderen Ort fahren zu können, kein Geld tauschen zu müssen, weil wir eine einheitliche Währung als Zahlungsmittel besitzen, ist dabei ein Aspekt.

Die von den heutigen EU-Bürgern am häufigsten gestellte Frage lautet: Bringt die EU-Erweiterung nicht auch mehr Kriminalität, mehr illegale Einwanderung und vor allem mehr Gewalt in unser Leben? Es kommt hinzu, dass Ausmaß und die neue Qualität der Organisierten Kriminalität ins Bewusstsein der Menschen rücken. Vor allem die Berichterstattung über die Korruption in den Beitrittsländern und den auf der Warteliste stehenden weiteren europäischen Staaten erzeugt Angst gegenüber allem, was aus dem Osten/Südosten Europas kommt. Nicht, dass es auch in Zentral- und Südeuropa Korruption bis in die Spitzen der politischen Führungsschicht gibt. Dies sind Einzelfälle, ein strukturelles Geflecht ist für mich bisher nicht feststellbar.

Mit der jetzt beschlossenen Erweiterung der Europäischen Union nehmen wir aber die Vermischung von Politik, Wirtschaft und vielfältigen Formen der Organisierten Kriminalität in unserer »einigermaßen intakten Familie« hin. Meine Aussage ist weder Spekulation oder Interpretation von Sachverhalten, nein, es ist die Feststellung und der Kenntnisstand auf der Ebene des Europäischen Parlaments sowie der Europäischen Kommission. Nachfolgend beziehe ich mich auf den abschließenden Bericht der Europäischen Kommission vom 9.10.2002, der Grundlage für die Entscheidung der EU-Erweiterung war.

Wie ein roter Faden zieht sich durch diesen Bericht die gewonnene Erkenntnis über Besorgnis erregende Korruption und teilweise vorhandene erhebliche Mängel im Rechts- und Justizwesen der Beitrittsländer. Auch die nicht vorhandene Unabhängigkeit von Richtern ist ein wiederholt festgestellter Mangel. Beispielhaft möchte ich aus dem Bericht über das größte Beitrittsland, unseren unmittelbar östlichen Nachbarn – Polen – zitieren: »Die Korruption bietet weiterhin Anlass zu ernster Besorgnis, zur Bekämpfung dieses Problems wurde eine umfassende Strategie angenommen. Es müssen erhebliche Anstrengungen unternommen werden, um konkrete Ergebnisse zu gewährleisten, denn bisher ist die Bilanz relativ mager. Insbesondere muss eine politische, administrative und unternehmerische Kultur entwickelt werden, die gegen Korruption gefeit ist« (Kommissionsbericht, S. 76).

Diese Passage im Bericht kommentiert sich von allein, da sie Folgendes deutlich macht: Die Korruption beherrscht das gesamte gesellschaftliche Leben und ist ein strukturelles Problem. Das Problem ist erkannt, Erfolge zur Beseitigung sind so gut wie nicht erkennbar. Solange die gesamte Unternehmens- und Politikkultur sich nicht ändert, ist Korruption ein Bestandteil des politischen Systems. Fazit: Man hat sich mit dem System der Korruption arrangiert.

Jürgen Roth

All diese Erkenntnisse gehören zum Wissen der Politik-Eliten der heutigen Europäischen Union. Hieraus lässt sich keinesfalls eine stillschweigende Duldung dieses verwerflichen Zustandes einer Gesellschaft ableiten. Ich sehe vielmehr die blauäugige Hoffnung auf unserer Seite, dass sich dieser das Volk ausbeutende Zustand auswächst und sich die Ideale demokratischer Rechtsstaaten durchsetzen. Die Wahrheit wird durch die Hoffnung verdrängt. Leser dieses Buches könnten sich die Frage stellen, ob Jürgen Roth mit seiner Bewertung das Alltagsleben in Osteuropa übersensibel interpretiert, womöglich sogar falsch in seiner Bewertung liegt. Mit nur wenigen Beispielen möchte ich dazu beitragen, dieses außergewöhnliche Buch zu dem zu machen, was es ist, eine Bestandsaufnahme des realen Zustandes all der Länder in unserer unmittelbaren Nähe, die eine größere Gefahr für unsere demokratische Staatswesen darstellen als der Terrorismus der vergangenen Jahrzehnte.

Als ich im März 2003 den Innenminister eines Beitrittslandes auf die im Kommissionsbericht genannte Korruption in seinem Lande angesprochen habe, sagte er ohne Zögern, er schätze den Anteil der korrupten Politiker in seinem Land auf etwa 30 Prozent ein. Auf Konferenzen habe ich wiederholt beobachtet, wie osteuropäische Polizisten, die als gewerkschaftliche Vertreter teilnahmen, weder in ihrer nationalen noch in der Währung des Veranstaltungslandes Rechnungen bezahlt haben, sie zahlten in US-Dollar. Als ich im Zusammenhang mit einer privaten Einladung einen Polizisten fragte, wie er sich bei seinem bescheidenen Monatsgehalt sein Haus mit dem erkennbaren Lebensstil leisten könne, sagte er, ohne rot zu werden: »Ich entscheide hin und wieder, was erlaubt und nicht erlaubt ist, das Gesetz ist bei uns nur ein Handlungsrahmen und gilt in erster Linie für die einfachen Leute.«

Diese letztgenannte Position könnte ohne Abstriche vom früheren russischen Präsidenten Boris Jelzin stammen. Dieser hatte Mitte der 90er Jahre erklärt, dass er kaum über die notwendigen Finanzmittel für die Bezahlung der Krankheitskosten für sich und seine Ehefrau verfüge. Wenn diese Aussage richtig war, wie kann Boris Jelzin mit seiner Familie am Ende seiner Amtszeit über Millionenbeträge in US-Dollar und Schweizer Franken auf Auslandskonten verfügen, wenn er als Präsident Russlands lediglich rund 20 000 US-Dollar als Jahreseinkommen erhielt?

Mit seinem Buch »Gangster aus dem Osten« belegt Jürgen Roth differenziert und ins Detail gehend die strukturelle Ausbreitung der Organisierten Kriminalität als Krake einer jeden Zivilgesellschaft. Auch in Deutschland hat diese Zukunft bereits begonnen.

Vor mehr als zehn Jahren haben wir im Westen den Sieg über den realen Sozialismus gefeiert. Heute sind wir aufgerufen, all unseren politischen Einfluss geltend zu machen, dass nicht die alten osteuropäischen Politikkader, die nahtlos das Geflecht der Organisierten Kriminalität des Ostens stellen, einen Sieg über die westlichen Demokratien erringen.

Wenn es Jürgen Roth in diesem Buch gelungen ist, Ausmaß und Qualität der Organisierten Kriminalität aus dem Dunkeln in unser aller Leben zu bringen, wie schockierend muss dann erst die Realität aussehen? Mehr als Jürgen Roth kann man wahrlich nicht tun, um wachzurütteln.

Hermann Lutz,
Präsident der Europäischen Polizeigewerkschaften,
der European Confederation of Police
(Dachverband von 24 europäischen Polizeigewerkschaften
mit Sitz in Luxemburg)

Leserinnen oder Leser, die mir etwas mitteilen wollen:
Unter www.juergen-roth.com können Sie kritisieren oder mir Informationen schicken.

Bereits 1995 hatte Rudolf RITTER den Verkauf eines Anteils in Höhe von 22,5 Mio. US-$ der IBR an den OCHOA-Clan vermittelt Damit ergab sich für diesen einerseits die Möglichkeit, die Bank zu Geldwäschezwecken zu nutzen, und andererseits ein guter Zugang zur Anlage der Gelder am internationalen Finanzmarkt.

Zwischen der IBR und der UNION BANK OF SWITZERLAND (UBS) besteht eine Korrespondenzbankenverbindung. So hat die IBR 1996 zwei Konten bei der UBS eingerichtet, über die zwischen März 1996 und Juli 1996 35 Mio. US-$ der OCHOA-Familie gelaufen sein sollen.[18] Eine gleiche Verbindung existiert zwischen der IBR und der Union Bancaire Privee (UBP) in Genf.

Zwischenzeitlich wurde bekannt, daß diese Bank vom organisierten Verbrechen auch zur Anlage bereits gewaschenen Geldes genutzt wird. Einem nachrichtendienstlichen Hinweis zufolge transferieren russische Kriminelle über dieses Finanzinstitut die Mittel zum Erwerb von Immobilien in Rußland. Auch an diesem Transfer verdient RITTER mit. Er ist Mehrheitsaktionär der deutsch-russischen ST. PETERSBURGER IMMOBILIEN- UND BETEILIGUNGS-AG (SP AG), über die die Immobilienkäufe abgewickelt werden sollen.[19]

Ein weiterer Kunde der Rechtsanwälte RITTER und HEEB dürfte das mexikanische Drogenkartell von JUAREZ sein. Einem nachrichtendienstlichen Hinweis zufolge sollen sowohl die Familie des 1997 unter mysteriösen Umständen verstorbenen Kartellchefs, als auch seine - hier nicht bekannten - Nachfolger in der Kartellführung Kontakte zu HEEB und RITTER unterhalten.

---

[18] Unregelmäßigkeiten in der Geschäftspraxis der IBR veranlaßte den OCHOA-Clan im September 1997, seine sämtlichen Guthaben bei der o. g. Bank abzuziehen. Seine Anteile soll er allerdings - hier vorliegenden Informationen zufolge - weiterhin behalten haben.

[19] 1997 sollen HEEB und RITTER von der IBR beauftragt worden sein, über die IBR vorgewaschene, kriminell erzielte Gelder in Deutschland an der Börse zu investieren und Aktien der SP AG zu erwerben. Die SP AG ist ein 1992 gegründetes deutsch-russisches Joint-Venture mit Sitz in Frankfurt/M. Die Gesellschaft besitzt in Rußland umfangreiches Immobilienvermögen, z. B. in St. Petersburg ein Bürogebäude im Wert von 10 Mio. DM. Die Aktien werden seit Oktober 1997 im Freiverkehr an der Börse in Frankfurt/M. gehandelt. Weitere Recherchen zur SP AG sind eingeleitet.

Auszug aus dem umstrittenen Dossier des Bundesnachrichtendienstes an das Bundeskanzleramt vom 8. April 1999

Vladimir Putin

Stellvertreter des Oberbürgermeisters
der Stadt St.Petersburg und
Vorsitzender des Komitees
für Außenkontakte
des Magistrates der Stadt St.Petersburg

GUS - St.Petersburg

VOLLMACHT

Hiermit beauftragen wir Herrn Dr.Vladimir Smirnov, geschäftsansässig: c/o Inform-

Future, Tambowskaja Str. 12, St.Petersburg, in unserer Abwesenheit die Stimmrechte an

unseren 200 Aktien der St.Petersburg Immobilien und Beteiligungen AG (SPAG) im

Wert von nominal DM 50,-- pro Aktien auf den Hauptversammlungen auszuüben.

Diese Vollmacht gilt uneingeschränkt bis auf Widerruf.

St.Petersburg, 17.Dezember 1994

Vollmacht im Zusammenhang mit der SPAG von Wladimir Putin
für Wladimir Smirnow

67

VS REAL ESTATE INVESTMENTS LIMITED

Telephone: (01534)506888
Fax: (01534)506889

Postal Address:
P.O. Box 292
Jersey JE4 8TJ

SP AG
St.Petersburg Immobilien-
und Beteiligungen AG
z.Hd. Herrn Dr. Guadamillas
Junghofstr. 9

D-60311 Frankfurt am Main

Zeichnungsschein

In der ordentlichen Hauptversammlung der SP AG, St.Petersburg Immobilien- und
Beteiligungen AG, Frankfurt am Main, wurde am 29. September 1993 beschlossen, das
Grundkapital der Gesellschaft gegen Bareinlage um

bis zu DM 9.800.000,-
(in Worten: Deutsche Mark neun Millionen achthunderttausend)

durch Ausgabe von bis zu 196.000 neuen, auf den Inhaber Lautenden Aktien im Nennwert von
je DM 50,- zu erhöhen. Der Ausgabebetrag der neuen Aktien beträgt DM 110,- je Aktie im
Nennbetrag; das sind 220% des Nennbetrages. Die Einzahlungen auf die neuen Aktien sind in
voller Höhe dieses Ausgabebetrags bis zum 31.Dezember 1995 in bar zu leisten.

Wir zeichnen und übernehmen hiermit nach Maßgabe der oben genannten Bezugsbedingungen
16.000 Aktien zu nominal DM 50,- zum Ausgabebetrag von DM 110,-.

Die Zeichnung wird unverbindlich, wenn die Durchführung der Erhöhung des Grundkapitals
der SP AG, St.Petersburg Immobilien- und Beteiligungen AG nicht bis zum 30.Juni 1996 in
das Handelsregister eingetragen ist.

Jersey, den 08.03.1995

_____ V.A. Smirnov, Direktor

Beteiligung von Wladimir Smirnow über das Unternehmen VS Real
Estate Investments Limited auf den Kanalinseln an der SPAG

ICI

INTERNATIONAL CONSULTING INVESTMENT
SERVICES CORPORATION

SP AG St. Petersburg
Immobilien und Beteiligungen AG
zH Herrn Dr. Guadamillas
Benzstrasse 9
D-64546 Mörfelden

Zeichnungsschein

In der ordentlichen Hauptversammlung der Gesellschaft SP AG St. Petersburg Immobilien
und Beteiligungen AG, Frankfurt am Main, wurde am 29. September 1993 beschlossen, das
Grundkapital der Gesellschaft gegen Bareinlage um

bis zu DM 9'800'000.--
(in Worten: Deutsche Mark neun Millionen achthunderttausend)

durch Ausgabe von bis zu 196'000 neuen, auf den Inhaber lautenden Aktien im Nennwert
von je DM 50.-- zu erhöhen. Der Ausgabebetrag der neuen Aktien beträgt DM 140.-- je
Aktie im Nennbetrag; das sind 280 % des Nennbetrages. Die Einzahlungen auf die neuen
Aktien sind in voller Höhe dieses Ausgabebetrages bis zum 31. Dezember 1995 in bar zu
leisten.

Wir zeichnen und übernehmen hiermit nach Massgabe der oben genannten Bezugsbedingungen 10'000 Aktien zu nominal DM 50.-- zum Ausgabebetrag von DM 140.-- .

Die Zeichnung wird unverbindlich, wenn die Durchführung der Erhöhung des Grundkapitals
der SP AG St. Petersburg Immobilien und Beteiligungen AG nicht bis zum 30. Juni 1996 in
das Handelsregister eingetragen ist.

Schaan, 19. Oktober 1995

ICI INTERNATIONAL CONSULTING
INVESTMENT SERVICES CORPORATION

Rudolf Ritter

Beteiligung des wegen Drogengeldwäsche angeklagten
Liechtensteiner Treuhänders Ritter an der SPAG

ндина' ' нет( ) огла( ) ия, нетбольш
ихденежны( )х(с)редс(т)в, но( )ерехзл
юдей' ' Бл( )ндина: ' ', еслиихподо
брать( )од( )во( )кры( )лом( )х(н)оор(т)
( )анизовать' ' большоедело' ' вГер
мании. И( )з постоянны( )хтелеф( )нн
ы( )хконтактови( )( )точ-ника( )( )Вале
риемс( ) талоизв( )( )( ) тно, чтоворыв
законекрайненед( )вол( )ьны( )п( )в
едениембеспроде( )( )ьщика' ' Блонд
ина' ', у( )ичиве( )( )оволжи. Наближа
йшеевремязапланир( )ованприездВ
алерияивора' ' Тамаза' ' вГермани
юнав( ) тречус( )( )ленами' ' блонди( )
( )овской' ' группировки(вкот( )( )ро
йпроизошелраскол) дляопределе( )
ияпозицииначалаработы( )( )однов
ы( )мруковод( )( )твом. Таккакмояв( )( )
тре( )( )асВалериемранеенебы( )( )( )аи
зве( )( )тна' ' Блондину' ', азатемп( )
( )( )( )леег( )разборс(в)вМосквеибс( )( )
едсВалериеми' ' Тама( )( )ом' ' этост
алоочевидны( )м, возник( )( )акритич
е( )( )каяситуациямоихотношений( )( )
' ' Блондином' '. Четы( )реднятомун
азадмнебы( )лозаявлено: либоявып
ла( )( )иваю( )( )тоты( )( )сячдоллар( )( )вип

Ausdruck eines Schreibmaschinenbandes, dass bei einem Agenten des FSB in Deutschland vom BKA ausgewertet wurde. Es enthält detaillierte Informationen über Kriminelle, die in Deutschland aktiv sind. (vgl. Kapitel Tiefere Einblicke in kriminelle Brüderschaften)

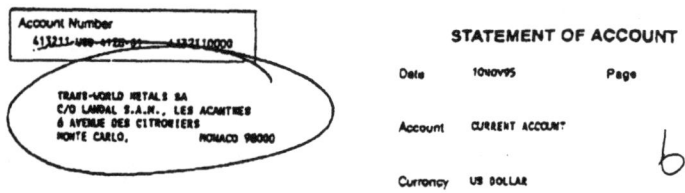

Posting Date	Value Date	Details	Debit	Credit	Balance
3NOV95			B/F		24,089,017.00cr
6NOV95		000064 MIN FIN MINISTRY OF FIN	36,800,000.00		
6NOV95	27OCT95	000034 TRANSFER TRANSFER PERIC		1,000,000.00	
6NOV95	2NOV95	000051 TRANSFER TRANSFER PERIC		5,000,000.00	
6NOV95	3NOV95	000053 TRANSFER TRANSFER PERIC		1,000,000.00	
6NOV95		000089 TSF MAIN TSF MAIN		3,000,000.00	2,710,983.00cr
7NOV95	6NOV95	000075 ROSAL ROSAL TNG		2,999,995.21	289,012.21cr
8NOV95		000087 TSF PERI TRANSFER		5,300,000.00	
			C/F		5,589,012.21cr

77

Kontoauszug der Chernoy-Brüder bei der Hamburgischen Landesbank, Filiale London (vgl. Kapitel Kalter Finanzkrieg oder kriminelle Finanzkönige?)

DIRECTION GENERALE
DE LA POLICE NATIONALE

DIRECTION CENTRALE DU CONTROLE DE
L'IMMIGRATION ET DE LA LUTTE CONTRE
L'EMPLOI DES CLANCESTINS

DGPN / DICCILEC / EM / N° 98 _ 0 1093
CLASSEMENT :

PARIS, le **05 FÉV 1998**

NOTE D'INFORMATION

DES MOUVEMENTS D'HOMMES D'AFFAIRES
EN RELATION AVEC LA MAFIA

Le 22 janvier 1998, à l'arrivée d'un vol en provenance de ZURICH (Suisse), le Service de Contrôle de l'Immigration du BOURGET a procédé à l'examen de situation d'un homme d'affaires ouzbèque.

Il s'agit de :

RAKHIMOV Gafour, né le 22 juillet 1951 à TASHKENT (Ouzbekistan), titulaire du passeport ordinaire N°CAO664150 revêtu d'un visa des Etats Schengen N°F31069651 valable jusqu'au 10.04.98 (90 jours plusieurs entrées), domicilié à TASHKENT.

Bien que titulaire d'un visa en cours de validité, il est apparu après le départ de l'aérogare de ce voyageur qu'il était connu "comme l'un des membres principaux de la mafia ouzbèque dont la présence en France constituerait une menace grave pour la sécurité publique", pour être "en relation avec les milieux de la délinquance organisée d'origine ex-soviétique" et enfin pour être "en contact avec des membres importants du crime organisé en provenance de la CEI, en relation avec ALIMJAN TOKHTAKHOUNOV et serait avec SALIM ABDOUVALIV co-parrain de TASHKENT". Il fait à ce titre l'objet d'une inscription au Fichier des Personnes Recherchées sous les numéros de référence TE 9600214RE, S 9400758ST, et S 9700200RG.

Il était accompagné de M. **de CHARETTE de la CONTRIE Georges**, directeur de la compagnie d'Aviation Air Entreprise, et de **RIBALSKI Yaakov**, de nationalité israélienne. Ce dernier est également connu "comme étant en relation avec les milieux de la délinquance organisée d'origine ex-soviétique" et fait l'objet d'une inscription au FPR sous le numéro S9400754ST. (Voir en annexe identités des passagers).

Le 29 janvier 1998, le même poste a constaté le départ d'un vol à destination de TASHKENT (Ouzbekistan), avec à son bord le nommé **RAKHIMOV Gafour** accompagné de **RIBALSKI Yaakov**. Il est à noter que le 31 janvier 1998, le nommé **de CHARETTE de la CONTRIE Georges**, accompagné de deux passagers israéliens a également quitté l'aéroport du BOURGET à destination de KICHINEV (Moldavie).

DESTINATAIRES: DGPN - UCRAM - DST - DCRG -DCPJ

Mitteilung der französischen Grenzpolizei über Gafur Rachimov, der hier als führendes Mitglied der usbekischen Mafia beschuldigt wurde (vgl. Kapitel Die Usbekistan-Connection an der Saar)

Meeting with Daimler Benz
June 14, 1996, Stuttgart

Participants:

Mr. Matthias Kleinert, DB
Dr. Klaus Mangold, Debis
Dr. Ulrich Fischer, DBUzbekistan

Mr. Oliver Stahel, Stahel Hardmeyer AG
Mr. Salomon Schärer, Stahel Hardmeyer AG
Mr. Gafur Rakhimov, Agro Plus K&M
Mr. Vladislav Doronin, The Kapital Group
Mr. Albert Boussonville, SdO
MR. MOSKOLENKO

Dr. Peter Hänseler, Bär&Karrer
Mr. Thimmel, RA SdO

Teilnehmerliste eines Treffens mit Daimler-Benz Vorstandsmitgliedern in Stuttgart. Teilnehmer war unter anderem Gafur Rachimov
aus Taschkent.

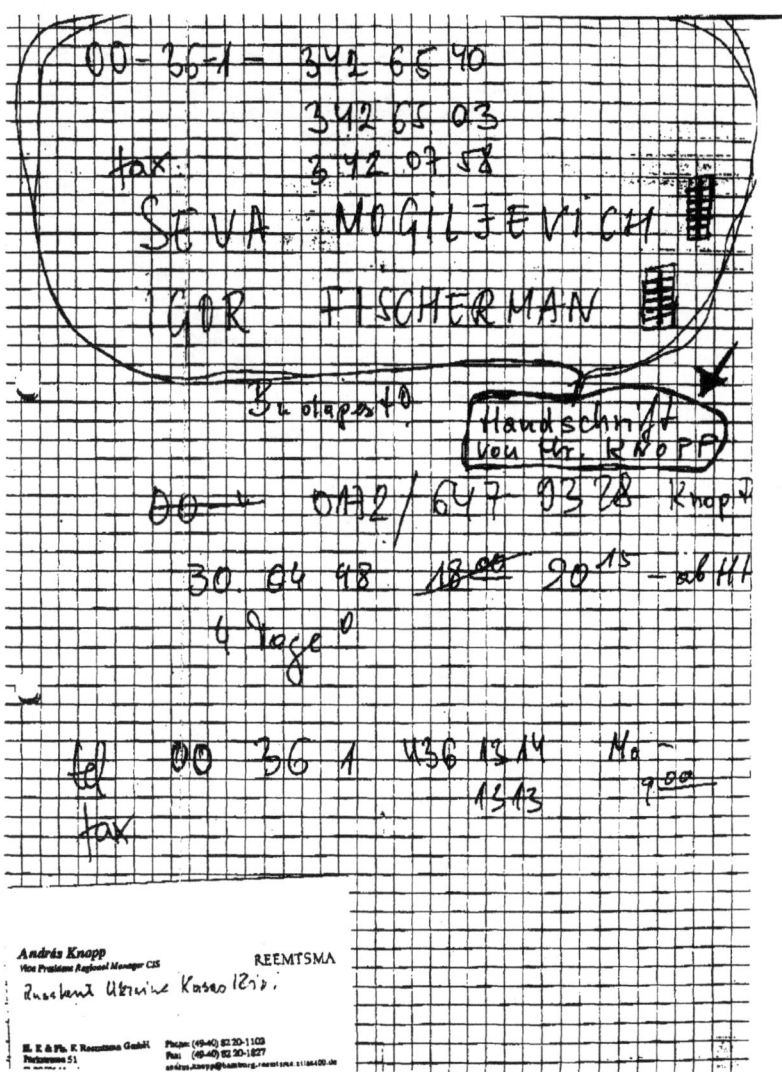

Auszug aus persönlichen Notizen von Andreas Knoop. Vermerkt sind die Telefonnummern von Semion Mogilevich und Igor Fisherman – beide mit engen Beziehungen zu kriminellen Syndikaten in Moskau und Budapest.

Einkaufsbeleg für den Kauf eines Chronometers in Zürich durch einen Moskauer Unternehmer. Am gleichen Tag hat er noch ähnlich hohe Ausgaben getätigt und alles in bar bezahlt.

* ZA SWIFT NORMAL
******** A Z U - KONTROLLE NDZ ******* *E* 23.02.00 12:16:06 **1*
****************************** KONTROLLE .. NEUE REF .... **FOLGEBILD**
24903741110 GA 010 FIL 2493 KDM 050017400 WAE USD DTR 25.000.000,00   BUS 2
HR 212023 ORT 001 KTU 001960165000 TXT 2 FREF   TX
K UAL   SP VEI SVS SPR   BELKTO
/11012215M   KM1 HELMUTH A. ADLER
MRS. KOSTOVA   KM2 C/O ANWALTSKANZLEI
?????   STR EGENHOFENSTR. 51
?????   ORT 82152 PLANEGG
                                 LND
CONTRACT NO. EL/NAU 011/93/20.000 BN1 BANK OF AMERICA N.T. & S.A.
                                 BN2
                                 STR 1850 GATEWAY BLVD., 7TH FL.
                                 ORT CONCORD CA 94528
BANK OF AMERICA, NEW PORT BEACH,CA. LND USA
OFFICER NAME: MR. ZACH STEIN   UR1
                                 UR2
                                 UR3
                                 UR4
                                 DZN
                                 DZO

BE 0 TS   AVU SKD   DUP 0 STA   REZI   BB 2604 LKZ

Obengenannte Überweisung wurde von uns heute ausgeführt

Deutsche Bank

Kontoauszug der Ehefrau des Ex-Ministerpräsidenten von Bulgarien über 25 Millionen US-Dollar. Es handelt sich um eine perfekte Fälschung. (vgl. Kapitel Das Glück der EU-Osterweiterung)

Name	Date	Number
AGAEV Tengis	21/5/57	6026314 Israel
ALEXEEV Sergej Gigorijevič	3/11/52	43No.5334250
ANISSIMOV Anatolij Alexejevič	13/8/58	43No.5334250
ARDNAB Michail	17/12/72	
AVERIN Alexandr Sergejevič	12/4/59	41No.0977665
AVERIN Viktor Sergejevič	31/5/57	5877501 Israel
BAKHMATCHOV Oleg Alexejevič	8/11/67	21No.1377744
BAROVSKI Vasilij Vasilievič	22/11/71	
BEGUNKOV Alexandr Pavlovič	29/9/60	43No.8617270
BEN YEHUDA Temur	11/5/65	09002705 Israel
CHERNYSHEV Andrej Viktorovič	13/2/83	
DAZHDAMIROV Igor Gasalievič	12/12/66	43No.4964876
DENISOV Jurij Borisovič	19/5/66	21No.1345022 murderd in June 1995
DJUMANIAZOV Vladimir	26/2/62	
EGUBKO Vladimir	27/12/56	
FEDIN Alexandr Vasiljevič	19/7/65	21No.1259905
FOMKIN Dmitrij Timofeevič	13/10/58	43No.9506780
FROLOV Jurij Viktorovič	24/6/70	43No.1253856
GOL Genadij Eduardovič	17/9/68	Ukraina
GURCHENKOV Vladimir Alexandrovič	31/10/60	43No.0881592
KHACHIDZE Džamal Konstantinovič	19/12/32	21No.0283844
KALIGIN Alexandr Nikolajevič	22/1/54	21No.1290004
KAZAKOV Jurij	18/7/58	41No.2512666
KIZIAKOVSKI Vladimir Vasiljevič	2/12/50	43No.6625122
KUDIN Michail Jurijevič	23/9/58	21No.1261584
KVETNOI Lev	27/8/65	43No.8680850
LEDNOV Michail Vjačeslav	17/12/72	No.1227545
LJAPIN Jevgenij	7/5/65	43No.4890072
LIUSTARNOV Jevgenij Alexejevič	18/10/64	02No.0087737
MARTIROSSIAN Armen Zhirajrovič	1/1/67	21No.1299578
MIKHAILOV Sergej Anatoljevič	7/2/58	5619997 Israel
NIKONOV Alexandr Sergejevič	3/6/60	
NOVITSKI Jevgenij Grigorjevič	19/11/57	21No.1232782
ORLOV Leonid Valentinovič	2/6/58	43No.4807176
ORLOV Alexandr Valentinovič	28/9/55	
PAPSHEV Oleg Vladimirovich	10/1/67	43No.4931891
PETROV Alexandr Vladimirovič	29/11/60	21No.1279490
PICHICHIK Michail	24/12/62	6158001 Israel
POGRAMKOV Sergej Alexandrovič	11/11/53	41No.1429238
SAMUDUROV Oleg Jurievič	1/7/64	
SEDOV Alexandr Vjačeslavovič	1/10/59	99No.1383789
SHAPOVALOV Gennadij Viktorovič	24/1/83	43No.4931892
SHAPOSHNIKOV Sergej	6/1/64	
SHARIBZHANOV Renat Mansurovič	7/3/60	43No.5391102
SHCHERBAKOV Andrej Nikolajevič	31/7/65	41No.2519695
SHINKOVSKI Alexej	28/7/68	
SHISHKIN Alexandr Nikolajevič	2/1/83	
SILAEV Maxim Jurijevič	7/6/68	21No.1228110
SKOTCH Andrej	30/1/66	5819421 Israel
SKRILEV Andrej	20/12/62	No.1243660
SOLANKIN Alexandr Petrovič	25/9/49	
SOROKIN Igor Jurijevič	16/2/68	21No.1268039
STENEREV Sergej	13/10/62	
STOLIAROV Sergej	13/10/63	43No.4841999
TAMM Arnold Arnoldovič	7/7/67	43No.0861595
TARASOV Alexandr Arkadijevič	10/11/55	21No.1287133
TIAGUNOV Boris Vladimirovič	3/11/70	43No.4972813

Teilnehmer an der Geburtstagsfeier des mutmaßlichen Mafiabosses Viktor Averin am 31. Mai 1995 in Prag. Die Liste wurde von der tschechischen Polizei erstellt.

Anmerkungen

1 Wowa ist ein häufiges Kürzel für Wladimir. Erst im Zusammenhang lässt sich erkennen, wer damit gemeint sein könnte.

2 Das ist ein originär russischer Begriff, im Westen gibt es nichts Vergleichbares. Ein »Dieb im Gesetz« ist ein professioneller Verbrecher, der die Traditionen der kriminellen Welt aufrechterhält. Wegen seiner kriminellen Vergangenheit genießt er Ansehen, Macht und Autorität. Die Verleihung des Titels »Dieb im Gesetz« findet auf den Zusammentreffen der »Autoritäten« statt. Seit Mitte der achtziger Jahre ist es möglich geworden, den Titel zu kaufen. Diese neuen »Diebe im Gesetz« werden »Apfelsinen« genannt.

3 Interfax, Moskau, 22. April 1999, zit. nach: BBC, Monitoring Former Soviet Union – Politcal, 22. April 1999.

4 Nachrichtenagentur ADN, 27. November 1999.

5 Rossiiskaya Gazeta, Moskau, 25. August 2001.

6 Jamestown Foundation Monitor, Washington D. C., 6. Februar 2001.

7 Frankfurter Allgemeine Zeitung, 11. Februar 1995.

8 Europol, Den Haag, Russian Organised Crime, File Nr. 2520–31 v. 6. September 2001.

9 Alexander Ryklin: »Bratva na nervakh«, Itogi, Moskau, 8. Dezember 998.

10 W. Webster, Russian Organized Crime: Global Organized Crime Project (Washington, D. C.: Center for Strategic and International Studies, 1997, S. 2).

11 Bernd Knabe: Die System-Mafia als Faktor der sowjetisch-russischen Transformation, Teil II, Berichte des Bundesinstituts für ostwissenschaftliche und internationale Studien, Köln, 48-1998, S. 11.

12 Rise of the Mafyia, Jane's Intelligence Review, 1. Juni 1996.

13 Hannes Reichmann, WirtschaftsWoche, Wien, 16. November 1996.

14 Wolfgang Hetzer, Gespräch mit dem Autor.

15 Cupola: Höchstes Enscheidungsgremium der sizilianischen Cosa Nostra. Sie ist das Koordinationsgremium, in dem Streitigkeiten unter den verschiedenen kriminellen Clans geschlichtet oder wichtige Beschlüsse abgestimmt werden. Die Cupola wurde nach dem ersten Mafiakrieg Ende der 60er Jahre eingerichtet.

16 Head of Unit Intelligence: Operational Strategy & Information Technology.

17 Die Welt, 29. August 2002.

18 »Autoritäten« sind Personen, die in der kriminellen Hierarchie den zweit-

höchsten Rang einnehmen und in der Regel den »Dieben im Gesetz« untergeordnet sind beziehungsweise mit ihnen kooperieren.

19 Tröndle/Fischer, StGB, 51. Aufl. 2003 § 261, Rdn. 3a, zit. nach: Wolfgang Hetzer, Geldwäsche und Finanzmärkte, Aufsatz 2003.

20 Brief von Rudolf Ritter, damals in seiner Eigenschaft als Generalkonsul von Costa Rica, 27. Dezember 1993.

21 Vgl.: Ernest Backes, Denis Robert: Das Schweigen des Geldes, S. 129, Zürich 2003.

22 Http://www.ctv.es/cbnews/cblast.htm.

23 Agathe Duparc, Vladimir Ivanidze: Le nom de M. Poutine apparait en marge des affaires de blanchiment au Liechtenstein, Le Monde, 25. Mai 2000.

24 Michael Siegert/Thomas Vasek: Herrn Putins Geschäfte, Profil, 5. Juni 2000.

25 Nikolaj Melnitschenko: Who is Who auf der Couch von Präsident Kutschma, Kiew, November 2002, S. 15-17.

26 José Santacruz-Londono war die Nummer drei des Cali-Kartells, zuständig für Geldwäsche. Er wurde am 4. Juli 1995 in einem Restaurant in Bogotá verhaftet. Wenige Monate später flüchtete er aus dem Hochsicherheitsgefängnis La Picota in Bogotá. Sechs Monate nach seiner Flucht wurde er bei einem »Schusswechsel« mit der Polizei erschossen. Er hatte acht Kugeln im Rücken und war gefesselt.

27 Gilberto Rodriguez-Orejuela galt als »König des Kokains« und wurde am 9. Juni 1995 verhaftet. Er wurde inzwischen zu einer lebenslangen Freiheitsstrafe verurteilt.

28 Chernoy ist die englische Schreibweise. Im Deutschen wird er Tschernoj geschrieben.

29 Wolfgang Hetzer: Geheimdienste gegen Organisierte Kriminalität?, Zeitschrift für Innere Sicherheit in Deutschland und Europa, ZFIS, 1/1999, S. 18.

30 Urteil des Landgerichts Düsseldorf vom 8. Juni 2000, Aktenzeichen: GZI.XX-18/99.

31 Die Telebörse, Frankfurt, Nr. 22, 2001.

32 Mark Hosenball/Christian Caryl: A Stain on Mr. Clean, Newsweek, 3. September 2001.

33 Mitteilung an die Aktionäre der SPAG v. 10. September 2001, zit. nach: http://www.sp-ag.de/investor.

34 Neue Zürcher Zeitung, 22. August 2002.

35 Schreiben vom 8. Januar 2003 an den Autor.

36 Vernehmungsprotokoll, Tribunal de Grande Instance de Paris, Staatsanwaltschaft Nr. 9418769211, Paris, 22. August 2000.

37   Die Zeit, Hamburg, 6. Juni 2001.
38   E-Mail an den Autor v. 24. Januar 2002.
39   Alexander Rahr, Vorabdruck der Putin-Biografie in »Literarische Welt«,
     3. Dezember 2002.
40   Benedict Rüttimann: Der doppelte Putin, Facts, Zürich, 27. März 2000.
41   Zit. nach Bernd Knabe: Die System-Mafia als Faktor der sowjetisch-
     russischen Transformation, Teil I, Köln 1998, S. 20.
42   Anatolij Sobtschak: Die Messer in meinem Rücken, München 2000, S. 12.
43   Ebd, S. 95.
44   Http://www.SanktPetersburg.ru.
45   Businessweek online, 4. Dezember 2000, http://www.businessweek. com.
46   RFE/RFL Business Watch, Prag, 14. Mai 2002; http://www.rferl.org/
     businesswatch.com.
47   Maureen Orth: Vanity Fair, 12. September 2000, zit. nach Johnson's Rus-
     sian List, 6. September 2000.
48   Alexander Efimow ist in dieser Zeit ein einflussreiches Führungsmitglied
     der Tambovskaja gewesen.
49   BBC, 23. Februar 2003.
50   Andrei Konstantinov, Banditskii Petersburg 98, Moskau 1999, S. 354.
51   Vadim Volkov, Violent Entrepreueurs, New York 2002, S. 109
52   European Commission, Forward Studies Unit: Organized Criminality
     Security in Europe, Working Paper 1999, S. 23.
53   Godfather says not guilty of high-profile kills, The St. Petersburg Times,
     6. August 1999.
54   Vortrag Yakov Gilinsky, Professor an der Universität St. Petersburg.
55   Yakov Gilinsky ist Vorsitzender des »Instituts für Soziologie und ab-
     weichendes Verhalten« der russischen Akademie für Wissenschaften so-
     wie Dekan der juristischen Fakultät der St. Petersburger internationalen
     Universität für Ökologie, Wirtschaft und Recht.
56   Yakov Gilinsky: Die organisierte Kriminalität: Die russische Situation, in:
     Organisierte Kriminalität in Europa. Hrsg. v. Maximilian Edelbacher,
     Wien, 2001, S. 233.
57   Russian Reform Monitor Nr. 861, 9. August 2001.
58   Lothar Deeg: Chefsache – Polizei sucht Gryslows Auto, in: http://www.
     Russland.ru v. 30. 7. 2002.
59   Andrei Schleifer/Daniel Treisman: The Economics and Politics of Tran-
     sition to An Open Market Economy, OECD 1998, S. 18.
60   Clemens von Frentz/Andreas Nölting: Was wusste Putin? http://www.
     manager-magazin.de, 14. Mai 2003.
61   Frankfurter Neue Presse v. 15. Mai 2003.
62   Focus-Online, 17. Mai 2003.

63 Der Spiegel, 19. Mai 2003.
64 Der Spiegel, Nr. 33, Hamburg, 2002, S. 70.
65 Mario Kaiser: Deutsch, aber nicht ganz; Die Zeit, Hamburg, Nr. 14/2000.
66 Obtschak oder Obshchaya kassa – die zentrale Kasse einer organisierten kriminellen Gruppe. Von Individuen wie Unternehmern wird erwartet, dass sie für den gewährten »Schutz« den vorher vereinbarten Tribut zahlen.
67 Allgemeine Zeitung, Mainz, 6. Februar 2003.
68 Die Zeit, 14/2000.
69 Polizeiliche Kriminalstatistik, Niedersachsen, lt. Auskunft des LKA Hannover v. Januar 2003.
70 Fernschreiben des LKA Nordrhein-Westfalen v. 14. Januar 2003.
71 Mallorca News Nr. 36, 3. September 1999.
72 Dorothea Hahn: Schön, blond und profitabel, TAZ v. 4. April 2001.
73 François Loncle: Prostitution ohne Grenzen, Le Monde diplomatique v. 16. November 2001, S. 18-19.
74 Jürgen Roth: Netzwerke des Terrors, Hamburg 2001, S. 79.
75 Presseerklärung des BKA v. 21. August 2001.
76 Vernehmungsprotokoll v. 29. 4. 1999, BKA OA 78/98.
77 Kasein ist ein aus Magermilch gewonnenes Eiweißprodukt und wird unter anderem eingesetzt, um die Farbe des Weins zu stabilisieren.
78 Vernehmungsprotokoll vom 1. Mai 1999, BKA, 0A 78/98.
79 Josef Kobzon, Intelligence Summary: International Organized Crime, Israel National Police, Tel Aviv, April 1996.
80 Fax vom 23. Februar 2003.
81 Helsingin Sanomat, Helsinki, 26. Februar 2002.
82 Vadim Volkov: Violent Entrepreneur, London 2002, S. 72.
83 Manuel Brug: Kaviar, Sekt und Luxus von gestern, Die Welt, 11. Januar 2003.
84 Dorinda Elliot, Melinda Liu: Hostile Takeover, Newsweek, 2. Oktober 1995.
85 Jürgen Roth/Marc Frey: Die Verbrecherholding, München 1992, S. 56.
86 Der Tagesspiegel, Berlin, 16. Januar 2001.
87 Frankfurter Allgemeine Sonntagszeitung, 27. April 2003.
88 Cathrin Kahlweit: Die geheimen Wege der Krake, Süddeutsche Zeitung, 5. November 2002.
89 Süddeutsche Zeitung, 3. März 2001.
90 Bundesgerichtshof, Urteil vom 23. Oktober 2002, Aktenzeichen 1 StR 234/02, S. 10.
91 BKA, Osteuropäisch Organisierte Kriminalität, Russische Straftätergruppierungen, Stand März 1993.

92 Daniel Ammann: Jetsetter mit Swiss-Connection, in: Facts, Zürich, 16. April 1998, S. 74.
93 Mehr über den Hintergrund von Birshtein findet sich in: Jürgen Roth, Der Oligarch, Hamburg 2002, S. 211.
94 Paul Klebnikow, Der Pate des Kreml – Boris Beresowski und die Macht der Oligarchen, München 2001, S. 35.
95 FBI-Report, Washington D. C., 25. Mai 1995.
96 Wjatscheslaw Iwankow wurde im Juli 1996 zu zehn Jahren Gefängnis verurteilt wegen Erpressung einer Investmentfirma, die zwei russischen Geschäftsleuten gehört. Ein vergleichsweise harmloses Verbrechen, wenn man bedenkt, dass er vom FBI als mächtigster russischer Mafiaboss in den USA bezeichnet wurde.
97 Robert I. Friedman, Red Mafiya, New York, 2000, S. 153.
98 Carlo Bonini/Giuseppe D'Avanzo: La Mafia Russa e l'Italia, La Repubblica, 6. Januar 2003.
99 Der Spiegel, 22. Januar 2001.
100 Prawda, Moskau, 25. Januar 1988.
101 Paul Klebnikow: Der Pate des Kreml, München 2002, S. 388.
102 Ebd., S. 389.
103 Der Name leitet sich vom russischen Wort für »Bulle« ab.
104 Financial Times, 2. Mai 1996.
105 Mehr dazu in: Eduard Limnova, Okhota na Bykowa (Jagd auf Bykow), St. Petersburg 2001, S. 121.
106 Neue Zürcher Zeitung, 5. Februar 2002.
107 Russian Organised Crime, Threat Assessment: File Nr. 2520–31, Den Haag, 6. September 2001, S. 49.
108 Dimitri Klimentyev, http://www.FLB.ru.
109 Http://www.chernoyfund.org/english.
110 Le Monde, 28. November 2002.
111 Adolfo Salzer: Feuer auf Eis, Hamburg 2001, S. 120.
112 Michael Lüders: In Usbekistan ist der Staat ein Kreislauf aus Vetternwirtschaft und Selbstbereicherung, in Frankfurter Rundschau v. 13. Dezember 2002.
113 Uzbekistan Daily Digest, 8. März 2003.
114 Deutsche Welle, 5. Februar 2003.
115 Peter Johannes Meier: Was der Boss von Taschkent in Zug wollte, in: Tages-Anzeiger, Zürich, 19. April 2001.
116 Frankfurter Allgemeine Zeitung, 24. April 1996.
117 Polizeitung 2/1994, Innenministerium des Saarlandes, S. 24.
118 Schreiben des BKA Wiesbaden vom 20. Februar 1996 an das Bundesministerium des Inneren, Bonn.

119 Frankfurter Allgemeine Zeitung, 24. April 1996.
120 Michael Jungmann: Viel Zündstoff und Peinlichkeiten, in Saarbrücker Zeitung, 18. April 1996.
121 Schreiben des BKA vom 20. 2. 1996 an das Bundesministerium des Inneren, Bonn, Aktenzeichen VP/OA/OA 11, Betreff: Bekämpfung der Organisierten Kriminalität.
122 Schreiben des BKA vom 27. Januar 1998, Aktenzeichen: ZV 15-2016-1/98.
123 Frankfurter Rundschau v. 20. April 1996, S. 4.
124 Schreiben von Mercedes-Benz vom 31. August 1994.
125 Stellungnahme von Daimler-Chrysler AG, Abt. Corporate Communications, Stuttgart, v. 3. April 2003.
126 Schmiergeld für Moskau, Stern, Hamburg, 15. Januar 1998.
127 Schweizerische Depeschenagentur v. 10. Februar 1999.
128 Pressemitteilung LKA Sachsen v. 5. April 2001.
129 Http://www.diacritica.com/sobaka/dossier/giorgadze.html.
130 Hannes Reichmann, WirtschaftsWoche, Wien 25. Juli 1996.
131 Die Presse, Wien, 3. Januar 2001.
132 Barbara Christophe ist wissenschaftliche Assistentin am Institut für vergleichende Politikwissenschaft und Internationale Beziehungen der Universität Frankfurt.
133 Http://www.igfm.de/georgien.
134 Intercon's Daily Report on Russia and the former Soviet Republics, Washington D. C., 8. Mai 2001.
135 Georgian Radio, Tbilisi, 23. September 2001.
136 Florian Klenk: Der begünstigte Pate, Falter, Wien, 11. Dezember 2002.
137 Gerhard Gnauck: Spitzname Hammelfleisch, Die Welt, 3. April 2003.
138 Http://www.pbs.org/frontlineworld/stories/sierraleone/minin. html.
139 Polizia di Stato: Mafia Ucraina, Rom, 7. Oktober 1998. Mehr über Leonid Minin in: Jürgen Roth, Der Oligarch, Hamburg 2002, S. 234 ff.
140 Nezavisimaya Gazeta, Moskau, 11. Juni 1999.
141 Aus einem Bericht des russischen Generalstaatsanwalts Dmitri Ustinow vom 29. April 2002 an Präsident Putin.
142 Roman Kupchinsky, RFE/RL Organized Crime and Terrorism Watch, Nr. 6, Prag, 20. Februar 2003.
143 Tim Raeymaekers: Network War – An Introduction to Congo's Privatised War Economy: IPIS-Report, Oktober 2002.
144 Mehr über Semion Mogilevich in: Jürgen Roth, Der Oligarch, Hamburg 2002, S. 253 ff.
145 RFE/RL: Organized Crime and Terrorism Watch, Prag, 13. März 2003.
146 Kommersant Daily, 21. Februar 2003.

147 Roman Kupchinsky, in: RFE/RL Newsline, Prag, 20. Februar 2003.
148 Bericht 2001, Innere Sicherheit der Schweiz, Bern, Juli 2002, S. 57.
149 Ebd., S. 56.
150 Lukas Häuptli, Peter Johannes Meier: Die Ostmafia: legal, halb legal, illegal, Tages-Anzeiger, Zürich, 11. April 2001.
151 Peter Johannes Meier: Peter Hess. Wieder heikle Mandate, Tages-Anzeiger, Zürich, 13. Februar 2003, S. 11.
152 SonntagsBlick, Zürich, 23. Februar 2003.
153 Inge Bell: Ein Jahr »Zarenherrschaft« in Bulgarien, Bayerischer Rundfunk, Euroblick v. 9. Juni 2002.
154 Http://www.senat.fr/europe/r1110200.html.
155 Süddeutsche Zeitung, 10. März 2003.
156 AFP, Prag, 27. März 2000.
157 Jeffrey M. Jordan, in: RFE/RL – East European Perspectives, Prag, 6. März 2002.
158 Semion Mogilevich Organization – Eurasien Organized Crime, Department of Justice, FBI, Washington D. C., August 1996, S. 25.
159 Hospodarske noviny, Prag, 5. September 2001.
160 Walter Mayr: Brüder, zur Sonne, nach Karlsbad, Der Spiegel, 17/2000.
161 Intercon's Daily Report on Russia, Washington D. C., 23. März 1999.
162 Presseerklärung der GdP, Hilden, 24. April 2001.
163 Prof. Hans-Hermann Höhmann: Bedingungsfaktoren der Kriminalität in der osteuropäischen Transformation: ökonomische Aspekte, Vortrag am 17. September 2002 in Brühl.
164 RFE/RL Organized Crime and Terrorism Watch, Vol. 3, Nr. 6, Prag, 20. Februar 2003.
165 Elmar Altvater/Birgit Mahnkopf: Globalisierung der Unsicherheit, Münster 2002, S. 309-310.
166 Wolfgang Hetzer: Globalisierung und Innere Sicherheit, Der Kriminalist, 2001, S. 19.
167 Gespräch mit dem Autor.
168 Handelsblatt, 20. Dezember 2002.
169 Elmar Altvater/Birgit Mahnkopf: Globalisierung der Unsicherheit, S. 349.

Literaturhinweise

Albini, Joseph L./Rogers R.E./Shabalin, Victor: Russian Organized Crime: Its History, Structure and Function, Journal of Contemporary Criminal Justice 1995 Nr. 4, S. 213-243.

Altvater, Elmar/Mahnkopf Brigitte: Globalisierung der Unsicherheit – Arbeit im Schatten, Schmutziges Geld und informelle Politik, Münster 2002.

Anderson, Annelise: The Red Mafia: A Legacy of Communism, in Edward P. Lazear (Hrg.), Economic Transition in Eastern Europe and Russia: Realities of Reform, Stanford 1995, http://andrsn.stanford.edu/ Other/redmaf.html.

Andrew, Christopher/Mitrochin, Wassili: Das Schwarzbuch des KGB – Moskaus Kampf gegen den Westen, Hamburg 1999.

Asnis, Shoshanah: Controlling the Russian Mafia: Russian Legal Confusion and U.S. Jurisdictional Power-Play, Connecticut Journal of International Law 1996.

Blanc, Hélene: Le Dossier noir des Mafias Russes, Montréal, Paris 1998.

Boylan, Scott: Organized Crime and Corruption in Russia: Implications for U.S. and International Law, Fordham International Law Journal 1996, S. 1999-2027.

Buckberg, Elaine: Legal and Institutional Obstacles to Growth and Business in Russia, International Monetary Fund, Washington D. C., 1997, http://www.imf.org/external/pubs/ft/ppaa/ppaa9708. pdf.

Bundesamt für Verfassungsschutz (Hrg.): Verfassungsschutzbericht 1999, Kapitel II: Die Nachrichten- und Sicherheitsdienste der Russischen Föderation.

Chalidze, Valerij N.: Criminal Russia: Essays on Crime in the Soviet Union, New York 1977.

Chebotarev, Gennady: Organisierte Kriminalität in Russland – Lagebericht, in Sieber (Hrg.), Internationale Organisierte Kriminalität: Herausforderungen und Lösungen für ein Europa offener Grenzen, Köln u. a. 1997.

Chung, Sam: Criminalizing Money Laundering as a Method and Means of Curbing Corruption, Organized Crime, and Capital Flight in Russia, Pacific Rim Law & Policy Journal 1999 Nr. 3.

Clark, William A.: Crime and Punishment in Soviet Officialdom: Combating Corruption in the Political Elite, 1965–1990, New York 1993.

Cohen, Ariel: Crime and Corruption in Eurasia: A Threat to Democracy and International Security, Washington D.C. 1995.

DiPaola, Peter Daniel: The Criminal Time Bomb: An Examination of the Effect of the Russian Mafiya on the Newly Independent States of the Former Soviet Union, http://www.law.indiana.edu/glsj/vol14/no1/dippgp.html.

Eberwein, Wilhelm: Zwischen Markt und Mafia – Russische Manager auf dem schwierigen Weg in eine offene Gesellschaft, Frankfurt 1994.

Edelbacher, Maximilian (Hrsg.): Organisierte Kriminalität in Europa. Die Bekämpfung der Korruption und organisierten Kriminalität, Wien 2001.

European Union Commission, Directorate-General for External Relations/Stiftung Wissenschaft und Politik (Hrsg.): IllicitTrade and Organized Crime. New Threats to Economic Security? Office for Official Publications of the European Communities, 1998.

Federico, Edward L. (Director, National Operations, Criminal Investigation, Internal Revenue Service): Statement before the Senate Permanent Subcommittee on Investigations 15. Mai 1996, http://www.treas.gov/irs/ci/congress/051596.htm.

Felgenhauer, Grant: Criminals, Russian Nationalists and Dostoyevsky, http://www.alternatives.com/crime/RUSSPA.HTML.

Fituni, Leonid I.: Organized Crime and Its International Activities, Center for Strategic and Global Studies, Moskau 1993, (Vortrag in Wildbad Kreuth).

Free, Louis J. (Director, Federal Bureau of Investigations): Statement before the House Committee on International Relations. Hearing on Russian Organized Crime, 30. April 1996, http://www.fbi.gov/congress/ russia/russian.htm.

Frydman, Roman: Capitalism with a Comrade's Face: Studies in the Postcommunist Transition, Budapest 1998.

Gilinskij, Jakov: Illusions are not a Way Out: The Crime Scene in Russia, Current Politics and Economics of Russia 1991 Nr. 3.

Ders.: Umbruch und Kriminalität in Russland, Mitteleuropäische Polizeiakademie, Lehrbrief Nr. 2, Wien 1995.

Gillespie, K./Okruhlik, G.: The Political Dimensions of Corruption Cleanups: A Framework for Analysis, Comparative Politics 1991 Nr. 24.

Glinkina, Svetlana: Kriminelle Komponenten der russischen Wirtschaft: Typen und Dimensionen, Berichte des BIOst 29-1997, Köln.

Goldstein, Shirley: Privatization and Corruption, Survey of East European Law 1992 Nr. 10.

Gray, Michael: Fighting Organized Crime and Public Corruption, Transition. The Newsletter About Reforming Economies 1998 Nr. 4.

Gregory, Frank: Transnational Crime and Law Enforcement Cooperation: Problems and Processes between East and West in Europe, Transnational Organized Crime 1995 Nr. 4.

Gurov, Aleksandr: Professional'naja prestupnost': Proshloe i nastojashchee, Moskau 1990.

Handelman, Stephen: Comrade Criminal, London 1995.

Harper, Timothy: Moscow Madness: Crime, Corruption, and One Man's Pursuit of Profit in the New Russia, New York 1999.

Heywood, Paul (Hrg.): Political Corruption, Oxford 1997.

Holmes, Leslie: The End of Communist Power: Anti-Corruption Campaigns and the Legitimation Crisis, Cambridge 1993.

Kampfner, John: Inside Yeltsin's Russia: Corruption, Conflict, Capitalism, London 1994.

Knabe, Bernd: Mafia und Politik in Rußland, in BIOst (Hrg.), Zwischen Krise und Konsolidierung (Jahrbuch 1994/95), München, Wien 1995.

Konstantinov, Andrea/Dikcelius M.: Banditskaja Rossija, St. Petersburg/Moskau 1997.

Klebnikow, Paul: Der Pate des Kreml – Boris Beresoweski und die Macht der Oligarchen, München 2001.

Lallemand, Alain: Russische Mafia – Der Griff zur Macht, München 1997.

Leitzel, James: Crime and the Political Economy of Russian Reform, National Council for Soviet and East European Research, Washington D.C. 1996.

Luchterhandt, Otto: Die Nachfolgeorganisationen des KGB in Rußland, in Göttinger Arbeitskreis (Hrg.): Rußland und die Ukraine nach dem Zerfall der Sowjetunion, Berlin 1996.

Malia, Martin: The Nomenklatura Capitalists: »Who's Running Russia Now« The New Republic 1995 Nr. 21.

Maximenkov, Leonid/Namiesniowski, C.: Organized Crime in Post-Communist Russia – A Criminal Revolution? Canadian Security Intelligence Service Commentary No. 48, http://www.csisscrs.gc.ca/eng/comment/com48e.html.

Palmer, Richard L.: The New Russian Oligarchy: the Nomenklatura, the KGB and the Mafiya. Paper presented to the Working Group on Organized Crime, National Strategy Information Center, Washington D.C. 1997 [auszugsweise veröffentlicht in Trends in Organized Crime 1997 Nr. 1.

Rose-Ackerman, Susan: Corruption and Government: Causes, Consequences, and Reform, Cambridge 1999.

Roth, Jürgen: Der Oligarch – Vadim Rabinovich bricht das Schweigen, Hamburg 2001.

Schmidt-Häuer, Christian: Russland im Aufruhr, München 1993.

Schmidt, Ulrich: Gnadenlose Bruderschaften. Aufstieg der russischen Mafia, Paderborn 1996.

Schmidt, Uwe: Aus dem Blickwinkel des »Tatortes« Berlin und mit einem Seitenblick nach Ost-Europa: Die Erfolge von Internationaler Organisierter Kriminalität und Wirtschaftskriminalität, Die Polizei, 1997.

Thamm, Berndt Georg u.a.: Mafia global. Das Organisierte Verbrechen auf dem Sprung ins 21. Jahrhundert, Hilden 1998.

Timtschenko, Viktor: Russland nach Jelzin – die Entwicklung einer kriminellen Supermacht, Hamburg 1998.

U.S. Committee on Security and Cooperation in Europe: Crime and Corruption in Russia: Briefing, Superintendent of Public Documents, Washington D.C. 1994.

U.S. Congress: Crime and Corruption in Russia: Briefing of the Commission on Security and Cooperation in Europe, Superintendent of Government Documents: Washington D.C. 1994.

U.S. House of Representatives, Committee on International Relations: The Threat from Russian Organized Crime: Hearing, Superintendent of Public Documents: Washington D.C. 1996.

U.S. Information Agency: FBI Deputy Director on Corruption in Russia (Testimony 9/10/98), http://www.usia.gov/topical/econ/bribes/fbi0910.htm.

Waksberg, Arkadi: Die Sowjetische Mafia, München 1992.
Volkov, Vadim: Violent Entrepreneurs. The Use of Force in the Making of Russian Capitalism, New York 2002.

Register